U0589468

信息简史

The Information:
A History, a Theory, a Flood

[美] 詹姆斯·格雷克◎著　　高博◎译
楼伟珊 高学栋 李松峰◎审校

人民邮电出版社
北 京

图书在版编目（CIP）数据

信息简史 / （美）格雷克著；高博译. -- 北京：
人民邮电出版社，2013.12
（图灵新知）
书名原文：The information:a history,a theory,a
flood
ISBN 978-7-115-33180-9

Ⅰ. ①信… Ⅱ. ①格… ②高… Ⅲ. ①信息学 Ⅳ.
①G201

中国版本图书馆CIP数据核字(2013)第235031号

内 容 提 要

　　克劳德·香农的信息论不仅催生了信息革命，也深刻地改变了众多其他学科的面貌。借助信息的视角，我们看待过去（文字、词典、电报、电话等的发明）、现在（信息时代）以及未来（信息泛滥、信息过载）的方式将大不相同。百万级销量科普畅销书作家詹姆斯·格雷克历经七年完成《信息简史》一书，带来一段人类与信息遭遇的波澜壮阔的历史，告诉我们如何在信息时代的信息爆炸中生存。

　◆ 著　　　　[美] 詹姆斯·格雷克
　　译　　　　高 博
　　审校　　　楼伟珊　高学栋　李松峰
　　责任编辑　楼伟珊
　　责任印刷　焦志炜
　◆ 人民邮电出版社出版发行　　北京市丰台区成寿寺路 11 号
　　邮编　100164　　电子邮件　315@ptpress.com.cn
　　网址　http://www.ptpress.com.cn
　　固安县铭成印刷有限公司印刷
　◆ 开本：720×960　1/16
　　印张：29.75　　　　　　　2013 年 12 月第 1 版
　　字数：450 千字　　　　　2025 年 8 月河北第 44 次印刷
　　　　著作权合同登记号　图字：01-2011-3850 号

定价：69.00元
读者服务热线：(010)84084456-6009　印装质量热线：(010)81055316
反盗版热线：(010)81055315

版 权 声 明

献给辛西娅

———

无论如何，那些汽车票，老式的车票，它们没有标明你要到哪里去，也没有标明你是从哪里来。阿奇也不记得在上面见到过任何日期，更不用说时间了。当然，现在情况大不相同了。但所有这些信息，阿奇不由纳闷，又是为了什么呢？

——查蒂·史密斯，《白牙》

我们称为过去的东西其实是由比特构成的。

——约翰·阿奇博尔德·惠勒

推荐序一

投身信息产业的怀抱快三十年了，我有时也在想：信息何以会具备如此强大的力量？它的力量来自哪里？我们又该如何驾驭这一力量？在这三十年间，信息极大地释放了人类的能量，它所创造的价值超过了之前五千年的财富总和，但"信息"依然是个大家耳熟能详却又含义模糊的词。在这三十年间，产业化的信息就像一部两百迈的汽车行驶在未来之路上，但我们并不知道它要开往何方。也许詹姆斯·格雷克也遇到了同样的问题。不过，他采用了一个独特的角度，用历史这面镜子，去照射现实和未来。因此，用今天的视角去看他的这部《信息简史》会是一次有趣且有意义的思想旅行。

这一代的互联网也许属于"技术的互联网"，大家习惯于用推动技术进步去解决所有的问题，大家关注数据并依靠数据分析去寻求成长的轨迹。很少有人跳出这一基础思考，因为香农的信息论本身就是以数理统计为立足点，并进而延伸到了通讯、心理、语言等各个领域；因为图灵的理论计算机就是一个逻辑概念，从 0 和 1 出发到模拟人工智能。然而，当颠覆和被颠覆成为信息产业的主旋律，当我们被海量的信息包围，却难以找到有用的信息时，我们大概应该回到信息开始的地方，去问问自己为什么出发。

这本书以非洲"会说话的鼓"作为开篇。这是个有趣的故事，但更值得注意的是，它对"冗余信息的价值"给出了不同以往的解释。那些看似有损于精炼和简洁的冗余信息反而提升了信息传播的精准性。而今，当我们对碎片化、无序化的信息头痛不已时，我们是否意识到，在依托大数据系统的组织与传播模式下，碎片可以为我们描绘出事物的全貌？

在之后的"持久的文字"一章中，作者对于这一问题进行了更深入的探讨，也通过翁神父的观点道出了互联网文化的核心特征——口语文化的复兴。翁神父在五十年前的这一预言在今天已经变成了现实。我们每天接触最多的文字已经由书本变为社交网络，文字的意义已经在潜移默化中变迁，从而导致思维的变化。当对话取代听讲，当个性取代共性，当封闭转向开放，人的思想力得到了空前的释放，信息成为了社会的第一生产力。

从这个角度来看，我们也不难理解，为何这本书对信息的产业化进程中浩如烟海的数字英雄与明星产品都未提及，却唯独用了整整一章的篇幅去详解维基百科。维基百科是完全互联网的内容组织与传播方式，它通过话题去凝聚兴趣人群，用规则去鼓励与管理内容，将技术与人的力量融合在一起。通常说到纸书的消亡，我们总是从技术更新的角度去理解。但其实更为重要的，互联网所打破的实际是以纸书为代表的知识凝聚与传播方式。也许当我们忘记书是"一本本"的时候，我们才会看到互联网时代图书的未来。

信息是人的镜子，它在技术更新与模式兴替中展现出变化万端的色彩。但我们回视人的心灵，却发现它在千百年来并没有太多的变化。"科技的互联网"不能描述信息的全部，信息只有作用于思维，才能显示出强大的力量。

最后回过头来谈谈这本书本身。阅读该书是一段美妙的历程，我时常会惊喜于作者裁剪材料、呈现细节的能力——竟能把如此漫长的一段历史浓缩在一本书中，同时又能用通俗的语言解释深奥的理论，用奇闻轶事让人手不释卷。此外，本书的译文上佳，这在如今尤其难能可贵。因此，无论是以信息为业的信息产业从业者，还是愿意更深入地理解周围世界的普通读者，我都愿意向大家推荐这本詹姆斯·格雷克的《信息简史》。

雷军

小米董事长，金山软件董事长

推荐序二

　　《信息简史》是一本有意思的书。我一直觉得应该有一本这样的书介绍一下信息的历史，詹姆斯·格雷克的这本书正好补上了我这个缺憾。不过，这本书与其说是一部科技史书，不如说总结了一种世界观，即信息是宇宙固有的组成部分，就和力、运动等概念一样。而世界上几乎任何事物都可以用信息的方式量化，或者说就是"万物皆比特"。

　　为了证实这个观点，作者回顾了信息的历史，或者说是人类使用信息的历史，而这个历史远远比人类开始研究信息要悠久得多。远古的人类已经懂得将信息对应成几种信号，然后用鼓声或者号声传递到远方。随着人类活动的增加，更多的信息产生了出来。为了表达和传递信息，文字和数字应运而生。

　　到了近代，电的发明和广泛使用，导致了信息的大量产生、广泛使用和在传输上的飞跃。人们也不自觉地开始了对信息的研究，尤其是信息的编码和使用电来传递信息。莫尔斯在设计著名的莫尔斯电码时，已经懂得了对常见的字母采用较短的编码，而对少见的采用长的编码，这样可以减少平均编码的长度。这比香农发明信息论还早了一百多年。而电话的出现使得信息的即时双向传输成为了可能。

　　电和编码，导致了信息数字化的快速发展，继而导致信息处理工具的发明和信息理论的发展，这就是计算机和信息论诞生的背景。在此之后，人类对信息的研究从自发状态进入到了自觉状态，而计算机正好为处理大量信息提供了可能性。

我们的社会从此进入信息时代。

接下来，作者就用信息论这个工具将物理学、生物学和音乐等其他学科联系起来，最后统一到他想说明的主题"万物皆比特"。

《信息简史》一书富有知识性，作者介绍了很多信息和通信科学发展过程中的故事，以提高读者的兴趣。如果用一句话来概括它，那就是"这是一本可以让你长知识的书"。

吴军

2013 年秋于美国硅谷

推荐序三

《信息简史》是美国著名科学作家詹姆斯·格雷克的一部精彩著作。作者从人类处理信息的历史中撷取了几个重要节点，将人类处理信息的历史大致划分为两个阶段，即历史和超历史阶段。历史阶段经历的时间很长，大约有数千年，而超历史阶段则刚刚开始。在历史阶段，人类有信息与计算技术，但更重要的还是利用传统的生产资料生存；而在超历史阶段，信息则成为第一位的资源，其地位远超出传统的生产资料。

这本书的精彩之处在于，它集中讨论了历史阶段向超历史阶段转换的部分，也就是说，从 1948 年香农的信息论和晶体管的问世后半个多世纪内所发生的变化。作者对香农的信息论的解读非常到位，将香农的《通信的数学理论》这篇专业文献的精髓用比较通俗的语言，介绍给了有一定科学素养的读者。信息论彻底改变了人们的世界观，这就是所谓的"信息转向"。转向让人们认识到，信息是物理的，即"万物源于比特"。作者的这种思想贯穿了全书。

该书的另一特色就是趣味性。作为科学传播的著作，不仅要有很精到的专业知识，而且要引起读者的兴趣，使之从阅读中获得快乐和营养，从中得到专业知识之外或围绕专业知识的轶事趣闻以及在科技研究中的苦辣酸甜。作者在这方面下了很大工夫，查阅了大量的非专业文献和相关传记，此非一般科学作家所能比拟。该书在美国甫一问世，就受到市场的追捧，成为畅销书。仅两年时间，它获得的荣誉和奖项就达十多项。

　　作为科学传播的著作，仅有专业性和趣味性还不够，文采也不可或缺。而格雷克在这方面可以说驾轻就熟，文笔老道。此前他已经出版过《混沌》、《费曼传》、《越来越快》和《牛顿传》，都是受到读者欢迎的书籍。从 2003 年以来，作者便集中精力于《信息简史》的写作，很少有作家能花如此长的时间于一本书上。所以它的成功不是偶然的，而是格雷克上下求索的激情所致。书后的参考文献共涉及 560 种著作，足见其用心良苦。

刘钢

中国社会科学院哲学所研究员

更多推荐

在信息"碎片化"时代，这是一本值得收藏并反复阅读的书。生动的语言，哲学式的思考，超群的洞察力，为我们描绘信息史。而这个历史正在开始它最壮丽的时代：大数据时代。"万物源自比特"，大数据如同波涛汹涌的海洋，在这个数据大航海时代，我们会扮演什么角色？有何作为？

——田溯宁（宽带资本董事长，亚信创始人）

虽然生活在信息时代，但大部分人并不知道"信息是什么"。这本书可以让人多一个视角来看待和理解世界，即"信息视角"。

——张小龙（腾讯集团副总裁，微信之父）

信息时代，人们的生活和工作已离不开IT。我们怎么走到今天的？不久的未来，世界将是什么样的？《信息简史》给出了精彩纷呈的解读，从信号、辞典、电报、差分机，到信息论、熵、生命基因，给我如下三点深刻的印象：（1）信息贯穿了人类的发展史，今天的成果是过去一点点积累而来的；（2）计算通信理论突破后，带来的近五十年的变革是指数级的；（3）我们正在走向下一个指数级阶段，即信息世界和物理世界的统一融合。

——蒋涛（CSDN创始人）

每个信息产业从业者都应该读一下这本书，深入了解一下信息处理的历史。从非洲人的手鼓，到电报、电话以及现代信息技术，回顾这些有趣的历程能帮助我们更好地审视现在，或许，你还能窥见未来。

——冯大辉（丁香园CTO，知名博主）

现在的小朋友已经习惯了 iPad，他们觉得杂志是坏掉的触摸屏。我赶上了计算机和互联网这两个信息浪潮，在这个过程中我得到了什么，又失去了什么？《信息简史》从语言和文字谈起，让我们非常通透地了解了信息技术发展的整个脉络，以及人类思维方式的变迁，而且它并不枯燥。绝妙的切入点，流畅的文笔，把翻阅历史变成了一种享受。

——王坚（糗事百科创始人）

香农的信息论的意义怎么评价都不过分。无论是大数据、移动互联网等新趋势，还是我们日常使用的网络、电脑、电话、手机等，其中的很多原理都可以追溯到 1948 年香农的那篇开创性论文。但香农的地位往往为主流科学史所低估，更不为普通公众所了解。格雷克的《信息简史》将很大篇幅放在了刻画香农的生平及其影响上，可谓精当。

——刘韵洁（中国工程院院士）

《圣经》说，太初有言，言与神同在。这是将世界的根源归结为言，或信息。物理学家惠勒则说，比特生存在，是《圣经》说法的新版本。我们处于信息工业时代，这些认识变成了现实。格雷克的书由古及今，从非洲鼓语到现代通信，到生命编码，到量子计算机，让读者得以全面了解信息的含义。

——李森（中山大学教授，中国科学院研究员）

此书写的历史：编码、电报、电话、信息；穿插之间的理论家和实践家：巴贝奇、爱达、贝尔、香农、图灵、维纳、柯尔莫哥洛夫；以及由这个信息史产生的理论：信息论、熵、编码、随机性。通过此书，读者好像在人类文明史、科学史的森林中漫步，吸取养分；好像在知识的海洋中漫游，极目远望。……书翻译得不错，比较流畅，专业术语翻译得也比较到位。这是这几年看到的比较成功的科学翻译作品。

——汤涛（香港浸会大学数学系主任）

除了格雷克，很难设想还有谁能够以如此恢弘、理性而又充满诗意的文笔将"信息"融入人类文明的整体进程进行审视。他的宏大视野穿透了计算机、通信以及互联网的技术表象，从诗人拜伦之女爱达、艺术家摩尔斯、量子力学大师薛定谔、分子生物学家沃森、计算机科学先驱者图灵，一直谈到天才香农在贝尔实验室、普林斯顿高等研究院和麻省理工学院的非凡经历。格雷克让我们深信——香农所创造的绝不仅仅只是一个支撑起了通信技术体系的数学理论。如果说科学革命让"物质"和"能量"占据了我们的世界观，那么自香农创立信息论之后的六十多年，"信息"已然成为我们世界观的核心。

——王桥（东南大学信息科学与工程学院教授）

作为一本课外读物，学生们，特别是研究生们，可以从中学会如何找到一根金线，把一散盘珍珠串联成精美的项链，从此不再为学位论文的撰写而发愁。作为一本辅助教材，教师们，特别是通信界的教授们，可以获得一次机会，深入浅出地把人类沟通的立体路线图清晰地构建出来，并从多角度剖析。作为一本科普书籍，读者们可以充分体验到，乘坐"信息高铁"在古往今来的宇宙中翱翔是多么惬意；科普专家们可以惊叹，原来科普可以这样写。

——杨义先（北京邮电大学信息安全中心主任，灵创团队带头人）

《信息简史》让我联想到《时间简史》，但这次我是能看懂其中的大部分内容了。与霍金一样，格雷克选取了一个宏大的主题，大概很少有人敢这样去想吧。但他敢想敢做，并且在我看来，做得还相当不错。

——俞敏洪（新东方董事长）

这似乎是本无所不包的书，其中既有我们熟悉的文字、词典、电话、电报，也有我们不熟悉的，如非洲会说话的鼓、麦克斯韦妖、随机性、量子比特等。但这正表明信息无处不在，各个领域都可以从信息和信息论的视角重新加以认识。我个人最感兴趣的是第3章"两本词典"（第一本英语词典以及著名的《牛津英语词典》）。相信各位读者也能从中找到自己感兴趣的章节，获取有益的信息。

——徐小平（真格基金创始人，新东方联合创始人）

大家常说，我们身处一个"信息时代"。但转念想想，其实我们对于"信息"了解得并不多。格雷克的新书让我们对信息有了全新的认识，这是一段愉快的阅读体验（尽管你需要耐下心来慢慢品味）。因此，我愿意向所有有兴趣理解我们的世界、我们的时代，以及它是怎样发展而来，又将走向何处的读者推荐这本书。

——姬十三（果壳网CEO，科学松鼠会创始人）

信息的方式就是文明样式。看懂这本书有两个意义：第一，向后，相当于换了个角度又梳理了一遍人类史；第二，向前，明白了为什么作为一种信息工具的互联网，可以重塑人类文明的面目。

——罗振宇（《罗辑思维》主讲人，资深媒体人）

我原以为《信息简史》只有 IT 行业从业人员才需要看，才看得懂。但事实上，这是一本适应面很广的书，其中有许多值得我们发现的普适的价值。它并不是一本轻松的快餐读物，需要投入精力理解和思考。但我相信在这本书中投入精力绝对是值得的，就着"信息"这一主题，与作者一起在书中体验一场"引人入胜的思辩"。相信它会成为你阅读生命中的一个里程碑。

——邱岳（二爷鉴书）

信息、编码、算法等词，我们现在已经习以为常。对比一百多年前、乃至六十多年前的世界，不仅世界的面貌发生了天翻地覆的变化，更重要的是，我们理解世界的视角发生了转变（信息的视角即是其中之一）。诚如培根所说，读史使人明智。阅读这段"信息简史"，我们不仅会感慨人类所走过的历程，对于将来（为信息洪流所淹没的前景）也更增添了一份信心。

——申音（NTA 创新传播机构创始人，前《创业家》杂志主编）

信息革命，是工业革命之后推动人类前行最伟大的动力。尽管互联网爆炸性的增长席卷全球，但其意义仍然被大大低估了。信息即媒介，信息即社交，信息即商品，信息即 X。此书以类《时间简史》的叙事勇气，为我们勾勒了一幅惊人的全景图，我真心推荐。

——王冠雄（知名 IT 经理人，科技自媒体）

信息是物质还是能量？它什么都不是，信息就是信息。信息一直是个被广泛曲解的概念，当我们听到这个词时，脑海里出现的其实只是蕴涵着信息的信号，《信息简史》最重要的贡献就是告诉了我们信息到底是什么。这是本能帮助我们站在更高层面去理解信息社会发展规律的好书。

——张弛（通信专业博士，科学松鼠会会员，新浪微博@奥卡姆剃刀）

目 录

处于所有生物核心的不是火，不是热气，也不是所谓的"生命火花"，而是信息、字词以及指令……如果你想了解生命，就别去研究那些生机勃勃、动来动去的原生质了，从信息技术的角度想想吧。

突然，他凝神往外倾听了一会儿。当我们责备他分心时，他说："你没听见我儿子在和我说话吗？"我们真的没听见什么人的声音，就问他怎么听见的。他回答说："是鼓声在向我说话，叫我到甲板上去。"这听起来实在奇异。

想象一下，你要写一篇有关马的专题论文（写给那些从来没有见过马的读者），但论文不是从"马"而是从"汽车"入手……对应于轮子，这些不带轮子的"汽车"有着增大了的脚趾甲，称为蹄；对应于车前灯，它有眼睛；对应于车漆，它有毛发；对应于汽油燃料，它有干草；依此类推。

有一件事在我看来非常值得赞扬，并且不仅值得赞扬，也同样有利可图，那就是让某个既富有学识，而同时又勤勤恳恳的人，将我们所用英语中的所有单词集合起来……编成一本词典。这样做，除了在提供每个单词（按字母表顺序排列）的正确写法之外，还能向我们展示它们所具有的内在力量和正确用法。

有那么两次，我被这样问道："请问，巴贝奇先生，假如你往机器里送入了错误的数值，出来的还会是正确的答案吗？"一回是在上议院，还有一回是在下议院。我至今无法很好地理解，该是怎样的思维混乱才会提出这种问题啊。

电报体让任何形式的礼貌说法都无容身之地。"May I ask you to do me the favour"（劳驾）这么一句话，传输五十英里的距离就要六便士。这个可怜的人要把类似温文尔雅的形容词无情地砍掉多少，才能将他的信函开支降到一个合理的水平呢？

如果说贝尔及其继任者是现代商业建筑——摩天大楼之父，这乍听上去似乎很荒唐。……你认为每天会有多少讯息从这些大楼里进进出出？假设没有电话，每条讯息都需要信使来传递，那么你认为需要增加多少电梯，而这还能留下多少办公区域？显然，这样的建筑结构从经济上讲是不合算的。

通信的基本问题是，在一点精确地或近似地复现在另一点所选取的讯息。这些讯息往往都带有意义，也就是说，根据某种体系，它们指向或关联了特定的物理或概念实体。但通信的这些语义因素，与其工程学问题无关。

要是你启动了一部这样的机械计算机，却忘了在出去吃午餐时关掉它，那会发生什么事呢？我来告诉你。它在美国就会像野兔在澳大利亚一样。在你算出701 945 240乘以879 030 546等于多少之前，这个国家的每个家庭就都有了一台自己的小计算机……

　　如果这个世界是个纯粹的动力系统，并且如果你能精确地将该系统中所有粒子的运动在同一刹那反转，那么所有事物就会回到它们的起点，雨滴会从地面升起，飞回云里，如此等等。人们会看见自己的朋友从坟墓回到摇篮，直到自己也来到出生之前，尽管谁也不知道那是种怎样的状态。

　　每种生物都有权以自己的方式"完成"自己的发育。蛋的做法［母鸡不过是一只蛋用来制造另一只蛋的工具］可能看起来是绕了大弯，但那正是它自己的方式，我们人类没有多少理由对此说三道四。凭什么认为鸡比蛋更鲜活？又凭什么说是鸡生蛋而不是蛋生鸡？

　　照抄上述姓名，但去掉第一个并将你的姓名加到最后，然后寄给五位你希望赐福的人。……收信者必须在收到信后二十四小时内寄出。在信寄出九天内，寄信者便会被赐予福祉。桑福德太太赢得了三千美元。……豪太太中断了传递连锁，结果失去了拥有的一切。

　　那么命名一个整数，这是什么意思？其实，给出计算该整数的方法就是命名了它。如果某个程序的输出是某个整数，也就是说，它输出了该整数，并且输出一次后就终止，那么这个程序就是给该整数命了名。

　　我们在试图理解量子力学所代表的世界观时，总是会遇到很大的困难。至少我是如此……好吧，我承认我对它仍旧隐隐感到不安……我尚不能确信它当中不存在实质性问题。我也无法指出具体是什么问题，因而我猜它大概没有问题，但我不能确认它真的没有问题。

　　空气本身就是一座宏伟的图书馆，其中的书页上写满了世间男男女女的高声低语。在那里，变化多端但准确无误的字符记录下了从古至今逝者的叹息、未实现的誓言以及未履行的承诺。这些声音通过每个粒子的统一运动变得不朽，成为人类意志之善变的见证。

　　我每天都能听到新消息和流言蜚语，关于战争、瘟疫、火灾、洪灾、盗窃、谋杀、屠杀、流星、彗星、鬼魂、神童、异象，关于法国、德国、土耳其、波斯或波兰等地的村镇沦陷、城市遭围、军队集结和每日战备，以及见诸如此动荡时局的频仍战事、生灵涂炭、决斗、船难、海盗、海战、媾和、结盟、谋略和新的警报，诸如此类。

　　我们今天深入电气时代的程度，就如同伊丽莎白时期的人们深入印刷与机械时代的程度。他们由于同时生活在两种反差强烈的社会和经验之中而产生的困惑和犹豫，我们现在也感同身受。

引子

　　通信的基本问题是，在一点精确地或近似地复现在另一点所选取的讯息。这些讯息往往都带有意义。

——克劳德·香农，《通信的数学理论》（1948）

　　在 1948 年这重要的一年之后，后来的人们自以为可以找出当时激发了克劳德·香农工作灵感的某些实用目的，但这只是事后猜测罢了。而他本人对此的看法迥然不同：**我任由思绪信马由缰，种种设想会不时地冒出来。就像个科幻作家，我一直在思考的是："假如是这样，事情又会如何呢？"** [1]

　　也正是在 1948 年，贝尔电话实验室对外宣布他们发明了一种小型电子半导体。这是"一种出奇简单的设备"，真空管能做的任何事它都能做，而且效率更高。它小巧玲珑，小到一个巴掌里放得下上百个。这年 5 月，科学家们成立了一个委员会来为它命名。委员会给贝尔实验室的高级工程师发放了选票，列出了几个备选名字，如"半导体三极管"（semiconductor triode）、"微型真空管"（iotatron）、"晶体管"[transistor，由 varistor（压敏电阻）和 transconductance（跨导）两个词混合而成]等。最终，"晶体管"脱颖而出。"它可能将对电子和电信行业产生意义深远的影响。"贝尔实验室在新闻稿中这样宣布道。但这一次，现实超出了广告的溢美之词。晶体管引发了电子产业的革命，为电子技术的微型化和普遍应用开辟了道路，而它的三位主要发明人也很快获得了诺贝尔奖。对于贝尔实验室来说，它是皇冠上的明珠。然而，如果细究在那一年发生的重要进展，晶体管还只能屈居次席，因为它只是这场革命的硬件部分。

另一项更为意义深远、也更为基础的发明，出现在一篇专题论文中。这篇论文连载于 7 月和 10 月出版的两期《贝尔系统技术期刊》上，共 79 页。这次可没有什么新闻发布会。论文的题目既简单又宏大——《通信的数学理论》，而其传达的内容也很难用三言两语说清。但它是个支点，整个地球都将因此而被撬动。和晶体管一样，这项发明也引入了一个新词：**比特**（bit）。这个名字并没有经过什么委员会的投票，而是由这篇论文的唯一作者、时年 32 岁的克劳德·香农自行选定的。[2]现如今，比特已经跻身英寸、英磅、夸脱、分钟之列，成为量纲的一员。所谓量纲，就是测量的基本单位。

但它测量的是什么呢？"用于测量信息的单位"，香农写道，仿佛信息是种可测可量的东西。

表面上，香农是贝尔实验室数学研究组的成员，但他基本上独来独往。[3]当这个组撤离纽约的总部，搬到新泽西州郊野的新办公室时，他留了下来，常常待在旧办公楼的一个舒适的小开间里。这幢楼矗立在纽约西街上，是座 12 层高、沙砖结构的庞大建筑，背靠哈德逊河，面朝格林尼治村。香农不喜欢乘班车往返上下班，而是喜欢留在繁华的街区，在那里，他可以听到夜总会里吹奏的爵士黑管乐。那时，他正羞涩地追求一位在贝尔实验室微波研究组工作的年轻女士。微波研究组就在街对面的两层办公楼里，那栋楼原先是纳贝斯克饼干公司的厂房。大家都觉得香农是个聪明的小伙子。从麻省理工学院毕业后不久，他加入了贝尔实验室，从事与战争相关的工作，先是研发出了一种自动火控高射炮指挥仪，然后又集中精力研究保密通信（密码学）的理论，并用数学推导证明了所谓"X 系统"的安全性——X 系统是指英国首相丘吉尔和美国总统罗斯福之间的专用电话线路。因此，上司即使弄不明白他留下来究竟要搞些什么名堂，倒也乐得对他听之任之。

在 20 世纪中叶，美国电话电报公司并不要求其研究部门立即产出什么成果，甚至允许它们在看不出具有明确商业目的的数学或天体物理学方面自由研究。尽管如此，它们所做的多数现代科学研究还是直接或间接地与公司力图使所有人都相互联系起来的使命息息相关。范围虽然广阔，但这家电话公司的核心业务量却一直以来没有明确的描述。据美国人口普查局年度统计摘要中有关"通信"的内容，截至 1948 年，每天有超过 1.25 亿次的通话要经过贝尔系统那 2.22 亿公里的电缆和 3100 万门电话机进行传输。但这些数字只是对通信量的粗略估算。摘要还统计了几千家无线电广播电台、几十家电视台的数据，以及报纸、图书、宣传手册和信函的数量。[4]邮局可以计算信函和包裹的数量，但贝尔系统传输的究竟是什么，又应该以什么单位来计数呢？传输的肯定不是**通话**，也不是**字词**，当然更不是**字符**。或许只是电而已吧。公司的工程师都是电气工程师，他们个个都明白，电在这里替代了人说话的声波，空气中的声波进入送话器就会被转换成电波。而电话之所以比电报先进，关键就是因为有了这种转换。作为电话的前驱，电报已然显得老旧而古怪了。电报有着完全不同的转换原理，它用的是点和划组成的编码，而且这套编码不是基于声音，而是基于书面的字母表（字母表本身也是一种编码）。细看之下，我们能发现这其中抽象和转换的链条：点和划代表字母表中的字母；字母代表声音，并相互组合成字词；字词则代表意义的某种根基，而这恐怕最好还是留给哲学家讨论吧。

贝尔系统早在 1897 年就聘请了公司的第一位数学家乔治·阿什利·坎贝尔。他是明尼苏达人，曾在哥廷根和维也纳学习。他很快遇到了早期电话传输中的一个严重问题：信号在电路中会失真，传输距离越长，失真就越严重。坎贝尔给出的解决方案既用到了数学，也用到了电气工程学知识。[5]他的老板则被告知不必太在意两者的差别。香农在学生时代就对成为工程师还是成为数学家犹豫不决，然而在贝尔实验室，不管愿不愿意，他都要面对电路和继电器。不过，他最乐此不疲的还是钻研抽象符号。大多数通信工程师都专注于物理问题，如放大和调制、相位失真以及信噪比降级等，香农则喜欢博弈和谜题。他最早被密码学吸引，始于年少时阅读埃德加·爱伦·坡的侦探小说。他像喜鹊一样搜集故事里的蛛丝马迹，试图去破解疑案。在麻省理工学院做研究助理的第一年，他的工作是操作一台百多吨重的原型计算机——万内瓦尔·布什制造的微分分析机。这台机器使用巨大的旋转齿轮、机轴和机轮来解微分方程。在 22 岁那年，香农在硕士论文中把一个 19 世纪的思想，即乔治·布尔的逻辑代数，应用到了电子电路的设计上。（逻辑和电，这是多么不寻常的组合！）后来，他又有机会与数学家、逻辑学家赫尔曼·外尔合作，后者教给他什么是理论："理论允许意识'跳出自身的影子'，超越经验而把握超验，但这只能借助抽象符号实现（这一点是不证自明的）。"[6]

1943 年，英国数学家、密码破译专家阿兰·图灵为了一个加密方面的任务造访了贝尔实验室。午餐期间，他与香农就人造思维机器的设想交换了意见。（"香农不仅仅想向这样一台大脑中输入**数据**，他还想把文化的东西灌输进去！"图灵惊呼道，"他想给它来点儿音乐！"[7]）香农同样也和诺伯特·维纳打过交道，维纳曾在麻省理工学院教过他，并在 1948 年提出了"控制论"这门研究通信和控制的全新学科。与此同时，香农也开始特别关注起电视信号来，不过视角比较独特。他在想，可否采用某种手法打包和压缩电视信号，从而更快地加以传输。逻辑和电路的结合产生了新的结晶，就像是基因和编码的结合一样。为了寻找一种统一的框架来梳理他头脑中的各种想法，香农开始着手整合一种有关信息的理论。

理论的原材料在 20 世纪早期的世界里随处可见，信件和口信、声音和影像、新闻和指令、数字和图表、信号和标识，不一而足。无论是通过邮局、电线还是电磁波，它们都在川流不息地流动着。然而，还没有一个词能够概括所有这些东西。香农在 1939 年写给麻省理工学院的万内瓦尔·布什的一封信中写道："时断时续地，我一直在研究传递信息（intelligence）的一般系统的某些基本属性。"[8] intelligence 一词有着悠久的历史，语意丰富。托马斯·埃利奥特爵士在 16 世纪写道："现在 intelligence 作为一个文雅的说法，用来表示通过相互交换信件或口信达成协议或约定。"[9] 不过除此之外，这个词还有了其他多个含义。一些工程师，尤其是贝尔电话实验室的工程师，开始使用 information 一词。他们用这个词来表达一些技术性概念，如信息的数量、信息的测量等。香农后来也采纳了这个用词。

为了能应用于科学领域，必须给信息（information）一词赋予某些特定含义。回首三个世纪前，当时物理学的发展已经到了难以突破的地步，但随着艾萨克·牛顿将一些古老但意义模糊的词（**力**、**质量**、**运动**，甚至**时间**）赋予新的含义，物理学的新时代开始了。牛顿把这些术语加以量化，以便能够放在数学方程中使用。而在此之前，motion（运动）一词（仅举此一例）的含义就**与信息**一样含混不清。对于当时遵循亚里士多德学说的人们而言，运动可以指代极其广泛的现象：桃子成熟、石头落地、孩童成长、尸体腐烂……但这样，它的含义就太过丰富了。只有将其中绝大多数的运动类型扬弃，牛顿运动定律才能适用，科学革命也才能继续推进。到了 19 世纪，energy（能）一词也开始经历相似的转变过程：自然哲学家选取这个原本用来表示生动有力或强度的词，使之数学化，从而赋予了它在物理学家自然观中的基础地位。

信息这个词也不例外，它也需要一次提炼。

而对它加以简化、精练，并以比特度量后，人们发现信息几乎无处不在。香农的理论在信息与不确定性、信息与熵，以及信息与混沌之间架起了桥梁。它的出现最终引发了光盘和传真机、电脑和网络、摩尔定律以及世界各地的"硅巷"。信息处理、信息存储以及信息检索等也应运而生。人们开始将铁器时代和蒸汽时代之后的时代称为信息时代。"人类曾经以采集食物为生，而如今他们重新要以采集信息为生，尽管这看上去有点不和谐。"*马歇尔·麦克卢汉在 1964 年如此评论道。[10]时值电子计算和赛博空间（cyberspace）刚刚出现，他的预言走在了时代的前面。

现如今，我们已经可以清晰地认识到，信息是我们这个世界运行所仰赖的血液、食物和生命力。它渗透到各个科学领域，改变着每个学科的面貌。信息理论先是把数学与电气工程学联系到了一起，然后又延伸到了计算领域。在英语国家称为"计算机科学"的学科，在一些欧洲国家则被称为了"信息科学"。现在，甚至连生物学也成为了一门研究讯息、指令和编码的信息科学。基因封装信息，并允许信息的读取和转录；生命通过网络扩散；人体本身是一台信息处理器；记忆不仅存储在大脑里，也存储在每一个细胞中；如此等等。而随着信息理论的兴起，

---

* 他继续平静地补充道："但在这个角色上，电子时代的人类与他们旧石器时代的祖先一样，也是游牧族。"

遗传学也得以迅猛发展。DNA 是信息分子的典型代表，是细胞层次上最先进的讯息处理器——它是一份字母表、一种编码，用 60 亿比特的信息定义了一个人。进化生物学家理查德·道金斯认为："处于所有生物核心的不是火，不是热气，也不是所谓的'生命火花'，而是信息、字词以及指令……如果你想了解生命，就别去研究那些生机勃勃、动来动去的原生质了，从信息技术的角度想想吧。"[11]生物体中的所有细胞都是一个错综复杂的通信网络中的节点，它们一刻不停地传输和接受信息，不停地编码和解码。进化本身正是生物体与环境之间持续不断的信息交换的具体表现。

"如此看来，信息环路成为了生命的基本单位。"研究细胞间通信长达 30 年之久的维尔纳·勒文施泰因如是说。[12]他提醒我们，**信息**一词在科学中比在日常生活中具有更为深刻的内涵："它意味着一种组织和有序的普适原理，也是对此的精确衡量。"基因在文化上的对应物是模因（meme）。在文化的演化过程中，模因扮演着复制者和传播者的角色——它可能是一股思潮、一阵时尚、一封"连锁信"，又或是一种阴谋论。运气不好的话，模因也可能是种电脑病毒。

随着货币逐渐完成从实体到比特的转身，从而能够存储到电脑内存和磁条上，使世界金融得以在全球神经网络上运行如仪，经济学也逐渐认识到自身实际上是一门信息科学。即便是在货币看上去是一种物质财富，在口袋、货舱或银行金库里显得沉甸甸时，它也是一种信息。无论是硬币、纸币，还是金币、贝壳，它们都只不过是阶段性的技术，用以表明谁拥有什么的信息。

那么，原子呢？物质有它自己的"通货"，而所有科学中最硬的物理学看起来似乎已经臻于成熟。然而，物理学同样发现自身受到了一种全新思维模式的冲击。第二次世界大战以后，物理学家迎来了他们的黄金时代，当时科学界的重大新闻似乎都是有关原子裂变和核能利用的。物理学家将自身声誉和研究资源都押在了研究基本粒子及其相互作用规律、建造巨型加速器，以及发现夸克和胶子上。对于这门高高在上的学科而言，通信研究简直与它风马牛不相及。在贝尔实验室时，香农没有考虑过物理学的事，而粒子物理学家也不需要比特。

而后，突然之间，他们需要了。渐渐地，物理学家和信息理论学家殊途同归。

比特是另一种类型的基本粒子：它不仅微小，而且抽象——它存在于一个个二进制数字、一个个触发器、一个个"是"或"否"的判断里。它看不见摸不着，但当科学家最终开始理解信息时，他们好奇信息是否才是真正基本的东西，甚至比物质本身更基本。他们提出，比特才是不可再分的核心，而信息则是万事万物存在的本质。对此，物理学家约翰·阿奇博尔德·惠勒（他的研究跨越 20 世纪和21 世纪，是与爱因斯坦和玻尔都曾合作过的最后一位健在者*）就用了一句颇具神谕意味的、由单音节词组成的句子加以概括："万物源自比特（It from Bit）。"[13]"任何事物——任何粒子、任何力场，甚至时空连续统本身"都源于信息。这为我们提供了另一种方式来解读观察者悖论：实验结果会因为它是否被观察到而受影响，甚至被决定。观察者不仅在观察，而且还在提问和讲述，而这些提问和讲述最终都必须由离散的比特表示出来。惠勒有点隐晦地写道："我们所谓的实在（reality），是在对一系列'是'或'否'的追问综合分析后才在我们脑中成形的。所有实体之物，在起源上都是信息理论意义上的，而这个宇宙是个观察者参与其中的宇宙。"因此，整个宇宙可以看作一台计算机———台巨大的信息处理机器。

而解开这个谜团的关键就是不见于经典物理学的所谓量子纠缠（quantum entanglement）现象。一旦粒子之间或量子系统之间发生了量子纠缠，那么即便相隔广袤的时空，它们的基本属性也仍然相互关联。即使相隔数光年，它们仍然能够共享某些实际存在，但又不只是实际存在那么简单的东西。这时会出现幽灵般的佯谬，无法解释，除非我们最终能够理解量子纠缠是如何编码信息的，无论是以比特的形式，还是以其量子力学对应物——量子比特（qubit）的形式。当光子、电子以及其他基本粒子发生相互作用时，它们实际是在做什么呢？其实是在交换比特、转换量子态以及处理信息，而物理定律就是处理信息时所用的算法。因此，每一颗正在燃烧的恒星、每一个星云、每一粒在云室中留下幽灵般痕迹的粒子，都是一台信息处理器，而宇宙也在计算着自己的命运。

那么，宇宙的计算量有多大？速度几何？它可以容纳多少信息，内存空间又

---

* 惠勒于 2008 年去世，享年 96 岁。——译者注

有多大？能量和信息之间有着怎样的联系？翻转一个比特的能量开销又是多少？这些问题可不好回答，但它们也不像乍听上去那么神秘莫测。物理学家和量子信息学家（这是种新兴职业）正并肩奋斗来解答这些问题。他们计算之后，给出了初步的答案。（惠勒认为，"整个宇宙的比特数，无论以何种方式计算，都是 10 的一个很大次方"。[14]而根据塞斯·劳埃德的说法，宇宙的运算能力"不会超过在10^{90}个比特上执行10^{120}次基本逻辑运算"。[15]）他们也以全新的视角来审视热力学的熵，以及臭名昭著的信息吞噬者——黑洞。惠勒因而宣称："未来，我们将学会用信息的语言去理解和表达**全部**物理学。"[16]

随着信息的功能越来越多，变得难以计数，它开始显得有些过多了。现在人们会抱怨说，"TMI（too much information，信息过多）"。信息疲劳、信息焦虑以及信息过剩，是我们遇到的新问题。而信息过载这个魔头及其恼人的走狗，如电脑病毒、电话忙音、网页死链以及 PowerPoint 演示文稿等，也让我们深受其害。所有这一切，同样多多少少也和香农有牵连。世界变化得实在太快。约翰·罗宾逊·皮尔斯（就是那个提出了"晶体管"这个名字的贝尔实验室工程师）在回顾香农提出信息论时可能受到的影响时说道："现在很难还原在香农之前的人们所面对的世界图景。尽管我们可以阅读他们留下的著作，但我们很难重拾那种无邪、无知而蒙昧不察的状态。"[17]

不过，我们对于过去确实有了新的认识。早在《新约·约翰福音》里就有说，**"太初有道（word）"**。而我们称自己的物种为"智人"（*Homo sapiens*），也就是有智慧的人；后来又有人单独区分了其中的现代人（*Homo sapiens sapiens*），也就是"智人中的智人"。普罗米修斯赠予人类的最宝贵的礼物，到底还不是火种："我为人类发明了数，这是所有科学中最最重要的，还有排列字母的技术，这是缪斯诸艺的创造之母，借此可以把一切都牢牢记住。"[18]字母表是诸信息技术中的奠基性技术。而电话机、传真机、机械计算器，以及最终的电脑，它们只是用以存储、操作和传递知识的种种工具中的晚近发明。这些有用的发明已经融入我们的文化当中，成为我们日常词汇的一部分。比如谈到"数据压缩"，我们知道这和"压缩某种气体"的"压缩”截然不同。我们也知道信息可以被处理为信息流，被解析、分拣、匹配和过滤。iPod 和等离子电视已成为我们家居的一部分，而发短信和用搜索引擎也融入了我们的日常技能。我们掌握这些技能，精于此道，才蓦然发现信息在生活中无处不在。但其实它一直都在那里。它曾经同样遍布于我们祖先的世界中，不论是实实在在的花岗岩墓碑，还是隐隐约约的窃窃私语，到处都有它的身影。打孔卡片、收银机、19 世纪的差分机以及电报线路，都为编织那张我们身处其中的信息网作出了贡献。每一种新出现的信息技术，都在当时催生了信息存储和传输的新需求。随着印刷术的发明，出现了新的信息组织工具，如汇编词汇的字典、梳理知识的百科全书，以及整理事实的年鉴等。很少有信息技术会彻底过时，每一种新兴技术都会为其前辈技术赋予新的理解。因此，托马斯·霍布斯在 17 世纪时就抵制他所在时代的新媒体炒作，说：“印刷术的发明，固然是天才之举，然而较之于字母的发明，并没什么大不了。”[19]在某种程度上，他说得没错。每一种新出现的媒介，都会对人类思维的性质加以改造。长远来看，所谓历史，就是信息逐步从自发到自觉的一个过程。

有些信息技术在当时就会受到重视，有些则不会。但有一种技术，长久以来被严重误解，这就是非洲会说话的鼓。

注释

[1] Robert Price, "A Conversation with Claude Shannon. One Man's Approach to Problem Solving," *IEEE Communications Magazine* 22 (1984): 126.

[2] “晶体管”一词由约翰·罗宾逊·皮尔斯创造。“比特”一词则由约翰·怀尔德·图基（John W. Tukey）最早提出。

[3] Interview, Mary Elizabeth Shannon, 25 July 2006.

[4] *Statistical Abstract of the United States 1950.* 更准确的数字是：3186 家无线电广播电台和电视台、15 000 份报纸和杂志、5 亿册图书和宣传手册，以及 400 亿件信函。

[5] George A. Campbell, "On Loaded Lines in Telephonic Transmission," *Philosophical Magazine* 5 (1903): 313.

[6] Hermann Weyl, "The Current Epistemological Situation in Mathematics" (1925), quoted in John L. Bell, "Hermann Weyl on Intuition and the Continuum," *Philosophia Mathematica* 8, no. 3 (2000): 261.

[7]   Andrew Hodges, *Alan Turing: The Enigma* (London: Vintage, 1992), 251.

[8]   Letter, Shannon to Vannevar Bush, 16 February 1939, in Claude Elwood Shannon, *Collected Papers*, ed. N. J. A. Sloane and Aaron D. Wyner (New York: IEEE Press, 1993), 455.

[9]   Thomas Elyot, *The Boke Named The Governour* (1531), III: xxiv.

[10] Marshall McLuhan, *Understanding Media: The Extensions of Man* (New York: McGraw-Hill, 1964), 302.

[11] Richard Dawkins, *The Blind Watchmaker* (New York: Norton, 1986), 112.

[12] Werner R. Loewenstein, *The Touchstone of Life: Molecular Information, Cell Communication, and the Foundations of Life* (New York: Oxford University Press, 1999), xvi.

[13] John Archibald Wheeler, "It from Bit," in *At Home in the Universe* (New York: American Institute of Physics, 1994), 296.

[14] John Archibald Wheeler, "The Search for Links," in Anthony J. G. Hey, ed., *Feynman and Computation* (Boulder, Colo.: Westview Press, 2002), 321.

[15] Seth Lloyd, "Computational Capacity of the Universe," *Physical Review Letters* 88, no. 23 (2002).

[16] John Archibald Wheeler, "It from Bit," 298.

[17] John R. Pierce, "The Early Days of Information Theory," *IEEE Transactions on Information Theory* 19, no. 1 (1973): 4.

[18] Aeschylus, *Prometheus Bound*, trans. H. Smyth, 460–461.

[19] Thomas Hobbes, *Leviathan* (London: Andrew Crooke, 1660), ch. 4.

第 1 章
会说话的鼓
（似是而非的编码）

> 永不沉寂的鼓点响彻黑色大陆：
>
> 那是一切音乐的基调，一切舞步的关键；
>
> 会说话的鼓是这片未经勘测的丛林中的无线电。
>
> ——艾尔玛·瓦塞尔（1943）[1]

用鼓说话时，没人会说得直截了当。鼓手们不会说"回家吧"，而会说：

> 让你的脚沿它去时的路返回，
>
> 让你的腿沿它去时的路返回，
>
> 让你的腿脚驻立于此，
>
> 在这属于我们的村庄。[2]

他们不会简单说"尸首"，而会展开详述成"仰面躺在土堆中的人"。如果想表达"别害怕"的意思，他们会说"把你的心从嗓子眼放回原处，你的心提到了嗓子眼，现在把它放回原处"。这些鼓说得叠床架屋，似乎表达效率相当成问题。这到底是卖弄辞藻，还是另有妙用呢？

长久以来，到过撒哈拉以南非洲的欧洲人对此都毫无概念。实际上，他们根本想不到，这些鼓是用来传递信息的。在他们的文化中，只有在一些特殊场合中，鼓才会像军号和钟那样用来发信号，传递一些简单的讯息：**进攻、撤退、到教堂做礼拜**，诸如此类。但他们无法设想，可以用鼓来说话。1730 年，弗朗西斯·穆尔驾船沿冈比亚河向东航行，发现可以直驱九百多公里。[3]在整个旅途中，他都为这个国家的自然风光赞叹不已，尤其让他惊为奇观的是"牡蛎长在树上"（指红树林）。他称不上是个博物学家，而只是个为英国奴隶贩子在当地牵线搭桥的经纪人。在那片土地上居住着不同的黑色和褐色人种的居民，据他所见，有"曼丁果人、乔黎夫人、波利人、福禄普人，还有葡萄牙人"。穆尔注意到一些当地人的鼓，它们约一米长，上宽下窄，由整块木头雕成。当妇女们听到鼓声时，她们就会随之起舞。他还发现，几乎每个村庄都有一个鼓，用来警示"有敌人来袭"以及"在一些非常特殊的情况下"，向邻村求援。不过，穆尔的见闻也仅限于此。

一个世纪后，威廉·艾伦海军上校在一次尼日尔河探险*中，通过观察他唤作"格拉斯哥"的喀麦隆向导，有了进一步的发现。据艾伦的回忆，当时他们正一起待在铁桨船的船舱里。

> 突然，他凝神往外倾听了一会儿。当我们责备他分心时，他说："你没听见我儿子在和我说话吗？"我们真的没听见什么人的声音，就问他怎么听见的。他回答说："是鼓声在向我说话，叫我到甲板上去。"这听起来实在奇异。[4]

格拉斯哥进而说服他，每个村庄都有这种"音乐通信的工具"，这时上校的怀疑变成了惊奇。尽管有点难以置信，上校最终还是接受了，以这样的方式可以把包含许多句子的详细讯息传递到数公里之外。他写道："我们常常惊讶于，在军队展开阵型时，军号声能被人们如此准确地理解。但要是与这些未开化的野蛮人所达到的成效相比，它可就差得远了。"这个成效正是欧洲人孜孜以求的，即找到一种比步行或骑马更快速的远距离通信方式。擂出的鼓声可以沿着河流，穿透静谧的夜色，传出近十公里之遥。这样一个村庄接着一个村庄地传递下去，只消一个钟头，

---

* 这次探险由废除奴隶贸易和保护非洲文明学会（Society for the Extinction of the Slave Trade and the Civilization of Africa）资助进行，旨在与当地统治者合作，共同禁止奴隶贸易。

消息就可以传至一二百公里开外。

　　在位于比属刚果的波棱吉村，一个女婴的降生通知可能会是这样的：

> batoko fala fala, tokema bolo bolo, boseka woliana imaki tonkilingonda, ale nda bobila wa fole fole. asokoka l'isika koke koke.

　　　　接生的衬垫已经卷起，我们感到浑身充满力量，一个女人从森林里
　　来，来到这个开放的村庄。这次就说到这里吧。[5]

传教士罗杰·克拉克还记录下了这段召集村民参加一位渔夫的葬礼聚会的鼓声：

> la nkesa la mpombolo, tofolange benteke biesala, tolanga bonteke bolokolo bole nda elinga l'enjale baenga, basaki l'okala bopele pele. bojende bosalaki lifeta bolenge wa kala kala, tekendake tonkilingonda, tekendake beningo la nkaka elinga l'enjale. tolanga bonteke bolokolo bole nda elinga l'enjale, la nkesa la mpombolo.

　　　　在黎明时分，我们不要集结去劳作，我们要在河边举行聚会。波棱
　　吉村的男人们，不要去狩猎，也不要去打鱼。我们要在河边举行聚会，
　　在黎明时分。

克拉克注意到了若干事实。虽然只有一部分人知道怎样使用鼓声来沟通，但几乎所有人都能够听懂鼓声中的讯息。有些人敲鼓的速度较快，有些人则较慢。固定的短语会反复出现，几乎一成不变，但不同的鼓手会使用不同的"措辞"来传递相同的讯息。克拉克判断，这种鼓语既带有很强的规律性，同时又十分灵活。"鼓声信号表示的是一些传统的、高度诗歌化的习惯短语的音节的声调高低。"克拉克得出了正确的结论，但可惜他未能迈出最后一步，知其所以然。

　　这些欧洲人言必称"土著思维"，以为非洲人"原始"而"信奉万物有灵"，结果却发现，非洲人早已实现了所有人类文化的一个古老梦想。他们的传讯系统，速度比世界上最好的信使骑着最快的骏马在最好的道路上通过驿站层层接力还要快。依靠脚力、束缚于地面的传讯系统从来都令人失望，其速度有时甚至还不如

大军行进。据苏维托尼乌斯在公元一世纪的记载，比如尤利乌斯·恺撒，就"经常本人已经大驾光临，提前派出宣告消息的信使却还在路上"。[6]当然，古人不是没有应对之策。据荷马、维吉尔和埃斯库罗斯的记载，早在公元前 12 世纪，希腊人在特洛伊战争时就已经使用了烽火。在山顶上燃起一堆篝火，就能够被三十多公里外的守望台哨兵看到，有时甚至可以距离更远。在埃斯库罗斯的戏剧中，阿伽门农的妻子克吕泰涅斯特拉在特洛伊城被攻陷的当天夜里就得到了消息，而她当时身处六百多公里之外的迈锡尼。"究竟是谁如此迅捷，能够将讯息这么快地带来？"满是疑问的歌队长问道。

克吕泰涅斯特拉把这个及时送信的功劳归于火神赫淮斯托斯，"他将那信号放出，开始传递，一站接一站，火的信使一路传来"。由于这个成就非同小可，且观众也很期待进一步的说明，因此，克吕泰涅斯特拉接下去又用了数分钟时间将途中的所有细节一一展开。先是从特洛伊城东南的伊得山上燃起火光，信号穿过北爱琴海抵达楞诺斯岛，随后又从那里传递到马其顿的阿托斯山。然后一路南下，跨越平原和湖泊，抵达马喀斯托斯山。而在墨萨庇翁山守望台上的哨兵"望见远处的火光映照在欧里波斯海峡的潮水上，于是便在干枯的金雀花堆上点燃了新的信号，消息就这样一站站地传下去"，传到了喀泰戎山，又传到了革剌涅亚山，最终传到了靠近她自己城邦的阿剌克奈翁山的守望台。克吕泰涅斯特拉这样自夸道："一站接一站，火光沿着设定的路径前后相继。"[7]德国历史学家理查德·亨尼希（Richard Hennig）在 1908 年追踪并测量了这个烽火传讯的路径，确认此事真实可行。[8]当然，讯息的意义必须预先约定，并精简到一个比特。换句话说，必须是个非此即彼的二元选择，**有事**或**无事**：火光燃起，表示**有事**；这一次，它表示"特洛伊城已被攻陷"。传递这一个比特信息，需要用到周密的计划、高度的警觉，以及大量的人力和薪柴。很多很多年后，在美国独立战争爆发前夜，波士顿旧北区教堂的灯笼也同样给保罗·里维尔（Paul Revere）传递了一个珍贵的比特：一盏灯代表英国人走陆路，两盏灯代表英国人走海路。

要是传达的情报内容不那么特殊的话，所需的信息容量就更大了。人们尝试了各种方法，如旗帜、号角、时断时续的狼烟和反光的镜子等，甚至想象出天使和灵来传递信息——天使,顾名思义,就是传递神的信息的使者。而磁性的发现,似乎预示着某种颇有希望的前景。在迷信魔法的时代,磁石被视为具有一种神秘莫测的力量。天然磁石能吸引铁制品,并且这种吸引力能够隔空以看不见的方式传播,连水和普通固体障碍物也阻止不了。人们在墙壁的一边拿着一块天然磁石,就可以移动在墙壁另一边的铁块。最为神奇的是,磁力似乎能跨越遥远的距离操控物体,甚至是跨越整个地球,就像指南针所展示的那样。如果用一根针可以操控另一根针,那可能会发生什么呢?这个设想曾一度广泛流传。托马斯·布朗在1640 年写道:

> 一个设想在世间流布,引起人们的注意,轻信的愚人们很快就深信不疑,而那些较为审慎的头脑也并不都排斥。这个设想着实不错,如果出于某种神圣力量,效果的确可行,那么我们就可以像灵那样进行沟通,甚至可以在地面与月亮上的墨尼波斯对话了。[9]

哪里有自然哲学家和自信满满的艺术家,这个"感应"之针的设想就会出现在哪里。在意大利,就曾经有人向伽利略推销过"一种利用磁针的某种感应,与远在两三千英里之外的人通信的隐秘方法"。

> 我告诉他,我很乐意购买,前提是他得站在一个房间里,我站在他的隔壁,我们一起做个实验,来看看这种方法到底灵不灵。他回答说办不到,因为在这么短的距离内效果根本看不出来。这么一说,我就把他打发走了,说我没兴趣为了做成这个实验而跑到开罗或者莫斯科去,不过如果他愿意跑一趟的话,我可以留在威尼斯来做另一端的配合。[10]

这个设想的要点是,如果一对铁针同时被磁化(按照布朗的说法,"让它们接触同一块天然磁石"),它们就从此会保持感应。即使被分隔千里,这种感应仍然存在。大概也可以把这个现象称作某种"纠缠"吧。发送者和接收者各持一根针,然后商量好在同一时刻统一行动。他们分别把针放到边缘写满了字母的圆盘上,发送者通过转动针来拼写讯息。布朗解释道:"根据自古以来的说法,不管相距多远,只要一根针指向圆盘上的一个字母，那么另一根针也将出于奇妙的感应指向同一个字母。"其他人只是道听途说、人云亦云，只有布朗亲手做了一次实验。但实验没能成功：当布朗转动其中一根针时，另一根纹丝不动。

布朗并未排除这种神秘的力量有朝一日可以用于通信的可能性，但他也提出了一个疑虑。他指出，即使真有可能实现这种基于磁力的通信，发送者和接收者在试图进行同步时，还会面临一个问题，即他们如何知道对方所在地点的时间。

> 想要知道在不同地点的不同时间，这可不是个普通问题，不是翻阅年历就能解决的。它是个数学问题，就算是最聪明的人也还没有找到完全满意的解决方法。根据各地的经度可以推算出各地的时间，但是并非所有地方的经度都已然清楚。

这个先见之明完全出于理论推断，所依据的则是 17 世纪天文学和地理学的新知识。它首次质疑了长久以来被认为确实可靠的假设，即各地处于同一时间。不论如何，布朗注意到，专家们对此意见不一。不过，要直到两个多世纪以后，人们旅行或通信的速度才能快到可以感觉出两地时差的程度。但在当时而言，世界上没有人能够像那些目不识丁的非洲人一样，使用鼓声进行那样丰富、那样迅速、那样远距离的通信。

————

在艾伦上校发现会说话的鼓的 1841 年，塞缪尔·芬利·布里斯·摩尔斯则正在为他自己的击键编码大伤脑筋。这种编码相当于一种电磁鼓点，可以通过电报线路以电脉冲形式传播。发明一种编码方式可是件复杂的细活。他一开始甚至没把它想成是一种编码，而是想成了"一种表示字母的符号系统，使用直流电流的连续快速通断来指示和标记"。[11]这在发明年鉴里基本上查不到任何类似的先例。如何把信息从一种形式，即日常语言，转换成另一种适于在电线上传输的形式呢？这个问题极大地考验着摩尔斯的智慧，比发明电报时需要考虑的机械问题要难得多。因此，历史上更多的是将摩尔斯与他发明的编码而非发报设备联系起来，可谓恰如其分。

　　他手头的现成技术似乎只允许他使用最简单的电脉冲，即通过开关电路造成电流的通断。但他如何能够使用电磁铁的开合来传达含义丰富的语言呢？他的第一个设想是发送数，每次发送一个数字，用点击和停顿来区别。比如，序列 ··· ·· ····· 表示 325。每个英语单词都对应一个数，在收发两端的电报员则会查阅一个特殊的词典来翻译。摩尔斯开始亲自动手制作这样的词典，还浪费了许多时间把它誊写到大的对开本上去。*1840 年，他在自己的第一个电报专利中阐明了这种设想：

> 　　在这种词典或词汇表中，单词按字母表顺序排列并按某种规则进行编号，分别以字母表中的字母打头。这样，语言中的每个单词都有了对应的电报编号，而且可以通过数字符号来任意指定。[12]

为了提高效率，他从不同层面权衡了成本和潜在价值。传输本身有成本：电线很昂贵，而且每分钟能够传输的电脉冲数量也是固定的。数的传输相对比较简单，但相应地会给电报员增添困难，从而增加额外的成本。电码本（查找表）的设想颇具潜在价值，在未来还会出现在其他技术当中，最终它甚至能用于中文电报。但摩尔斯意识到，如果操作员在收发电报时每个单词都要查表，那显然是太过麻烦了。

　　与此同时，他的助手阿尔弗雷德·韦尔（Alfred Vail）则在研发一种更易用的杠杆电键，以便操作员能够快捷地操纵电路通断。渐渐地，韦尔和摩尔斯的思路转向了对字母表进行编码，即先用符号表示字母，然后再用字母拼出每个单词。这样，他们需要想出某种办法，仅用少许符号就能表示出口语和书面语中的所有字词，也就是说，将整个语言映射到电脉冲的单一维度上。一开始，他们考虑了一种基于两个元素的系统：一个是点击（现在称为点），另一个是点击之间的停顿。后来，他们在摆弄电键原型时，萌发了加入第三个元素的想法：线或划，以"电路闭合的时间比发送一个点更长"来表示。[13]（这种编码后来被称为点–划字母表，

---

　　*　他后来写道："不过，简短的经验证明了按字母表顺序排列的优越性。那本我花费了大量心血的大开本的按数排序的词典……就被弃在一旁，被按字母表顺序排列的词典取代。"[14]

但没有提及的停顿也同等重要，因此，摩尔斯电码并不是一种二进制语言。[*]）人能学会这种新语言，在一开始看来，是很了不起的。操作员必须掌握这套编码系统，还要持续不断地完成双重的转换：从语言到符号，从大脑到手指。电报员掌握这些技能的内化程度之深，曾让当时的一个目击者大感惊奇：

> 在记录设备上的工作人员，对于这些令人费解的象形符号竟然如此精通，他们根本用不着查阅打印出来的记录，就能知道接收到的讯息是什么意思。记录设备对他们说着一种清晰能懂的语言。他们能听懂它说的话。他们可以闭上眼睛，一边倾听耳边那些奇怪的滴答声，听任机器把记录打印出来，一边就能立刻说出这些滴答声是什么意思。[15]

摩尔斯和韦尔意识到，为了提高速度，他们可以设计让最常用的字母对应较短的编码，以减少击键的次数。但哪些字母才是最常用的呢？在当时，人们对于字母的使用频率还未作过统计。在调查字母使用频率的过程中，韦尔灵机一动，拜访了新泽西州莫里斯敦镇的一家当地报社。[16]在那里，韦尔仔细查看了他们使用的铅字盘，发现备货中有一万两千个 E、九千个 T，但只有两百个 Z。他和摩尔斯据此调整了字母编码。本来，他们使用"划—划—点"来表示 T 这个第二常见的字母，现在他们仅使用一个"划"，帮电报员们省去了不可计数个按键动作。很多年后，据信息理论学家的计算，他们的英文电报编码方案距最优排列方案相差只有约 15%。[17]

当然，非洲鼓语的设计没有此类科学理论的支持，也没有这种实用主义哲学的指导。但它也要解决与设计电报编码时所面临的同样问题，即怎样将整个语言映射到单一维度的最简单的一连串鼓声上。这个设计问题是经过一代代鼓手、数个世纪的社会演进才得到解决的。到了 20 世纪早期，击鼓传信与电报之间的相似之处在那些研究非洲的欧洲人看来变得显而易见。罗伯特·萨瑟兰·拉特雷海军

---

* 操作员很快就区分了不同长度的停顿，用来间隔词与词、句子与句子。因此，摩尔斯电码实际上一共使用了四种符号。

上校在给伦敦的皇家非洲学会的报告中这样说道："就在几天前，我在《泰晤士报》上读到一条消息，讲的是非洲某地的一名居民如何得知远方一名欧洲人婴儿的死讯，以及这个消息是如何，按照报上的说法，遵照'摩尔斯原理'利用鼓声进行传递的——其实它用的就是'摩尔斯原理'。"[18]

然而，这个明显的类比会误导人们。结果他们发现无法破解鼓声的编码，因为事实上它根本就不是什么编码。摩尔斯的系统建立在一个中间符号层，也就是字母表的基础上。字母表将口语和他最终的编码联系了起来。摩尔斯的点–划编码，与口语语音并无直接联系。点–划编码仅仅用来表示字母，字母再组成书面单词，最终书面单词才表示口语中的单词。非洲的鼓手们就没有这么一种中间编码可用，无法通过一个中间符号层来完成这样的抽象，毕竟就像目前世界上现存六千多种语言中的大部分，非洲的各种语言没有字母表。鼓语其实是口语的一种变形。

而对于这种现象给出正确解释的重任，落在了约翰·卡林顿肩上。他是一名英国传教士，1914 年生于北安普敦郡。卡林顿 24 岁时去了非洲，并在那里待了一辈子。鼓语很早就引起了他的注意，当时他从大英浸信会的亚库莎（位于刚果河上游）据点出发，在班布尔森林中的村庄传教。有一天，他一时心血来潮，动身前往小镇雅农伽玛，却在抵达时意外地发现教士、医护助理以及村里的老师已经聚集在那里恭候他的光临了。他们解释说，有鼓声提前通知了他们。后来，卡林顿逐渐了解到，鼓声不仅可以用来传达通知和警报，还可以用来祈祷、吟诗，甚至讲笑话。鼓手们并不是在发送信号，而是在说话：他们说的是一种特殊的、改造过的语言。

后来卡林顿自己也学会了怎样敲鼓。他主要使用的是克勒语（Kele），它属于班图语支，现在主要在刚果民主共和国东部使用。一位洛克勒族村民这样评价卡林顿道："他其实并不是欧洲人，只是有着欧洲人的肤色而已。他的前世就生活在我们村，本来就是我们中的一员。投胎时神灵误把他投到了万里之遥的一个白人村庄，附体在一个白人妇女的婴儿身上，结果他没有出生在我们这里。可是因为他属于我们，他不会忘记自己来自何方，所以他回来了。"那个村民又大度地补充道："如果说他在敲鼓方面有什么不足的话，那是因为白人给他的教育太糟糕了。"[19]卡林顿在非洲生活了四十多年，成为一位杰出的植物学家、人类学家和语言学家，是非洲语言谱系结构方面的权威。非洲的语言纷繁复杂，各地方言数以千计，迥异的语言也达数百种。他也注意到，要成为一名好的鼓手，需要多么健谈才行。1949 年，他最终将自己的发现出版成了一本小薄册子，标题就叫做《非洲会说话的鼓》。

在破解鼓声谜团的过程中，卡林顿在相关非洲语言的核心特点中找到了破解的关键。这些语言都是声调语言，声调升降就像不同的辅音或元音一样也能区分意义。而大多数印欧语言，包括英语，都没有这种特点。它们只把音调用于某些句法方面，如用以区分疑问句（"you are happy ↗"）和陈述句（"you are happy ↘"）。但对于另外一些语言来说，其中最著名的有汉语普通话和粤语，声调在区分不同的字词时起着主要的作用。绝大多数的非洲语言也是如此。即使欧洲人学会了使用这些语言来交流，他们往往也会由于缺乏切身体验而意识不到声调的重要性。而当他们把听到的单词转写成拉丁字母时，音调的区别就被完全忽略了。这时，他们实际上无异于色盲。

例如，有三个不同的克勒语单词都被欧洲人转写为 lisaka。这些单词只是语调上有不同：由三个低音音节组成的单词 lisaka 的意思是水洼，最后一个音节读升调（不一定重读）的 lisa^{ka} 的意思是承诺，而 li^{saka} 则是一种毒药。又例如，单词 li^ala 的意思是未婚妻，而 liala 则是垃圾坑。转写后，它们似乎是同音词，但其实并不是。明白其中的关键后，卡林顿回忆道："想来真不好意思，我好像有过很多次叫仆童'划船去取一本书'，或是'把要来拜访他的朋友钓上来'。"[20]但欧洲人就是没耳力听出其中的差别来。卡林顿知道，这种声调不分能闹出多大的笑话来：

> alambaka boili ［ − ＿ − − ＿＿＿］= 他望着河岸
>
> alambaka boili ［ − − − − ＿ − ＿］= 他把丈母娘给煮了

19 世纪后期以来，语言学家认为音素是区分不同意义的最小语音单位。例如，英语单词 chuck 包含三个音素。把 ch 换成 d，或把 u 换成 e，或把 ck 换成 m，就会生成不同的意义。音素这个概念很有用，但并不完美：语言学家之间甚至难以就英语或其他语言的精确音素表达成共识（大多数人估计，英语的音素在四十五个左右）。然而问题在于，口语流是连续的。语言学家是可以依据某种抽象的或武断的原则将它们分解成离散的单位，但这些单位的意义对每个说话者而言都不一样，而且还和上下文相关。同时，大多数说话者对于音素的感知和运用，还受到了书面字母表的影响，后者也是以不免武断的方式对语言加以了固化。无论如何，由于引入了新的变量，声调语言所包含的音素要远多于对此不熟悉的语言学家乍看之下所看到的。

非洲语言的口语把声调作为举足轻重的一部分，鼓语则更进一步——它仅使用声调。这是种只有一对音素的语言，完全通过高低音的变化构成。鼓的原材料和制作手艺各有不同。比如，梆鼓（slit gong）就是取一段花梨木，掏成中空，再切出个长而狭的口子，就可以一端发高音而另一端发低音；还有一些鼓是蒙皮的，可以成对使用。但紧要的是，造出来的鼓要能够发出两个可辨别的音符，彼此相差约一个大三度。

在将口语映射到鼓语的过程中，不可避免地，信息会丢失。因此，鼓语存在着先天不足。无论在哪个村庄和部落，鼓语都是基于口语单词，然后丢弃其中的辅音和元音。这可是丢弃了很多，余下的信息流难免就会有歧义。在高音的一端连敲两下［－－］，可以匹配克勒语中 sango（父亲）一词的声调，但它自然也完全能够表示 songe（月亮）、koko（鸡）或 fele（一种鱼），或其他任何由两个高音构成的词。即便是在亚库莎的传教士所掌握的没包含多少词的词典中，这样的词也有 130 个之多。[21] 将声调丰富的口语单词简化至如此单一的编码后，又如何使用鼓声来区分它们呢？重音和敲鼓的时机可以部分解决这个问题，但光靠这些技巧还不足以弥补辅音和元音缺失带来的损失。卡林顿发现，为此，鼓手总是会为每个单词加上一些"小短语"以示区分。比如，单词 songe（月亮）可以表示成"songe li tange la manga"（那俯览大地的月亮）。单词 koko（鸡）可以表示成"koko olongo la bokiokio"（鸡，那啾啾叫的小东西）。这些额外的鼓点，可不是画蛇添足，正是它们提供了上下文信息。每个模棱两可的词在一开始都有很多种可能的解释，但随着鼓点的推进，那些歧义性统统消失了。而这一切，都是在不知不觉中完成的。虽然听者听到的只是断断续续、有高有低的鼓点，但实际上他们也"听到了"那些缺失的辅音和元音。而且他们听到的是整个短语，而非单个的单词，正如拉特雷上校在报告中所说的："对于那些不知文字或语法的人而言，如果将其从所在的声音组合中抽离出来，一个单词**本身**差不多不再是可辨识的了。"[22]

鼓语中有许多定型的长尾巴，它们引入的冗余克服了歧义。但它也不乏创新，可以自由地为北方传来的种种新鲜事物创造新词："蒸汽船"、"香烟"以及"基督教上帝"是三个特别引起了卡林顿注意的词。不过，鼓手们总是从传统的固定程式开始学起的。鼓手们沿袭的程式中偶尔还保留了一些在日常用语中早已被遗忘的旧式说法。对于雅温得人来说，大象永远是"笨拙的巨物"。[23]无独有偶，荷马史诗中也大量使用程式（例如，不只说宙斯，而说"集云的神宙斯"；不只说海，而说"酒色的大海"），这恐怕并非巧合。在口语文化中，创作的灵感首先要服务于清晰、易记的目标。本来嘛，缪斯女神都是记忆女神的女儿。

————

虽然克勒语和英语都没有哪个词是表达**"为了克服歧义和进行纠错而专门引入额外的比特"**这样的意思，但这正是鼓语所做的。引入冗余，不言而喻，效率肯定会打折扣，但它是避免混淆的一剂良药，它提供了第二次机会。事实上，每一种自然语言都内在地包含冗余，这也是为什么人们可以读懂错别字连篇的文章，可以在嘈杂的房间里听懂交谈内容的原因。英语的内在冗余性启发了 20 世纪 70 年代著名的纽约地铁海报创意（以及詹姆斯·梅里尔的诗作）：

> if u cn rd ths
>
> u cn gt a gd jb w hi pa! *

（"拒绝这种拼法的诱惑可能会拯救你的灵魂。"梅里尔在诗的最后这样说道。[24]）大多数时候，语言中的冗余是为了提供背景信息。这种冗余对于电报员而言是巨大

---

    * 诗句拼写完整的版本为：If you can read this, you can get a good job with high pay!（如果你能读懂这个，你就能得到一份高薪工作！）——译者注

的浪费，但对于非洲的鼓手来说是必不可少的。类似的情况也可见于另一种专业化的语言——航空通信的语言。飞行员和空中交通管制员之间来回沟通的信息，包括海拔、航线、尾翼号、飞行跑道和滑行道的标识、无线电频率等，大多是由数字和字母构成的。这些关键信息是在一个特别嘈杂的信道上传递的，所以必须引入一种专用字母表来减少歧义。口语里的字母 B 和 V 很容易混淆，不如读成 bravo 和 victor 来得保险；M 和 N 则变成了 mike 和 november。而在需要说数字的时候，five（五）和 nine（九）尤其容易混淆，所以分别被读作 fife 和 niner。这些额外的音节与鼓语中额外的藻饰，起到的作用是相同的。

　　在专著出版后，约翰·卡林顿偶然发现，已经有研究者从数学角度对此进行了研究。贝尔实验室的工程师拉尔夫·哈特利在其论文《信息的传输》中，甚至提出了一个看上去有点相关的公式：$H = n \log s$，其中 H 表示讯息的信息量，n 表示讯息中的符号数，而 s 则表示语言中可用符号的总数。[25]哈特利的后辈克劳德·香农，后来就是沿着这个方向继续研究，并应用自己的理论对英语的冗余度进行了精确度量。这里的符号，既可以是单词、音素，也可以是点和划。可选择的程度则根据符号集的不同而大小不一——它可以是一千个单词，或四十五音素，或二十六个字母，或电路的三种不同的通断状态。这个公式量化了一种简单现象（当然，是意识到后才觉得简单）：可用的符号越少，为表示出给定信息量所需传递的符号数就得越多。对于非洲的鼓手来说，需要传递的符号数是对应口语的八倍之多。

　　哈特利费了一番笔墨说明他对**信息**一词的用法。他写道："在日常使用中，信息这个术语弹性太大，因此首先有必要为它规定更为确切的含义。"他建议从"物理的"（借用他的话）而非心理的角度度量信息。但他发现，这样会使事情更为错综复杂。而不无悖论的是，复杂性正源自这些中间符号层，如字母表中的字母或是点和划。这些符号是离散的，数量不大。更难度量的则是这些中间符号层与底层，也就是人类语音本身的关联。无论是对电话工程师还是非洲鼓手来说，正是这种带有意义的声音流才是通信的实质内容，虽然这些声音反过来也是更底层的知识或意义的一种编码。不论如何，哈特利认为，工程师应该要能从各种形式的通信中归纳出一种一般理论来，而不管它是文字，是电码，还是通过电话线或以太以电磁波形式传输的声音。

当然，哈特利对鼓语的事一无所知。并且就在约翰·卡林顿刚刚开始对鼓语有所理解后不久，鼓就开始从非洲的生活场景中逐渐淡出了。他眼见洛克勒族的年轻人中练习敲鼓的人越来越少，而上学的孩子们甚至连鼓语中的名字也没有了。他为此感到十分惋惜，因为对他而言，会说话的鼓已经成了他生活中的一部分。[26]1954年，一位来访的美国人在刚果的传教据点亚伦巴村找到了他，当时他正在那里经营一所传教士学校。他仍然每天都到丛林里散步，而每到午饭时间，他的妻子就会使用一阵急促的鼓声召唤他回家。她用鼓声说道："森林里的白种男人精灵，回来回来，回到属于森林里的白种男人精灵的高高的木屋。女人和洋芋在等待着你。回来回来。"[27]

要不了多久，这些人所使用的通信技术就将从会说话的鼓直接跨越到移动电话，而跳过了所有的中间环节。

注释

[1] Irma Wassall, "Black Drums," *Phylon Quarterly* 4 (1943): 38.

[2] Walter J. Ong, *Interfaces of the Word* (Ithaca, N.Y.: Cornell University Press, 1977), 105.

[3] Francis Moore, *Travels into the Inland Parts of Africa* (London: J. Knox, 1767).

[4] William Allen and Thomas R. H. Thompson, *A Narrative of the Expedition to the River Niger in 1841*, vol. 2 (London: Richard Bentley, 1848), 393.

[5] Roger T. Clarke, "The Drum Language of the Tumba People," *American Journal of Sociology* 40, no. 1 (1934): 34–48.

[6] G. Suetonius Tranquillus, *The Lives of the Caesars*, trans. John C. Rolfe (Cambridge, Mass.: Harvard University Press, 1998), 87.

[7] Aeschylus, *Agamemnon*, trans. Charles W. Eliot, 335.

[8] Gerard J. Holzmann and Björn Pehrson, *The Early History of Data Networks* (Washington, D.C.: IEEE Computer Society, 1995), 17.

[9] Thomas Browne, *Pseudoxia Epidemica: Or, Enquiries Into Very Many Received Tenents, and Commonly Presumed Truths*, 3rd ed. (London: Nath. Ekins, 1658), 59.

[10] Galileo Galilei, *Dialogue Concerning the Two Chief World Systems: Ptolemaic and Copernican*, trans. Stillman Drake (Berkeley, Calif.: University of California Press, 1967), 95.

[11] *Samuel F. B. Morse: His Letters and Journals*, vol. 2, ed. Edward Lind Morse (Boston: Houghton Mifflin, 1914), 12.

[12] U. S. Patent 1647, 20 June 1840, 6.

[13] Samuel F. B. Morse, letter to Leonard D. Gale, in *Samuel F. B. Morse: His Letters and Journals*, vol. 2, 64.

[14] Ibid., 65.

[15] "The Atlantic Telegraph," *The New York Times*, 7 August 1858.

[16] 摩尔斯声称，这是他的作为。对此，双方支持者各执一词。参见：*Samuel F. B. Morse: His Letters and Journals*, vol. 2, 68; George P. Oslin, *The Story of Telecommunications* (Macon, Ga.: Mercer University Press, 1992), 24; Franklin Leonard Pope, "The American Inventors of the Telegraph," *Century Illustrated Magazine* (April 1888): 934; Kenneth Silverman, *Lightning Man: The Accursed Life of Samuel F. B. Morse* (New York: Knopf, 2003), 167.

[17] John R. Pierce, *An Introduction to Information Theory: Symbols, Signals, and Noise*, 2nd ed. (New York: Dover, 1980), 25.

[18] Robert Sutherland Rattray, "The Drum Language of West Africa: Part II," *Journal of the Royal African Society* 22, no. 88 (1923): 302.

[19] John F. Carrington, *La Voix des tambours: comment comprendre le langage tambouriné d'Afrique* (Kinshasa: Protestant d'Édition et de Diffusion, 1974), 66, quoted in Walter J. Ong, *Interfaces of the Word*, 95.

[20] John F. Carrington, *The Talking Drums of Africa* (London: Carey Kingsgate, 1949), 19.

[21] Ibid., 33.

[22] Robert Sutherland Rattray, "The Drum Language of West Africa: Part I," *Journal of the Royal African Society* 22, no. 87 (1923): 235.

[23] Theodore Stern, "Drum and Whistle 'Languages': An Analysis of Speech Surrogates," *American Anthropologist* 59 (1957): 489.

[24] James Merrill, "Eight Bits," in *The Inner Room* (New York: Knopf, 1988), 48.

[25] Ralph V. L. Hartley, "Transmission of Information," *Bell System Technical Journal* 7 (1928): 535–563.

[26] John F. Carrington, *The Talking Drums of Africa*, 83.

[27] Israel Shenker, "Boomlay," *Time*, 22 November 1954.

第 2 章
持久的文字
（心智中并无词典）

> 奥德修斯听到诗人吟唱他在海外的卓越事迹时，不禁潸然泪下。因为一旦被人传唱，这些事迹就不再只属于他自己，而是已经属于听到这吟唱的每个人。
>
> ——沃德·贾斯特（2004）[1]

耶稣会神父、哲学家、文化历史学家沃尔特·翁曾提议："试想这样一种文化，在其中没有人是'查阅'（look up）东西。"[2]经过两千多年的演化，人类已经把各种信息技术内化。如果想把这部分去掉，那真需要充分发挥想象力，回到被遗忘的过去。而我们人类心智中最根深蒂固难以去除的，也是位于一切技术之先的，就是文字。这项技术在人类历史曙光初现之时就出现了，这并非偶然，因为所谓历史，正是有了文字才成其为历史。过去之所以能够称为过去，全靠文字来记录轨迹。[3]

人类历经数千年才把这种将语言表达成符号系统的能力内化为第二天性。而一旦习得之后，回归天真无邪的退路就不复存在了。已经忘了从什么时候开始，我们只有在**看到**一个词时，才能产生关于这个词的感受。但是"在原初口语文化中"，正如同翁神父所指出的那样，

"查阅某物"是句空话，它不具有可以想象的意义。假如没有文字，语词就没有一种看得见的存在，即便它们所代表的对象是看得见的。这时语词只是一种声音，你可以将它们"唤"（call）回，也就是回忆（recall）起它们，可却无处"查阅"它们。它们没有可供注目的焦点，也没有可供追寻的痕迹。

在20世纪的六七十年代，翁神父就宣称，电子时代将是个口语文化的新时代，但这时的口语文化是"次生口语文化"。这时口语文化大为强化和扩展，但它总是存在于书面文化的语境当中——在无所不在的文字大背景下，声音得以传播。而尚未触及文字的原初口语文化则持续了更为久远的时间，几乎占据了人类的整个演化历程。文字只能算是出现较晚的发展成果，而书面文化的普及更是晚近的事物。翁神父常被拿来与马歇尔·麦克卢汉作比较（弗兰克·克莫德曾不无鄙夷地将麦克卢汉称为"另一位杰出的天主教–电子先知"[4]）。与麦克卢汉类似，翁神父也不幸是在新时代实际来临的前夕作出这些富有远见的预言的。在当时看来，新媒介似乎只是无线电广播、电话和电视。但这些其实是夜空中昏暗的微光，预示着那仍在地平线下的万丈光芒。如果翁神父当初预见到网络空间的出现，不论他将它从根本上视为是口语文化或是书面文化，他应该都会意识到其革新性：它并非是古老形式重新焕发活力，也不仅仅是一种强化，而是某种全新之物。他或许还能够敏锐地觉察到，随之而来的变革就如同当初书面文化的出现一样深刻。在当时，很少有人能比翁神父更理解，书面文化的出现是一个多么深刻的变革。

在翁神父开始着手他的研究时，"口语文献"（oral literature）是学术圈里的常见说法。但是这个说法不仅自相矛盾，而且时代错位，它下意识地以当下的眼光去看待过去的事物。口语文献曾普遍被视作书面文献的一种变体。可是在翁神父看来，这样的观点"就好比把马当作没有轮子的汽车"，

当然，你可以这样做。想象一下，你要写一篇有关马的专题论文（写给那些从来没有见过马的读者），但论文不是从"马"而是从"汽车"入手，只是因为读者对于汽车有着直接的体验。论文始终把马看

作"没有轮子的汽车",从这个角度来给那些满脑子只有汽车的读者解释其中的相异之处……对应于轮子,这些不带轮子的"汽车"有着增大了的脚趾甲,称为蹄;对应于车前灯,它有眼睛;对应于车漆,它有毛发;对应于汽油燃料,它有干草;依此类推。弄到最后,马将面目全非。[5]

在回头审视文字出现以前的岁月时,我们现代人就是翁神父所说的那些无可救药的、满脑子只有汽车的家伙。文字成了我们获取知识的机制和组织思维的手段。我们希望采用历史和逻辑的方法来理解文字的起源,可是历史和逻辑本身就是文字思维的产物。

文字,作为一种技术,使用时需要提前考虑清楚并掌握特殊技能。而语言则不是一种技术,无论多么成熟、多么发达的语言,都不能被视作心外之物,因为语言是心智本身的功能。乔纳森·米勒说过:"事实上,语言之于心智的关系,恰如立法之于议会的关系,这种能力始终通过一系列的具体动作体现出来。"[6]这种说法大致也可以用来描述文字,因为它也涉及具体动作。但当词语被具象化在一张纸或一块石头上时,它就成了一种独立存在的人工品。它是工具的产物,同时本身又是一种工具。正如很多后来出现的技术那样,它因此立刻招惹来不少非议。

柏拉图是第一个长期受益于这项技术的人,本不太可能成为反技术的卢德分子,但他(借不立文字的苏格拉底之口)警告说,文字带来的将是思想的贫瘠:

> 你这个发明结果会使学会文字的人们善忘,因为他们就不再努力记忆了。他们就信任文字,只凭外在的符号再认,并非凭内在的脑力回忆。所以你所发明的这剂药,只能医再认,不能医记忆。至于教育,你所拿给你的学生们的东西只是真实界的形似,而不是真实界的本身。[7]

外在的符号——这就是问题所在。书写的文字似乎显得不那么真诚,毕竟纸草或陶器上的人工涂画只是真实而流畅的口语声音流的高度抽象,而后者与思想本来结合得如此紧密,似乎就是一回事。文字看上去要将知识从人那里抽离出来,要把他们的记忆存储在别处。它还使说话者和倾听者可以间隔遥远的距离或年代。文字带来的种种深远影响，无论是对个人还是对文化，在当时是很难预见的，但是连柏拉图甚至都能多少意识到这种分离所带来的某些力量。借助文字，一个人可以向众多人说话，死者可以向生者说话，生者可以向未生者说话。正如麦克卢汉所言："柏拉图作出这番观察时，他无法知道西方世界接下来的两千年都将是手抄本文化。"[8]这种首次出现的人工记忆，力量之大无可估算：它重构了人类思维，人类历史由此发端。直到如今，它的力量仍然无法估算，但从一项数据可以略见一斑：任何一种口语的词汇仅包含数千个单词，而被最广泛使用的书面语言——英语，有记录的词汇就超过百万之众，而且其数量还在以每年数千个的速度持续增长。此外，这些字词并不是只存在于当下，每个字词都有其渊源和演变至今日模样的历史。

借助文字，我们开始像洒面包屑般在身后留下踪迹，以符号存储下记忆，供后来人追寻。蚂蚁会喷洒信息素，留下化学信息的痕迹；忒修斯会散开阿里阿德涅的线团以防止在迷宫中找不到返回的路。而现在，人们留下的则是白纸黑字的痕迹。文字来到世间，为的就是将信息保存下来，让其能跨越时空。在文字出现以前，传播不仅稍纵即逝，而且只限于狭隘的区域，因为说话声音传出数米之远后就消失无踪。口语的稍纵即逝，是不"言"而喻的。说话声音的停留是如此短暂，所以偶然出现的回声现象，即一个声音被听见两次，甚至会被当成一种魔力。老普林尼曾写道："对于这种神奇的声音回响现象，希腊人赋予它一个漂亮名字，称其为厄科女神（Echo）。"[9]而小说家塞缪尔·巴特勒指出："口语符号，会立刻消弭于无形。即使它真的存在，也只存在于听到了这些符号的人的思维中。"[10]不过，巴特勒阐明口语的这种特点之日，恰逢这一特点被首次打破之时，时值19世纪末，录制声音的留声技术刚刚问世。也正是因为这一论断被证明不完全正确，人们才清晰地认识到这一点。巴特勒这样完成了对口语和文字之间区别的阐述："书写符号的作用范围可以在时间和空间上无限延续，在其作用范围内，人们可以相互沟通思想；它赋予写作者的思想以生命，这种生命仅受墨水、纸张和读者的存续时间的限制，而免于写作者肉体存续时间的限制。"

　　然而，这种新的传播渠道可不仅仅是拓展了旧渠道。文字使得复用和"回忆"成为可能——这是全新的模式。它允许信息以全新的架构加以组织，分成诸如历史、法律、商业、数学和逻辑等。抛开具体内容不谈，这些范畴本身就是新技术的体现。文字的力量不仅体现在知识的保存和传承上，这自然很有价值，也体现在所用的方法论上，比如对视觉指示物加以编码、转换，利用符号替代实物，进而利用符号替代符号。

　　旧石器时代的人类在大约三万年前就开始刻画和绘制形状，以留下他们对于生活中见过的马、鱼和猎手的记忆。这些留在陶土和洞壁上的符号，是作为艺术或魔法之用，历史学家并不情愿把它们称为文字。但这些符号正是人类在外部媒介上记录自身精神状态的开始。而另一方面，结绳记事以及刻木为记是用以辅助记忆。记号也可以作为讯息传递，比如在陶器和石器上做的标记，可以表明物品的所有权。随着标记、图像、象形符号、岩画等形式变得越来越风格化，逐渐约定俗成，故而也更加抽象的时候，它们就逐渐接近我们所熟悉的文字形式了。不过，下一步的转换至关重要，即从表示实物向表示口语的转换：也就是说，中间隔了两层。这个渐进的过程始于象形文字（**书写形象**），再到表意文字（**书写意象**），最终到语标文字（**书写字词**）。

　　汉字于 4500～8000 年前就开始了这种过渡，起源于图案的符号逐渐变成表示具有意义的声音单元。由于汉字的基本单元是字，因而所需符号的数量成千上万。这一方面颇有效率，但另一方面也带来了诸多问题。汉字统一了使用各种各样口语的人群，口语不通的人们之间可以通过文字交流。汉字含有至少五万个符号，其中有六千个左右为大多数识字者所常用和掌握。他们通过流畅、示形的笔画，在汉字中纳入多层维度的语意关系。一种方法是简单的重复，比如三木成森；更抽象一点的，如日月为明，以及二朿为棘，即一周天。而复合造字过程就更令人惊讶了，比如以刀收禾为利，以手翳目为看。汉字还可以由构成元素的相对位置不同而区分含义，比如直立为几（人），横陈为匚（尸）。有些构成元素用以表声，有些甚至有双关的含义。汉字构成了人类历史上演化出来的最丰富，同时也是最复杂的文字系统。从所需符号的数量之多以及单个符号传递的意义之广来看，汉字是一种极端个案：符号集最庞大，单个符号的含义也最丰富。文字系统也可以采取不同的途径：符号数量较少，而每个符号的含义也较少。这样一种中间形态的文字就是音节文字，即基于音素的文字系统，使用单个字符表示音节，这些音节可能带有意义，也可能没有意义。数百个这样的字符，也可以构成一门语言。

位于另一极端的文字系统出现得最晚，这就是字母文字，使用一个符号代表一种最基础的声音。字母文字是所有的文字系统中最简化的、最具颠覆性的东西。

地球上的所有语言中，"字母表"这个词都是同一个：alphabet（alfabet、alfabeto、алфавит、αλφάβητο）。字母表在历史上仅被发明过一次。所有已知的字母表，无论是到今天还在使用的，还是写在考古发掘出来的泥板和石块上的，都只有一个共同的祖先。它起源于靠近地中海东岸的地区，时间上略早于公元前1500年。这个地区包括巴勒斯坦、腓尼基和亚述，是政治纷乱，也是文化交流融汇之地。往东去，是伟大的美索不达米亚文明，其楔形文字已经有了千年的历史。而沿海岸而下往西南去，就是埃及，其象形文字同时在独立地发展。更有旅行商人从塞浦路斯和克里特岛带来了他们自己使用但与他人互不相通的文字系统。它们和来自米诺斯文明、赫梯文明及其他安纳托利亚文明的文字混在一起，做成了一锅字符杂烩。占统治地位的僧侣阶层长期以来维护着他们原先的文字系统，因为谁掌握了文字，谁就掌握了法律和祭祀的支配权。然而，因循守旧的意识不得不与快速交流的需求相权衡，文字是保守的，而新技术却讲求实用。最终在巴勒斯坦或附近地区的闪米特族创造了一种精简版本的符号系统，由22个符号组成。对于其起源地，学者们很自然地将目光投向了如基列西弗，城名翻译过来就是"书卷之城"，或是比布鲁斯，意为"纸草之城"，不过具体如何不得而知，恐怕也无从知晓了。古文字学家面临着一个该专业独有的起源问题：只有在文字发明以后，探究文字本身的历史才有可能。对此，20世纪字母研究的权威之一戴维·迪令格尔，曾引述前人的说法："没有人能够坐下来然后宣布：'现在，我即将成为能够书写的第一人。'"[11]

随后字母像传染病一样迅速传播开来。这种新技术既是病毒，又是病毒传播的载体。它既无法被垄断，也无法被抑制。连小孩子也能够掌握这些为数不多、容易记忆、不带语意的字母。经由各种不同的路径，它派生出阿拉伯世界和北非地区的字母、希伯来和腓尼基字母，以及印度的婆罗米文及其衍生的印度文字的字母，还有希腊字母。各地的文明会将各自的字母加以完善，在其中，拉丁字母和西里尔字母最终脱颖而出。

希腊文学兴起之初并不需要文字，学者们直到 20 世纪 30 年代初才开始不情愿地意识到这一点。当时，结构主义语言学家米尔曼·帕里（Milman Parry）通过研究波黑的口传史诗，提出最初《伊利亚特》和《奥德赛》不仅可能而且肯定是在不借助文字的情况下创作和传唱的。格律、程式化的重复以及史诗本身的诗歌形式，首要的目的无非是为了帮助记忆。其朗朗上口的特性使得诗句像时间胶囊一样，可以将一部虚拟的文化百科全书代代相传。这个观点一开始颇受争议，但随着后来的研究表明这些诗篇的确是在约公元前 7 或 6 世纪的时候被写了下来，它也被普遍接受了。将荷马史诗书写下来这件事意义不可谓不重大，正如继承了帕里观点的英国古典学者艾里克·哈夫洛克所说："它犹如人类历史中的一声惊雷，口口相传的吟诵变成了桌面上的纸页窸窣声。它侵入口语文化，造成了不可逆转的后果。事实上，它为口语文化的生活方式和思维方式的毁灭奠定了基础。"[12]

荷马史诗的形诸文字，将这些伟大的诗篇转写到了一种全新的媒介之上，同时也让它们具有了某些意料之外的特性：原本诗歌是一连串稍纵即逝的字词流，从吟诵者口中每次念出时都略有不同，在听众的耳中甚至尚在回响之时，它们就随风而散了；而现在，它们却成为固定在纸草上、方便携带的诗行。这种非自然的、略显枯燥的模式能否适应诗歌的创作，尚有待观察。但同时，书面文字对于那些更为日常的语篇（discourse）却有着巨大的帮助，比如祭祀祷辞、法律条文和商业文书等。文字也催生了探讨语篇的语篇，书面文本成了一种新兴的受关注对象。

但当时的人们该如何谈论语篇呢？用于描述语篇构成元素的那些词，在荷马时代的词汇表中并不存在。因此，口语文化中所使用的语言必须转换为新的形式，于是新的词汇应运而生。比如，亚里士多德认为，诗歌有**论题**（topic），这个词原意为论题出现的"场所"；拥有**结构**（structure），这是借用了建筑物的说法；由**情**

节（plot）和台词（diction）构成。亚里士多德将吟游诗人的作品视为一种"模仿"，并认为模仿是人的天性，从小就已经开始显露。但是对于别的用途的其他书面作品，比如苏格拉底对话录，还有医学或科学论文，亚里士多德意识到这类一般作品（大概也包含他自己的作品）"至今没有名称"。[13]如此这般，一个脱离具体事物的抽象世界逐渐开始建构起来。哈夫洛克将这描述成一场文化战争，是新意识和新语言与旧意识和旧语言之间的战争："这场斗争为充实抽象概念的词汇库作出了至关重要、影响深远的贡献。物体与空间、物质与运动、永恒与变化、质量与数量、合成与分离等概念，直到今天还在沿用。"[14]

　　亚里士多德是马其顿国王的御医之子，是一位孜孜求知、极富条理的思想家。他着手进行了把知识系统化的工作。文字的持久性使得他能够把有关这个世界的已有知识加以结构化，进而他可以总结关于知识的知识。一旦一个人能够把字词写下来，对它们进行仔细考察，每天从全新的视角对它们加以审视，并追索它们的含义，他就成了一名哲学家。而哲学家的工作始于一张白纸，是从定义概念开始的。一旦发动，知识就具备了自己推动自己前进的能力。在亚里士多德看来，最基本的概念不仅值得定义，而且需要加以定义，比如：

> **起始**指不必跟从任何它者，但排在第二位的某物自然存在或出现于它之后。相反，**结尾**指本身自然地跟从某个它者，或者是出于必然或者是大多数情况下如此，但不再有任何它者跟随其后了。**中段**指既跟从某个它者，也被另一它者跟从，即承上启下的部分。[15]

这些表述与经验无关，它们是在运用语言来组织经验。古希腊人以同样的方式创造了**范畴**的概念（该词在希腊语中的原意为"指控"或"预言"），起先借此为动物、昆虫和鱼类加以分类，进而又以此对观念进行分门别类。这是一种激进的、非自然的思维方式。柏拉图就曾警告说，这种思维方式会让大多数人无法理解：

> 群众无法接受美的观念本身，只知道各种美的事物。他们也不会思考事物的本质，只能理解各种具体事物。因此，群众不可能成为哲学家。[16]

我们或许可以把这里的"群众"理解为"无文字社会里的人",而在柏拉图所处的时代,口语文化依然存在于他周围。因此柏拉图声称,这些人"在万物的多样性中迷失了方向","他们的心灵里没有任何清晰的原型"。[17]

那么什么是清晰的原型呢?哈夫洛克重点关注了人类在心智上对于经验从"叙述的散文"转换到"观念的散文"的过程,这样人类以范畴而非事件来组织经验,并自觉接受抽象化的训练。他想到了一个词来说明这种过程,这个词就是**思考**(thinking)。因此,这不仅是人类对于自身的新发现,而且是人类思考的发端——事实上,这才是人类自我意识的真正起始。

在我们这个根深蒂固的书面文化里,思考和文字看起来是两类关联不大的活动。我们也许会想当然地觉得前者决定后者,而非相反,毕竟每个人都会思考,无论他们会不会写字。但哈夫洛克是对的。书面文字(持久存在的文字)是我们所理解的有意识思考的前提条件。它触发了人类灵魂不可逆转的大规模变化。**灵魂**(psyche),这是苏格拉底/柏拉图在奋力理解它的过程中所钟爱的词。正如哈夫洛克所说,

> 柏拉图在历史上破天荒头一次试图识别出[新型哲学家所需具备的]普遍心智素质,并想寻找一个词来统括它们……他找到了征兆并正确地作出了识别。这么一来,可以说,他证实了前人隐约感觉到的猜测,即人能"思考"以及思考是一种很特别的心智活动,虽然令人不快却又十分令人振奋,它同时要求以一种非常新颖的用法来使用希腊语。[18]

亚里士多德沿着抽象之路更进一步,通过严格组织各种范畴和关系,发展出了一套推理用的符号系统:逻辑学。"逻辑"一词来源于希腊语 λόγος(逻各斯),这个词不太好翻译,因为它可以表示太多意思:"言语"、"推理"、"语篇",或"文字"。

有人可能会把逻辑想象为独立于文字而存在——三段论既可以写出来,也可以说出来。然而,历史并非如此。口语稍纵即逝,根本来不及进行分析。逻辑是书面文字的产物,[19]这一点在各自独立发展出逻辑学的古希腊、古印度或古中国

都概莫能外。逻辑将抽象变成了一种判断真假的工具：真理除了可以来自具体经验，仅从字面也可得出。逻辑链中的关系环环相扣，结论由前提推出，这其中要求一定程度的一致性。倘若人们无法对逻辑进行验证和评估，那么逻辑就毫无说服力。相反，口语叙述的进行则主要靠堆砌，词语就像经过观礼台的受阅阵列，稍作停留后就会匆匆退场，它们之间的互动就只能通过听者的记忆和联想来实现。荷马史诗中没有三段论，它以事件而非范畴组织经验。只有借助文字，叙述结构才能具体体现正确的理性论证。亚里士多德则达到了更高的境界，他不仅把论证本身，而且把对于这些论证的研究视为一种工具。他的逻辑学体现出对于文字不断增强的自觉意识，毕竟逻辑是由文字构成的。"如若马可能不属于任何人，那么人也可能不属于任何马；如若白的可能不属于任何人，那么外衣也可能不属于任何白的。因为如若它必定属于有些白的，那么白的也必然属于有些衣服。"[20]在做出这番论述时，亚里士多德既未要求，也未暗示任何有关马、衣服或颜色的个人经验。他已经脱离了现实，然而他通过操纵文字得出了结论，创造了知识，并且这是一种高级的知识。

翁神父指出："我们知道，形式逻辑是古希腊文化在吸收掌握字母文字以后的产物。"——古印度和古中国也同样如此——"这样一来，由字母文字所萌发的思考方式就被内化成了人类智力资源的一部分。"[21]为此，翁神父引用了苏联心理学家亚历山大·罗曼诺维奇·鲁利亚在20世纪30年代深入中亚乌兹别克斯坦和吉尔吉斯斯坦的偏远地区，对不识字的居民进行的田野调查。[22]鲁利亚在不识字与哪怕识一点字的人们之间发现了惊人的差异——不在于他们掌握知识的多少，而在于他们的思维方式。逻辑直接涉及符号系统：万物各属其类，而类各有经抽象和概括而来的属性。但口语文化中的人缺乏范畴的观念，比如几何形状，而范畴这一观念已经成为书面文化中人的第二天性，即使是不识字的个体也是如此。如果给口语文化中的人看圆形或正方形的绘图，他们只会说这个是"盘子、筛子、桶、表盘或月亮"，那个是"镜子、门、房子或杏仁晒板"。他们不可能，或者也不会接受逻辑三段论。当被问及如下一个问题时：

在极北之地，那里有雪，所有的熊都是白色的。

新地岛位于极北之地，常年积雪。

请问，那里的熊是什么颜色的？

他们常常会回答："我不知道，我见过黑色的熊，别的熊我没见过……每个地方都有它自己的动物。"

与此形成对照的是，哪怕只学过一点点读写的人就会说："依你所言，那里的熊肯定都是白色的。"依你所言——就这个小短语，反映出来的却是一种境界的提升。现在信息摆脱了个人经验的束缚，而存在于一个个文字当中。口语同样可以传递信息，但它不会像书面文字那样给人带来某种自觉意识。会读写的人将他们对于文字的意识视为完全理所当然，类似的还有相关的一系列机制，如分类、引用和定义等。然而在文字出现以前，这些技术却完全不为人知。鲁利亚曾这样问道："请给我解释一下什么叫树。"一位农奴回答说："为什么要解释呀？所有人都知道树是什么，他们不需要我来告诉他们。"

"从根本上说，这个农奴说得没错。"翁神父这样评论道，"在原初口语文化中，你没办法驳斥他的说法。要想做到这一点，你只能离开口语文化，而进入书面文化。"[23]

从实物到文字、从文字到范畴、从范畴到隐喻和逻辑，这是一段曲折的历程。给**树**下**定义**看起来已经不够自然，而如果要定义**文字**就更加令人手足无措了。并且像**定义**这样有用的辅助词起初也并不存在，因为一直以来没有这种需求。"在逻辑的童年期，某种思维形式必须先被发明出来，然后人们才会往其中填满内容。"19 世纪的亚里士多德作品译者，本杰明·乔伊特如是说。[24]口语必须进一步演化，才能跟得上形势。

语言和推理配合得是如此之好，以至于使用它们的人往往看不出其中的瑕疵和不足。不过，任何一种文化中只要出现了逻辑，悖论也就接踵而至。在中国，与亚里士多德差不多同时代的哲学家公孙龙捕捉到了这样的几个悖论，以所谓"白马非马"的对话形式给出。[25]这些文字写在竹简上，以皮绳捆扎，因为那时还没有发明造纸。它的开篇如下：

> 白马非马，可乎？
>
> 曰：可。
>
> 曰：何哉？
>
> 曰：马者，所以命形也。白者，所以命色也。命形色者非命形也。
>
> 故曰：白马非马。

从表面上看，这段对话很令人费解，它已经开始关注语言和逻辑。公孙龙属于名家，就是有关"名"和"实"的学派。他对于这些悖论的探讨构成了中国历史学家所谓古代"语言危机"的一部分，即围绕着语言本质进行的一系列辩论。名与实不相副，类与子类不相容，导致原本看起来没什么问题的推理进行不下去，比如"某人不喜欢白马"竟不能推论出"某人不喜欢马"。

> 曰：以马之有色为非马，天下非有无色之马也。天下无马，可乎？

该哲学家探究了基于属性（白、马）进行分类的抽象过程。这些类究竟是现实的一部分，还是仅仅存在于语言中呢？

> 曰：马固有色，故有白马。使马无色，有马如已耳，安取白马？白马者，马与白也，马与白，马也。是相与以不相与为名，未可。故曰：白马非马也。

两千多年过去了，哲学家们仍在与文字苦苦挣扎。逻辑融入现代思维的路径是迂回曲折、支离破碎而纷繁复杂的。既然悖论似乎是存在于语言之中，或是与语言相关，那么消除悖论的手段之一就是净化这个媒介：将模棱两可的字词和含混不清的句法从语言中剔除，转而采用严格而纯粹的符号。换句话说，就是要求助于数学。到了 20 世纪初，人们觉得只有量身定做一套符号系统才能够使逻辑正常运作，使其不再有误差和悖论。然而，数理逻辑的梦想后来证明也并非无懈可击，在其中悖论仍然会死灰复燃。尽管如此，如果不是逻辑和数学的结合，人们也就无从理解这其中可能存在的问题。

数学，同样地，也是随着文字的发明而产生。古希腊常常被视为现代数学之河的发源地，经过若干世纪的奔流，这条大河已经不断分出众多支流。但是古希腊人自己却常常暗示，他们源自另一个更古老的传统。他们称之为迦勒底，也是我们所知道的巴比伦。这个传统消失在细砂之下，直到 19 世纪末，才重见天日，当时一些黏土制成的泥板从失落城市的土丘里被发掘了出来。

一块写有楔形文字的泥板

人们先是找到了几十块，后来又找到了数千块泥板。它们大多是人的巴掌大小，压印着个个不同、边缘锐化、有棱有角的所谓楔形文字，即"像楔子一样的文字"。成熟的楔形文字既非象形文字（楔形文字的符号简约而抽象），也非字母文字（楔形文字的符号数量众多）。直到公元前 3000 年，一种使用了大约七百种符号的系统还盛行于乌鲁克，这座具有围墙的城市可能是当时世界上最大的城市。它是英雄之王吉尔伽美什的故乡，位于幼发拉底河附近的冲积沼泽地带。德国考古学家在贯穿 20 世纪的一系列考古挖掘中，将乌鲁克城发掘了出来。这种异常古老的信息技术所需的材料唾手可得。只需一只手拿着潮湿的黏土，另一只手拿一枝削尖的芦苇，抄写员便能够将这些小小的字符按行或按列压印出来。

就这样，他们留下了关于古代文明的秘密讯息。解密的工作，花费了好几代人的心血。"就像原本遮蔽这些璀璨文明的大幕被拉开，文字让我们得以直接一窥这些文明的究竟，即便我们还是无法看得太清楚。"心理学家朱利安·杰恩斯这样写道。[26]有些欧洲人一开始还心存怨恨。17 世纪神学家托马斯·斯普拉特曾写道，"我们确实要把知识的**发明**归功于亚述人、迦勒底人和埃及人"，但是"他们同样逃脱不了对于知识的**讹误**所应负的责任"，因为他们将知识通过难解的文字隐藏了起来，"将对于自然以及习俗的观察都裹藏在难以解读的文字中，这是他们当中的智者惯用的伎俩"。[27]（这种说法好像在暗示说，更友善的古人本该使用一些斯普拉特更熟悉的文字来写作似的。）最早期的一些楔形文字，困扰考古学家和古语言学家的时间最久。这种最先被书写下来的语言——苏美尔语，未在后续的文化和口语中留下任何别的痕迹。苏美尔语就这样变成了一种语言学上的孤立物，没有留下任何已知的衍生语种。而当学者们最终读懂了乌鲁克泥板上的文字以后，他们发现上面以独特的方式尽记些无聊的内容，诸如民事记录、契约和法律条文，以及大麦、牲畜、油、苇席和陶器的账单，等等。像诗歌和文学这样的东西，是数百年之后才在楔形文字中现身的。这些泥板不仅记录下了处于萌芽时期的商业和官僚政治的日常活动，而且也是最初使这些活动得以出现的条件。

即使在那样的早期，楔形文字也已经有了各种用以计数和度量的符号。不同的符号，以不同的方式排列，就可以表示不同的数量和重量。一种更系统化的数字书写方法直到汉谟拉比时期才成形。大约在公元前 1750 年，美索不达米亚地区统一到了伟大的巴比伦城治下。汉谟拉比本人可能是第一位识字的国王，可以自己书写楔形文字而不用依赖抄书吏。并且他建立帝国的过程，清楚地表明了文字和社会控制之间的联系。杰恩斯评论说："征服和影响之所以能够层层推进，正是借助了前所未有的众多字母、泥板和石碑。文字是进行社会控制的新方法，实际上，其模式也是今天我们基于备忘录进行沟通的政府的开端。"[28]

数字的书写，当时已经发展成为一种相当详尽的系统。数目仅由两种基本部分组成，一种是竖直的楔形代表 1（𒁹），一种是尖角的楔形代表 10（𒌋）。这些楔形组合起来，就组合成标准字符，所以𒐈代表 3、𒌋𒐚代表 16，依此类推。但是巴比伦的数字系统并非十进制，以 10 为基数，而是六十进制，以 60 为基数。[29]从 1 到 60 的每个数目都由一个单独的字符表示。为了表示大数，巴比伦人使用了数位：𒌋𒁹表示 70（一个 60 加十个 1）、𒌍𒐚表示 616（十个 60 加十六个 1），依此推。所有这些，在泥板初见天日之时，都还没弄清楚。不过，一种大同小异的内容多次出现，后来它被证明是乘法表。在六十进制的系统中，乘法表只需涵盖从 1 到 19 的倍数，以及 20、30、40 和 50 的倍数，其他数的倍数可由此算出。更难以解读的是倒数表，它引入了除法和分数。在六十进制的系统中，倒数关系分别是 2:30、3:20、4:15、5:12……增加数位后，就还有 8:7,30、9:6,40，等等。*

　　这些符号很难说是一种文字，或顶多算是一种怪异、狭长、僵化的文字。它们在陶土上以显而易见的模式排列，并反复出现，简直像艺术作品。它们和考古学家所见过的任何散文或诗歌都不一样，倒像是一座神秘城市的路线图。这也是对它们进行解码的关键，这些有序的乱码当中肯定隐藏着某种意义。不论如何，探明这种意义，似乎是数学家要做的事，而最终的发现也表明，这些符号还真和数学有关。数学家从中发现了几何级数和乘幂表，甚至还找到了求平方根和立方根的步骤。虽然这些学者对于一千多年后出现的古希腊数学已经非常熟悉，但他们仍震惊于美索不达米亚地区在这么早就具备了如此广度和深度的数学知识。阿斯格·奥博在 1963 年写道："人们一度认为，巴比伦只有某种数秘主义或是数字命理学。但现在我们发现，这种观点与事实相比，是多么地粗陋。"[30]巴比伦人会求解线性方程、二次方程，以及在毕达哥拉斯很久之前就知道了毕达哥拉斯数。不过，与随后出现的古希腊数学形成对比的是，巴比伦数学并不重视几何学，除非为了解决实际问题；巴比伦人也计算面积和周长，可是他们并不证明定理。但他们的确可以做到将复杂的二次方程降次。他们的数学，似乎最为推重计算能力。

　　这一点，直到计算能力开始具有实际意义的时候，才得到了重视。而当现代数学家把他们的注意力转向巴比伦的时候，很多重要的泥板业已毁损或散佚。比如，在 1914 年前从乌鲁克发掘出来的一些碎片，被散藏在了柏林、巴黎和芝加哥，但 50 年以后，人们才发现它们上面记载着天文学的原始计算法。为此，20 世纪杰出的古代数学史家奥托·诺伊格鲍尔不得不将散藏在大西洋两岸的碎片重新拼凑起来。1949 年，当博物馆所收藏的楔形文字泥板数量（按他的粗略估计）达到了 50 万块时，诺伊格鲍尔不由感叹道："我们面临的任务就好比仅仅从一个大图书馆的废墟里偶尔找到了几片幸存的残页，却要依此把整部数学史还原出来。"[31]

---

　　*　在转写楔形文字的数时，习惯上会用逗号来区分六十进制数的不同数位，比如 7,30。但是抄写员实际上并不用这样的标点符号，并且实际上在他们的记法中，并无记号用来标识数位。换言之，他们的数实际上是所谓的"浮点数"。一个由两位数字构成的数 7,30 既可能是十进制的 450（七个 60 加三十个 1），也可能是 7½（七个 1 加三十个 ⅟₆₀）。

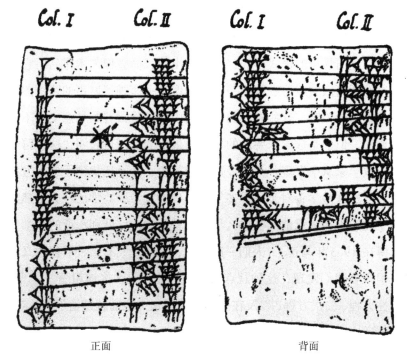

正面　　　　　　　　　　　背面

阿斯格·奥博分析的楔形文字泥板上的一张数学表格

1972 年，斯坦福大学的计算机科学先驱高德纳研究了一块平装书大小的古巴比伦泥板残片。它的一半存放在伦敦的大英博物馆，四分之一在柏林的国家美术馆，其余的部分则已经缺失。高德纳感觉只能用"算法"一词来描述他所见到的，虽然这个说法有点时代错位。

> 一个蓄水池。
>
> 池高为 3,20［即 3⅓］，容积 27,46,40［即 27⅞］已凿毕。
>
> 池长比池宽长 50［即 ⅚］。
>
> 你应该取池高 3,20 的倒数，得到 18［即 ³⁄₁₀］。
>
> 将它与容积 27,46,40 相乘，得到 8,20［即 8⅓］。
>
> 取 50 的一半，自乘之，得到 10,25［即 ²⁵⁄₁₄₄］。
>
> 加上 8,20，得到 8,30,25［即 8⁷³⁄₁₄₄］。

其平方根为 2,55［即 2¹¹⁄₁₂］。

将这一结果创建两个副本，增加［25，即 ⁵⁄₁₂ 到］其中一个，减少［25，即 ⁵⁄₁₂ 到］另一个。

就得到池长为 3,20［即 3⅓］，池宽为 2,30［即 2½］。

此即为解法。[32]

"此即为解法"是泥板上一种标准的结束语，有如祷词，而对于高德纳来说，这个用语却富含深意。从卢浮宫收藏的一块泥板上，他发现了一种"解法"很像堆栈机器，如宝来 B5500 上的程序。他说："我们必须赞美巴比伦人，他们找到了一种很好的方式，既能定义一个算法，又能通过举例解释这种算法。"当时，高德纳正致力于为各种算法给出定义和解释的工作，因此他为古代泥板上的发现感到惊异不已。这些古代的抄写员会要求将数放入某个位置，比如创建一个数的"副本"，又比如将一个数"存入头脑中"。这种抽象的量占据抽象的位置的观念，直到很晚以后，才会再一次出现。

符号在哪里？符号是什么？提出这样的问题本身就需要一种自觉意识，而这并非是自然形成的。一经提出，这些问题便没完没了。哲学家们一直在苦苦索问，这些形形色色的符号到底是什么？

"从根本上讲，字母是表示声音的形状。因此，它们代表着通过眼睛这扇窗口而进入观念的事物。"在中世纪的英国，索尔兹伯里的约翰给出了这样的解释。[33]约翰是 12 世纪坎特伯雷大主教的秘书和抄写员，也是亚里士多德的追随者和推销者。他的著作《元逻辑》不仅仔细阐述了亚里士多德的逻辑学，还催促同时代的学者投身于这种学问，就像皈依一种新宗教。（他毫不避讳地使用了这样的字眼："谁不信从逻辑，谁就将遭受万世秽辱，须臾不得停歇。"）在那个书面文化荒芜的时代，他在羊皮卷上写下了自己对于书写行为和文字效用的观察："通常，它们无言地诉说着不在场者的话语。"这表明，在当时文字和口语的概念仍然还纠结不清。视觉和听觉的混合仍在不断衍生新的谜题，过去和未来的混合（所谓"不在场者的话语"）也是如此。而文字则跨越了所有这些界限。

当时，每个使用文字的用户都是新手。那些撰写正式的法律文书如契据和证书的人，经常感觉有需要说给看不见的听众听："喂！你们所有听到过、看到过这些的人啊！"[34]（他们很不习惯要使时态保持一致，就像是电话答录机的新手们在 1980 年前后录下他们的第一条留言时常常遇到的那样。）还有很多契据是以"再见"结尾的。在书写文字成为自然而然、成为人类的第二天性之前，这些来自口语的遗响必须先逐渐清除。文字本身必须重塑人类的意识。

在书面文化所收获的诸多能力中，内省的力量不可小觑。作家们热衷于讨论文字，这远比吟游诗人讨论说话的意愿要大得多。他们能够**看见**媒介及其所传递的讯息，将对它们进行学习和分析，甚至他们还可以对文字进行批判。从一开始，这项能力就伴随着一股挥之不去的失落感，这是一种怀旧的表现。柏拉图对此感同身受：

> 文字写作有一个坏处在这里，斐德若，在这一点上它很像图画。图画所描写的人物站在你面前，好像是活的，但是等到人们向他们提出问题，他们却板着尊严的面孔，一言不发。写的文章也是如此。你可以相信文字好像有知觉在说话，但是等你想向它们请教，请它们把某句所说的话解释明白一点，它们却只能复述原来的那同一套话。[35]

很不幸，正如柏拉图所说，书面文字是停滞不动的，它稳定不变、不可移动。不过，柏拉图的不安在接下去的一两千年中几乎完全无人理会，因为书面文化结出了累累硕果：历史和法律、科学和哲学，以及对于艺术和文学本身的反思性阐释等。这些成就中没有一个能在纯粹的口语文化中出现。在那样的文化中，的确有可能并且也实际上出现了伟大的诗歌，但是它出现的代价高昂且几率很小。荷马史诗的创作、传播和长时间保存无疑需要占用相当可观的文化资源。

在之后的岁月里，人们并没有怎么怀念那个已经消逝的原初口语文化的世界。直到 20 世纪，当各种传播的新媒体方兴未艾之时，那种不安和怀旧才再度抬头。作为早已被遗忘的口语文化最著名的发言人，马歇尔·麦克卢汉在一次有关现代性的辩论中表达了这种不安和怀旧。他称颂新的"电子时代"，并不是因为其新，而是因为其向人类创造力本源的回归。他把这看作古老的口语文化的复兴。他借用了最新的录音录像技术的说法，宣称"我们在现在这个世纪正在'往回倒带'"。[36]他还构造了一系列对比说法：印刷词／口语词，冷／热，静态／流动，中性／神奇，贫乏／丰富，死板／创新，机械／有机，孤立／综合，等等。他写道，"字母是一种视觉碎片化和专业主义的技术"，它将导致"一片已分类数据的荒漠"。麦克卢汉对于印刷品的批判可以概括为，印刷品提供的传播渠道是狭隘、线性，甚至支离破碎的。而作为对比，口语主要是人的面对面传播，它伴随着手势和身体接触，调动了所有的感官，而不仅仅是听觉。如果说传播的理念是一种灵魂的交往的话，那么文字只能说是这个理念的一个可怜巴巴的影子。

其他受限的传播方式，也受到了同样的批评。这些传播方式是借助后来的一些技术而产生的，比如电报、电话、无线电广播，以及电子邮件等。乔纳森·米勒以信息学的准技术术语把麦克卢汉的论点重新表述了一番："传播方式涉及感官的数目越多，利用副本可靠地传输发送者的思想状态的可能性就越大。*"[37]对于经过耳朵或眼睛的字词流，我们所感受到的不只是一个个的字词，还有它们的节奏和语调，也就是它们的音乐感。我们作为听者或读者，不是每次只听或只读一个字词，而是会把字词分成大小不等的组合，这样获取讯息。由于人类记忆力所限，读者可把握的组合长度要比听者所把握的更长，毕竟眼睛还可以往回看。不过，在麦克卢汉看来，这种方式是破坏性的，或至少是一种退步。他说："听觉空间是有机的、综合的，通过所有感官的同步互动才能感受到；而'理性空间'或图文空间则是单一的、序列化的、连续的，它制造的是一个封闭世界，其中缺失了部落时代的回音世界里那种丰富的回声。"[38]对麦克卢汉而言，这种"部落时代的回音世界"是他的伊甸园。

由于人们依赖口语获取信息，他们就会汇集到一起，形成部落组

---

* 米勒并未同意麦克卢汉的观点，相反他认为："文字对于创造性想象力的微妙反作用怎么估计都不为过，它好比把创意、图像和成语等进行零星存款，这样增值和积累起来的基金可为所有艺术家不限额度地进行提款。"

织……口语承载着比书面语更多的情感……依靠听觉和触觉的部落人民，每个人都承载着集体无意识。他们的世界是充满魔力和整合的，由神话和仪式所规范，其中的价值是神圣的。*

在某种程度上，也许的确如此。但三个世纪以前，在书面文化尚是新生事物的时代，托马斯·霍布斯的观点可并没有这么乐观。在当时，他可以更清醒地看待无文字社会的文化。他写道："人们基于粗放的经验生活，没有方法。换言之，没有人来播种和培植知识，只有谬误和臆测的杂草和普通植物丛生。"[39]这是个悲惨的世界，既无魔力，也不神圣。

麦克卢汉和霍布斯究竟孰是孰非？如果这让我们左右为难的话，那么早在柏拉图的时候，这个困惑就已经开始了。柏拉图见证了文字的日渐兴盛，一边肯定文字的力量，另一边却又惧怕它带来的僵化。在这位作家兼哲学家身上，我们可以看到一种悖论，而相同的悖论会注定以各种形式一再出现，因为每一种信息技术在带来益处的同时，也会引发恐惧。事实证明，柏拉图所担心的那种"善忘"并未成为现实。而它之所以没有成为现实，正是因为柏拉图与其导师苏格拉底、其高徒亚里士多德定义了思想的基本概念，将种种观念分门别类归入不同范畴，并确立了各种逻辑规则。这样他们实现了文字技术的最大潜能，使知识得以更为持久。

字词长久以来是构成知识的原子。而在不远的将来，字词依然还会让追踪它的人们捉摸不透，无论它是一阵稍纵即逝的声音还是一簇固定的笔画。翁神父说过："大多数识字的人，当你对他说'试想某个字词'的时候，他都至少会隐隐约约地把那个字词想象成某种浮现在他眼前的东西，即便真正的字词根本不可能出现在那里。"[40]那么我们在哪里可以找到那些字词呢？当然是在词典上了。翁神父还说过："意识到心智中并无词典，而且词典是语言发展到晚近才出现的添加物，不免会令人泄气。"[41]

---

* 采访者怯生生地问道："可是，非部落化的人难道没有相应的回报吗？比如更多洞见、理解和文化多样性？"麦克卢汉回答道："你的问题正反映出识字之人所有制度化的偏见。"

注释

[1] Ward Just, *An Unfinished Season* (New York: Houghton Mifflin, 2004), 153.

[2] Walter J. Ong, *Orality and Literacy: The Technologizing of the Word* (London: Methuen, 1982), 31.

[3] Jack Goody and Ian Watt, "The Consequences of Literacy," *Comparative Studies in Society and History* 5, no. 3 (1963): 304–345.

[4] Frank Kermode, "Free Fall," *New York Review of Books* 10, no. 5 (14 March 1968).

[5] Walter J. Ong, *Orality and Literacy: The Technologizing of the Word* (London: Methuen, 1982), 12.

[6] Jonathan Miller, *Marshall McLuhan* (New York: Viking, 1971), 100.

[7] Plato, *Phaedrus*, trans. Benjamin Jowett (Fairfield, Iowa: First World Library, 2008), 275a.

[8] Marshall McLuhan, "Culture Without Literacy," in Eric McLuhan and Frank Zingrone, eds., *Essential McLuhan* (New York: Basic Books, 1996), 305.

[9] Pliny the Elder, *The Historie of the World*, vol. 2, trans. Philemon Holland (London: 1601), 581.

[10] Samuel Butler, *Essays on Life, Art, and Science* (Port Washington, N.Y.: Kennikat Press, 1970), 198.

[11] David Diringer and Reinhold Regensburger, *The Alphabet: A Key to the History of Mankind*, 3rd ed., vol. 1 (New York: Funk & Wagnalls, 1968), 166.

[12] "The Alphabetization of Homer," in Eric Alfred Havelock and Jackson P. Hershbell, *Communication Arts in the Ancient World* (New York: Hastings House, 1978), 3.

[13] Aristotle, *Poetics*, trans. William Hamilton Fyfe (Cambridge, Mass.: Harvard University Press, 1953), 1447b.

[14] Eric A. Havelock, *Preface to Plato* (Cambridge, Mass.: Harvard University Press, 1963), 300–301.

[15] Aristotle, *Poetics*, 1450b.

[16] *Republic*, 6.493e. Cf. in Eric A. Havelock, *Preface to Plato*, 282.

[17] *Republic*, 6.484b.

[18] Eric A. Havelock, *Preface to Plato*, 282.

[19] 这种观点并非人人认可，与此相反的观点可见：John Halverson, "Goody and the Implosion of the Literacy Thesis," *Man* 27, no. 2 (1992): 301–317.

[20] Aristotle, *Prior Analytics*, trans. A. J. Jenkinson, 1:3.

[21] Walter J. Ong, *Orality and Literacy*, 49.

[22] A. R. Luria, *Cognitive Development, Its Cultural and Social Foundations* (Cambridge, Mass.: Harvard University Press, 1976), 86.

[23] Walter J. Ong, *Orality and Literacy*, 53.

[24] Benjamin Jowett, introduction to Plato's *Theaetetus* (Teddington, U.K.: Echo Library, 2006), 7.

[25] Gongsun Long, "When a White Horse Is Not a Horse," trans. by A. C. Graham, in P. J. Ivanhoe et al., *Readings in Classical Chinese Philosophy*, 2nd ed. (Indianapolis, Ind.: Hackett Publishing,

2005), 363–366. Also A. C. Graham, *Studies in Chinese Philosophy and Philosophical Literature*, SUNY Series in Chinese Philosophy and Culture (Albany: State University of New York Press, 1990), 178.

[26] Julian Jaynes, *The Origin of Consciousness in the Breakdown of the Bicameral Mind* (Boston: Houghton Mifflin, 1977), 177.

[27] Thomas Sprat, *The History of the Royal Society of London, for the Improving of Natural Knowledge*, 3rd ed. (London: 1722), 5.

[28] Julian Jaynes, *The Origin of Consciousness in the Breakdown of the Bicameral Mind*, 198.

[29] Donald E. Knuth, "Ancient Babylonian Algorithms," *Communications of the Association for Computing Machinery* 15, no. 7 (1972): 671–677.

[30] Asger Aaboe, *Episodes from the Early History of Mathematics* (New York: L. W. Singer, 1963), 5.

[31] Otto Neugebauer, *The Exact Sciences in Antiquity*, 2nd ed. (Providence, R.I.: Brown University Press, 1957), 30 and 40–46.

[32] Donald E. Knuth, "Ancient Babylonian Algorithms," 672.

[33] John of Salisbury, *Metalogicon*, I:13, quoted and translated by M. T. Clanchy, *From Memory to Written Record, England, 1066-1307* (Cambridge, Mass.: Harvard University Press, 1979), 202.

[34] Ibid.

[35] *Phaedrus*, trans. Benjamin Jowett, 275d.

[36] Marshall McLuhan, "Media and Cultural Change," in *Essential McLuhan*, 92.

[37] Jonathan Miller, *Marshall McLuhan*, 3.

[38] *Playboy* interview, March 1969, in *Essential McLuhan*, 240.

[39] Thomas Hobbes, *Leviathan, or The Matter, Forme and Power of a Commonwealth, Ecclesiastical, and Civil* (1651; repr., London: George Routledge and Sons, 1886), 299.

[40] Walter J. Ong, "This Side of Oral Culture and of Print," Lincoln Lecture (1973), 2.

[41] Walter J. Ong, *Orality and Literacy*, 14.

第 3 章
两本词典
（我们文字的不确定性以及我们拼写的随意性）

在如此繁荣而活跃的时代，人类不断有更多的新想法涌现，

这些须得发明新的表达方式加以标明和区分。

——托马斯·斯普拉特（1667）[1]

一位乡村教师兼牧师在 1604 年写成了一本书，其冗长的标题是这样开头的，《字母排表：列举英语中的日用难词，为正确地书写和理解它们提供指导》。[2]接下来的文字进而说明了这本书想要达到的目的：

运用普通英语单词进行解释，以造福和帮助小姐、妇人以及其他文化水平不高的人。

这样她们可以更容易、更确切地理解在聆听或阅读《圣经》和布道时遇到的许多难词，也可以培养足够的能力去自行使用这些词。

扉页上没有写作者罗伯特·考德里的名字，却写了一条拉丁文格言——"不理解不如不读"（Legere, et non intelligere, neglegere est），并使用了尽可能正式和精确的方式来描述出版商的位置，因为在当时 address 这个词还没有"地址"之义。

在伦敦出版，由 I. R. 印制，埃德蒙·韦弗发行，其在圣保罗大教堂北大门的商铺有售。

即使在熙熙攘攘的伦敦街道上，商铺和住户在当时也不是通过地址编号来查找的。但字母表却有着固定的顺序（alphabet 一词就是由前两个字母 alpha 和 beta 构成的），这个顺序从腓尼基人的时代就已经确定了下来，并经受住了后来所有的借用和演化历程。

考德里生活在一个信息贫乏的时代。不过，即便他当时有这样的概念，他也可能不会这样想。相反，他可能觉得自己身处于一个信息爆炸的过程之中，并还想对这个过程加以推动和组织。可是四个世纪以后，连他自己的生平都已经湮灭无闻。他的《字母排表》是信息史上的一座里程碑，可惜其首印版中仅有一本流传了下来。他的出生时间和地点都不详，据传可能是于 16 世纪 30 年代末出生在英格兰中部地区。尽管有教区记录簿，但是当时人们的生平几乎完全没有文献记载，无从考证。甚至连他的姓都没有一个确定的拼法（Cawdrey，Cowdrey，Cawdry）。这也难怪，在当时大多数名字都还没有一个公认的拼法，因为它们只是被说出来，而很少被写下来。

事实上，当时的人们几乎没有"拼法"（每个单词在书写时要采取固定的字母排列形式）的概念。仅以一本 1591 年出版的小册子为例，其中单词 cony（兔子）就出现了多种拼法，如 conny、conye、conie、connie、coni、cuny、cunny 以及 cunnie 等。[3]在其他书中，还有更多不同形式。而考德里自己，在他声称"指导正确地书写"的著作的扉页上，前一句还写的是 wordes，接下去一句里就写成了 words。语言并不像一个单词仓库，用户无法从中随时"调出"现成的正确单词。相反地，口语词稍纵即逝，消失无踪。当单词被说出来时，人们无法将其在各种形式之间加以比较和衡量。而当人们将羽毛笔蘸饱墨水、准备在纸上写下一个单词时，他们每次都可以进行新的选择，选定一些自觉合适的字母组合来达成目的，只是这样的选择不一定每次都相同。随着印刷书的出现和普及，人们逐渐产生了这样一种感觉，即单词的书写形式**理应是**确定的。也就是说，只有一种拼法正确，其他的都是错误的。起初，这种感觉是潜意识的，但后来就进入了众人的意识当中。出版商于是自告奋勇担当起规范化的责任来。

《字母排表》（第三版）的扉页

　　源自日耳曼语的**拼写**（spell）一词，最初的意义是说话或出声。然后，它的意义演变成了朗读，特指那种缓慢地、逐个字母地朗读。再后，它的意义进一步延伸，大概在考德里的年代，开始具有了逐个字母书写的意义。最新的这个意义在当时是某种诗歌用语。耶稣会诗人罗伯特·索思韦尔（Robert Southwell），就在他遭受绞刑和裂刑不久之前，曾写道："夏娃（Eva）反拼，圣母（Ave）显现。"而当一些教育界人士开始认真考虑拼写的概念时，他们将其称为"正确的书写"，或者借用希腊语，称其为**"正字法"**（orthography）。尽管在当时很少有人费心此事，但伦敦的一位学校校长理查德·马卡斯特却不惮烦琐编写了一本启蒙教材，标题是《初学入门第一部分［第二部分的内容不同］，主要教授英语的正确书写方法》。该书出版于 1582 年，与罗伯特·考德里的著作一样，它附上了对出版商地址的详细说明："由伦敦鲁德门附近布莱克法尔的托马斯·沃特罗利尔出版。"他在书中列出了大约八千个单词，并提出了编纂一本词典的愿望：

有一件事在我看来非常值得赞扬，并且不仅值得赞扬，也同样有利可图，那就是让某个既富有学识，而同时又勤勤恳恳的人，将我们所用英语中的所有单词集合起来……编成一本词典。这样做，除了在提供每个单词（按字母表顺序排列）的正确写法之外，还能向我们展示它们所具有的内在力量和正确用法。[4]

他还发现了做这件事的另一个动力：商业和交通的迅速发展，使得人们与其他语言的接触多了起来，这促使人们意识到英语只是诸多语言中的一种。马卡斯特写道："外国人和外族人对于我们文字的不确定性以及我们拼写的随意性确实感到十分惊奇。"从此以后，语言再也不像空气那样看不见摸不着了。

当时，世界上只有约五百万人说英语（此为粗略估计，1801 年以前没有人曾尝试对英格兰、苏格兰或爱尔兰的人口作过统计），而其中只有约一百万人会读写。但在当时世界上的所有语言中，英语已经是最多变、最多态、最多源的了。英语的历史始终伴随着外来语的侵蚀和充实。它最古老的核心词汇，也就是那些被认为最基础的单词，来源于盎格鲁人、撒克逊人、朱特人，这些日耳曼民族在公元五世纪时跨过北海进入英国，赶走了原来定居的凯尔特人。凯尔特语并未在盎格鲁-撒克逊语中留下多少痕迹，维京入侵者倒是带来了更多源于古诺斯语和古丹麦语的单词，如 egg、sky、anger、give、get 等。拉丁语经由基督教传教士的引介而进入英语。这些传教士所使用的罗马字母也取代了先前在欧洲中部和北部流传甚广的北欧古文字母。然后接踵而至的，是法语的影响。

影响（influence）这个词，在罗伯特·考德里的词典中意为"涌入"。在语言上，诺曼人的征服更像是一场洪流涌入。在公元纪年的第二个千年，底层的英国农民在继续饲养 cows（母牛）、pigs（猪）和 oxen（公牛）（这些词源自日耳曼语），而上层阶级则开始享用 beef（牛肉）、pork（猪肉）和 mutton（羊肉）（这些词源自法语）。到了中世纪，法语和拉丁语词根已经在英语常用词汇中占据了不止半壁江山。而随着知识分子开始有意识地从拉丁语和希腊语中借用单词来表达英语中原先没有的概念，外来词的数量越来越多。考德里对这种做法感到不悦，他抱怨道："有些人对于外国化的英语趋之若鹜，却把他们母亲的语言丢到九霄云外。如果他们的母亲还健在的话，恐怕已经听不懂她们子女的谈话内容了。这些人真该被起诉，罪名就是假冒标准英语。"[5]

在考德里的词典面世四百年后，约翰·辛普森（John Simpson）开始重新挖掘考德里的生平事迹。辛普森从某种意义上可以说与考德里一脉相承，因为他正在主持编辑一本更大的词典——《牛津英语词典》。在面容白皙、温文尔雅的辛普森看来，考德里生性固执，不善妥协，甚至有点喜欢挑衅。这位乡村老师先是被授以执事的圣职，而后在清教运动开始兴起的动荡时期成为当地英国国教会的教区长。但他同情清教的倾向给他惹来了不少麻烦。他似乎曾由于"不遵从"一些天主教遗留的圣礼，比如"在洗礼时画十字，在婚礼上交换戒指"而被定罪。身为一名乡村牧师，他却对向主教和大主教们摧眉折腰毫无兴趣。他那些宣扬平等思想的布道，自然也不受教会的欢迎。"有一个消息在秘密流传，认为他在讲坛上传播错误思想，并对公祷书颇有不敬之词……他已被认定为危险人物，若允许他继续如此布道，将使人们受到异端思想的侵蚀。"[6]随后考德里被解除了教区长的职务，并被取消了津贴。他连续几年为此案鸣不平，但最后无果而终。

长期以来，他一直在孜孜不倦地搜集（"**collect**，聚集"）单词。他曾出版过两本指南性著作，其中一本是关于教理（"**catechiser**，传授基督教的教义"），另一本则是有关良好家庭的行为规范*。而在 1604 年，他写了本迥然不同的书——仅包含一个词汇表，并附有简要的定义。

为什么考德里要写这本词汇书？辛普森解释说："我们可以看出，他一直致力于维护英语的简洁性，甚至到了顽固的地步。"被解除职务后，他仍然在布道，只不过这回，他是向布道者布道。考德里在书的前言中这样说道："那些由于地位和职业的关系而需要向普罗大众发表公开演说的人（尤其是牧师），需要被告诫若干

---

* 原书此处提到的是 *A Godlie Forme of Householde Government*，对于该书作者 R. C. 具体是谁尚有争议。另一本明确归到考德里名下的著作是 *A Treasurie or Store-House of Similes*（《明喻的宝库》）。

——译者注

事项。"考德里告诫他们，"千万不要借用外国语"，"花点心思去使用常见的词来说话，只有这样，才能让大多数未受过教育的人听得懂"，并且最重要的是，不能说话像个外国人。

> 有些出过远门的绅士，回到家乡以后，除了爱穿外国的奇装异服四处招摇外，还喜欢在说话时夹杂外语。比如最近从法国归来者，就满口带法国腔的英语，并且也居然不以为耻。

考德里并没有打算列出**所有**单词。到了 1604 年，威廉·莎士比亚已经完成了他的大部分剧作，他所用的词汇量有近三万之巨，但其中很多词无论是考德里还是其他人都用不到。考德里既不想在最常用的单词上费心，也不想处理那些非常学究气或法语化的单词，他仅仅列出了那些"日用难词"，也就是那些有一定难度、需要加以解释，但仍然"适合日常使用"且"能让所有人理解"的单词。这样的单词他编纂了两千五百多个。他知道，其中有很多单词是从希腊语、法语和拉丁语中派生而来（"**derive**，取自某物"），因而他为这些单词加上了标记。考德里的著作就是第一本英语词典，不过 dictionary（词典）一词并未包含在内。

尽管考德里并未在书中明确引用权威资料，但他的确借鉴了别人的成果。他对于外来语和爱穿外国奇装异服的绅士的评论就照抄自托马斯·威尔逊（Thomas Wilson）的成功之作《修辞的艺术》（*The Arte of Rhetorique*）。[7] 而对于单词本身，他找到了几个来源（"**source**，水波，或喷涌水流"）。他大约一半的单词来自一本教授识字的启蒙教材《英语教师必备》。其作者是埃德蒙·库特，该书首次出版于 1596 年，之后被广泛翻印。库特声称，学校教师用了这本书以后，教一百个学生的速度比不用这本书时教四十个学生还要快。他还解释了教人识字的益处："这么一来，更多的知识将被带到这片土地上，买书的人也会比先前更多。"[8] 库特的书中有一个长长的词汇表，考德里便顺手牵羊了。

考德里应当按照字母表顺序来排列所有单词，这一点并非不言而喻。他明白，即使是受过教育的读者，也不能指望他们非常熟悉字母表顺序，所以他准备为此写一小段使用说明。但令他为难的是，是以逻辑和语义来描述字母表顺序，还是以分步式的操作（某种算法）来描述呢？最后他这样写道（这段话同样是从库特的书中大段抄来的）：

> 您必须掌握字母表，包括字母在其中的顺序（最好是能不借助书）以及每个字母在其中的大致位置（比如 b 靠近开头，n 居于中央，而 t 则位于末尾）。如果你想查阅的单词是以 a 打头，你就从表的开头开始查阅；如果是以 v 打头，你就从后面翻起。同样，如果你想查阅的单词以 ca 打头，那就在字母 c 的开头找起，但若是 cu，则从该字母的末尾找起。依此类推。

要解释清楚颇不容易。多明我会修士热那亚的约翰·巴布斯（Johannes Balbus of Genoa）在其 1286 年的著作《拉丁语语法大成》（*Catholicon*）中也曾尝试过这项解释工作。巴布斯自以为，是他发明了字母表顺序，而他写的说明也相当难懂："举个例子，我现在想要讨论 amo 和 bibo 这两个词，那么我将把对于 amo 的讨论放在 bibo 之前，因为 a 是 amo 的首字母，b 是 bibo 的首字母，而在字母表中 a 在 b 之前。"然后他不厌其烦地举出了一长串类似例子，并总结说："所以我恳求各位亲爱的读者，请不要把我的辛劳以及这种顺序弃若草芥。"[9]

最早的按字母表顺序排列的列表出现在公元前 250 年左右，出现在亚历山大港的纸莎草文本中。坐落在那里的大图书馆看起来至少使用了一些类似于字母表的机制来组织它的藏书。这种人为排序机制的必要性只有在已有大量数据而又尚未以其他方式排序时才会产生，同时按字母表顺序排序的可能性也只有在该语言拥有一个字母表时才会出现。所谓字母表，就是一个离散的小型符号集，有其约定俗成的排列顺序（"**abecedarie**，字母的前后顺序，或使用字母的人"）。但即便在当时，这种机制在人们看来是不自然的，因为它迫使读者将信息从单词的意义中剥离出来，把单词严格地视为字符串，集中精力于单词的字母组合上。此外，按字母表顺序排列，这其中包含了一对互逆的过程：生成一个有序列表并从中查阅条目，也就是排序和查找。无论哪个过程都是层层递归的（"**recourse**，往回，返回")。这其中最基本的操作是一个"大于或小于"的二元判断。该操作先在单词打头的字母上执行,然后作为嵌套的子过程又在下一个字母上执行,并(用考德里的话说)"依此类推"。这样做的效率惊人,因为这种机制可以很容易地扩展到任意规模,并且宏观结构和微观结构一模一样。一个人只要掌握了字母表顺序,就可以丝毫不差地在一个包含了无论是一千个还是一百万个单词的列表中定位到任意条目,而且在查找过程中无需了解有关单词的意义。

直到 1613 年,首份按字母表顺序编排的目录才被制作出来。这份目录不是印刷品,而是两小本手抄本,供牛津大学的博德利图书馆使用。[10]而首份大学图书馆目录在二十年前的荷兰莱顿市就已经出现,但它是按主题排列,用作书架陈列记录(藏书数量约四百五十本),并没有按字母表顺序编排的索引。因此,考德里可以确信一点:他的目标读者,也就是那些在 17 世纪初能识字且会买书的英国人中,有很多人可能活了一辈子也没见过任何按字母表顺序编排的数据集。

事实上,其他许多更自然的单词排序方式出现在前,并且延续了很长时间。在中国,许多个世纪以来与词典性质最接近的是《尔雅》一书。该书作者佚名,成书年代不详,但很可能出现在公元前三世纪左右。它按照意义将其中的两千多个条目归入不同的主题,包括释亲、释宫、释器、释天、释地、释草、释木、释虫、释鱼等。埃及人则将其单词按哲学或教育原则加以组织,阿拉伯人也是如此。这些列表组织的其实不是单词本身,而是整个世界,也就是单词所代表的事物。在考德里之后一个世纪,德国哲学家和数学家戈特弗里德·威廉·莱布尼茨就明确区分了这两者:

> 顺便一提,所有事物和行为的单词或名称都可以用两种方式纳入到一张列表中去:或按照其字母表顺序,或按照其本质……前者是从词到物,后者则是从物到词。[11]

按主题排列的列表启发思考,不够完美却富有创意,而按字母表顺序排列的列表则机械、高效,还可以自动化。从按字母表顺序排列的角度看,单词无非就是一枚枚硬币,可以将其分别投入不同的投币口。实际上,就是把它们当成一个个数字也未尝不可。

　　当然，意义是以单词释义（definition）的方式进入词典的。考德里参照的重要模型是那些用来翻译的词典，尤其是 1587 年由托马斯·托马斯（Thomas Thomas）编纂的《拉英词典》（*Dictionarium*）。双语词典的目的比单语词典的更为明确，毕竟将拉丁语转换成英语有其价值，而将英语翻译成英语似乎就难以理解了。然而在这里，释义是关键所在，因为考德里明确提出的目的是要帮助人们理解和运用难词。我们可以明显看出，他在着手编写释义时是心怀警惕的，对于这些释义的可靠性他也并不十分确信。意义甚至比拼写更善变。在考德里看来，**定义**针对的是物，而非单词本身："**define**，清楚地说明某物为何物。"需要定义的是这个丰富多样的现实。而**解释**（interpret）的意义是"打开，简化，以揭示某物的含义和意义"。对他而言，物与词的关系，就好比物体与其影子的关系。

　　其他相关的概念也还欠成熟：

> **figurate**，描绘，呈现，或模仿
>
> **type**，举例、描绘、描述某物
>
> **represent**，清晰地表达、展现某物

比考德里稍早的同时代人拉尔夫·利弗自己发明了一个新词："**saywhat**，通常与'释义'混为一谈，但它说明的是某物到底是什么，因而专门提出一个说法似乎更为妥当。"[12]不过，这个词并没有流行开来。又过了几乎一个世纪，期间历经了考德里及其后继者之手，"释义"一词的现代意义才逐渐变得清晰起来。约翰·洛克在 1690 年这样写道："所谓释义，就是使用字词来让别人理解被定义条目所代表的观念。"[13]在这里，洛克仍然是从操作的角度出发。释义是一种交流：让别人理解，传递信息。

　　考德里从他借鉴来源中借用了许多单词的释义，并对其加以组合和改造。在很多情况下，他直接以一个词解释另一个词：

> **orifice**，口
>
> **baud**，妓女
>
> **helmet**，头戴部件

而对于一小类单词，他采用了一种特殊的解释方法，就是使用一个略语 k，"表示一种（a kind of）"。不过，究竟是**哪种**，他认为这已经超出了他这本书的讨论范围。例如：

> **crocodile**，一种野兽
>
> **alablaster**，一种石头
>
> **citron**，一种水果

但仅仅用一个词解释另一个词，不论是同义关系还是种属关系，对于词典编纂者来说，还远远不够。一种语言中单词之间的关系错综复杂（"**chaos**，一堆混乱的大杂烩"），这种线性的解释方法根本无法完全应付。所以有时候，考德里会尝试使用一个或多个额外的同义词，采用三角定位法来下定义：

> **specke**，标志，或标记
>
> **cynicall**，粗鲁，好唱反调
>
> **vapor**，水汽，空气，热气

而对于其他表示概念和抽象的单词，因其与感性认识距离更远，考德里需要另寻别的解释方法。他逐渐摸索出了一种方法，即以平实且尽量精练的语言描述给他的读者。我们可以从中看到他的为难之处，一方面他既要理解某些单词，另一方面还要将他的理解表达出来。

> **gargarise**，来回搅动口中的一些液体，来清洗口腔和喉咙
>
> **hipocrite**，一个人在衣着服饰、行为举止方面装作另一个人，而他实际上不是
>
> **buggerie**，男性之间或男性与兽之间的交接

theologie，关于神圣存在的科学，关于永享神的庇佑的科学

其中最棘手的包括那些新科学中出现的技术名词：

cypher，一个圆形的数字，本身没有数值，但可用来构成数，并可让其他数字具有更大的数值

horizon，一个圆，将天一分为二，另一半我们是什么也看不到的

zodiack，天上的一个圆，上面排列着十二官符号，并且太阳在上面运行

不仅是单词，知识也在不断变化，而语言也在时刻进行自我反思。因此，即便在考德里从库特和托马斯那里照抄东西的时候，从根本上说，他还是在孤军奋战，并没有任何权威可供他咨询。

考德里列出的日用难词之一是**科学**（"**science**，知识，或技能"）。在当时，科学作为一种探寻自然界及其规律的社会制度还尚未出现，但这时的自然哲学家们已经开始产生对于字词的本质及其意义的特殊兴趣。他们需要比已有的字词更贴切的用语。当伽利略将他的望远镜首次对向太空，并于 1611 年发现太阳黑子以后，他立刻预见到这毫无疑问会引发争议，因为一直以来太阳被视作纯净之物的典范。他也意识到，倘若不首先解决一个语言问题，科学便无法前进：

事实上，人们一直以来称太阳为"最纯净最清澈之物"，只是因为在它上面尚未发现阴影或不洁之物。而现在，它向我们展示出它不完全是纯净的，而是有斑点，那么我们为什么不应该把它称为"有斑点的不纯净之物"呢？名字和属性必须与事物的实质相符，而不是让实质与名字相符，因为物在先，而名在后。[14]

当艾萨克·牛顿开始着手他的伟大事业时，他首先遇到的问题是一些重要概念缺乏明确的定义。对此，他一开始施了个障眼法："我不去定义时间、空间、位置和运动，因为这些都是众所周知的。"[15]但实际上，定义这些用语正是他的目的所

在。在当时，重量和量度没有统一的标准，而且**重量和量度**本身就是含混不清的用语。拉丁语似乎比英语要可靠些，因为它较少在日常使用中被滥用，但它也缺少很多必要的概念。牛顿的原始笔记揭示了在其成品中看不到的推敲琢磨。他尝试过像**物质的量**（quantitas materiae）这样的用语。这个概念如果让考德里来解释的话，未免太过艰难，因为他对于**物质**的定义只是："**materiall**，具有一些质量或重要性。"而牛顿自己将这个用语定义为："可由其密度和体积共同得出。"他进一步指明："此后提到物体或质量，我指的都是这个量。"可见，没有一个恰当的用语，他就寸步难行。其他的，如**速度**、**力**、**重力**，在当时也没有适当的定义。它们无法以互相解释的方式加以定义，也没有一种可见的存在能让人用手指出，更没有一本书可供查阅。

至于罗伯特·考德里，他在历史上留下的最后踪迹是于 1604 年出版的著作《字母排表》。没人知道他是哪一年去世的，也没有人知道这本书印了多少册，因为没有记录（"**records**，用于备忘的书面记录"）可查。首印版中仅有一本流传了下来，收藏于牛津大学博德利图书馆，其他的全都失传了。1609 年，这本书出版了第二版，由考德里的儿子托马斯作了些微增补（扉页上的"作了大量扩充"是不实之词）。然后在 1613 年和 1617 年分别出版了第三版和第四版以后，它就此绝版。

这本书相较于另一本新辞典，难免相形见绌，这就是收录了多一倍词汇的《英语释讲：以各种分析、描述和论述解释我们语言中最难的词》（*An English Expositour*）。其编纂者约翰·布洛卡（John Bullokar），与考德里一样，也没有留下太多的历史记录。[16]只知道他是位医生，在奇切斯特住过一段时间，生卒年份不详。据说，他曾于 1611 去过伦敦，并在那里看到过一只死鳄鱼。更多的信息，就无从知晓了。他的《英语释讲》于 1616 年初次出版，并在接下来的几十年里数次再版。接着在 1656 年，一位伦敦的律师托马斯·布朗特（Thomas Blount）出版了他的《词汇注释：或称词典，为英语中源自其他语言的难词提供解释》（*Glossographia*）。布朗特的词典列出了一万一千多个单词。他发现其中有很多是新词，一些经由商业和贸易活动传到伦敦，比如：

> **coffa** 或 **cauphe**，一种在土耳其人和波斯人中流行的饮料（最近传
> 入我国），色黑、醇厚、味苦，从同名、同性质的浆果中提取而来，被认
> 为味道上佳，且有益健康，据说可以排遣忧郁。

另一些则是土生土长，如 "**tom-boy**，上蹿下跳如同男性的少女或姑娘"。他好像
已经意识到，自己瞄准的是个移动靶。他在前言中写道，词典编纂者的 "工作没
有尽头，因为我们的英语具有每天都在变的特性"。布朗特给出的释义比起考德里
的要详尽得多，并且他还试图提供词源信息。

　　无论是布洛卡还是布朗特，都没有怎么提到考德里，在当时他已经被遗忘了。
而在 1933 年，在最伟大的词典《牛津英语词典》（*Oxford English Dictionary*，以
下简称 *OED*）出版之际，第一版的编辑们却向他那本 "薄薄的小册子" 致以了敬
意。他们称之为 "最初的橡籽"（"**akecorne**，一种水果"），*OED* 这棵参天橡树正
是从这粒种子成长而来的。

　　《字母排表》问世后四百零二年，国际天文联合会投票宣布将冥王星（Pluto）
排除出行星行列，约翰·辛普森必须就此快速作出决定。当时他及其在牛津的词
典编纂组正在处理以 P 开头的单词，如 pletzel（一种犹太人传统小吃）、plish（水
溅声）、pod person（缺乏个性的人）、point-and-shoot（自动对焦）和 polyamorous
（多重伴侣关系的）等新词在此次新加入了 *OED*。事实上，Pluto 这个词条本身就
是相对比较新的。这颗行星直到 1930 年才被发现，已经赶不上 *OED* 的第一版。
一开始为它提议的名字是 Minerva（密涅瓦），但这随即被否决了，因为已经有了
一颗小行星叫这个名字。从命名的角度看，天上已经快拥挤不堪了。Pluto 一名后
来是由薇妮提亚·巴尼（Venetia Burney），一位当年只有十一岁的牛津居民提出
的。*OED* 及时在第二版中加进了 Pluto 这个词条："1. 太阳系的一颗小型行星，位
于海王星的轨道之外……2. 一只卡通狗的名字，它首次出现在沃尔特·迪斯尼公
司于 1931 年 4 月发行的《捕驯鹿》中。"

"我们十分不情愿被动地作出大的修改。"[17]虽然辛普森这样说，但他几乎没有选择余地。Pluto与迪斯尼相关的意义比起该词的天文学意义业已证明要稳定得多，因为冥王星已经被降格成"矮行星"。这不可避免会波及 *OED*：冥王星被从名词 planet 的 3.a 义项（行星）的列表中移除，词条 Plutonian 也进行了修订［这里请勿将其与 pluton（深成岩体）、plutey（富豪）或 plutonyl（钚酰）相混淆］。

辛普森是《牛津英语词典》的第六位总编辑，对于前辈总编辑的名字他如数家珍："默里、布拉德利、克雷吉、奥尼恩斯、伯奇菲尔德，可谓屈指可数。"他认为自己维护的不只是 *OED* 的传统，同时也是英语词典编纂经由塞缪尔·约翰逊（Samuel Johnson）[*]一直回溯到考德里的传统。詹姆斯·默里（James Murray）在 19 世纪建立了一种基于索引卡片（长 15 厘米、宽 10 厘米）的工作方法。直到现在，辛普森的书桌上还时刻会有上千张这样的纸片，而在咫尺之遥的地方更有数百万张之多，它们装满了金属文件夹和木制收储箱，其中许多的墨迹甚至可以追溯到一个多世纪前。不过，单词卡片毕竟过时了，已经成为人们所谓的"树件"（treeware）。这个词新近被 *OED* 收录，其释义为"计算机行业俚语（常为幽默用法），相对于电子形式的纸质印刷品"。其他的，如 blog（博客）在 2003 年被收录，dot-commer（受雇于互联网公司的人）在 2004 年被收录，cyberpet（虚拟宠物）在 2005 年被收录，Google 作为动词（用 Google 搜索引擎搜索）在 2006 年被收录。辛普森自己就经常 Google。在他的书桌上，除了单词卡片以外，还有着一根连入英语神经系统的导线。通过这根导线，他可以即时连接上由遍布全球的业余词典编纂者构成的网络，并访问一组庞大的、互相关联的数据库，这些数据库的内容日益增加，正一点点逼近将以前所有文本都收录其中的理想。当词典遇上了互联网，两者都将面貌一新。无论辛普森多么热爱 *OED* 的渊源和遗产，也不论他愿意与否，他都正在引领一场革命，改变着 *OED*——它是什么，知道什么，视野如何。考德里是孤军奋战，辛普森则是处于网络之中。

---

[*] 1755 年出版的《约翰逊字典》（*A Dictionary of the English Language*）是英语词典编纂的一个里程碑，在《牛津英语词典》出现之前，它被视为是最卓越的英语词典，对现代英语产生了深远影响。

——译者注

英语这门现在全球有十多亿人在说的语言，已经进入了一个急剧变动的时期，呈现给那些在牛津办公室内工作的词典编纂者的面貌既波澜壮阔，又与其有着千丝万缕的联系。一方面，他们所监听的语言正变得不受控制、形态万千：讯息和话语犹如一个巨大的云团，不断旋转、扩大；报纸、杂志和宣传册，菜单和商业备忘录，互联网新闻组和聊天室会话，电视、无线电广播和留声机唱片，各种形式不一而足。而另一方面，词典本身已经获得了类似纪念碑的地位，卓越而权威。它对自己试图观察的语言施加了影响，并且不情愿地扮演起权威的角色来。对此，词典编纂者可能会回想起安布罗斯·比尔斯在一个世纪前对词典所下的嘲讽性释义："**dictionary**，一种恶毒的文学工具，用以抑制语言的发展，使它变得僵化呆板。"[18]尽管如今词典编纂者已经一再强调，他们不会冒昧（或屈尊）地去否定任何特定的用法或拼法，但有一个雄心壮志他们却无法弃之不顾，那就是达到收录完备的目标。他们想收录每一个单词：习语和委婉语，宗教的和世俗的，已死的和现存的，标准英语和街头粗话，无所不包。虽然这只是一个理想，毕竟时空的限制始终存在，并且追根究底的话，什么才算一个单词的问题也将会变得难以回答，但在可能的范围内，*OED* 还是努力成为对于英语的完整记录和完美写照。

词典为文字的持久性提供了正式认定，它表明一个字词的意义来自于其他的字词。这意味着，所有的字词聚集到一起，就可以形成一种互相关联的结构，因为所有的字词都是由其他的字词来定义的。这种现象在口语文化中并不存在，因为在那里语言是不可见的。只有当印刷术以及词典使语言成为一个个凸起的字符，可以被细细查看时，人们才能逐渐意识到字词的意义是互相依存，甚至是循环定义的。这时字词必须被当作字词来看待，不同于所代表的事物，代表的只是其他字词。在 20 世纪，随着逻辑学的深入发展，这种循环定义的潜在可能性就成为了一个问题。路德维希·维特根斯坦就抱怨道："为了给出解释，我本该使用一种完全的语言（而不是某种预备性的、临时性的语言）。"这呼应了三个世纪前牛顿的不满，只是现在的问题更为复杂，因为牛顿想要的是利用字词来探索自然规律，而维特根斯坦想要的则是利用字词来谈论字词："当我谈论语言（词、句子等）时，我必须使用日常语言来谈。这种语言对我们想要说的内容来说是否有些过于粗糙、过于形体化呢？"[19]的确如此。更糟的是，语言还总是处在变化之中。

1900 年，詹姆斯·默里在谈及这门语言与这本词典时说道："英语词典，正如英国宪法一样，不是哪一个人或哪一个时期的创造，而是随着时间缓慢发展起来的。"[20]第一版在 1928 年出版时的名字叫《按历史原则编纂的新英语词典》（*A New English Dictionary on Historical Principles*），到 1933 年重印时才全部改名 *OED*。它在当年是篇幅最为庞大的鸿篇巨制之一，共收录了 414 825 个词条，分为分量沉重的十大卷。1928 年，它被作为礼物献给了当时在位的英国国王乔治五世和美国总统卡尔文·柯立芝。词典的编纂工作历时数十年，期间默里本人已经去世，甚至在各卷还在装订时它就被认为已经过时了。虽然后来又出了几卷增订本，但是直到 1989 年，才出了第二版。第二版有二十卷，两万两千页，重达 125 斤。第三版则完全不同。它毫无重量，仅存在于数字空间，恐怕以后也再不会与墨水和纸张有什么关系了。从 2000 年开始，全部内容的修订结果开始以在线形式呈现，按季度更新，每次更新包含数千个修订过的词条以及数百个新词。

当年考德里非常自然地从字母 A 着手进行他的工作，1879 年詹姆斯·默里也照此行事，可是辛普森却选择了从 M 起步，因为他对 A 打头的词条质量心存疑虑。业内人士很早就认识到，印刷本的 *OED* 并非是天衣无缝的杰作。位置靠前的字母打头的词条仍然带有默里早期摸索时的不成熟。"基本上，他来到这里，整理完他的手提箱后就开始工作了。"辛普森说，"他们花了很长时间才梳理清楚编辑方针等，所以如果我们从 A 着手的话，就会使工作难上加难。我认为他们开始走上正轨是在……要我说是 D，但默里总是说 E 是做得最烂的一个字母，因为他的助手亨利·布拉德利（Henry Bradley），就是从 E 开始工作的。默里一直都说他做得很差。所以我们就想，从 G 和 H 开始总比较安全了吧。但当你从 G 和 H 开始时，紧接着就是词条数量较少的 I、J 和 K 了。因此我们想，那不如从那之后再开始吧。"

2000 年春，从 M 到 mahurat 的头一千个词条被放到了网上。一年以后，词典编纂者们的进度达到了以 me 开头的词条，比如 me-ism（自我中心主义）、meds（药品）、medspeak（医用行话）、meet-and-greet（正式接待和迎客），以及一堆位于 media 词条中的组合词（media baron、media circus、media darling、media hype、 media-savvy）和 mega-词条中的组合词（megapixel、megabitch、megadose、megahit、megatrend）。现如今，英语不再是一门在一个小岛上由寥寥五百万居民（其中大多数为文盲）所使用的语言了。*OED* 在逐个字母修订已有词条的同时，也开始随时吸纳出现的新词，因为按字母表顺序整理新词已变得不切实际。于是 2001 年的一次更新中就囊括了如 acid jazz（迷幻爵士）、Bollywood（宝莱坞）、channel surfing（频繁换台）、double-click（鼠标双击）、emoticon（表情符号）、feel-good factor（感觉良好因素）、gangsta（黑帮成员）、hyperlink（超链接）等新词。而 Kool-Aid 之所以被视作一个新词，并不是因为 *OED* 觉得应当把商标名称也收录进来（最初的 Kool-Ade 冲剂饮料在 1927 年就申请了美国专利），而是因为有一种特殊用法已经无法视若无睹了："**to drink the Kool-Aid**：表示无条件的服从和忠诚。"自 1978 年在圭亚那人民圣殿教教徒饮用添加了氰化物的饮料而集体自杀的事件发生后，这个表达逐渐流行开来，而这也反映了通信全球化的程度之深。

　　当然，这些在牛津的词典编纂者们，可不是被时尚牵着鼻子走的奴隶。作为规定，一个新词需要有存活五年时间的确凿证据才允许被收录进来。每个被提议的新词都得经过认真彻底的审查。收录一个新词可是一件十分严肃的事情，它必须是得到了普遍使用，而不是只限于其发源的领域。尽管 *OED* 具有全球性，会从各个讲英语的地区挑选单词，但它并不愿意收录当地昙花一现的词语。单词一旦被收录，就不会再被剔除。某个单词可能会变得过时或罕用，但即便是最古老、最久被遗忘的单词也有机会重见天日——或被重新使用，或被赋予新义后重新使用。无论如何，它们都在语言史上占有了一席之地。毫无疑问，考德里的所有两千五百多个单词都被收录进了 *OED*。对于其中的三十一个单词，考德里给出了已知最早的用法。但还有另一些则仅见于考德里的小册子，这就有些棘手了。这时 *OED* 不免有点骑虎难下。比如，考德里收录了词条"**onust**，装满，装载过重"，所以 *OED* 中也收有"装满，负担过重"之义，但这是冷僻的用法，是孤例。它会不会是考德里的杜撰呢？对此辛普森表示："我个人倾向于认为，他收录的词汇是他见到过或听到过的，不过我无法完全确定。"考德里还收录了词条"**hallucinate**，欺骗，致盲"，尽管从未发现有其他人给出过这样的用法，*OED* 还是把"欺骗"

作为了该词的首个义项。对于此类情形，编辑们会加上他们的双重警示"旧时用语，罕用"，但还是会把它们照收不误。

对于 21 世纪的 *OED* 来说，单个的来源是远远不够的。考虑到词典编纂事业规模宏大、支持者众多，一件奇异的事情是，许多个人都试图让自己创造的临时造词（nonce-word）进入 *OED*。实际上，nonce-word 这个词正是詹姆斯·默里本人创造的，并且他让这个词成功进入了词典。美国心理学家桑德拉·斯莫利（Sondra Smalley）在 1979 年创造了单词 codependency（极度依赖他人），并且在 80 年代积极推广这个说法，直到 90 年代，编辑们在判断这个单词的地位已经稳固后才为它拟定了一个词条。W. H. 奥登曾宣称，他希望自己将来是因为创造的单词被收入 *OED* 而为人们所铭记。许久之后，他最终如愿以偿，motted（坐落在灌木丛中的）、metalogue（幕间演说）、spitzy（像狐狸犬的）等词就出自他之手。[21] 如此一来，这极大地激发了语言使用者和创造者的自觉意识。安东尼·伯吉斯曾在书中为自己不能够成功闯关而愤愤不平："若干年前我创造了单词 amation，意为性爱的艺术或行为，我到现在仍认为这个单词很有用。但是我必须去说服别人在**出版物**中使用它，才能使其有资格词条化（lexicographicize，如果存在这个单词的话）。"——当然，他知道这个单词并不存在——"T. S. 艾略特是凭借其显赫权威才使（在我看来）让人羞愧的 juvescence 一词进入了先前的增订本中。"[22] 伯吉斯确信，艾略特只是把 juvenescence（返老还童）一词给拼错了。即便如此，这个拼写错误在时隔二十八年以后，又被史蒂芬·斯彭德（Stephen Spender）照抄或重犯了一次，所以 juvescence 有两处引文，而不是一处。最终 *OED* 承认该词为罕用词。

一如它在竭力捕捉语言的流变，*OED* 也不得不担负起使语言固化的任务。拼写问题给它带来了特殊的困难。"一个单词在历史上出现过的**所有**拼写形式"[23] 都要收录，所以 mackerel（"一种知名的海鱼，学名 *Scomber scombrus*，主要作为食用"）一词在 1989 年出版的第二版中有十九种不同拼法。当然，扩展词汇来源的过程永无止境，所以在第三版中，2002 年修订后的词条罗列了不少于三十种拼法：maccarel、mackaral、mackarel、mackarell、mackerell、mackeril、mackreel、 mackrel、mackrell、mackril、macquerel、macquerell、macrel、macrell、macrelle、macril、macrill、makarell、makcaral、makerel、makerell、makerelle、makral、makrall、makreill、makrel、makrell、makyrelle、maquerel 以及 maycril。作为词典编纂者，编辑们绝不会认定这些不同拼法是所谓的"错误拼法"，也不希望暗示只有他们选为词目的那种拼法才是"正确的"。他们强调，他们是在审查过相关的证据后，选择了"当代最常用的拼法"。但即便如此，武断的决定仍然不可避免："有时会以牛津大学出版社的拼写规范为准，比如当动词既可以-ize 也可以-ise 结尾时，一律采取-ize 的拼法。"他们明白，无论他们怎样不厌其烦、斩钉截铁地否认自己在确立规范方面的权威性，读者仍然会去查阅词典以确定单词应该是怎样的拼法。他们无法完全避免前后不一致的情况。对他们来说，收录那些可能会令语言纯正主义者皱眉的不同拼法是有必要的。2003 年 12 月，*OED* 就收录了一个新词条："nucular，（在各种意义上）等同于形容词 nuclear。"然而对于通过互联网搜索得到的明显印刷错误，他们拒绝将其考虑在内。比如他们拒绝承认 straight-laced 一词，即便统计证据表明这种不合标准的拼法比 strait-laced（在举止、道德等方面过于呆板）更常见。对于拼法固化的原因，*OED* 给出了一个常规解释："自印刷术发明以来，拼法的变异大为减少，部分原因是印刷工人追求形式统一，还有部分原因是文艺复兴以来，人们对于语言的研究兴趣与日俱增。"这并没错，但它无疑遗漏了词典在其中发挥的作用——作为仲裁者和示范者。

在考德里，词典是一种历史快照，他的视野无法超出他当时所在的历史阶段。塞缪尔·约翰逊则更为自觉地意识到词典的历史维度，并以此作为理由之一为自己雄心勃勃的计划进行辩护。他认为，它是将某种不受约束的东西纳入控制的一种手段——这种不受约束的东西就是语言："它在每一种文学体裁的成长过程中都不可或缺，但它自身却一直以来遭到忽视。它苦于传播过程中的放任自流，以致变得极其纷繁复杂，对于时间和时尚的暴虐也只能逆来顺受，而且还要忍受无知的腐蚀和创新的心血来潮。"[24]直到 *OED*，词典编纂者们才开始试图揭示语言的历史全貌，因而 *OED* 成为了一幅历史全景图。进入电子时代后，这项事业的意义愈加彰显无疑，因为如果视电子时代为口语文化的新时代的话，文字将摆脱冷的印刷媒介的束缚。没有什么出版机构会比 *OED* 更多地受到此类束缚，但同样地，它也想从中摆脱出来。编辑们意识到，他们不能再等到一个新词出现在出版物中，更别说等到它出现在装帧精美的书籍中时，才去将它作为资料记录下来。比如对于 tighty-whities（男性三角裤）这个 2007 年才出现的新词，他们引用的是一份记录北卡罗来纳大学校园俚语的打字稿。而对于 kitesurfer（风筝冲浪），他们先是引用了一个发表在 Usenet 新闻组 rec.kites 里的帖子，后来又引用了一份从在线数据库中找到的新西兰报纸。也就是说，都是在以太里传播的比特。

当默里开始着手编纂新词典时，首先要做的是寻找单词，并追溯其历史演化。但是没有人知道英语中有多少单词。当时，最好的也是最全的一本英语词典是美国人诺亚·韦伯斯特（Noah Webster）编纂的《美国英语大词典》，共收录了约七万个单词。这可以作为一个基准，但哪里去找其余的单词呢？对于 *OED* 的首批编辑而言，答案不言而喻，词汇来源应该是使用这种语言的文学作品，尤其是那些声望卓越、品质出众的书籍。首批热心读者彻底梳理了如弥尔顿、莎士比亚（他仍然是被引用次数最多的作者，超过三万次）、菲尔丁和斯威夫特等以及各位哲学家和诗人的作品，还有各种历史文献和布道讲词。默里在 1879 年发表的一篇著名的公开呼吁书中说道：

> 征求一千名读者。16 世纪晚期的作品基本上已经全部阅读完毕，但还有若干本书尚待阅读。而 17 世纪的作品，由于作者数量更为可观，自然留下了更多未经探索的领域。

他认为这片领域虽然辽阔，但还是有疆界的。词典的奠基者们显然是想找出英语的所有单词来，无论最终这会是一个多么大的数量。他们原本计划一网打尽。又有何不可呢？毕竟在当时看来，虽然书的数量不知道，但并不是无限的，而且书中的单词也有确数。所以这个任务虽然看起来艰巨，但还是有限的。

但到了现在，它似乎不再是有限的了。词典编纂者们开始接受语言是无界的事实。他们熟知默里的一句名言："英语之圆有清晰明确的中心，但没有可以辨识的圆周。"在中心的是那些无人不知的单词。而在边缘，默里认为是俚语、黑话、科学术语以及外来词，对此每个人的认知都各不相同，并且没有一个人的认知可以被作为"标准"。

默里把中心地带说成是"清晰明确的"，但在这里其实也存在着无限性和模糊性。最易用、最常见的单词，也就是那些考德里根本无意收录的单词，在 OED 中却占据了最大的篇幅。仅 make 这一词条就够填满一整本书：这个动词有九十八种不同的义项，并且其中某些义项还各有一打甚至更多的子义项。塞缪尔·约翰逊看到了这些单词带来的问题，并选定了一种解决方案：举手投降。

> 同样，我的工作由于一类在英语中过分常用的动词而大为增加了。这类动词的含义是如此松散和笼统，偏离原始含义是如此遥远，用法又是如此含糊和不确定，因此要想穿过迷宫对其变异进行梳理、在其含义变得嘈杂难辨之前对其加以把握、根据一定标准对其加以区分归类或使用其他含义明确的字词对其进行解释，这一切都将变得十分困难。这样的动词包括 bear、break、come、cast、full、get、give、do、put、set、go、run、make、take、turn、throw 等。如果说这些词的全部威力在词典中尚未准确地表现出来，那么还有一点需要注意，那就是只要我们的语言还在存续，由于每个说这门语言的人不时冒出的新想法，这些词仍然时刻都在发生变化。所以要想把这些词固定在词典中，并不比把暴风中的小树丛依据其在水中的倒影而准确描绘出来容易。

约翰逊所言不虚。这些单词可以被每一位说英语的人在任何时间、任何场合赋予新的用法，不论是单独使用还是组合使用，也不论用法巧妙与否。所以在每一次修订中，OED 中像 make 这样的词条总是会被进一步细化，从而变得愈加庞大。这个任务将在内部细化的方向上永无止境。

而在语言的边缘地带，这种无界性更加明显。新词层出不穷，其创造者可以是机构，如贝尔实验室于 1948 年提出 transistor（晶体管）一词；或是能言善辩者，如 H. L. 门肯（H. L. Mencken）于 1922 年提出 booboisie（笨蛋阶级）一词。但大多数新词是自发产生的，就像在培养皿中滋生微生物，比如 blog（大约在 1999 年）。其中最新的一批新词包括 agroterrorism（农业恐怖主义）、bada-bing、bahookie（屁股）、beer pong（一种饮酒游戏）、bippy（用于 "you bet your ~"，表明确定、肯定）、chucklesome（幽默、搞笑）、cypherpunk（加密邮件以保护隐私的人）、tuneage（音乐）以及 wonky（书呆气）等。这些词没有一个是考德里所谓的"日用难词"，也没有一个位于默里所说的中心地带，可它们现在已经属于常用语。即使是像 bada-bing 这样的词，意为"表示事情发生得突然、明显，或事情轻而易举、容易预测；类似于 'Just like that!', 'Presto!'"，其历史最早可以追溯到 1965 年帕特·库珀（Pat Cooper）的喜剧演出录音，之后还见于报纸报道、电视新闻文字稿以及第一部《教父》电影中的一句对白："你只要像这样靠近，然后轻而易举，他的脑浆就溅满你那漂亮的常春藤联盟的西服了。"词典编纂者们还给出了其词源，这是一段考究的猜测之词："起源不明，可能是模仿打鼓或敲钹的声音，也可能源于意大利语中用以提起注意的 'bada bene'。"

现如今，英语已经不再有一个地理中心，即便它在历史上曾经有过。但人类的语言世界总会有与世隔绝的地方。一个山谷里讲的语言与相邻山谷里的多少有所差别。而现在尽管山谷之间已经不像以前那样封闭，但山谷的数目却比以往要多。OED 的编纂者和历史学顾问彼得·吉利弗（Peter Gilliver）说道："我们在监听英语。通过收集纸质材料的方式来监听英语，并无不可，可现在的问题是我们仿佛可以从所有地方听到所有内容。以一个处于非英语世界的侨民社区为例，比如居住在布宜诺斯艾利斯或类似地方的侨民。他们每天彼此交流所使用的英语，充满了从当地西班牙语中借来的词汇，并且他们会认为那些单词是其个人言语方式、个人词汇的一部分。"更进一步地，现在他们还可以通过聊天室或博客来说话。一旦他们创造了一个新说法，任何人都可能听见，但至于后来它会不会成为这门语言的一部分则是另一回事了。

如果词典编纂者用以监听语言的耳朵的灵敏度真的有一个极限，那么现在人们也还没有找到这个极限所在。自发产生的新说法可能只有一名听众，它们会像气泡室中的粒子那样稍纵即逝。但许多广为接受的新词要求一定的共同文化背景。

如果不是因为有着观看某个美国电视节目*的共同经验（尽管该来源并未被 *OED* 所引用），bada-bing 恐怕也不会真正成为 21 世纪英语的一部分。

　　全体单词的集合，也就是词汇，构成了语言的一个符号集。一方面，这是个基础性的符号集，因为单词对于任何一门语言来说，都是可识别的最小的意义单位，而且得到了该语言使用者的普遍认同。但另一方面，它又远不是基础性的，因为随着传播技术的发展，语言中的讯息可以采用比其小得多的符号集加以分解、编码和传输，比如字母、点和划、鼓声的高和低等。这些符号集是离散的，而词汇不是，它更加无序，而且在不断膨胀。事实上，词典编纂被证明是一门不适合精确计量的科学。据说英语这门最庞大、最普遍使用的语言，粗略估计拥有将近一百万个意义单位。但语言学家自己并没有什么专门的标尺，当他们试图量化新词出现的速率时，他们也倾向于向词典寻求帮助。然而，即便是最好的词典也试图逃避这样的责任，毕竟词与非词之间的边界总是模糊的，从中无法划出一条清晰的界线。

　　所以我们只能尽可能地去一个个数。罗伯特·考德里的小册子没有声称要做到完备无遗，它仅包含了两千五百多个词汇。我们现在对于在 1600 年前后当时所用的英语词汇已经了解得更为全面，这是 *OED* 的一个词汇子集，大概包含了六万个单词，并且还在不断扩充，因为新的 16 世纪词汇来源还会陆续出现。[25]但即便如此，这个数量与四个世纪之后的词汇量相比，仍然是一小部分。对于这种爆炸式的、从六万到一百万的增长，解释起来并非易事。当然，许多现在需要命名的事物在当时还不存在，而许多当时业已存在的事物也并未为当时的人们所认识。在 1600 年，就没有使用 transistor 一词的需求，也没有使用 nanobacterium（纳米细菌）、webcam（网络摄像头）、fen-phen（一种减肥药）等词的需求。有些增长是细胞分裂式的，如吉他有电吉他和原声吉他之分。而有些区分则更差异微妙，比如 2007 年 3 月 *OED* 为作为 pervert（变态）变体的 prevert 单独设立了词条，

---

*　可能指的是电视剧《黑道家族》（*The Sopranos*），在其中有一家脱衣舞俱乐部名为 "Bada Bing!"

　　　　　　　　　　　　　　　　　　　　　　　　　　　　——译者注

因为他们认为 prevert 并不仅仅是一种误拼，它还带有一种有意的幽默效果。还有一些新词的出现，在现实世界中并没有对应的新事物，它们是从通用信息的溶液中结晶析出的。

在现实世界中，什么是 mondegreen？它是指听错了歌词，比方说，把基督教的赞美诗听成了"Lead on, O kinky turtle"（怪异之龟，求前导）*。在搜寻词源时，*OED* 首先引用了 1954 年西尔维娅·赖特在《哈泼斯》杂志上撰写的一篇文章："以后我将把它们称为 mondegreen，因为还没有其他人想到一个单词来命名它们。"[26]她这样解释道：

> 当我还是小孩子的时候，母亲曾给我朗读托马斯·珀西的《古英诗拾遗》。其中我最喜欢的一首诗，据我的记忆是这样开头的：
>
> Ye Highlands and ye Lowlands,
>
> Oh, where hae ye been?
>
> They hae slain the Earl Amurray,
>
> And Lady Mondegreen.†

之后，这个说法寂寂无闻了很长时间。直到二十五年之后，威廉·萨菲尔（William Safire）在《纽约时报杂志》的语言专栏中再次提到了这个词。又过了十五年，史蒂文·平克在其著作《语言本能》中，举了一双例子"A girl with colitis goes by"（旁边走过一个患结肠炎的女孩）和"Gladly the cross-eyed bear"（长着斗鸡眼的熊愉快地）‡，并评论道："歌词误听的有趣之处在于，听错了的歌词一般而言都不如实际的歌词合理。"[27]不过，赐予这个词生命的既非图书也非杂志，而是互联网网站，一些网站收集了数以千计的歌词误听实例。最终 *OED* 于 2004 年 6 月认可了它的地位。

不同于 transistor，mondegreen 本质上并不现代，其现代性解释起来要困难一

---

* 原诗实际为 "Lead on O King Eternal"（永恒之君，求前导）。——译者注

† 原诗后两句实际为 "They hae slain the Earl of Moray, And hae laid him on the green"。——译者注

‡ 前者实际为 "The girl with kaleidoscope eyes"（眼有万种风情的女孩），源自披头士乐队的歌曲；后者实际为 "Gladly the cross I'd bear"（我将愉快地肩负起十字架），源自赞美诗。——译者注

些。它的组成要素（歌曲、单词以及不完美的理解）与人类文明一样古老。然而，要使歌词误听现象在文化中占有一席之地，并使 mondegreen 一词进入词汇，某些新的东西是必不可少的，包括一定程度的语言自觉以及一定水平的互连通性（interconnectedness）。人们需要听错歌词不止一次，也不止数次，而是次数多到足以让他们意识到听错歌词这件事值得拿出来讨论。他们还需要与其他有过同样经验的人分享这种认识。直到非常晚近的时期，歌词误听现象，与其他无数文化或心理现象一样，还完全没有需要加以命名的必要。在此之前，就连歌曲本身也不是如此随处可闻，毕竟不会在电梯和手机上都能听到。意为"歌词"的 lyrics 一词，直到 19 世纪才出现，而 mondegreen 一词出现的条件则需要更多时间才得以成熟。类似地，动词 gaslight 的现代意义是"采用使人怀疑自己神志健全程度的心理手段，实现对人的操纵"。只有当有足够多的人观看过 1944 年以此命名的电影，使得他们可以假定谈话对象也看过这部电影时，这种用法才有机会进入英语词汇。那么考德里所使用的语言，也就是莎士比亚所使用过的丰富多彩的语言，是否有可能产生这样的说法呢？这不可能，当时这种操控所需的技术尚未出现。电影技术也是如此。

词汇是对共同经验的一种量度，而后者源于互连通性。语言使用者的数量，仅仅是方程式的一部分。在四个世纪中，说英语的人从五百万激增至十多亿。但更重要的动力来自这些使用者之间以及当中存在的连接数量。数学家会说，信息不是以几何方式增长，而是以组合方式增长，后者的增长速度远快于前者。彼得·吉利弗说道："我把它想象成一个锅底正被加温的煎锅。由于英语世界的互连通性，任何单词都有可能从与世隔绝的地方冒出来。这样，即便这些地方仍然与世隔绝，它们与英语的日常话语已经有了即时的连接。"与之前的印刷术、电报和电话相比，互联网正在以完全不同的方式改变着语言。这种不同之处在于，它不带偏见地涵盖了从最大到最小的尺度：既能向百万之众广播，也能向小组窄播，还能收发一对一的即时讯息。

这是计算机的发明所带来的始料未及的后果。不过在最初，计算机似乎只是与数字有关。

注释

[1] Thomas Sprat, *The History of the Royal Society of London, for the Improving of Natural nowledge*, 3rd ed. (London: 1722), 42.

[2] Robert Cawdrey, *A Table Alphabeticall* (London: Edmund Weaver, 1604).唯一存世的首印版藏于牛津大学博德利图书馆；仿真摹本可见：Robert A. Peters, ed. (Gainesville, Fla.: Scholars' Facsimiles & Reprints, 1966)；在线电子版可见多伦多大学图书馆网站；翻印版可见：John Simpson, ed., *The First English Dictionary, 1604: Robert Cawdrey's* A Table Alphabeticall (Oxford: Bodleian Library, 2007).

[3] Robert Greene, *A Notable Discovery of Coosnage* (1591; repr., Gloucester, U.K.: Dodo Press, 2008); Albert C. Baugh, *A History of the English Language*, 2nd ed. (New York: Appleton-Century-Crofts, 1957), 252.

[4] Richard Mulcaster, *The First Part of the Elementarie Which Entreateth Chefelie of the Right Writing of Our English Tung* (London: Thomas Vautroullier, 1582).

[5] John Simpson, ed., *The First English Dictionary*, 41.

[6] John Strype, *Historical Collections of the Life and Acts of the Right Reverend Father in God, John Aylmer* (London: 1701), 129, quoted in John Simpson, ed., *The First English Dictionary*, 10.

[7] Gertrude E. Noyes, "The First English Dictionary, Cawdrey's *Table Alphabeticall*," *Modern Language Notes* 58, no. 8 (1943): 600.

[8] Edmund Coote, *The English Schoole-maister* (London: Ralph Jackson & Robert Dexter, 1596), 2.

[9] Lloyd W. Daly, *Contributions to a History of Alphabeticization in Antiquity and the Middle Ages* (Brussels: Latomus, 1967), 73.

[10] William Dunn Macray, *Annals of the Bodleian Library, Oxford, 1598–1867* (London: Rivingtons, 1868), 39.

[11] Gottfried Leibniz, *Unvorgreifliche Gedanken*, quoted and translated by Werner Hüllen, *English Dictionaries 800–1700: The Topical Tradition* (Oxford: Clarendon Press, 1999), 16n.

[12] Ralph Lever, *The Arte of Reason* (London: H. Bynneman, 1573).

[13] John Locke, *An Essay Concerning Human Understanding*, ch. 3, sect. 10.

[14] Galileo, letter to Mark Welser, 4 May 1612, trans. Stillman Drake, in *Discoveries and Opinions of Galileo*, 92.

[15] Isaac Newton, *Philosophiae Naturalis Principia Mathematica*, trans. Andrew Motte (Scholium) 6.

[16] Jonathon Green, *Chasing the Sun: Dictionary Makers and the Dictionaries They Made* (New York: Holt, 1996), 181.

[17] Interview, John Simpson, 13 September 2006.

[18] Ambrose Bierce, *The Devil's Dictionary* (New York: Dover, 1993), 25.

[19] Ludwig Wittgenstein, *Philosophical Investigations*, trans. G. E. M. Anscombe (New York:

Macmillan, 1953), 47.

[20] James A. H. Murray, "The Evolution of English Lexicography," Romanes Lecture (1900).

[21] Peter Gilliver et al., *The Ring of Words: Tolkien and the Oxford English Dictionary* (Oxford: Oxford University Press, 2006), 82.

[22] Anthony Burgess, "OED +," in *But Do Blondes Prefer Gentlemen? Homage to Qwert Yuiop and Other Writings* (New York: McGraw-Hill, 1986), 139. 无论哪一点，他都耿耿于怀，在该书后面的一篇文章（"Ameringlish"）中，他又抱怨了一番。

[23] "Writing the OED: Spellings," Oxford English Dictionary, http://www.oed.com/about/writing/spellings.html (accessed 6 April 2007).

[24] Samuel Johnson, preface to *A Dictionary of the English Language* (1755).

[25] John Simpson, ed., *The First English Dictionary*, 24.

[26] Sylvia Wright, "The Death of Lady Mondegreen," *Harper's Magazine*, November 1954, 48.

[27] Steven Pinker, *The Language Instinct: How the Mind Creates Language* (New York: William Morrow, 1994), 183.

第 4 章
将思想的力量注入齿轮机械

（喔，欣喜若狂的算术家啊！）

> 即使是讽刺家最天马行空的想象也与多年以后的现实相形见绌。用
> 《格列佛游记》的腔调来说就是，几乎如阳光一般的光明从鱼嘴所剩的残
> 羹冷炙中提取出来，火焰被戴维安全灯所过滤筛选，机械则被教授了算
> 术而非诗歌。
>
> ——查尔斯·巴贝奇（1832）[1]

没有人怀疑查尔斯·巴贝奇聪敏过人，但也没有人充分理解其天才之处的实质，而他的才华也在很长时间内都得不到关注。他究竟想做到什么？另外，他的职业到底是什么？在 1871 年巴贝奇逝世后，《泰晤士报》的讣告称他为"最活跃、最具原创性的原创思想家之一"，但它同时又似乎给人感觉，巴贝奇最广为人知的事迹是他经年累月地与街头乐手和手摇风琴手作斗争，控告他们打扰了自己的研究。[2]不过，他可能并不介意人们这样看他。他兴趣广泛，并且以此为荣。一个美国人赞颂道："对于任何会引起其孩童般纯真好奇心的事物，他都渴望探求其中的原理，他甚至会将各种玩具大卸八块以搞清它们如何运作。"[3]巴贝奇并不完全属于他所处的那个时代，即所谓"蒸汽时代"或"机器时代"。的确，他醉心于蒸汽和机械的运用，并自认为是个彻头彻尾的现代人，但他同时也追求各种兴趣和嗜好，如破解密码、开锁、设计灯塔的信号系统、观察树木年轮、改善邮政效率

等，而他这样做的逻辑在一个多世纪后的人们眼里才变得容易理解。在研究邮政的经济学时，他持一种与一般人直觉相反的观点。他认为，成本中的大头并不是信件和包裹本身的运输成本，而是"校验"过程的成本，如计算距离以及收取正确费用等。因此，他最早提出了现代的邮政费率标准化的设想。巴贝奇还喜欢划船，不过他感兴趣的"并非划桨的体力劳动，而是航行的脑力艺术"。[4]巴贝奇也是个火车迷。他曾设计过一种火车行车记录设备，使用墨水笔在三百多米长的纸带上描绘火车行车状态的曲线。它可以看作地震仪和示速仪的组合，能够记录火车运行的速度变化以及沿途所有的颠簸和摇晃。

巴贝奇年轻的时候，有一次在英格兰北部的一个旅馆驻留。他惊奇地发现同店的旅行者正在争论他是干哪一行的：

> 有人告诉我："角落里高个子的绅士坚称你是搞五金的，而吃晚饭时坐你旁边的那位胖绅士十分确信你做的是烈酒买卖。还有一个人则声称，前面两个统统没有说对：他说你肯定是为一个钢铁大亨出差来着。"
>
> "哦，"我说，"我猜，你一定比那些朋友更了解我是干哪一行的吧。"
>
> "那是，"那人说，"我敢打保票，你是在诺丁汉做蕾斯花边生意！"[5]

巴贝奇也许一直以来被说成是一名职业数学家，但他此行是周游国内各处的工坊和工厂，以考察各种机器工具在当时的最高水准。他写道："有闲阶级很难能够找到什么比考察自己国家的工坊更有趣、也更有益的事了。这些工坊包含着丰富的知识宝藏，富人阶级却一般对此视而不见。"[6]不过，他本人没有放过任何一条知识矿脉。他后来的确成为了诺丁汉蕾斯花边制造的专家，其他如利用火药开采石灰岩、使用金刚石精确切割玻璃，以及所有已知的运用机械来产生能量、节约时间或传递信号的办法，巴贝奇都是行家里手。他还细致研究过水压机、空气泵、煤气表以及螺栓剪钳。在周游结束时，他在制造大头针方面的知识已经不亚于英格兰的任何人。他的知识既实用，又有条理。据巴贝奇的估算，每生产一磅重的大头针，需要花费十个男女工人七个半工时，包括拉出铁丝、拉直铁丝、剪断铁丝、磨尖一头、抛光另一头、添加大头、镀锡或漂白，直到最后用纸打包。他把每一个工序的成本精确到了百万分之一便士。[7]他也注意到，这个工艺虽然最终臻于完美，但业已日薄西山：一个美国人已经发明了一种自动化机械来完成相同的工作，并且效率更高。

巴贝奇还发明了他自己的机器，一台硕大的、泛着微光的机械，由黄铜和白镴制成，包含数以千计的曲柄、转轮、嵌齿和齿轮，无一不加工得极端精密。他花费了其漫长的一生来改进它，先是一种设想，然后是另一种设想，但所有的工作主要都是在他的脑子里完成的。它最终没有变成现实。因此，这台机器在发明史上占据着一个极端而奇特的地位：它既是一件失败之作，但又是人类最伟大的智力成就之一。它的失败是巨大的，作为一个"国家出资，因而应被视为国有财产"[8]的科学和工程学项目，业已由财政部拨款近二十年。在 1823 年项目启动时，议会估算要花费一千五百英镑。而到了 1842 年首相下令终止项目时，花费已经超过了一万七千英镑。之后，巴贝奇的机器渐渐被人遗忘，在发明史上湮灭无闻。再到后来，它才又被重新发现，其重要意义得到了追认，犹如灯塔在历史长河中熠熠生辉。

一如他在英格兰北部周游时所研究过的织布机、熔炉、制钉厂和玻璃制品厂，巴贝奇的机器也是用于大批量生产某种商品。这种商品，就是数。这台机器沟通了实体物质世界与纯粹抽象世界。它不消耗原材料，它的输入和输出都了无重量，只是要驱动那么多齿轮需要可观的动力。整个齿轮机械可以塞满一整个房间，重达数吨。生产数所要求的机械复杂性已经达到了当时可用技术的极限。与之相比，生产大头针就算是小儿科了。

认为数是一种可以通过生产得到的商品，这个想法并不自然，毕竟数是抽象的，它只存在于观念当中，也是无穷的，没有什么机器能够增加客观存在的数。而巴贝奇的机器所生产的，是那些对人而言重要的数，也就是带有某种意义的数。比如，2.096 910 013 就带有一种意义：它是 125 的常用对数。（至于是否**每个**数都带有某种意义，这个问题将成为接下来一个世纪的难解之谜。）一个数的意义，可以表示为它与其他数的关系，或它是某个特定算术题的答案。巴贝奇自己并没有从意义的角度来描述他的机器，而是尝试从实际操作的角度来描述：将一些数送入机器，然后等着看另一些数从它里面冒出来；或者换个花哨点的说法就是，向机器提出问题，然后期望得到一个答案。无论是哪种说法，他都难以把自己的意思解释清楚。他抱怨道：

> 有那么两次，我被这样问道："请问，巴贝奇先生，假如你往机器里送入了错误的数值，出来的还会是正确的答案吗？"一回是在上议院，还有一回是在下议院。我至今无法很好地理解，该是怎样的思维混乱才会提出这种问题啊。[9]

无论如何，这台机器并未打算成为某种神谕，为来自四面八方的人提供数学解答。它的主要任务是批量地输出数。为便携起见，这些数可以整理成数表，装订成图书。

在巴贝奇看来，整个世界就是由这些数构成的，它们是"自然和艺术中的常数"。他到处收集这些数。他汇编过一张哺乳纲动物常数表：他每到一处，就会对猪和母牛的呼吸和心跳次数进行统计。[10]他为多少有点让人感觉不可靠的人寿保险业创建过一种统计方法来制作预期寿命表。他还制作过一张表格，上面记录了每平方码各种织物的金衡制格令重量，包括亚麻布、印花布、本色布、平纹细布、真丝绸以及绷带纱布等。还有一张表格则揭示了在英语、法语、意大利语、德语和拉丁语中双写字母组合的相对出现频率。他还甚至研究、统计并发表过一张平面玻璃窗碎裂原因的相对发生频率表，区分了四百六十四种不同的原因，其中十四种涉及"醉酒的男子、女子和男孩"。但他最中意的还是那些最纯粹的表，也就是那些包含数但也仅包含数的表，在其中一个个数横平竖直地排满一个个页面，形成的图案给人以抽象的享受。

一本只有数的书，在所有的信息技术产品中，这是个多么奇特而又厉害的物件呀！埃利·德容古在1762年曾写道："喔，欣喜若狂的算术家啊！他那么容易满足，既不求锦衣华服，也不求香车宝马。"[11]德容古本人对此的贡献是一本小四开本的书，里面印有前19 999个三角形数。这本书计算精细、准确而臻于完美。三角形数很简单，仅是前 n 个自然数之和：$1,3(1+2),6(1+2+3),10(1+2+3+4),15,21,28$，依此类推。从毕达哥拉斯开始的数论家们就对这些数很感兴趣。虽然它们并无多大的实际用途，但德容古还是兴奋地写出了他在编纂过程中获得的愉悦，这被深有同感的巴贝奇引用到了自己的书中："数有诸多迷人之处，俗人的眼睛无法看见，只有那些可敬的、孜孜以求的艺术之子才能发现。在这般凝神注目中，甜美的喜悦会油然而生。"

早在印刷术出现之前，数表就已经是书业的一部分。在 9 世纪，巴格达的阿布·阿卜杜拉·穆罕默德·伊本·穆萨·花刺子密［他的名字因**算法**（algorithm）一词而流传至今］制定的三角函数表西传至欧洲，东传至中国，经由手工抄写，延续了数百年。而印刷术的发明使得数表大行其道，它们自然地成为了大规模生产原始数据的首个应用。为了满足人们的算术需求，乘法表的范围越来越大，先是 10×1000，然后是 10×10000，再然后是 1000×1000。除此之外，还有平方表、立方表、平方根表以及倒数表等。一种早期的数表是星历表，它们为观星者列出了太阳、月亮和行星在特定时刻的位置。商人们也发现了数表的用途。1582 年，西蒙·斯泰芬（Simon Stevin）编纂了《利息表》（*Tafelen van Interest*）一书，为银行家和放贷人提供了各种利息计算表。他还大力向"占星师、土地丈量师、挂毯或酒桶的测量师以及体积测量师，总而言之，也就是所有的造币厂厂长和商人"[12]推销他新的十进制运算法。他或许应该把航海者也加上。当初在 1504 年，克里斯托弗·哥伦布最后一次起航前往东印度群岛时，他带了一本由雷吉奥蒙塔努斯（Regiomontanus）编纂、于古登堡发明活字印刷术二十多年后在纽伦堡印制的星历表，借此他准确预测了一次月食，从而赢得了土著居民的帮助，最终才得以回国。

德容古那本载有三角形数的书比上述这些书更为纯粹。任意一个三角形数都可以通过一个算法找出（或生成）：将 n 与 $n+1$ 相乘，再除以 2 即可。所以德容古的数值汇编，虽然方便信息的存储和传输，但实质上可以简单归结为一个公式。运用这个公式，任何会做简单乘法的人（不过在当时这样的人并不多）都可以按照需要算得任何三角形数。当然，德容古了解这一点，但他及其在海牙的出版商仍然觉得值得这样做。他们以金属活字印刷表格，每页排三列，每列列出三十个自然数及其对应的三角形数，从 1（1）直到 19 999（199 990 000）。排字工会将一个个数字从金属活字架里拣出来，在排字盘里排列好，然后楔入铁槽，最后置于印刷机上印出来。

那么目的何在？撇开执迷和热情的因素不谈，数表的编制者也意识到了其经济价值。不论有意与否，他们通过权衡临时计算数据与从书中查检数据的难易程度来衡量这些特殊数据的价值。预先计算加上数据存储再加上数据传输的成本，通常比临时计算的成本还要来得低。"计算员"（computer）的职业在那时就已经有了，他们都是具有特殊技能的人。因此总而言之，计算的成本高昂。

从 1767 年开始，英国政府的经度委员会要求每年出版一本《航海天文历》，其中将提供太阳、月亮、恒星、行星以及木星卫星的位置表。在之后近半个世纪里，这项工作是由一个计算员网络完成的，它包括了三十四位男性和一位女性（来自什罗普郡勒德洛镇的玛丽·爱德华兹）。他们都各自在家工作，每年为此可以拿到七十英镑。[13]在当时，计算还是一个家庭作坊式的行业。这项工作要求从业者具有一些数学感觉，但不需要特殊的数学天赋，因为计算的每一步都有明确的规则。为了以防万一计算员出错，同样的工作常常会要求不同的人各做一遍。（不过，有时候计算员也会被发现，为图省事而互相抄袭计算结果。）为了对各处的信息流加以统一管理，项目还雇了一位比对员比较两位计算员的结果并核对校样。计算员和比对员之间每隔几天就会通过邮递、步行或骑行传递一次讯息。

一项 17 世纪的发明进一步催化了数表事业的发展。这项发明本身也是一类数，被称为**对数**（logarithm）。它是一种用作工具的数。亨利·布里格斯这样解释道：

> 对数是为了降低算术和几何问题的求解难度而发明出来的数。这个名字源自两个古希腊语单词，Logos（理性）*和 Arithmos（数）。采用对数，就可以避免算术运算中所有麻烦的乘法和除法，而可以用加法来代替乘法，用减法来代替除法。[14]

---

* 据 *OED* 的说明，纳皮尔并未解释他对 logarithm 的字面意义的理解，但通常认为这里的 logos 解释为"比例、比"。这样也与纳皮尔构造对数时的最初思路相吻合。——译者注

1614 年，布里格斯当时是伦敦格雷欣学院的一名几何学教授，也是该学院的第一位几何学教授。该学院后来成为英国皇家学会的诞生地。在此之前，布里格斯已经编纂了两个数表：《已知磁偏角求天极高度表》和《辅助航海诸表》。这一年，在爱丁堡出版的一本书许诺"将数学计算中一直以来的困难一扫而光"。

> 在数学实践中没有什么（尤其对于亲爱的数学专业学生来说）比那些大数的乘法、除法、开平方和开立方更为恼人、给计算者造成更多麻烦和阻碍的了，它们不仅费时费力，一般而言还容易出错。[15]

这本新书提出了一种方法，可以大大节省时间、减少错误，这就像是给一片黑暗的世界送去了一只手电筒。它的作者是一位富有的苏格兰人，名叫约翰·纳皮尔（其姓氏拼法不一，如 Napier、Napper、Nepair、Naper 或 Neper）。他是莫奇斯顿城堡的第八代领主、神学家和著名的天文学家，还爱好数学。布里格斯读过该书后，不由变得迫不及待起来，他写道："纳皮尔，莫奇斯顿的领主，已经让我的脑子和手都闲不下来了。如果允许的话，我希望今年夏天能见他一面，因为从来没有一本书能比他的书带给我更大的快乐以及更多的惊喜。"[16]他也的确进行了这次苏格兰朝圣之旅。按照他事后的记录，他们的第一次会面是以长达一刻钟的沉默开场的："彼此以近乎崇拜的目光相互注视，一言不发。"[17]

布里格斯首先回过神来，说道："大人，我此番不远千里而来，只为见您一面。我想知道是怎样的才思或巧智才让您首先想到这一对天文学助益良多的贡献，也就是对数。大人，功劳要归于您，可我也感到奇怪，之前从来没有人发现它，毕竟一旦知道之后，它又是这么简单。"随后他在领主家里逗留和研习了数周时间。

若换用现代术语表述，所谓对数就是幂运算的指数。学生们都知道，若以 10 为底，100 的对数是 2，因为 $100 = 10^2$。同样，1 000 000 的对数是 6，因为 6 是表达式 $1000000 = 10^6$ 中的指数部分。要做两个数的乘法时，计算者只需分别查出它们的对数并相加即可。例如，

$$100 \times 1000000 = 10^2 \times 10^6 = 10^{(2+6)}$$

利用对数表查检出对数并相加，要比直接做乘法容易。

不过，纳皮尔并不是以指数的方式表达他的思想，而是靠直觉对事物进行了把握：他从差和比之间关系的角度思考这个问题。如果一个数列具有公差，称为等差数列，比如0,1,2,3,4,5…；如果一个数列具有公比，就是等比数列，比如1,2,4,8,16,32…。将这两个数列并排放置，

0	1	2	3	4	5	…（以 2 为底的对数）
1	2	4	8	16	32	…（自然数）

这样得到的结果就是一张粗略的对数表——之所以说它是粗略的，是因为整数指数太过疏松。一张真正有用的对数表需要填充整数指数之间的空隙，并精确到许多小数位数。

在纳皮尔的观念中，存在着一种类比：差之于比，就如同加法之于乘法。这样他的思考从一个维度跨越到了另一个维度，从空间关系跨越到了纯粹的数的关系。通过将这些刻度并排放置，他为计算者找到了一种将乘法转变为加法的实用方法——实质上，这是把一项困难的任务调低为更容易的任务。在某种意义上，这是一种翻译，或一种编码。计算者通过查检对数表，将自然数编码成了对数，而对数表就是码本。在这种新的语言中，计算变得容易了：加法代替了乘法，乘法则代替了求幂。计算完成以后，需要再把结果译回自然数的语言。当然，纳皮尔当时不可能从编码的角度来考虑这个问题。

布里格斯修订、扩展了必要的数列，并出版了一本他自己的书《对数算术》，在其中给出了各种应用实例。除了对数表，他还给出了部分年份的太阳赤纬表、已知经纬度时计算两地距离的方法，以及一张标明赤纬、极距和赤经的星图。这些知识中，有一些是先前从未整理过的，还有一些是将口口相传的知识落到了纸上，这可以从那些并非十

自然数	以 2 为底的对数
1	0
2	1
3	1.585
4	2
5	2.3219
6	2.585
7	2.8074
8	3
9	3.1699
10	3.3219
11	3.4594
12	3.585
13	3.7004
14	3.8074
15	3.9069
16	4
17	4.0875
18	4.1699
19	4.2479
20	4.3219
21	4.3923
22	4.4594
23	4.5236
24	4.585
25	4.6439
26	4.7004
27	4.7549
28	4.8074
29	4.858
30	4.9069
31	4.9542
32	5
33	5.0444
34	5.0875
35	5.1293
36	5.1699
37	5.2095
38	5.2479
39	5.2854
40	5.3219
41	5.3576
42	5.3923
43	5.4263
45	5.4919
46	5.5236
47	5.5546
48	5.585
49	5.6147
50	5.6439

分正式的恒星名称中看出来：极点之星、仙女的腰带、鲸鱼肚、竖琴上的最亮点，以及大熊尾巴上最紧挨着它屁股的第一颗星，等等。[18]布里格斯还考虑到了金融应用，给出了利率的计算规则，以便计算未来收益或推算原始本金。在这里，对数这门新技术是一个转折点："也可以注意到，在以前几乎没人知道，在利率为八分、九分或十分的前提下，一百英镑的钱每天的价值，或每年的价值。直到借助对数之后，它们才被弄清楚。倘若没有对数，它们需要经过大量辛苦的求根计算方能得出，而这种计算的痛苦要超出这种知识的价值。"[19]知识的价值与发现的成本，需要核算和权衡。

即便是这样激动人心的发现，也还是花了数年时间才为约翰内斯·开普勒所知晓。1627 年，开普勒开始运用对数来整理第谷·布拉赫辛苦积累的数据，完善他的天体表。他在给一个朋友的信中写道："某个苏格兰贵族最近崭露头角（名字我记不起来了），完成了一项出色的工作：把所有的乘法和除法运算转换成了加法和减法运算。"[20]开普勒的表比他的中世纪前辈要精确得多——大概要精确三十倍，正是这种精确性才使他有可能提出全新的日心说理论，即行星沿着椭圆轨道绕太阳运行。从那时起一直到电子计算机出现以前，人类大部分的计算都是借助对数进行的。[21]开普勒的一位老师对此颇不以为然："对于一名数学教授来说，仅仅由于计算变得更容易了一些就显露出幼稚的满足是有失身份的。"[22]但为什么不呢？几个世纪来，不论是纳皮尔还是布里格斯，也不论是开普勒还是巴贝奇，他们都在计算中感受到了这种满足。他们制作列表，构建比值和比例之塔来充实对数表，并不断完善他们从一种数转换为另一种数的方法，而之后世界贸易的发展也验证了这种满足并非幼稚之举。

查尔斯·巴贝奇出生于 1791 年圣诞节后一天的节礼日。他的家乡位于泰晤士河南岸的瓦尔沃思（Walworth），尽管与伦敦桥的距离小孩也只需步行半小时，但它当时仍是一个村庄。他是个银行家的儿子，而他的祖父和曾祖都是金匠。巴贝奇童年时的伦敦，机器时代的痕迹已经无处不在。新一代的公共娱乐经营者已经开始在演出中用各种机械装置招揽生意，其中最具吸引力的是那些自动机械，如机械玩偶，它们匠心独具而精致入微，试图通过大大小小的齿轮去模仿生命。查尔斯·巴贝奇曾在母亲带领下参观过约翰·约瑟夫·梅兰（John Joseph Merlin）位于汉诺威广场的机械博物馆，里面摆满了林林总总的发条机械和音乐盒，而其中最有趣的是各种仿真生物。一只白银天鹅在暗藏的马达和凸轮驱动下，会弯下脖子，叼起一只金属鱼。而在发明家阁楼上的工作间里，查尔斯看到一对裸身的舞女，它们是按照真人的五分之一大小用白银打造的，其中一个会在台面上滑行和鞠躬。年迈的梅兰，也就是这对机械的创造者，说他已经在这对至爱的机械上倾注了多年心血，但仍旧还未完成。另一个小雕像尤其以它的（或者说她的）优雅和生动打动了查尔斯。他后来回忆道："这位女士的仪态非常迷人，她的眼睛充满想象力，让人难以抗拒。"[23]说来凑巧，在他四十多岁时，他在一场拍卖上发现了梅兰的这个白银舞女，便以三十五英镑的价格拍下，拿回家中为她安装了一个底座，并为她穿上了专门定制的精美服装。[24]

这个男孩也热爱数学，这种兴趣看起来似乎与机械艺术相去甚远。他一点一滴地自学，不放过任何自己能够找到的数学书。1810年，他进入了剑桥的三一学院，这是艾萨克·牛顿学习和工作过的地方，并且仍然是英国数学的重镇。不过，巴贝奇很快就感到失望了，因为他发现自己对于现有知识比导师懂得还多，而他所寻觅的深入知识在那里则找不到。于是他开始想方设法搜罗外国书籍，尤其是从拿破仑治下的法国。当时英法两国正在交战，但通过一个专业书商，他得到了拉格朗日的《解析函数论》以及"拉克洛瓦的杰作《微积分教程》"。[25]

他的感觉是对的，当时剑桥的数学正停滞不前。一个世纪之前，牛顿是这所大学的第二位数学教授，这门学科的所有权威和声望都来自于他的遗产。而到了巴贝奇的年代，他的巨大影响力反而成为了英国数学挥之不去的阴影。最杰出的学生都在学习他巧妙而深奥的"流数"以及《原理》中的几何学证明。然而在牛顿以外的人手里，古老的几何学方法带来的只有挫败感，而他独特的微积分表述方式也并未给他的后辈带来多少益处，只是让他们越来越与世隔绝。一位19世纪的数学家对此评论道，英国的教授们"将任何创新的企图都视为对牛顿的严重冒犯"。[26]而学生们想要赶上现代数学的潮流，他们必须另寻别处，转向欧洲大陆，转向"解析"以及由牛顿的竞争者和死对头戈特弗里德·威廉·莱布尼茨发明的微分语言。当然在根本上,只有一种微积分。牛顿和莱布尼茨都清楚他们的工作极其相似,甚至到了足以让他们相互指责对方剽窃的程度。然而他们各自提出了互不兼容的符号系统,也就是不同的数学语言。而在实际工作中,这种表面上的差异会比实质上的共性更为紧要,毕竟符号和算子才是数学家们天天要面对的。与绝大多数学生不同的是,巴贝奇同时掌握了这两套系统("牛顿的点,莱布尼茨的 d"[27]),并感到学校的情况在一点点好转,虽然"使用一门新语言来思考和推理总是困难的"。[28]

事实上,语言本身在巴贝奇看来是一个适宜的哲学研究主题,他也时不时地会被吸引过去。**使用**语言来思考语言,往往导致困境和悖论。因此,巴贝奇曾尝试过发明或构造一种通用语言,一种没有方言和瑕疵的符号系统。当然,他并不是头一个进行这种尝试的人。莱布尼茨本人就曾宣称他已经接近完成一种通用表意文字(characteristica universalis),它能够给予人类"一种新工具用以增强推理能力,其效果远大于任何一种光学仪器对于视力的助益"。[29]当哲学家们初次意识到世界上方言的多样性时,他们因而常会把语言看作一个漏洞百出的筛子,而不是传递真理的可靠容器。字词意义的混淆经常导致矛盾,语言中的歧义和不当隐喻肯定不是源于事物本身,而应是源于蹩脚的符号选择。要是能找到一种适当的思维技术,一种真正的哲学语言,那该有多好啊!巴贝奇认为,它所使用的符号需要经过精心选择,一定是要通用、易懂且永恒。经过一番系统工作后,他成功构造出了一种语法并准备开始编写词汇,但这时他处处受到了存储和取值问题的制约——"明显无法做到像在字典里那样,将符号以连续顺序排列,以方便在需要的时候查找单词的意义"。[30]尽管如此,他仍然认为语言是一种人类可以发明出来的东西。在理想情况下,语言应该加以理性化,成为可预测的和机械的,就如同齿轮必须啮合。

在还是一名本科生的时候,巴贝奇就树立了复兴英国数学的目标,为此他积极寻求建立一个倡导团体并准备作出改变。他与另外两位年轻有为的学生约翰·赫歇尔(John Herschel)和乔治·皮科克(George Peacock)一起创立了他们称为"解析社"的团体,"为 d 摇旗呐喊"而反对"点的异端",或如巴贝奇所说,"大学的点统治"(他对这个"恶毒双关"*还不无得意)。[31]在他们努力将微积分从点统治下解放出来的战役中,巴贝奇痛心于"争执和民族怨恨的阴云一直以来笼罩着微分的起源问题"。即便它看上去是法国货,这也无关紧要。他宣称:"我们现在需要重新引进这个外国货,它在国外已经经过了近一个世纪的改进,并且我们需要将其再度改造,使之本土化,为我们所用。"[32]他们就像是一伙在牛顿地盘的心脏地带举旗反抗牛顿的起义者。他们在每周日礼拜后的早餐上碰头讨论。

"当然,我们遭到了导师们的冷嘲热讽,"巴贝奇回忆道,"并且暗地里有传言,说我们是帮离经叛道的年轻人,最终不会有什么好下场。"但他们的传道还是起到了作用:新方法自下而上传播了开来,学生们比他们的老师接受得更快。赫歇尔写道:"当试卷上开始出现许多不同寻常的答案时,每位剑桥的主考人都不由得双眉一挑,一半是出于愤怒,另一半则是出于欣赏。"[33]就这样,牛顿的点和流数逐渐淡出了舞台,被莱布尼茨的符号和语言所取代。

巴贝奇身边从来不缺能与之开怀畅饮或是打惠斯特牌赌每分六便士的伙伴。他与其中一群朋友搞了一个灵异俱乐部,专门搜寻超自然灵体存在与否的证据。他还与另一群朋友搞了一个名叫"提取者"的俱乐部,试图通过一套程序来判断成员是否精神健全。具体程序如下:

> 1. 每位成员应每六个月将自己的住址通告给俱乐部秘书长;
>
> 2. 如果这样的通告延迟超过十二个月以上,那么可以视作他的亲戚已经把他当作疯子关了起来;
>
> 3. 俱乐部将不择手段,不论是合法的还是非法的,将他从疯人院里弄出来["提取者"由此得名];
>
> 4. 每个想要加入的候选人,必须提供六份证明,三份证明他精神健全,另外三份证明他精神异常。[34]

---

* 牛顿在变量上方加点来表示微分,如 $\dot{x}$,而莱布尼茨则采用记法 $\frac{dy}{dx}$。在这里,"点统治"(Dot-age)与"老年痴呆"(dotage)恰好成双关。——译者注

但解析社是件正经事。巴贝奇、赫歇尔和皮科克等人对此态度严肃，言行一致，下决心要"尽其所能，在身后留下一个更美好的世界"。他们租了房间做场地，聚会时相互探讨论文，还发行了他们自己的"学报"。就在这些房间里，一次巴贝奇对着面前一张对数表昏昏欲睡。突然他的朋友叫醒他："喂，巴贝奇，你都梦见什么啦？"

"我在想，这些表格或许可以用机器来计算。"他回答道。[35]

无论如何，这就是巴贝奇在五十年后的说法。每项成功的发明都需要一个描述灵光闪现时刻的故事，而巴贝奇还准备了另一个。当时，他和赫歇尔一起正在为剑桥天文学会准备一份对数表手稿。这些对数在以前都已经计算过了，但对数这种东西总是会被计算、验算、比对和质疑。巴贝奇和赫歇尔在验算对数表时，毫不奇怪，他们会感觉到这项工作枯燥乏味。"我希望，这些计算要是能由蒸汽完成该多好啊。"巴贝奇吼道。而赫歇尔则简单地回答说："这完全可能。"*

蒸汽，是当时一切发动机的驱动力，是工业得以运行的条件。短短几十年间，这个词就成了动力、力量以及一切蓬勃、现代的事物的代名词。在此之前，水力和风力驱动着磨坊，其他大部分工作则还是要依靠人力、马力或畜力来完成。而经由煤炭加热产生的热蒸汽，在能工巧匠的控制下，有着更强的便携性和灵活性。蒸汽在各个场合都取代了筋肉。它成了一个口号，新潮的人们口中不时会蹦出如"打开蒸汽"（意为"开始工作"）、"增加蒸汽"（意为"变得强大"）或"释放蒸汽"（意为"释放能量或情绪"）的说法。政治家和小说家本杰明·迪斯累里（Benjamin Disraeli）在说"您的道德能量（steam）可以改变世界"时，他是以"能量"作为"蒸汽"的比喻义。的确，蒸汽是当时人类已知的最强大的能量传递介质。

但即便如此，巴贝奇会想到要把将这种强大的力量应用到一种了无重量的领域，将蒸汽应用到思考和算术上，仍是件奇怪的事情。这时，数就是原料，之后支架滑行、齿轮转动，大脑的工作就这样完成了。

---

* 事情发生在 1821 年，巴贝奇对此有三次相似的表述，作者此处引用的是他第三次（1839 年）的表述。对于三次表述，可参见：Bruce Collier, *The Little Engines That Could've: The Calculating Engines of Charles Babbage*, 2nd ed. (New York: Garland, 1990), pp. 14–18。——译者注

　　并且这个过程应当是自动化的,巴贝奇进一步宣称道。那么称一台机器是"自动化的"是什么意思呢? 对他而言, 这不仅是一种语义上的区分, 也是一条判断机器有用性的原则。当时已有的计算设备可以分成两类:第一类要求人的干预,第二类才是真正地自行运作。为了判断一台机器是否够得上自动化的标准,他需要问一个问题 (如果当时已经有了**输入**和**输出**这两个词的话, 这个问题恐怕可以简单很多):"当需要进行运算的数被置入设备后, 它是否可以仅依靠弹簧的运动、下坠的重物或任何其他常力的驱动就得出结果? "[36]这是一个超前的标准, 它剔除了到那时为止几乎所有存在过或设想过的算术运算工具, 而这样的工具自有史以来已经出现过很多。往口袋里放小石头、在绳子上打结以及在木头或骨头上刻痕都曾被用来辅助短期记忆, 而算盘和计算尺则是利用更复杂的硬件来进行抽象计算。直到 17 世纪, 一些数学家才构想出第一批真正称得上**机器**的计算设备, 它们可以用来做加法, 并通过重复做加法来实现乘法。布莱兹·帕斯卡在 1642 年制造出了一台加法机, 它由一排转轮构成, 每个转轮代表一个十进制数位。将近三十年后, 莱布尼茨改进了帕斯卡的机器。他发明了一种带有突齿的圆柱形转轮, 借此来完成从一个数位到另一个数位的"进位"。*不过在本质上, 帕斯卡和莱布尼茨的原型机仍然更接近于算盘, 一种反映存储状态的被动型寄存器, 而不是一种活动机器。在巴贝奇看来, 它们都称不上是自动化的。

　　巴贝奇从来没有打算用某种设备来完成一个一次性的计算, 不论这个计算有多困难, 毕竟机器的拿手好戏是重复, 而重复对人而言无疑是"极其辛苦且单调乏味"。[37]他预见到, 对于计算的需求会随着商业、工业和科学的繁荣而增长。"我敢大胆预言, 总有一天, 不断积累的数学方程算术运算工作, 作为一种持续的制约力量, 将最终妨碍到科学的有益发展, 除非这种方法或其他类似方法能够将人们从数学计算的沉重负担中解放出来。"[38]

---

　　* 莱布尼茨曾畅想过把代数甚至逻辑本身都加以机械化:"我们或许可以下一个定论, 即那样的机器将会受到所有与计算相关的人的欢迎……包括财务经理人、资产管家、商人、测量员、地理学家、航海家、天文学家等……因为让这些优秀人才花费时间像奴隶一样从事计算工作, 实在是得不偿失。"[39]

在信息贫乏的世界里，数表是罕见之物，因而只有过了一两个世纪之后，人们才有可能系统地收集到不同的印刷数表，并进行对照检查。结果他们在其中发现了一些意想不到的瑕疵。例如迈克尔·泰勒（Michael Taylor）编纂的《对数表》，其 1792 年在伦敦印刷的标准四开本中就被发现包含十九个要么一位、要么两位数字的错误。这些错误都在《航海天文历》中一一进行了更正，因为海军部清楚地知道，每一个错误都可能导致船毁人亡。

不幸的是，在这十九处勘误中，有一处更改被证明改错了。所以次年的《航海天文历》新增了"勘误的勘误"，但这时又引入了一个新的错误。于是正如《爱丁堡评论》所说，"混乱雪上加霜"，次年的《航海天文历》不得不再放入一条"对泰勒的《对数表》的勘误的勘误的勘误"。[40]

不同的错误各有其具体原因。1824 年，爱尔兰成立了自己的地形测量局，准备以史无前例的精度对国土进行测绘。这时一件紧要的事情是为这支由工兵和矿工组成的测量员队伍准备二百五十套对数表，这些表要求相对便于携带且精度要达到小数点后七位。[41]测量局比照了过去两百年在伦敦出版的十三份对数表，还有其他来自如法国的巴黎和阿维尼翁、德国的柏林和莱比锡、荷兰的豪达、意大利的佛罗伦萨以及中国的表。他们发现有六个错误在几乎每一张表中都有，并且是**一模一样的**六个错误。结论不言而喻：这些表里的数据相互抄袭，至少部分如此。

有些错误来源于进位时的错误，还有些则源于数字倒置——有时是计算员写错了，有时则是印刷工排错了，他们很容易把上下行中的数字给排错。人类大脑是多么神秘而不可靠啊！一位评论家不禁感慨。所有这些错误"可以成为有趣的话题，以供对记忆的运行机理进行玄学思考"。[42]他认识到，计算员手工计算的方式已经没有前途："唯有**通过机械生成的数表**，才能使此类错误无处容身。"

巴贝奇的改进办法是将机械原理和数学相结合。他从前后项相减的差分运算中看到了潜力。"有限差分方法"已经经过了数学家（尤其是法国数学家）的近百年研究。它的威力在于能将高阶计算简化为单纯的加法，而且很容易程序化。对于巴贝奇来说，有限差分方法是自己首个设想的核心原理，因此他将源自这个设想的机器命名为差分机。

对此，巴贝奇举了一个三角形数表的例子（时过境迁，他多次感到有必要向公众宣传和解释一下自己的设想）。如同很多重要数列一样，三角形数数列就像一架梯子，从地面出发，越登越高。

1,3,6,10,15,21…

想象有一个小孩将一组组弹珠放置在沙地上，每组摆成如下的样子：

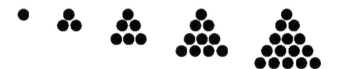

假设这个小孩想知道"第十三组或是任何其他远距离的一组包含多少个弹珠"。（这是个与巴贝奇很相像的小孩。）"他也许会向爸爸寻求答案，但我很担心爸爸会给他泼冷水，告诉他这样的问题毫无意义，因为没有人能知道那个数量是多少，诸如此类。"（显然爸爸不知道哲学教授埃利·德容古在海牙发表过一份三角形数表。）"如果爸爸无法告诉他，那么让这孩子再向妈妈求助，她一定会想方设法满足自己心肝宝贝的好奇心。"[43]对此，巴贝奇使用了一张差分表来解答这个问题。第一栏包含所讨论的数列，后面各栏是多次后项减前项而得到的结果，直到得到一个常数——最后一栏仅包含同一个数字。

组号	每组的弹珠数量	一阶差分（前后两组数量之差）	二阶差分
1	1	1	1
2	3	2	1
3	6	3	1
4	10	4	1
5	15	5	1
6	21	6	1
7	28	7	1

任何多项式函数都可以通过差分法来降阶，并且所有良态（well-behaved）函数，包括对数函数，都可以以这种方法来有效逼近。更高次数的方程需要用到更高阶

的差分。巴贝奇还举了一个要求三阶差分的几何例子：将炮弹堆成三角锥体，即将三角形数扩展到三维空间。

层数	三角锥体的炮弹数量	一阶差分	二阶差分	三阶差分
1	1	3	3	1
2	4	6	4	1
3	10	10	5	1
4	20	15	6	1
5	35	21	7	1
6	56	28	8	1

差分机则会逆向执行这个过程，即不是反复做减法以求出差分，而是通过级联的加法以生成一系列数。为了做到这一点，巴贝奇设想了一套由数轮构成的系统。数轮上面标记了从 0 到 9 的数字，众多数轮安置在一根轮轴上，分别代表一个数的十进制数位：个位、十位、百位，依此类推。数盘有齿，相邻两根轮轴上的数轮通过之间的扇形齿轮相互关联，实现两个数的加法运算。当整部机械运行起来，数轮带动数轮时，信息一点点地得到传递，数也沿着各轮轴渐次累加起来。当然，当任何一个和超过 9 的时候，就需要解决进位的机械难题。为此，巴贝奇在每个数轮的 9 和 0 两个数字之间设计了一个突齿。到时这个突齿会推动一根连杆，连杆则会将运动传递给位于上方的一个数轮。

这时计算机械史上一个崭新的主题出现了，那就是想方设法缩短计算时间。巴贝奇知道，他的机器要做到比人脑计算得快，并且是尽可能地快。他曾有过一个并行处理的想法：安置在一根轮轴上的数轮同时进行加法运算。"若是可以实现这一点，"他说，"那么在做加减法的时候，不管数有十位、二十位、五十位还是多少位，算起来都与只有一位时一样快。"[44]然而，他也清楚其中的问题所在。由于存在进位，各个数位上的加法运算不可能是相互独立的。满十进一，进位可能会逐次影响整组数轮。当然，如果预先知道哪里会出现进位，那么加法仍可以并行处理。但是这种知识无法及时获知。他写道："很不幸，在很多种情况下，

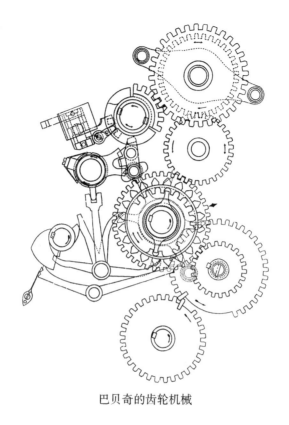

巴贝奇的齿轮机械

相应的进位只有在经过前后相继的数段时间后才能获知。"假定数轮转动一下耗时一秒，他算了所需的时间：两个五十位数相加，这个运算本身最多只需耗费九秒，但为了处理进位，在最糟情况下，需要额外的五十秒。这可真不是个好消息。"设计了众多装置，图纸画了不计其数，目的就是为了节约时间。"巴贝奇不无悲伤地写道。到了 1820 年，他最终确定了一套设计方案。接下来他弄了一套车床，自己操作，还雇了数位金属铸件工。两年后，他向皇家学会展示了一台闪闪发光、样式新潮的小型演示模型。

巴贝奇居住在伦敦，离摄政公园不远，过着类似某种绅士哲学家的生活，发表发表数学论文，偶尔对公众做做天文学方面的演讲。他娶了一位来自什罗普郡的年轻富有的女士，乔治亚娜·惠特莫尔（Georgiana Whitmore），她是八姐妹中最小的一个。除了妻子的钱之外，他主要靠自己父亲每年给的三百英镑津贴度日。对于自己的父亲，他不无怨恨，认为他专断、吝啬，并且最重要的是思想闭塞。

他在给朋友赫歇尔的信中写道："可以不夸张地说,老头子对于自己**听见**的一概不信,对于自己**看见**的也半信半疑。"[45]在他父亲 1827 年过世后,他继承了一笔十万英镑的遗产。他曾短暂做过一名保险精算师,为新成立的守护者人寿保险公司制作预期寿命表。他还曾试图在大学谋求教职,但一直未能如愿。尽管如此,他的社交生活日渐活跃,在学术圈里也开始小有名气。在赫歇尔的帮助下,他被选为了英国皇家学会会员。

有时甚至失败也会给他增添声誉。大卫·布儒斯特曾代表《爱丁堡科学期刊》给他写过一封堪称经典的退稿信："怀着并非万分不情愿的心情,我将你所有的论文来稿统统退还。不过,我想,你只要重新审视一下那些论文的主题,大概也会同意我别无选择。这些你为数学与玄学随笔栏目提议的主题实在太过深奥,恐怕本刊订阅者中没有一个人能看得懂。"[46]为了宣传自己即将做出的新发明,巴贝奇开始到处演示,四下写信。到了 1823 年,英国财政部和财政大臣终于也开始对这个发明产生了兴趣。他曾承诺"对数表将如同马铃薯一样便宜",[47]这样的诱惑他们如何能抵挡? 对数可是能够挽救船只的。就这样,财政部的首脑批准了第一笔一千五百英镑的拨款。

作为一种抽象设想,差分机引发了极大的热情,人们等不及见到机器实际成形就对此兴奋不已。思想的种子此次落在了肥沃的土壤中。一位技术通俗讲师迪奥尼修斯·拉德纳,以巴贝奇为主题进行了一系列公开演讲,称颂他的"提议将算术简化至可以纳入机械领域,即利用自动化机器来替代排字工,并将思想的力量注入齿轮机械"。[48]他还相信差分机"一旦完工,必将会产生重要影响,不仅会影响到科学的发展,甚至会影响到文明的进程"。它将是一台**理性的**机器,是机械与思想的结合。它的仰慕者有时会感到这种结合难以解释清楚。亨利·科尔布鲁克在对皇家天文学会的发言中说道,"或者是问题适应机器,或者是机器适应问题",但无论是哪种方式,"简单通过让机器运行起来,解法就会被执行,而一连串答案也会随之出现"。[49]

但是差分机在黄铜和铸铁的世界里进展缓慢。巴贝奇将自己伦敦住所后院的车马房改造成了熔制和铸造车间，把马厩改造成了耐火的工作间。他还找到了制图员和发明家约瑟夫·克莱门特（Joseph Clement）合作。克莱门特自学成才，从乡下织布工子弟凭自身努力而成为英国顶尖的机械工程师。巴贝奇和克莱门特都意识到，他们需要制造新的工具。根据设计，在巨大的铁制框架当中的是要求最复杂、最精确的零件——轮轴、齿轮、弹簧和销子，以及最最重要的数轮，先是成百个，后来进而到了上千个。对此，手工工具根本无法生产出精度符合要求的部件。于是巴贝奇在建立一个制造数表的工厂之前，必须先建立生产部件的新工厂。同时其他环节也需要加以标准化：作为基础部件，可替换的螺丝须有相同的螺纹圈数和螺距。就这样，克莱门特及其学徒开动车床，开始了制造。

随着难度的增加，巴贝奇的雄心也在高涨。动工十年后，巴贝奇的机器只有0.61 米高，有六根轮轴、数十个数轮，可以进行六位数的运算。但再过十年后，机器的规模（虽然只是在图纸上）已经达到 4.53 立方米，重 15 吨，有 25 000 个零件，而图纸平铺开来能覆盖超过 37 平方米的面积。其中的复杂程度更是令人眼花缭乱。为了解决多个数位同时相加的难题，巴贝奇将"加法动作"与"进位动作"相分离，从而错开了进位的时机。首先，偶数轴上的数字先加到奇数轴上。如果出现进位，奇数轴旁边侦测进位的连杆会被弹开。加法动作结束后，奇数轴旁边控制进位的装置会被提起至上方数轮的高度，执行进位动作。然后奇数轴上的数字会被加到偶数轴上，并执行进位。两个阶段的进位动作，机器都需要知道哪里需要进位，而这个信息是借助连杆的状态来判断的。破天荒头一回，一台设备被赋予了记忆功能。"这实际上就像是机器所做的备忘。"迪奥尼修斯·拉德纳这样写道。而巴贝奇虽然也意识到自己以下的说法有点将机器拟人化，但他还是忍不住说："我所采用的用于进位的机械手法，与人类记忆的运作方式有些微相似之处。"

如果使用普通的语言，即便仅仅是描述基础的加法运算过程，也需要大量极为炫目的名称来命名金属零件、解释它们的相互作用，以及梳理它们由于复杂的相互依赖关系而形成的一长串因果链。这其中，拉德纳对于"进位动作"的解释无疑让人印象深刻。[50] 单是这一个单独的操作就要涉及数轮、指示指针、指突、

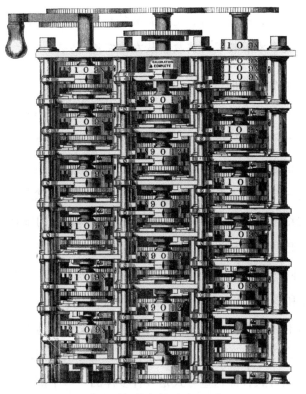

差分机局部的木版画（1853）

轮轴、扳机、槽口、钩状物、棘爪、弹簧、齿槽以及棘轮等众多部件和位置。

当 B^2 数轮上 9 和 0 之间的界线越过指示指针时，该数轮轮轴上的一个指突就会触碰到钩状物槽口处的扳机，将其弹开。而这个钩状物正是控制着前面提到的棘爪保持不动，因而一旦钩状物被弹开，棘爪在弹簧作用下向后退，并落入棘轮的下一个齿槽当中。

又写了几百字以后，作为小结，拉德纳采用了流体力学的隐喻：

机器运行时，有两股机械动作的波持续不断地自下向上流走，也有两股类似的流持续不断地从右往左游动。在加法动作时，从最底下也就是代表最末的差分的那一行起，波峰每隔一行落在奇数轴上；与此同时，偶数轴上的波峰则落在相邻的一行上。在进位动作时，第一股进位的流

> 从最顶上一行起，每隔一行，沿着奇数轴从右往左游动；而在下一个阶
> 段，另一股流会沿着相邻的偶数轴从右往左游动。

这是一种将具体细节加以抽象的办法，然而这些具体细节实在是太复杂了，最终拉德纳也不得不举手投降。他写道："机器的神奇之处还更多地体现在细节之中……在这里，我们不抱任何希望，说可以把它们完全呈现出来。"

另一方面，普通制图员的图纸也不足以把这部机器描述清楚，毕竟它不只是一台机器。它是一个动力系统，许多部件具有多种模式或状态，或静止或运动，其影响会通过错综复杂的途径传播出去。那么到底有没有可能在图纸上把它描述清楚呢？为此，巴贝奇专门设计了一种新的形式工具，用他的话来说就是"机械记法"。这是一种符号语言，它不仅要再现机器的物理形态，还要再现其更难以把握的属性：时序和逻辑。这可是一番了不得的雄心，巴贝奇自己也颇为自得。1826年，在《论一种利用符号表示机械动作的方法》一文中，他自豪地向皇家学会报告了自己的成果。[51]这种方法部分借助了分类。他分析了运动或能量通过系统进行"传播"的不同方式，而这些方式是多种多样的。一个部件可以简单通过直接连接到另一个部件上而受到影响，"比如固定在转轮上的钉子，或在同一根轴上的转轮和副齿轮"，它也可以通过"强烈的摩擦力"而连接到另一个部件并受到影响。一个部件可能被另一个部件持续不断地驱动，"就像转轮被副齿轮驱动的那样"，也可能被间断地驱动，"就比如转轴转一圈才将螺栓抬起一次的情况"。在这里出现了逻辑分支的景象：由于机器某些部分的状态不同，传播的路径也会发生变化。巴贝奇的机械记法是他在数学分析符号记法方面的研究的自然延伸。正如数学一样，机械也需要严密清晰的过程。他写道："日常语言的形式实在太过冗赘而难当此任。而符号，如果选择得当、应用广泛的话，将会以一种通用语言的姿态出现。"对于巴贝奇来说，语言从来都不是细枝末节的问题。

1828年，巴贝奇最终赢得了一个大学教职，而且还是剑桥大学备受尊敬的卢卡斯数学教授教席。过去牛顿曾担任该教席。与在牛顿的时代一样，巴贝奇的工作并不繁重。他不必带学生、上课，甚至不必住在剑桥。这对巴贝奇来说，可谓正中下

怀，因为他也正日渐成为英国社交圈里的红人。在位于伦敦多塞特街一号的家中，他在周六定期举办聚会，吸引了一批社会名流。其中既有政客、艺术家、贵族，也有当时最杰出的一批英国科学家，如查尔斯·达尔文、迈克尔·法拉第以及地质学家查尔斯·赖尔等。*让来宾们惊叹的不只有巴贝奇的计算机器，还有摆放在机器附近的那个会跳舞的自动机械。（在邀请函中，巴贝奇曾这样写过："敬请惠顾'白银女士'，届时她将以新服饰亮相。"）他善于讲各种与数学相关的奇闻轶事（考虑到这是在社交聚会上，数学与故事倒也并不矛盾）。赖尔对此赞许有加，说巴贝奇"能以高等数学来开玩笑、做推理"。他曾发表过一篇被频繁引用的论文，在其中他用概率论来研究神学里的奇迹问题。他还写过信给丁尼生，半开玩笑地建议诗人修改他的一个对句"每分钟都有一个人去世／每分钟也有一个人降生"。

> 几乎不用我说也很清楚，这样的算法将使世界的总人口数永远保持不变。而众所周知的事实是，这个总数在不断增长。因此，我斗胆建议，在您的大作出版新版本时，将我刚才提及的这一错误计算作如下改正："每分钟都有一个人去世／每分钟也有一又十六分之一个人降生。"顺便提及，精确的数值是 1.167，不过，当然，有些东西还是要向诗律作些妥协。[52]

巴贝奇对于自己的名声也感到好奇，为此还做了一本剪报簿。按一位友人的说法，他"将各种赞赏和反对的声音并排排成两列，从中进行某种权衡比较，还得出了一些极为有趣的结论"。[53]这位友人也为巴贝奇遭人误解而鸣不平："后来我反复听到有人说，他整天沉迷于人们对他的评价当中，时而沾沾自喜，时而愤愤不平。"

---

* 另一名来宾，查尔斯·狄更斯，将巴贝奇部分融入了其小说《小杜丽》中的一个角色丹尼尔·多伊斯。多伊斯是一名发明家，想要服务政府，却遭到了政府的不公正对待："众所周知，他是个聪明人……他完成了一项发明（这其中经过了一个奇怪而神秘的过程），这项发明对于他的国家和同胞都非常重要。我说不清，他为此花了多少钱，或他为此花了多少年光阴，但他的确将它做到了完美。"狄更斯又补充道："在丹尼尔·多伊斯身上可以感受到一种镇静、内敛的自足气质——一种冷静的认识，即过去是对的东西，到现在仍然是对的。"

查尔斯·巴贝奇（1860年）

　　然而，作为他名声主要来源的差分机，工作进展却变得举步维艰。1832年，他和克莱门特造出了可供演示的试验部分。当巴贝奇在他的聚会上向来宾们展示它时，他们有的感到神奇，有的则仅仅感觉费解。尽管仅是实现了设想的一小部分，但从现在陈列在伦敦科学博物馆的实物可以看出，差分机是在当时技术条件下精密工程所能达到的极致。无论是合金的成分构成、尺寸的精确程度，还是零件的可替换性，这部究竟未能完成的机器的已实现部分在当时都是无与伦比的。尽管如此，这个实验品毕竟仅能成为一件异乎寻常的赏玩之物。而这也是巴贝奇所能达到的极致了。

　　在此之后，巴贝奇和克莱门特陷入了争执。克莱门特向巴贝奇和财政部伸手要钱越来越多，引起政府怀疑其中是否有人试图借机牟取暴利。他还藏匿起机器部件和图纸，并为了控制工作间里的专用设备而争执不休。英国政府在耗费了超过十年时间和一万七千英镑以后，最终对巴贝奇失去了信任，而巴贝奇对政府也同样心灰意冷。在与大臣和部长们打交道时，巴贝奇有时会显得立场顽固而态度不恭。他对于英国人看待技术发明的态度也不无不满："如果你对他说，有一台机器能削土豆，他会宣称这不可能；而如果你当面用机器削给他看，他又会宣称这玩意儿没用，因为它不能切菠萝。"[54]他们变得不再能把握重点之所在，总是挑发明的缺陷和不足，却忽视了其可能的用途。

"我们要怎么做才能摆脱巴贝奇先生和他的计算机器？"当时的英国首相罗伯特·皮尔（Robert Peel）在1842年8月写信给他的一位顾问咨询道，"可以肯定，就算得以完成，它对于科学也毫无价值……在我看来，它只是个非常昂贵的玩具。"而他也很容易在公职人员中找到对巴贝奇的不利之辞。其中最致命的抨击恐怕来自皇家天文学家乔治·比德尔·艾里（George Biddell Airy），这位思想僵化只认死理的人毫不含糊地说出了皮尔首相最想听到的话："对于机器的有用性，我觉得他很可能是在白日做梦。"[55]就这样，皮尔的政府中止了这个项目。然而，巴贝奇的梦想却并未终止，并且早已转变方向，上升到了一个全新的高度。另外，他也已经结识了爱达·拜伦。

在伦敦劳瑟拱廊市集北端的河岸街上，坐落着由美国发明家雅各布·珀金斯（Jacob Perkins）创办的国家应用科学展馆。这是一个"寓教于乐"的地方，结合了玩具店和技术展览，前来参观的人络绎不绝。只需花一先令的门票钱，参观者就可以摸到活的电鳗，听到有关最新科学的讲座，还可以看到一艘蒸汽船模型在二十多米长的水槽里来回巡游，以及珀金斯蒸汽机关枪突突地射出子弹。如果还肯破费一个几尼（二十一先令）的话，参观者或可以坐下来拍摄一张达盖尔银版法相片，在"不到一秒钟"的时间内，自己的肖像就被忠实地记录了下来；[56]或可以观看织布工演示自动化的雅卡尔提花机，布匹的图案事先编码成纸板上的孔洞，机器再据此持续不断地织出图案。对于后者，年轻的奥古斯塔·爱达·拜伦曾亲眼目睹。

爱达是"爱的结晶，——尽管她生于苦难，长于动乱"，[57]她的父亲这样写道。的确，她的父亲是位诗人。1816年1月，时年二十三岁、聪慧、富有且对数学了解颇多的安妮·伊莎贝拉·米尔班克在经过一年的婚姻后，最终带着未满月的爱达离开了时年二十七岁、早已闻名遐迩的拜伦。之后，拜伦离开了英国，终生再未能与他的女儿相见。爱达的母亲在她小时候一直拒绝向她透露她的父亲是谁，直到她八岁那年，拜伦在希腊病逝、引起国内外震惊时才说出她的身世。事实上，诗人一直渴望知道他女儿的任何消息："等**她**长到这么大，我才意识到原来自己对她一往情深，也对她的未来有种种设想，只不过即便我**现在**说出来，恐怕人们也不会相信。因此，我最好还是自己收藏在心……这个女孩有想象力吗？"[58]是的，爱达想象力非常丰富。

爱达是个神童，在数学方面天资聪慧，并受到了家庭教师的鼓励。她在绘画和音乐方面也有天赋，极具创造力，但在内心也极为孤独。在十二岁时，她开始着手发明一种飞行工具。她写信给母亲说，"明天我就要开始准备我的纸翼了"，"为使飞行的艺术臻于完美，我在考虑写一本叫《飞行学》的书，里面要插很多很多图"。[59]甚至有一段时间，她写信时的落款都是"非常爱您的信鸽"。她还请求母亲帮她找一本鸟类解剖图解的书，因为她不愿意"自己去解剖，哪怕只是一只小鸟"。甚至对于自己的日常状况，她也分析得条分缕析。

> 斯坦普小姐告诉我，她现在对我不是十分满意，原因是昨天我在一件简单的事上采取了一些愚蠢的举动，她说这些举动不仅愚蠢，而且还说明我当时精神不集中；而今天虽然到目前为止她总体上并无理由对我感到不满，但她说她还无法直接将昨天的记忆一笔勾销。[60]

她在母亲的严密约束下一天天长大。她从小体弱多病，曾患过一场严重的麻疹，还有着神经衰弱或歇斯底里的症状。（她写道："我虚弱的时候，总是会**不明原由**地感到恐慌，不由自主地表现出激动的神情和举止。"[61]）在家里的一间房间里，她父亲的肖像被绿色的打褶织物遮盖了起来。直到二十岁生日时，她才被允许首次看到父亲的肖像。在十七岁时，她对自己的家庭教师暗生情愫，甚至多次偷偷与他在房间和花园幽会调情，极尽亲密，但据她自己说，并无实质性的"接触"。事情败露后，她的母亲极力把事情掩盖了下来，但这位老师立即被辞退了。在这一年春天，爱达身着盛装参加了一年一度在王宫举办的青年女子进入社交界的处子秀。在舞会上，她拜见了国王和王后以及各位高官显贵，其中包括资深的法国外交官塔列朗（Talleyrand），她称塔列朗为"老猢狲"。[62]

奥古斯塔·爱达·拜伦·金，洛夫莱斯伯爵夫人（玛格丽特·卡朋特绘于 1836 年）

一个月后，她见到了查尔斯·巴贝奇。当时，她和母亲一起前往巴贝奇的沙龙，参观拜伦夫人称为"思考机器"的差分机试验品。巴贝奇看到的是一位光彩照人又从容得体的年轻女士，有着精致娇好的面容和如雷贯耳的姓氏，她展示出的数学功底甚至比大部分大学毕业的男性都要深厚。而她看到的则是一位引人注目的四十一岁男性，他轮廓分明的脸上挂着一对威严的眉毛，浑身散发着机智和魅力，却不显得轻佻。对于爱达来说，他看上去是位梦想家，而这正是她所欣赏的。她也十分欣赏那台机器。一位当时在场者写道："其他来宾在看这件精美仪器时的表情，我敢说就与大家传说的野蛮人第一次见到镜子或听到枪声时的表情差不多。而拜伦小姐尽管年纪轻轻，却懂得它的运行原理，并能看出这项发明的美妙之处。"[63]她对于数学之美和抽象的热情，尽管过去在历任家庭教师那里得到了零星的满足，在这时变得更加不可抑制。然而，她的热情却无处释放。在当时的英国，女子既不能上大学接受高等教育，也不能加入科学学会（只有植物学和园艺学两门学科例外）。

爱达后来成了她母亲一个朋友的年幼女儿们的家庭教师。在写信给学生时，她曾落款"爱你的、无法自证其说的女教师"。她独自研究欧几里得，各种数学形式在她的脑中生根发芽。她在给另一位家庭教师的信中写道："我不能说自己掌握了一个命题，除非我能在眼前想象出一幅图，并能在不借助任何书籍或提示的情况下，将整个建构和证明过程仔细梳理一番。"[64]同样，她也无法忘记巴贝奇及他那台"所有机械当中的珍宝"。[65]在给另一位朋友的信中，她表露了自己"对于那台机器的巨大渴望"。时不时地，她会将目光转向思维深处，喜欢想象自己在思考时的情景。

巴贝奇的目光则远远超越了他陈列出来的那台机器。他正在计划建造一台新的机器，仍然是计算机器，却完全属于不同种类。他将这台新机器称为分析机。这样做的动力源自他对于差分机局限性的清晰认识：仅仅通过相加差分，并不能计算出每一种数，或解决每一个数学问题。而启发他灵感的正是在河岸街展出的雅卡尔提花机，这台机器通过编码并存储在打孔卡片上的指令进行控制。

引发巴贝奇想象的不是布匹的纺织过程，而是将布匹的图案从一种媒介转换到另一种媒介的编码过程。图案最终会出现在布匹上，但在此之前首先要被"送到一位专门的能工巧匠那里"。根据巴贝奇的说法，这位专家会

> 以一定方式在一套纸板上打好孔，这样当它们被置入雅卡尔提花机
> 时，机器就会精确地按照这位能工巧匠所设计的图案进行纺织。[66]

巴贝奇认为，将信息从其物理载体当中抽象出来，这个概念需要加以强调。他解释道，举例来说，织布工到时或许会选择不同的丝线或颜色，"但无论如何，图案的*形式*将始终保持不变"。而随着巴贝奇开始构思他的新机器，这一抽象过程的程度也变得越来越高。他想让凸轮和转轮不仅可以处理数，还可以处理代表数的变量。变量的值将由先前计算的结果来决定，而运算过程本身，比如加法和乘法，也将是可选择的，取决于先前计算的结果。按照巴贝奇的设想，这些抽象信息将被存储在卡片上：一组变量卡片和一组运算卡片。他将机器想象为按照预先设置的规则进行计算，而卡片则是用来传递这些规则。由于缺乏现成的词汇，他常常

感到对于基础性概念的表述非常笨拙。比如，

> 在一个分析性探索的过程中，有时在面对两个或更多不同的路径，尤其是要在其中选择合适的路径时，机器需要作出判断。在很多情况下，这种判断只有在先前部分的所有可能都已经仔细检查之后才可以作出。[67]

话虽然别扭，不过他还是表达清楚了一件事，那就是信息（它代表数和运算过程）会在机械中流动。它会在某些特殊的实体位置之间来回传递，巴贝奇将这样的实体位置命名为"仓库"（store），表示存储；以及"工厂"（mill），表示操作。

在进行所有这些工作的过程中，巴贝奇现在有了一位智力上的同伴，这就是爱达，先是作为助手，而后则成了其灵感来源。十九岁时，爱达嫁给了一位通情达理且前途无量的贵族，威廉·金（William King）。他比她年长十岁，并受到了她母亲的青睐。婚后几年内，金就被授予了爵位，成为洛夫莱斯伯爵，而爱达也就成了伯爵夫人，并生了三个孩子。平时，她管理着他们在萨里郡和伦敦的住所，并每天要花好几小时练习竖琴（"我现在成了**竖琴**的奴隶，而监工也不好说话"[68]）；她还要参加舞会、觐见新登基的维多利亚女王，并难为情地坐下来让别人给她画肖像画（"我看出来了，［艺术家］是下定决心要把我的阔下巴整个画出来。既然如此，我倒觉得在上面应该写下'数学'两字"）。她时常情绪低落，疾病缠身，甚至罹患过一次霍乱。然而，她的兴趣和举止毕竟使她与众不同。有天早上，她身着素装，乘坐四轮马车独自出门，前往埃克塞特会所参观爱德华·戴维（Edward Davy）的"电报"模型。后来在给母亲的信中，她这样写道：

> 当时仅有的另一个参观者是位中年绅士，他的举止就好像**我**是个展品似的，这当然在我看来是极为无礼和不可原谅的。——我敢肯定，他是把我当成一名年轻的（并且我猜在他看来还相当俊俏的）家庭女教师……他等着我走出会所，并跟了上来。——我努力让自己看起来尽可能像个贵族，**像个伯爵夫人**……我必须使劲让自己看起来比外貌大那么几岁……我希望每天都出去看点什么，而我也相信伦敦总有看不完的东西。[69]

洛夫莱斯夫人崇拜自己的丈夫，但在精神生活方面她也给巴贝奇保留了相当的空间。她梦想着，借助巴贝奇的天才，她可以成为原本不可能成为的人，实现原本不可能实现的东西。"我的**学习方式**异于常人，"她在写给他的信中说，"因此我觉得只有一个异于常人的人才能教会我。"[70]她的苦闷和绝望与日俱增，但她对于自己未曾施展的能力一直有着坚定的信心。她在几个月后的一封信中写道："我希望你能记住我，我是指我对于数学的兴趣。你知道，这是对我莫大的帮助。——帮助之大恐怕我们都无法估量……"

> 你知道，我生来就有点哲学家的气质，并且天生是个非常卓越的思考者。——因此，当我望向不可预知的前景时，即便我只能见到眼前弥漫的朦胧的不确定性，我也会幻想，我看到了不远处有亮光指引着前行的道路，这让我对于眼前的迷雾和模糊就不那么在意了。——我会是太过异想天开而于你无益吗？我以为不是。[71]

数学家兼逻辑学家奥古斯塔斯·德摩根，是巴贝奇和拜伦夫人的友人，他成了爱达的函授教师。他给她寄去习题，而她则提出了疑问、思考和困惑（"我希望加快进度"；"我很遗憾，我弄不明白收敛开始时的那一项"；"附上**我**对此的证明"；"函数方程彻底让我迷失了方向"；"我努力使自己惯于思考玄学问题的头脑保持井然有序"）。尽管她天真幼稚，或恰因为这一点，德摩根从她身上察觉到了一种"异乎一般初学者（无论男女）的思考能力"。她迅速掌握了三角学以及微积分。德摩根私下里告诉她母亲说，假如他在某个剑桥学生身上发现了"这般能力"，他会期待这个学生成为"一名原创性的数学研究者，或许还可能是一流的"。[72]她有着打破沙锅问到底的劲头，而当她感到遇到困难时，那会是真正的困难所在。

某年冬天，她迷上了一种当时流行的智力游戏，叫作单人跳棋（Solitaire）。在一块有三十三个洞的棋盘上摆放三十二枚棋子，其规则很简单：任何一枚棋子都可以跳过与之紧邻的棋子，被跳过的那枚棋子会从棋盘上移除，直到无子可跳为止。游戏的目标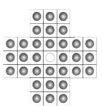

是到最后只留下一枚棋子。"人们可能会试几千次，但一次都成功不了。"她在给巴贝奇的信中兴奋地写道。

> 但通过尝试和观察，我**已经**能解决它了，并且在任何时候都能做到。但我想知道这个问题能否纳入一个数学公式当中，并用这种方式来解决……一定存在一种确定的原理，我设想它具有某些数字和几何属性，它是解法的基础，并可以用符号语言描述。[73]

为游戏寻求一种形式化的解法，这种想法本身就是原创性的。而通过创建一种符号语言，来对解法加以编码，这正是巴贝奇的思路，她对此并不陌生。

她也曾反思过自己不断增强的思考能力。她认为，它们并非严格都是数学能力。事实上，她只是把数学看作一个更广阔的想象世界的一部分。数学变换让她联想到"人们读到过的某种精灵和仙女，它们刚才以**一种**形状近在咫尺，下一刻就变成了非常陌生的另一种形式；数学的精灵和仙女有时会出奇地富有欺骗性、令人烦恼却又撩人心弦；它们就如同我在小说世界里发现的那类精灵和仙女"。[74]想象力——这是尤为宝贵的特质。她思虑及此，以为这是从她那素未谋面的父亲那里遗传而来的。

> 关于想象力，我们已经谈了**很多**。我们谈论诗人的想象力、艺术家的想象力，诸如此类；但我倾向于认为，总体而言，我们并不十分明白我们究竟在谈论**什么**……
>
> 想象力让我们得以穿透进入周围看不见的世界，即科学的世界。它让我们得以感知和发现事物的**实质**，而其**真实**原先我们看不见，其**存在**原先我们**感官**感受不到。那些已经学会在未知世界边缘徘徊的人……借助想象力的洁白翅膀，就有可能深入翱翔到我们所在世界当中的那些未经探索的领域。[75]

她开始相信自己肩负着一项神圣的使命要完成。是的，她使用了这个词：**使命**。"我心里有一种强烈的感觉，即上天赋予了我某种特殊的**智力–道德**使命要去实现。"[76]并且她自信拥有这样的能力。她信心满满地告诉母亲：

> 我相信自己拥有一套非常独特的特质组合，恰好让我适合成为一名**非凡的**发现者，去揭示自然**隐秘的真相**……这个信念很久以来一直**挥之不去**，而慢慢地我也已经接受了这一点。

她列举了自己的特质：

> 首先，由于我神经系统的某些特别之处，我对于某些东西有敏锐的**感知力**。这一点其他人都没有，即便有，也非常罕见……有人可能会称之为对隐秘之物的**直觉**感知力，即发现那些眼睛、耳朵和其他普通感官感知不到的东西。
>
> 其次，我有强大的推理能力。
>
> 再次，……我不仅能够将自己的全部能量和身心投入到我所选定的事情当中，而且我能从各种看上去不相关的领域中找出种种有用的工具，并应用到任何选定的主题和想法上。我能使宇宙每个角落的**光线**全都聚集到**一个**巨大的焦点上去。

她承认这些听上去像是疯话，但她坚持认为自己是理智、清醒的。她告诉母亲，现在她清楚了自己的人生道路。"我要攀爬的是怎样一座高山呀！它足以吓退任何不具备如此不知足、如此不安分的能量的人，而这种能量，从我还是婴儿时，就已经开始折磨您和我自己了。无论如何，我相信这种能量最终还是找到了它的食粮。"[77]她在分析机中找到了。

———

与此同时，巴贝奇，这个从不安分守己且兴趣广泛的人，正将他的精力投向另一项方兴未艾的技术，也是蒸汽最强有力的表现方式，即铁路。新成立的大西部铁路公司正在布里斯托尔和伦敦之间铺设铁轨，并准备蒸汽机车的试运行。主持工程的是一位才华横溢的工程师，时年仅二十七岁的伊桑巴德·金德姆·布鲁内尔（Isambard Kingdom Brunel）。布鲁内尔向巴贝奇寻求帮助，于是巴贝奇决定从一个信息收集项目着手——这是他典型的风格：匠心独具而又雄心勃勃。他改装了一整节车厢，在里面装了一张与车厢齐长的桌子。桌子两端是两个滚轮，带动三百多米长的纸带在桌面上展开。悬在桌子上方的多支墨水笔随着车厢运动，各自在纸带上画出曲线以"表达"（用巴贝奇的话说）各个方向上车厢所感受到的颠簸和作用力。同时，其中有一支笔与计时器相配合，记录下车厢的速度。以这种方式，他记录下了三千两百多米长的纸带。

当他在铁轨上行驶时，他意识到蒸汽机车有一种特有的危险：由于它的运行速度已经超出了先前所有通信手段的速度，因而火车之间无法及时了解相互的位置。除非所有的火车都能遵循最正规、最严格的调度，否则险情随时都有可能发生。在某个星期天，巴贝奇和布鲁内尔乘坐的两辆火车差一点点就发生了碰撞。其他人也同样担心火车运行与通信沟通之间的速度差。一位很有影响的伦敦银行家告诉巴贝奇，他不喜欢这种新的交通方式："这让我们的职员有可能监守自盗，然后以每小时三十多公里的速度逃往利物浦，再从那逃往美国。"[78]对此，巴贝奇只能表示，希望科学能够找出补救的办法来解决它引发的问题（"或许我们可以让闪电去追赶嫌犯"）。

而对于自己那台不会行走的机器，他也新找到了一个恰当的隐喻，"一台需要自行铺设铁轨的机车"。

尽管英国人对他远见卓识的计划兴趣日趋式微，但巴贝奇却在欧洲大陆找到了欣赏者，尤其是在意大利，这个他称为"阿基米德和伽利略的国度"。1840 年夏天，他带着成捆的图纸，途经巴黎和里昂（在那里的家居和教堂装饰织物工厂，他参观了一台巨大的雅卡尔提花机），前往撒丁王国的首都都灵，去参加一个数学家和工程师的会议。在会上，巴贝奇第一次（也是最后一次）公开展示了分析机。他说："分析机的发现，对于我的国家来说太过超前了，甚至恐怕对于我们这个时代来说都是如此。"[79]他觐见了撒丁王国国王查理·阿尔贝特（Charles Albert），更重要的是，他还遇见了一位雄心勃勃的年轻数学家路易吉·梅纳布雷亚（Luigi Menabrea）。梅纳布雷亚后来将成为意大利的将军、外交官和总理，但在当时他撰写了一份科学报告《分析机概论》，[80]试图将巴贝奇的计划介绍给欧洲哲学界更多的人。

这份报告一传到爱达手里，她就开始着手将其译成英语，期间她根据自己掌握的知识订正了原文的一些错误。她独立完成了这件事，既未告诉梅纳布雷亚，也未告诉巴贝奇。

当她最终在 1843 年将译稿交给巴贝奇看时，巴贝奇给出了热情的回应，并敦促她为此自己写些东西。为此，他们开始了非同寻常的热切合作。他们通过信使来回传递信件，节奏极其频繁（"我亲爱的巴贝奇"和"我亲爱的洛夫莱斯夫人"），并在任何可能的时间在她在圣詹姆斯广场的家中晤面。合作的热情兴奋异常，几近疯狂。尽管他是名人，他五十一而她才二十七，但她俨然成了主导者，时而是坚决的命令，时而是善意的玩笑："我要你在回信中对以下问题予以回答"；"希望你能把这一点为我写清楚一些"；"你当时可有点不负责任，而且说得也不太准确"；"我真希望你能做到如我那般准确、可靠"。她提议用自己名字的首字母缩写给作品署名，这样较写全名更显谦逊，同时她强调这并非为了"**宣扬**作者是谁"，而仅是为了"使之**与众不同**，并与 A. A. L. 的其他作品**保持一致**"。[81]

她的论述采取了为梅纳布雷亚的论文作注的方式，注释以字母 A 到 G 注记，长度将近论文的三倍。这些注释给出了一个比巴贝奇以往提出的还要更具普遍性、前瞻性的未来设想。有多普遍？这台机器不仅仅执行计算，它还执行**运算**（operations）。按照爱达的说法，运算指"任何改变了两种或多种事物之间相互关系的过程"，因而"这是一个最普遍的定义，涵盖了宇宙间的一切主题"。[82]而关于运算的科学，在她的设想中，

> 是一门独立的科学，自有其抽象真理和价值；正如逻辑自有其特别的真理和价值，而独立于那些我们借助逻辑的推理和过程来进行研究的主题……之所以运算科学的独立性很少有人感受到，且总体上也很少有人谈论，一个主要原因是数学记法中的许多符号有着**不断变换**的意义。

在这里，**符号**和**意义**，她特别强调，并不仅限于数学。这台机器"除了**数**，还可能操作其他东西"。巴贝奇在上千个数轮上刻下了数字，但它们的原理实际上可以

表示更为抽象的符号。在理论上，这台机器能够处理任何有意义的关系：它能够操纵语言，也能够谱写音乐。"举例来说，假设在和声和作曲科学中，各种音调声音的基本关系可以以这种方式表达和改编，那么这台机器就能够谱写任意复杂度和长度、精致且科学的乐曲。"

它一直以来是一台处理数的机器，现在则成了一台处理信息的机器。爱达比巴贝奇本人更清晰、也更富想象力地意识到了这一点。她在解释巴贝奇那概念中的虚拟创造物时，视它仿佛已经存在了一般：

> 分析机与单纯的"计算机器"并无共同基础，它有自己的一席之地……这样一种新的、涵盖广阔的、强大的语言发展了起来，可用于未来的分析。相较于借助我们已有工具的帮助，这样的分析将变得更为快速和精确。进而数学世界中的精神与物质、理论与应用，彼此之间将变得更加紧密而有效。
>
> ……我们或许可以恰如其分地说，分析机**织出代数的图案**，正如雅卡尔提花机织出花朵和叶子。[83]

这般天马行空的想象，全是她一人之功。"该机器的发明者在发明过程中是否产生过这些想法，抑或在此之后他是否从这样的角度看待过机器，我们不得而知。然而，这一点在我们现在看来是相当明显的。"

接下去她从诗意描述转向了实际应用，开始设计一个假想的程序，借此这台假想的机器将能够计算一个众所周知高难度的无穷数列——伯努利数。这种数产生于将从 1 到 n 的整数次幂求和，它们的各种形式在数论中非常常见。它们无法通过直接的公式生成，但可以通过一定的方法得到，即一步步扩展特定的公式，并在每一步查看其系数。她首先举了几个例子，其中最简单的办法就是扩展下述公式

$$\frac{x}{e^x - 1} = \frac{1}{1 + \frac{x}{2} + \frac{x^2}{2 \cdot 3} + \frac{x^3}{2 \cdot 3 \cdot 4} + \ldots}$$

而另一种途径则是通过扩展公式

$$B_{2n-1} = \frac{\pm 2^n}{(2^{2n}-1)2^{n-1}} \left\{ \begin{array}{l} \frac{1}{2}n^{2n-1} \\[2mm] -(n-1)^{2n-1}\left\{1+\frac{1}{2}\cdot\frac{2n}{1}\right\} \\[2mm] +(n-2)^{2n-1}\left\{1+\frac{1}{2}\cdot\frac{1}{2}\cdot\frac{2n\cdot(2n-1)}{1\cdot 2}\right\} \\[2mm] -(n-3)^{2n-1}\left\{\begin{array}{l}1+\frac{2n}{1}+\frac{2n\cdot(2n-1)}{1\cdot 2}\\[1mm]+\frac{1}{2}\cdot\frac{2n\cdot(2n-1)\cdot(2n-2)}{1\cdot 2\cdot 3}\end{array}\right\} \\[2mm] + \quad \ldots \quad \ldots \quad \ldots \quad \ldots \end{array} \right\}$$

但她选择了一条更具挑战性的途径，因为"我们的目标不是要简化……而是要展示这台机器的威力"。

为此她设计了一个过程、一组规则以及一系列运算。在一个世纪后，这会被称为一种算法，或一个计算机程序，可是在当时，要解释这个概念还颇费周章。最不容易理解的一点是，她的算法是递归的。它循环运行，一次迭代的结果将成为下一次迭代的输入。巴贝奇曾将这种方式称为"机器咬尾巴——团团转"。[84] 爱达解释道："显而易见，既然每个函数前后相继，并遵循相同的规则，那么就会出现循环的循环的循环……这个问题极其复杂，恐怕很少有人能得跟上……尽管如此，这对该机器而言是一种非常重要的情形，并且体现出某些独特的思想。因此，如果我们对此完全避而不谈的话，难免会有些遗憾。"[85]

这其中的关键就是她和巴贝奇称为**变量**的实体。变量，体现在硬件上，就是机器的一根根轮轴上的数轮。但除此之外，还有"变量卡片"。因此体现在软件上，变量类似于容器或封套，能够用来表示或存储多位数。（"名字本来是没有意义的，"巴贝奇写道，"它只是一个空空如也的篮子，直到你放入了一些东西。"）变量是机器的信息单位，它与代数中的变量有很大不同。爱达对此解释道："之所以叫这个名称，是因为那些轮轴上的数值注定要不断改变，以各种可以想见的方式变化。但这时需要警惕一种常会自然产生的误解，即错误地以为轮轴只会接受代数方程里变量的值，而不会接受常量。"因此，数实际上进行了**流转**，从变量卡片转到变量，从变量转到工厂（进行运算），再从工厂转到仓库。为解决生成伯努利数的问题，她需要编排出一支错综复杂的舞蹈。她整天倾注于此，有时还会通宵工作，一边与巴贝奇通信交流，一边则与疾病和病痛抗争。但是她的思想一直在翱翔：

> 我的**头脑**不是**凡间**之物，这一点时间将会证明（只要我的**呼吸**以及某些其他部位没有太快地**奔向**死亡）。
>
> 在十年内，假如我还没有从宇宙的种种奥秘之中吸取某些滋养的力量（这项工作凡间的嘴或头脑显然无法做到），那么我的头脑恐怕将为魔鬼所占据。
>
> 没人知道在我那**瘦小**的系统中潜藏着多少尚未被开发但几乎**让人惊叹**的能量和力量。我说它让人惊叹，是因为你可以想见在某种情况下它可能爆发出怎样的力量。我正在追根究底各种生成伯努利数的方式……我在努力把握这个问题，并试图将它与其他主题**联系起来**。[86]

事实上，她是在为这台机器编程，并且是在头脑中编程，因为机器还不存在。而这种她首次需要面对的复杂性，在一个世纪后将为程序员经常遇到：

> 要让这样一台机器运行起来，所需涉及的考量是多么多种多样，又错综复杂啊。经常会有若干组不同的效果在同时作用，彼此相互独立，但又或多或少相互影响。不要说使之相互协调，就是试图正确成功地识别并追踪它们，也会遇到诸多困难。在一定程度上，任何一个条件众多且错综复杂的问题都蕴涵着这类困难。[87]

她向巴贝奇述说了自己在这个过程中的感受："我现在为陷入了这样一个充满惊喜但又复杂烦扰的境地而很是感到灰心。"[88]九天以后，她又说："我发现自己的计划和想法不断变得清晰，越来越成形，更多**透彻**而更少**朦胧**。"[89]她知道自己创造了某些全新的东西。又过了十天，她一边忙于在舰队街的"泰勒印刷行"检查最终校样，一边不无得意地对巴贝奇宣布道："我觉得，你的先见之明和预见所有**可能情况**（而不论其可能性大小）的能力不及**我的**一半……我**不**认为，我父亲作为**诗人**（事实上或原本可能达到）的成就可以与我**将要**作为**分析师**（以及玄学家——这两者在我身上并行不悖）的成就相提并论。"[90]

即便机器造出来，谁又会用这台机器呢？既非公司职员，也非商店店员，巴贝奇的儿子在多年以后这样说道。日常的算术计算从来就不是它的目标，否则"这就像是用蒸汽锤砸坚果"。[91]他借用了莱布尼茨的说法："它的用户不是那些卖菜或卖鱼的，而是天文台，或私营的计算机构，或其他轻易可以负担得起费用并需要大量计算的人。"巴贝奇的机器一直以来未被当时的人们充分理解，不论是他的政府，还是出入他沙龙的很多朋友。不过，即便在当时，它也是声名远播。

在美国这个新发明层出不穷、科学乐观主义气氛浓郁的国度，爱伦·坡写道："我们该如何看待巴贝奇先生的计算机器？一台由木材和金属组成的机器……竟能够通过自我纠正可能出现的错误而在数学上保证其运算的准确性，我们又该作何评价呢？"[92]拉尔夫·沃尔多·爱默生曾与巴贝奇在伦敦见过面，在1870年他宣称："蒸汽机械是位聪明快学的学生，也是位膀大腰圆的伙伴，但是它还未能发挥其所有作用。"[93]

> 它业已像人一样在田地里行走，并会执行一切分派给它的任务。它灌溉作物，也移除山岳。它为我们织衣，也为我们拉车。而经过巴贝奇的教导，它还能计算利率和对数……但它还将提供更多高级的机械−智能方面的服务。

当然，巴贝奇机器的神奇之处也会遭到诟病。一些批评家就害怕机械机制与人的智力之间的竞争。"对于数学家而言，那台机器是怎样的一个讽刺呀！"老奥利弗·温德尔·霍姆斯说，"一个弗兰肯斯坦式的怪物，没有头脑，也没有心肝，笨得连错误也犯不了；它像玉米脱粒机一样吐出计算结果，但即便碾磨过一千蒲式耳那么多的玉米，它也永远不会变得更聪明或更好用一点！"[94]不论态度如何，他们说起来都好像这台机器已经成真似的，尽管事实并非如此。它依旧悬而未决，默默等待着自己的未来。

1885年出版的《国家人物传记大辞典》收录了查尔斯·巴贝奇的生平，但这个简短的*条目对其事迹几乎不着要点：

> 数学家、科学机械师；……曾获政府资助建造一部计算机器……但
> 因与工程师意见不合，建造工作半途而止；后又向政府提交过一份改进
> 设计，终因费用问题而未获批准……获得剑桥大学卢卡斯数学教授教席，
> 但未曾讲过课。

的确，巴贝奇的兴趣广泛，似乎偏离数学甚远。但其实他的诸多兴趣之下还是隐藏着一条主线，只是他的同时代人甚至他自己都没有觉察。他的种种追求无法归入任何一个范畴，更准确地说，任何一个当时已有的范畴。他真正的研究主题是信息，是信息的通信、编码、处理等。

他曾执著于两项不同寻常又明显不属于哲学思辨的挑战，两项他自己意识到彼此有着深层联系的活动：开锁和破解密码。他说，破解密码是"最吸引人的技艺之一，恐怕我在上面已经花费了过多时间"。[95]为了使破解过程合乎科学，他曾对英语进行过一番"全面分析"，并创造了一些特别的词典：由含一个、两个、三个或更多字母的词条所构成的词典以及依据单词的第一个、第二个、第三个或更后面的字母进行排序的词典。有了这些词典在手，他设计出了用于解决易位构词游戏和方块填词字谜的种种方法。

而从树木年轮上，巴贝奇看到的是自然将历史进行编码：一棵树以自己的实体记录下了一套完整的信息。"每一场雨，每一阵风，每一次温度变化，都在植物界留下了痕迹；它们对我们而言，的确细微而难以察觉，但不论如何，它们在那些木质纤维深处却留下了永恒的记录。"[96]

在伦敦的工坊里，巴贝奇曾见到过锡制的通话管，"通过它，主管的指示可以瞬间传达到最偏远的角落"。他认为这门技术有助于"节约时间"，并指出人们似乎还尚未发现口语讯息传播距离的上限。他作了一个估算："假设声音可以从伦敦

---

　　*　作者此处可能引用了 1903 年出版的《国家人物传记大辞典：索引与摘要》(*Dictionary of National Biography: Index and Epitome*)，摘要不到百字；而《国家人物传记大辞典》第二卷关于巴贝奇的条目则占有三面。相关图书可在 archive.org 上查阅。——译者注

传到利物浦，那么声音从管子一端达到另一端需要大约十七分钟。"[97]在 19 世纪 20 年代，巴贝奇萌生了一个传递文字讯息的创意，将讯息"装入小圆筒，使之沿着悬挂在高杆、高塔或教堂塔尖的绳索滑出"。[98]为此，他甚至还在伦敦的家中建造了一个工作模型。他进而设想了各种略有不同的尽可能远距离传播讯息的方式。他注意到，每晚送往布里斯托尔的邮袋不足百斤，可为了将这些讯息送到两百公里外，却要让"重一吨多的四轮马车及其设备走过同样的距离"。[99]这是多大的浪费呀！设想在每个设有邮局的镇之间每隔约三十米竖立一根高杆，上有钢索将每根杆子联系起来。在城内，教堂塔尖则可以充当高杆之用。同时，带有轮子的锡盒会沿着索道滚动，递送成批的信函。这么一来，费用将变得"相较而言微不足道，并且将这四通八达的索道利用起来，作为某种更为快捷的电报通信的渠道，也不是不可能"。

1851 年，在万国工业博览会在伦敦水晶宫举办期间，巴贝奇曾在多塞特街寓所的楼上窗台放置了一盏带活动遮光板的油灯，作为"明暗灯"向路人闪烁数值信号。据此，他为灯塔拟定了一套标准化系统，用于船只判断与灯塔的距离，并将十二份方案副本送到了，按他的说法，"诸海洋大国的有关机构"。结果在美国，国会批准了五千美元的经费用于试验巴贝奇方案的可行性。他还研究了借助镜子反射阳光、"正午阳光"[100]来传递信号的方式，以及向水手传递格林尼治准点报时信号的方式。为了帮助搁浅船只与岸上救援人员之间进行通信，他建议所有国家都采用一个包含一百个问题和答案的标准列表，其中每一个问题或答案都被分配一个两位数，同时可以将列表"印在卡片上，并固定在每艘船只的若干位置上"。他还指出，类似的信号也可用于军队、警察、铁路，甚至邻居之间的"各种社会用途"。

不过，这些用途并非显而易见。"电报有什么用呢？"撒丁王国国王查理·阿尔贝特曾在 1840 年向巴贝奇这样问道。巴贝奇绞尽脑汁，试图找到一个例子，"最后我指出这样一种可能性，借助电报，他的舰队可以获得风暴预警"。

这进而涉及风暴生成的一种新理论，国王对此十分好奇。一点一点

地，我努力试图将它解释清楚。我先以在我离开英国前不久的一场风暴
为例，它给利物浦造成了十分巨大的损失，而格拉斯哥的损失更为巨
大……我补充说，如果在热那亚及其他一些地方之间存在电报通信，那
么在格拉斯哥的人们就有望在其中一场风暴抵达之前二十四小时就得到
信息。[101]

至于那台分析机，它在重新被人记起之前，先得被人遗忘。它没有留下明显
的子嗣，因而当它重新出现在世人面前时，它就像是被重新发现的宝藏，引起了
人们的阵阵惊叹以及种种困惑。在现在这个计算机如日中天的时代，历史学家珍
妮·厄格洛从巴贝奇的机器中感受到了"另一种时代错位感"。[102]她写道，这样
的失败发明包含着的"思想，就像是静躺在黑暗橱柜里、慢慢泛黄的蓝图，等待
着被后世再次偶然发现"。

巴贝奇的机器的初衷是生成数表，但到头来，其现代形式反而导致数表被废
弃。巴贝奇可曾预计到这一点呢？不过，他的确曾好奇未来的人们将会如何利用
他的远见。按他的猜测，至少还要再过半个世纪，才会有人再次尝试构造一台通
用计算机器。而事实上，过了将近一个世纪，这项工作所必要的技术基础才准备
就绪。巴贝奇在 1864 年写道："如果有人在未被告诫以我的前车之鉴的情况下试
图尝试这项如此了无指望的工作，并通过完全不同的原理或更简化的机械手段而
成功实现了一台可与整个数学分析部门相当的机器，那么我不怕把自己的名誉托
付给他，因为他肯定会完全理解我当年努力的性质及其成果的价值。"[103]

而当他展望未来时，他预见有一条真理将高于一切，那就是"知识就是力量"。
他是从字面上理解这句话的，认为知识"本身是物理作用力的发生器"。科学给世
界带来了蒸汽，他猜想，不久以后科学将转向不那么有形的电力，"它几乎已经可
以控制这种以太流体"。他还望向了更远的未来：

> 我们必须记住另一门更高级的科学……也在大步前进……那就是**计
> 算**的科学，它在我们前进的每一步中变得越来越不可或缺，并且最终它
> 将主导科学在生活中的所有应用。[104]

在他去世前几年，他曾对一个朋友说，他乐意放弃剩下不管多少可活的时日，只愿能在五个世纪后的未来生活三天。

至于他年轻的朋友——爱达，洛夫莱斯伯爵夫人，她比巴贝奇早过世很多年。她死于子宫癌，这是一种经年累月的痛苦折磨，即便服用鸦片和大麻也不能减轻多少。在很长一段时间内，她的家人都对她隐瞒了病情的真相。但最终她还是知道了自己时日不多。她在给母亲的信中写道：“人们常说‘**将来之事会提前投下其阴影**’，可是它们有时不也会提前投下其**光芒**吗？”[105]她死后被葬在了她父亲的旁边。

同样，爱达对于未来也有一个最后的梦想：“我以我自己的方式**迟早**会成为一名**独裁者**。”[106]在她面前将集结起一个个军团，对此即便是地上的铁腕统治者们也只能乖乖让路。那么她的军团由什么材料构成呢？“我现在可不会说。但我希望，它们将是纪律严明、异常**和谐**的军队——由大量的**数**构成，伴着**军乐**以势不可挡的力量行进。这听起来岂不是十分神秘？显然**我的**军队必须由**数**构成，否则他们也就根本不可能存在……但如果进一步问，这又是些**什么数**？这则是一个谜——”

注释

查尔斯·巴贝奇和爱达·洛夫莱斯的原著现在已经越来越容易读到。查尔斯·巴贝奇的全集（*The Works of Charles Babbage*）在 1989 年出版，由马丁·坎贝尔-凯利编辑，共 11 卷，标价上千美元。巴贝奇的一些作品也可通过 Google 的图书数字化项目查看到在线全文电子版，包括 *Passages from the Life of a Philosopher*（1864）、*On the Economy of Machinery and Manufactures*（1832）以及 *The Ninth Bridgewater Treatise*（1838）。一本尚未被该项目收录（截至 2010 年）但非常有用的书是巴贝奇的儿子编辑的 *Babbage's Calculating Engines: Being a Collection of Papers Relating to Them*（1889）。随着计算机时代人们对此兴趣日增，这些有用的材料也被收进了许多选集当中，其中非常有益的是菲利普·莫里森和埃米利·莫里森编辑的 *Charles Babbage and His Calculating Engines*（1961）以及安东尼·海曼编辑的 *Science and Reform: Selected Works of Charles Babbage*（1989）。其他一些手稿见于 J. M. 迪贝撰写的 *The Mathematical Work of Charles Babbage*（1978）。下面的注释会视情况引用一个或数个上述资料来源，尽量提供给读者最有用的信息。爱达·洛夫莱斯翻译和注释的路易吉·梅纳布雷亚的《分析机概论》的在线电子版可见于约翰·沃克的网站（http://www.fourmilab.ch/babbage/sketch.html），它也可见于莫里斯夫妇编辑的选集。爱达·洛夫莱斯的信件和文章散藏于大英图书馆、博德利图书馆及其他地方，但许多已经出版，见于贝蒂·亚历山德拉·图尔编辑的 *Ada: The Enchantress of Numbers*（1992、1998）。对此，如有可能，我会引用已出版的版本。

[1] Charles Babbage, *On the Economy of Machinery and Manufactures* (1832), 300; reprinted in *Science and Reform: Selected Works of Charles Babbage*, ed. Anthony Hyman (Cambridge: Cambridge University Press, 1989), 200.

[2] "The Late Mr. Charles Babbage, F.R.S.," *The Times* (London), 23 October 1871. 不过，巴贝奇与手摇风琴手和绞弦琴手的斗争并没有白费，一项针对街头音乐的法令在 1864 年通过，因而它也常常被称为巴贝奇法令，参见：Stephanie Pain, "Mr. Babbage and the Buskers," *New Scientist* 179, no. 2408 (2003): 42.

[3] N. S. Dodge, "Charles Babbage," *Smithsonian Annual Report of 1873*, 162–197, reprinted in *Annals of the History of Computing* 22, no. 4 (October–December 2000), 20.

[4] Charles Babbage, *Passages from the Life of a Philosopher* (London: Longman, Green, Longman, Roberts, & Green, 1864), 37.

[5] Ibid., 385–386.

[6] Charles Babbage, *On the Economy of Machinery and Manufactures*, 4th ed. (London: Charles Knight, 1835), v.

[7] Ibid., 146.

[8] Henry Prevost Babbage, ed., *Babbage's Calculating Engines: Being a Collection Papers of Relating to Them; Their History and Construction* (London: E. & F. N. Spon, 1889), 52.

[9] Charles Babbage, *Passages from the Life of a Philosopher*, 67.

[10] *Charles Babbage and His Calculating Engines: Selected Writings*, ed. Philip Morrison and Emily Morrison (New York: Dover Publications, 1961), xxiii.

[11] Élie de Joncourt, *De Natura Et Praeclaro Usu Simplicissimae Speciei Numerorum Trigonalium* (Hagae Comitum: Husson, 1762), quoted in Charles Babbage, *Passages from the Life of a Philosopher*, 54.

[12] Quoted in Elizabeth L. Eisenstein, *The Printing Press as an Agent of Change: Communications and Cultural Transformations in Early-Modern Europe* (Cambridge: Cambridge University Press, 1979), 468.

[13] Mary Croarken, "Mary Edwards: Computing for a Living in 18th-Century England," *IEEE Annals of the History of Computing* 25, no. 4 (2003): 9–15; and Mary Croarken, "Tabulating the Heavens: Computing the Nautical Almanac in 18th-Century England," *IEEE Annals of the History of Computing* 25, no. 3 (2003): 48–61.

[14] Henry Briggs, *Logarithmicall Arithmetike: Or Tables of Logarithmes for Absolute Numbers from an Unite to 100000* (London: George Miller, 1631), 1.

[15] John Napier, "Dedicatorie," in *A Description of the Admirable Table of Logarithmes*, trans.

Edward Wright (London: Nicholas Okes, 1616), 3.

[16] Henry Briggs to James Ussher, 10 March 1615, quoted by Graham Jagger in Martin Campbell-Kelly et al., eds., *The History of Mathematical Tables: From Sumer to Spreadsheets* (Oxford: Oxford University Press, 2003), 56.

[17] William Lilly, *Mr. William Lilly's History of His Life and Times, from the Year 1602 to 1681* (London: Charles Baldwyn, 1715), 236.

[18] Henry Briggs, *Logarithmicall Arithmetike*, 52.

[19] Ibid., 11.

[20] Ole I. Franksen, "Introducing 'Mr. Babbage's Secret,' " *APL Quote Quad* 15, no. 1 (1984): 14.

[21] Michael Williams, *A History of Computing Technology* (Washington, D.C.: IEEE Computer Society, 1997), 105.

[22] Michael Mästlin, quoted in Ole I. Franksen, "Introducing 'Mr. Babbage's Secret,' " 14.

[23] Charles Babbage, *Passages from the Life of a Philosopher*, 17.

[24] Simon Schaffer, "Babbage's Dancer," in Francis Spufford and Jenny Uglow, eds., *Cultural Babbage: Technology, Time and Invention* (London: Faber and Faber, 1996), 58.

[25] Charles Babbage, *Passages from the Life of a Philosopher*, 26–27.

[26] W. W. Rouse Ball, *A History of the Study of Mathematics at Cambridge* (Cambridge: Cambridge University Press, 1889), 117.

[27] *Charles Babbage and His Calculating Engines*, 23.

[28] Ibid., 31.

[29] C. Gerhardt, ed., *Die Philosophischen Schriften von Gottfried Wilhelm Leibniz*, vol. 7 (Berlin: Olms, 1890), 12, quoted by Kurt Gödel in "Russell's Mathematical Logic" (1944), in *Kurt Gödel: Collected Works*, vol. 2, ed. Solomon Feferman (New York: Oxford University Press, 1986), 140.

[30] Charles Babbage, *Passages from the Life of a Philosopher*, 25.

[31] *Charles Babbage and His Calculating Engines*, 25.

[32] Charles Babbage, *Memoirs of the Analytical Society*, preface (1813), in Anthony Hyman, ed., *Science and Reform: Selected Works of Charles Babbage* (Cambridge: Cambridge University Press, 1989), 15–16.

[33] Agnes M. Clerke, *The Herschels and Modern Astronomy* (New York: Macmillan, 1895), 144.

[34] Charles Babbage, *Passages from the Life of a Philosopher*, 34.

[35] Ibid., 42.

[36] Ibid., 41.

[37] Charles Babbage, *A Letter to Sir Humphry Davy on the Application of Machinery to the Purpose of Calculating and Printing Mathematical Tables* (London: J. Booth & Baldwain, Cradock & Joy, 1822), 1.

[38] Babbage to David Brewster, 6 November 1822, in Martin Campbell-Kelly, ed., *The Works of*

Charles Babbage (New York: New York University Press, 1989) 2:43.

[39] "Machina arithmetica in qua non additio tantum et subtractio sed et multipicatio nullo, divisio vero paene nullo animi labore peragantur," trans. M. Kormes, 1685, in D. E. Smith, *A Source Book in Mathematics* (New York: McGraw-Hill, 1929), 173.

[40] Dionysius Lardner, "Babbage's Calculating Engine," *Edinburgh Review* 59, no. 120 (1834), 282; and Edward Everett, "The Uses of Astronomy," in *Orations and Speeches on Various Occasions* (Boston: Little, Brown, 1870), 447.

[41] Martin Campbell-Kelly, "Charles Babbage's Table of Logarithms (1827)," *Annals of the History of Computing* 10 (1988): 159–169.

[42] Dionysius Lardner, "Babbage's Calculating Engines," 282.

[43] Charles Babbage, *Passages from the Life of a Philosopher*, 52.

[44] Ibid., 60–62.

[45] Babbage to John Herschel, 10 August 1814, quoted in Anthony Hyman, *Charles Babbage: Pioneer of the Computer* (Princeton, N.J.: Princeton University Press, 1982), 31.

[46] David Brewster to Charles Babbage, 3 July 1821, quoted in J. M. Dubbey, *The Mathematical Work of Charles Babbage* (Cambridge: Cambridge University Press, 1978), 94.

[47] Babbage to John Herschel, 27 June 1823, quoted in Anthony Hyman, *Charles Babbage*, 53.

[48] Dionysius Lardner, "Babbage's Calculating Engines," 264.

[49] Henry Colebrooke, "Address on Presenting the Gold Medal of the Astronomical Society to Charles Babbage," in *Charles Babbage and His Calculating Engines*, 219.

[50] Dionysius Lardner, "Babbage's Calculating Engines," 288–300.

[51] Charles Babbage, "On a Method of Expressing by Signs the Action of Machinery," *Philosophical Transactions of the Royal Society of London* 116, no. 3 (1826): 250–265.

[52] Quoted in *Charles Babbage and His Calculating Engines*, xxiii. 莫里森夫妇指出，丁尼生的确在 1850 年之后的版本中把"每分钟"（every minute）改成了"时时刻刻"（every moment）。

[53] Harriet Martineau, *Autobiography* (1877), quoted in Anthony Hyman, *Charles Babbage*, 129.

[54] Quoted in Doron Swade, *The Difference Engine: Charles Babbage and the Quest to Build the First Computer* (New York: Viking, 2001), 132.

[55] Quoted in ibid., 38.

[56] Advertisement in The Builder, 31 December 1842, http://www.victorianlondon.org/photography/adverts.htm (accessed 7 March 2006).

[57] Lord Byron, "Childe Harold's Pilgrimage," canto 3, 118.

[58] Byron to Augusta Leigh, 12 October 1823, in Leslie A. Marchand, ed., *Byron's Letters and Journals*, vol. 9 (London: John Murray, 1973–1994), 47.

[59] Ada to Lady Byron, 3 February 1828, in Betty Alexandra Toole, *Ada, the Enchantress of Numbers: Prophet of the Computer Age* (Valley, Calif.: Strawberry Press, 1998), 25.

[60] Ada to Lady Byron, 2 April 1828, ibid., 27.

[61] Ada to Mary Somerville, 20 February 1835, ibid., 55.

[62] Ibid., 33.

[63] Sophia Elizabeth De Morgan, *Memoir of Augustus De Morgan* (London: Longmans, Green, 1882), 89.

[64] Ada to Dr. William King, 24 March 1834, in Betty Alexandra Toole, *Ada, the Enchantress of Numbers*, 45.

[65] Ada to Mary Somerville, 8 July 1834, ibid., 46.

[66] "Of the Analytical Engine," in *Charles Babbage and His Calculating Engines*, 55.

[67] Ibid., 65.

[68] Ada to Mary Somerville, 22 June 1837, in Betty Alexandra Toole, *Ada, the Enchantress of Numbers*, 70.

[69] Ada to Lady Byron, 26 June 1838, ibid., 78.

[70] Ada to Babbage, November 1839, ibid., 82.

[71] Ada to Babbage, 16 February 1840, ibid., 83.

[72] Augustus De Morgan to Lady Byron, quoted in Betty Alexandra Toole, "Ada Byron, Lady Lovelace, an Analyst and Metaphysician," *IEEE Annals of the History of Computing* 18, no. 3 (1996), 7.

[73] Ada to Babbage, 16 February 1840, in Betty Alexandra Toole, *Ada, the Enchantress of Numbers*, 83.

[74] Ada to Augustus De Morgan, 3 February 1841, ibid., 99.

[75] Untitled essay, 5 January 1841, ibid., 94.

[76] Ada to Woronzow Greig, 15 January 1841, ibid., 98.

[77] Ada to Lady Byron, 6 February 1841, ibid., 101.

[78] *Charles Babbage and His Calculating Engines*, 113. 巴贝奇补充道："或许我们可以让闪电去追赶嫌犯。"

[79] Quoted in Anthony Hyman, *Charles Babbage*, 185.

[80] *Bibliothèque Universelle de Genève*, no. 82 (October 1842).

[81] Ada to Babbage, 4 July 1843, in Betty Alexandra Toole, *Ada, the Enchantress of Numbers*, 145.

[82] Note A (by the translator, Ada Lovelace) to L. F. Menabrea, "Sketch of the Analytical Engine Invented by Charles Babbage," in *Charles Babbage and His Calculating Engines*, 247.

[83] Ibid., 252.

[84] H. Babbage, "The Analytical Engine," paper read at Bath, 12 September 1888, in *Charles Babbage and His Calculating Engines*, 331.

[85] Note D (by the translator, Ada Lovelace) to L. F. Menabrea, "Sketch of the Analytical Engine Invented by Charles Babbage."

[86] Ada to Babbage, 5 July 1843, in Betty Alexandra Toole, *Ada, the Enchantress of Numbers*, 147.

[87] Note D (by the translator, Ada Lovelace) to L. F. Menabrea, "Sketch of the Analytical Engine Invented by Charles Babbage."

[88] Ada to Babbage, 13 July 1843, in Betty Alexandra Toole, *Ada, the Enchantress of Numbers*, 149.

[89] Ada to Babbage, 22 July 1843, ibid., 150.

[90] Ada to Babbage, 30 July 1843, ibid., 157.

[91] H. P. Babbage, "The Analytical Engine," 333.

[92] "Maelzel's Chess-Player," in *The Prose Tales of Edgar Allan Poe: Third Series* (New York: A. C. Armstrong & Son, 1889), 230.

[93] Ralph Waldo Emerson, *Society and Solitude* (Boston: Fields, Osgood, 1870), 143.

[94] Oliver Wendell Holmes, *The Autocrat of the Breakfast-Table* (New York: Houghton Mifflin, 1893), 11.

[95] Charles Babbage, *Passages from the Life of a Philosopher*, 235.

[96] "On the Age of Strata, as Inferred from the Rings of Trees Embedded in Them," from Charles Babbage, *The Ninth Bridgewater Treatise: A Fragment* (London: John Murray, 1837), in *Charles Babbage and His Calculating Engines*, 368.

[97] Charles Babbage, *On the Economy of Machinery*, 10.

[98] Charles Babbage, *Passages from the Life of a Philosopher*, 447.

[99] Charles Babbage, *On the Economy of Machinery*, 273.

[100] Charles Babbage, *Passages from the Life of a Philosopher*, 460.

[101] Ibid., 301.

[102] Jenny Uglow, "Possibility," in Francis Spufford and Jenny Uglow, *Cultural Babbage*, 20.

[103] Charles Babbage, *Passages from the Life of a Philosopher*, 450.

[104] Charles Babbage, *On the Economy of Machinery*, 387–388.

[105] Ada to Lady Byron, 10 August 1851, in Betty Alexandra Toole, *Ada, the Enchantress of Numbers*, 287.

[106] Ada to Lady Byron, 29 October 1851, ibid., 291.

第 5 章
地球的神经系统
（就那么几根破电线，我们能指望它什么呢？）

> 这是事实，还只是我在做梦？借助电力，这个物质世界变成了一个超
> 大的神经网络，顷刻之间思绪传递数千英里？或更准确地说，这个圆球就
> 是一颗硕大的头颅，一个大脑，充满着智慧！又或者，我们是否应该说，
> 它本身就是一种思维活动，纯是思想，而不再是我们认为的物质！
>
> ——纳撒尼尔·霍桑（1851）[1]

1846 年，在泽西市渡口管理所二楼的一个小房间里，三名职员处理着纽约市的全部电报业务，而且他们的工作并不十分忙碌。[2]他们管理着美国首条商业电报线路的一端，另一端通往巴尔的摩和华盛顿。他们把接收到的信息手工抄录下来，用渡船送至哈德逊河对岸的自由街码头，然后再送往位于华尔街 16 号电磁电报公司（Magnetic Telegraph Company）设立的中心局。

而在伦敦，河流的阻碍要少些。同年，资本家们成立了电报公司（Electric Telegraph Company），并开始铺设自己的第一条线路。电报线里面是扭绞的铜线，外面裹以古塔胶，再套入铁管当中，主要沿着新造的铁路线进行铺设。公司租用了伦敦罗斯伯里街（Lothbury）上的铸造工会所（Founders' Hall）作为中心局，位置正对着英格兰银行。他们还特别安装了一个电钟，用来显示铁路标准时间（railway time），这样做既摩登又实用，因为当时铁路标准时间已经为电报所采用。

到了 1849 年，电报局的设备已经增至八台，日夜不断地运行，电力则由四百个电池提供。记者安德鲁·温特在 1854 年报道说："我们面前是一堵灰泥墙，上面装饰着一个电钟。谁能想到，在这窄小的前额背后是整个英国神经系统的大脑——如果我们可以这样称呼的话！"[3]他既非第一个，也不会是最后一个将电报比作生物神经网络的人：将电报线比作神经系统，而将整个国家或地球比作人体。[4]

这个类比将一个难解之谜比作了另一个难解之谜。在当时，电还是一个谜，神秘而几近于魔法，同样神经系统的运作方式也无人能够理解。人们只知道，神经会传导某种形式的电能，因此，也许神经系统在大脑对人体的控制过程中起着导线的作用。研究神经纤维的解剖学家猜测，它们或许也由人体中的某种"古塔胶"所包裹和绝缘。可能神经不仅仅是**像**电线而已，它们可能就**是**电线，负责将讯息从腹股沟传递至大脑皮层的感觉中枢。阿尔弗雷德·斯米（Alfred Smee）在他 1849 年出版的《电生物学要义》（*Elements of Electro-Biology*）一书中，将大脑比作电池，而将神经比作了"生物电报"。[5]同其他所有被过度使用的隐喻一样，它也很快被滥用，而成为人们的讽刺用语。一个报纸记者来到新泽西州的门洛帕克采访托马斯·爱迪生，发现他正患头伤风："医生赶来为他诊治，向他解释了三叉神经之间的关系，把这些神经比作三条线路的电报，并随口说道，在面部神经痛的病理中，每一颗牙都可以视为一座带有一个操作员的电报台。"[6]而当电话问世时，这种类比又得到了强化。《科学美国人》杂志在 1880 年宣称："很快，四下分散的文明社会的成员将通过即时的电话通信紧密地联系起来，正如人体的不同器官被神经系统所紧密结合一样。"[7]虽然这个类比在当时看上去似乎是信口开河，但现在看来它不无先见之明。神经系统的确传递着讯息，而电报和电话也确实开始第一次将人类社会转变成了某种整合的有机体。

在这些发明的早期，它们在民众当中引发了技术史上史无前例的兴奋之情。这种兴奋通过日报、月刊以及电线本身四处传播。一种对于未来的崭新认识油然而生：世界变化万端，后世子孙的生活将由于这种力量的应用而变得迥然不同。"电是科学之诗。"一位美国历史学家在 1852 年如是说。[8]

但至于电为何物，并非人人都知道。一位权威人士曾说："电是一种不可见、不可触、不可量的作用体。"[9]所有人都相信，这涉及某种"奇特的条件"，或者与分子相关，或者与以太相关（以太概念本身含糊不清，最终难免被抛弃）。英国作家托马斯·布朗（Thomas Browne）在 17 世纪曾把电气（electrical effluvia）描述成"就像糖浆扯出的黏丝一样，可伸可缩"。到了 18 世纪，本杰明·富兰克林通过放飞风筝证明了"闪电和电是一回事"，这样他将天上令人恐惧的闪电与地上奇特的电火花和电流等同了起来。在富兰克林之前，法国神父让-安托万·诺莱（Jean-Antoine Nollet）在 1748 年曾说过："我们手上的电和自然手中的闪电是一样的。"这位神父不仅是自然哲学家，还有点儿表演天赋。为了证实这一点，诺莱组织了一次实验，利用一个莱顿瓶和一根铁丝，向围成周长一英里的一个大圆的两百个卡尔特教僧侣发送一次电击。从这些僧侣们几乎同时的惊跳蹦叫中，观察者很容易判断出，一个信息量不大却也不为零的讯息是以多么惊人的速度通过了此圆圈。

后来，英国人迈克尔·法拉第作出了重要贡献，把电从魔法变成了科学。但即便如此，在 1854 年，当时法拉第已经作出了他的大部分发现，迪奥尼修斯·拉德纳，这位极其仰慕巴贝奇的科技作家准确地指出："科学界对于电的物理特性并未达成共识。"[10]有些人认为电是一种流体，比任何气体"更轻也更难以捉摸"；另一些人则认为它是"具有相互对抗属性的"两种流体的化合物；还有一些人认为电根本就不是流体，而是与声音相似的某种东西，是"一系列的波动或振动"。《哈泼斯》杂志提醒说，"电流"的说法只是一种隐喻，并且不无神秘地补充道："我们不要把电想象成它本身传送了我们所写的讯息，而是要把它想象成它使得线路另一端的操作员可以写下一份相似的讯息。"[11]

不管它的本质是什么，电都被当时的人们认为是一种已被人所掌握的自然力量。当时刚创刊不久的《纽约时报》将电与蒸汽进行了对比：

> 这两者都是借助人类的技巧和力量从大自然中攫取的、强大得甚至令人畏惧的作用力。但电是两者中更为微妙者，它原本是一种自然元素，而蒸汽则是一种人工制品……与磁结合后，电成了一种与人更为密切相关的作用力。而当人们可以利用电来传输讯息时，它就成为了一种既安全又快捷的信使，可以触及地球上所有人迹所至的角落。[12]

回首过去，喜好摆弄文藻的人认为这个摩登时代在《旧约·约伯记》中早有预言："你能差派闪电，而闪电也遵嘱而行，并且对你说'我们愿意去'吗？"[13]

但闪电并不能**说话**，它只会发出闪光、划破天际、引发雷火。因此，利用电来传递讯息需要借助一些天才巧思。一开始，人类根本无法驱使电来完成任何工作。它无法使一盏灯发出比一束火花更亮的光，也发不出声音。但人们很早就发现，电可以沿着电线被传播到很远，并似乎会使电线成为一个微弱的磁体。而这样的电线可以很长，还没有人发现电流的传播距离有任何极限。人们马上认识到这对自古以来梦想的远距离通信意味着什么。它意味着感应之针成为了现实。

但在此之前，一些实际问题需要解决，如制造电线、封装电线、存储电流、测量电流，等等。为此，一个全新的工程学领域需要开辟。除了工程学问题，还有另一个问题要处理，即讯息本身。与其说这是个技术问题，还不如说它是个逻辑问题。这个问题跨越了不同层次，涉及从动力学到字词意义。讯息应该采用什么形式？如何才能将这种电流转换成字词？借助磁性，远距离传递的感应得以作用于如铁针、铁屑甚至小型杠杆这样的物体上。这么一来，人们产生了各种各样的创意：电磁铁可以拉响警钟；可以控制齿轮运转；还可以驱动把手，进而带动把手上的铅笔（不过，19 世纪的工程技术还达不到驱动机械手进行书写的程度）。又或者，电流也许可以控制炮弹发射。想象一下，从数英里外发送一个信号就可以发射炮弹！所有期望成为电报发明者的人们很自然地会去重新审视以前的通信技术，但可惜之前的技术大多并不适用。

在电报发明之前，已经存在其他远距离传讯的方式。"les télégraphes"一词由克洛德·沙普（Claude Chappe）在法国大革命期间最早提出。*这些方式借助的都是视觉信号：一座信号塔向另一座在视线范围内的信号塔发送信号，借此来传递讯息。而对此的目标是设计出一种比烽火之类更加有效灵活的发送信号的系统。

---

* 但米奥伯爵在回忆录中声称，沙普在向军事委员会提出构想时，使用的是 tachygraphe（快速书写）这个名称，而他本人才是提议使用 télégraphe（远距离书写）这个"后来变得家喻户晓的字眼"的人。[14]

克洛德和他的通信伙伴、也是他的哥哥伊尼亚斯（Ignace）一起，在数年时间里尝试了一系列不同的方案。

首个方案奇特而精巧。沙普兄弟将一对摆钟调至同步，摆钟的指针以比通常更快的速度绕着表盘转动。他们在自己的家乡，巴黎以西约一百六十公里的布吕隆（Brûlon），对此进行了实验。伊尼亚斯，作为发送者，等到指针指向特定数值时，就立即敲一下钟、开一发枪，或更常见地，击一下砂锅。一听到声音，约四百米外的克洛德就会从自己的摆钟上读取相应的数值。这样，他就可以通过查阅一张预先准备的列表把一系列数值组合转换成文字。这种通过同步的时钟来进行通信的概念在 20 世纪再次出现，见于物理学家的思想实验以及各种电子设备，但在 1791 年，它是个死胡同。它的缺点之一是，两座信号塔必须在人类的视觉和听觉范围内，但如果如此，那么摆钟就显得多余了。另一个问题在于需要一开始同步两个摆钟，并使它们持续保持同步。说到底，快速的远距离通信使得这种同步成为可能，而不是相反。该方案由于太过超前而难免夭折。

与此同时，沙普兄弟又成功说服两位弟弟皮埃尔（Pierre）和勒内（René）加入到了项目中来，并请到了一群市政官员和公证人来作见证。[15]他们的第二次尝试不再依赖钟表和声音，而是建造了一个巨大的木框，里面装有五扇可以通过滑轮来开合的百叶窗。通过使用每一种可能的组合，它可以传输包含 32（2^5）个符号的字母表。这是另一种二元编码，可惜细节现在已经无从得知。当时克洛德正试图从新成立的立法议会申请一些经费，所以他曾用同步时钟的方法从布吕隆发送过这么一条充满希望的讯息："L'Assembleé nationale récompensera les experiences utiles au public."（立法议会会奖励那些对公众有用处的实验。）这八个单词花了六分二十秒的时间传完，而讯息所寄望的也最终落空了。

大革命时期的法国对于种种前卫实验来说，有利也有弊。当克洛德在巴黎东北贝尔维尔的圣法尔若公园建造原型信号塔时，一群心存疑虑的民众将它付之一炬，因为他们怀疑这是用于秘密通信，向敌人通风报信。不过，身为大革命支持者的克洛德并没有放弃寻找与另一种新设备——断头台一样快捷而可靠的技术。他设计了一种装置，在一根横梁两端安装两个巨大的悬臂，分别由缆索操纵。像

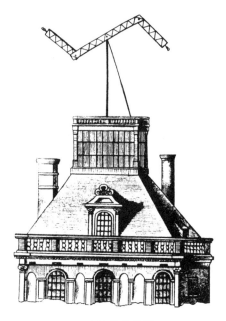

一座沙普信号塔

很多的早期机器一样，它的造型有点拟人化。悬臂可以形成七个角度，相邻之间相差四十五度（不是八个角度，因为其中一个角度会使悬臂被横梁挡住），而横梁本身也可以旋转。这一切都由下方的操作员借助曲柄和滑轮进行操控。为了完善这架复杂的机械，克洛德还聘请了著名钟表匠亚伯拉罕–路易·宝玑（Abraham-Louis Breguet）。

控制问题已经错综复杂，设计一种合适编码的问题更加困难重重。从单纯机械的角度看，悬臂和横梁都可以采取任意角度，所以存在无限多的可能性。但为了有效发送信号，克洛德必须对可能性加以限制。有意义的位置越少，混淆的可能性也就越低。他只为横梁设定两个角度，此外每个悬臂又有七个角度可选，那么符号空间里就有九十八种可能安排（7×7×2）。他没有选择仅用这些符号来表示字母和数字，而是开始着手设计一种复杂的编码。某些符号被保留用作误差校正和控制，比如开始和停止、确认、延迟、冲突（一座信号塔不能同时双向发送讯息）以及失败。其他符号则被成对运用，用以指示操作员从特制的码本中找到对应的页数和行数。码本收录的条目最多可达八千多条，囊括了字词、音节以及人名和地名等专有名词。所有这些都是严格保密的，毕竟所有的讯息都将在空中传递，任何人都看得见。克洛德想当然地觉得，自己所设想的远距离传讯网络将会成为国家的一个部门，由政府所有和运营。在他看来，这不是一种知识或财富的工具，而是一种权力的工具。"总有一天，"他写道，"政府能够通过这个系统无时无刻、直接、同步地将它的影响力传遍整个共和国，从而实现我们所能想象的权力的最大效果。"[16]

虽然当时国家仍处于战争当中，而权力也由立法会议转到了国民公会，克洛德还是成功得到了几名颇具影响力的议员的注意。其中之一是吉尔贝·罗默（Gilbert Romme），他在 1793 年的报告中写道："公民沙普提供了一种精妙的在空中书写传讯的方法，只需用到由直线段表示的少量符号。"[17]他说服国民公会拨款六千法郎用于在巴黎以北建造三座信号塔，它们沿直线排开，各距十一至十五公里。沙普兄弟的进展迅速，在夏天结束时，他们为前来视察的议员们安排了一次成功的演示。视察的议员们对他们所看到的表示满意：借助这种手段，就可从前线获取战报，并向前线发号施令了。不久后，克洛德被授予了一份政府薪水以及一匹公家的马匹，并被正式任命为远距离传讯工程师（ingénieur télégraphe）之职。他被授权开始建造一条从巴黎的卢浮宫到法国北部边境的里尔将近两百公里长的线路。不到一年的时间，他建成了十八座信号塔并投入了使用。传递的第一批讯息来自里尔，是法国军队打败了普鲁士和奥地利军队的捷报。对此，国民公会欣喜异常。一个议员甚至将它列入人类的四大发明：印刷术、火药、指南针，以及"远距离传讯符号语言"。[18]他将关注点放在语言上，可谓正中肯綮。如果从硬件角度来看，沙普兄弟用到的只是绳索、杠杆和木梁，并没有发明什么新东西。

此后，信号塔的建设开始四下扩张，东至斯特拉斯堡，西至布雷斯特，南至里昂。1799 年，拿破仑·波拿巴发动雾月政变。政变成功后，他下令将向各地发送了一条讯息（"巴黎无事，良民皆安"），并很快指示建设一条直通米兰的新线路。远距离传讯系统逐渐确立了一种通信速度的新标准，因为仅有的真正竞争者不过是马背上的骑手。不过，速度可以用两种方式度量：以距离来度量，或以符号和字词来度量。克洛德曾声称，一个信号从法国东南的土伦传到巴黎，沿线经过一

法国远距离传讯网络全盛时期示意图

百二十座信号塔，跨越七百六十多公里，能够做到只需十到十二分钟。[19]但对于一条完整的讯息，即使是相对较短的讯息，他就无法这样声称了。即便对于手脚最快的操作员来说，每分钟发送三个信号也已经是能够指望达到的极限了。信号链上的下一个操作员通过望远镜读取信号后，必须手工在记事本上记下每个信号，并操作自己的曲柄和滑轮来复制这些信号，还要确认这些信号被他下一个操作员正确接收了。这样的信号链精致而脆弱，雨、雾或一名粗心的操作员都能打断一条讯息。在 19 世纪 40 年代，人们曾度量过传讯的成功率。在暖和的月份，一天之内每三条讯息中也只有两条被成功传达，而在冬季，这个比率更降至三分之一。编码和解码也需耗费时间，不过这仅限于信号链的起始和结尾。中继信号塔上的操作员只需按照指令转发信号，而无需理解它们。实际上，有很多操作员都不识字。

即使讯息成功抵达，也仍然不能完全采信。中继信号塔很多，这就意味着出错的几率很大。世界各地玩过传话游戏的孩子都知道这个道理，在英国这个游戏叫做中国悄悄话（Chinese Whispers），在中国叫做以讹传讹，在土耳其叫做咬耳朵（From Ear to Ear），而在现代美国则直接叫做打电话（Telephone）。对于许多人忽视错误校正的问题，伊尼亚斯·沙普抱怨道："他们大概从来没有用超过两三座信号塔做实验。"[20]

现如今，这种旧式的远距离传讯系统早已被人们遗忘，但在当时它可是炙手可热。在伦敦，德鲁里巷皇家剧院的一位艺人和作词家查尔斯·迪布丁将这项发明写进了 1794 年的一出音乐剧中，并描绘了一番未来的奇异景象：

> 诸君保证休见笑，
> 待我细细道来法国的远距离传讯妙！
> 这台机器好能耐，
> 读写、发送新闻，一小时传到五十英里外！
> ……
> 喔！业余彩民也能富如犹太人：
> 无需飞天的信鸽传新闻，
> 只需架起发报机，一个在老奥蒙德码头装，
> 另一个在船上装，哪怕它在海中央。
> ……
> 再见吧，便士邮政！再见吧，邮件和马车；
> 你们的位置已无，与我们再无瓜葛：
> 取而代之，我们将看到家家房顶架起发报机，
> 给我们报时、避雷、晾衣，还能把新闻递。[21]

信号塔曾经遍布世界各地，直到现在它们的遗迹仍可散见于乡间。从 Telegraph Hill、Telgrafberget 和 Telegraphen-Berg 等叫作"传讯山"的地名依稀可见当年的用处。瑞典、丹麦和比利时很早就参照法国的模式建造起类似的系统。很快德国

巴黎蒙马特山上的信号塔

也紧随其后。1823 年，一条横贯印度北部从加尔各答到楚纳尔（Chunar）的线路开始运营；1824 年，从埃及亚历山大港到开罗的线路建成；1833 年，俄国沙皇尼古拉一世下令兴建从华沙到圣彼得堡和莫斯科的线路，沿线包括二百二十座信号站。它们一度主宰着世界的通信，但很快就变得过时了，速度之快超过了兴起时的速度。来自美国肯塔基州的发明家和历史学家托利弗·沙夫纳上校，在 1859 年到俄国旅行时，就深深被这些信号塔所震撼，既为它们的高度和美丽，也为塔身绘画和地面花草布置之精心，还为它们突如其来、全面的衰亡。

> 这些信号站如今陷入了沉默，再不见指示的动作。它们默默矗立在高处，很快将屈服于时间的侵蚀之手。而电线，尽管外观没有那么雄伟，却遍布整个帝国，用燃烧的火焰将君主的意志传递给四散在他广袤领土上的六千六百万民众。[22]

在沙夫纳上校心中，这是一种单向的对话。六千六百万民众不能对君主回话，相互之间也不能对话。

在空中书写时，人们可以说些什么呢？克洛德·沙普曾建议，"任何话题都可以作为通信的主题"，但他所举的例子，如"卢克纳将军前往蒙斯城准备攻占它，而本德尔将军也在前往防御途中"，却使他的本意显露无遗：所传递的是具有军事或政治意义的讯息。[23]后来，克洛德又提议发送其他类型的信息，包括航运新闻、本国或外国证券交易所的金融行情等。但对此，拿破仑恐怕不会允许，尽管他自己曾在 1811 年利用远距离传讯系统宣布了他的儿子，即后来的拿破仑二世的降生。一项耗费了巨额政府投资，而且每天只能传递数百个完整单词的通信基础设施，不太可能用于私人通信。这在当时是不可想象的——而在下个世纪，当这样的事变得可行时，有些政府又发现这不合自己的心意。当企业家们正准备开始组织私有的远距离传讯系统时，法国政府下了一纸禁令。1837 年颁行的一部法律规定，对于"任何未经批准、擅自利用远距离传讯设备或任何其他方式将信号从一处发送至另一处者"可以处以罚金或徒刑。[24]这样，为地球搭建神经系统的想法就只能另寻出路。次年，也就是 1838 年，法国当局接待了一位来访的美国人，他提议利用电线来远距离传讯。这个人名叫塞缪尔·芬利·布里斯·摩尔斯。不过，法国当局断然拒绝了这份提议。与雄伟的信号塔相比，电线看上去廉价且不安全。没人能干扰空中的传讯信号，电线却有可能被蓄意破坏者割断。一位被指定来评估这项技术的医生和科学家朱尔·居约（Jules Guyot）对此嗤之以鼻："就那么几根破电线，我们能指望它什么呢？"[25]其实，我们能指望很多。

如何处理和传送精密的电脉冲业已带来了一系列棘手的技术挑战。而当电遭遇语言，也就是必须将字词转换成电线中的律动时，这更提出了全新的挑战。在电和语言的交点（同时也是机器和人类之间的接口）处，需要人类重新发挥聪明才智。发明家们想出了很多不同方案。事实上，所有方案都是以这样或那样的方式基于书面字母表，将字母表作为一个中间层。这一点似乎不言而喻，毕竟telegraph 一词的本义就是"远距离书写"。是故，1774 年，日内瓦的乔治–路易·雷萨吉（Georges-Louis Le Sage）设计了二十四路分立的线路表示二十四个字母，每条线路传送的电流刚好足以扰动玻璃罐中的一片金箔，或一个木髓球，或"其他容易吸附，同时又容易辨识的物体"。[26]显然，由于线路太多，这个方案不具可操作性。1787年，一个名叫洛蒙（Lomond）的法国人在他的寓所内布置了一条线路，并宣称可以通过驱使木髓球往各个方向跳动从而发送代表不同字母的信号。"看起来他构建了一张基于运动的字母表。"一位见证人这样报告说。可惜显然只有洛蒙的太太能够读懂这套编码。1809年，德国人萨穆埃尔·托马斯·冯佐默林（Samuel Thomas von Sömmerring）制造出了一种气泡报。电流通过水管中的电线会产生氢气气泡，而每根电线以及相应的一串气泡对应着一个字母。冯佐默林还成功做到用电来发出铃声：他平衡一个调羹，使其倒立在水中，因而当有足量的气泡产生，使其倾斜时，调羹失去平衡，带动一个杠杆，并最终发出铃声。他在日记中写道："闹铃这个次要目标，让我颇费心思，也让我在齿轮实验上费了很多无用功。"[27]而在大西洋彼岸，一个名叫哈里森·格雷·戴尔（Harrison Gray Dyar）的美国人则尝试使用电火花制备硝酸，这样硝酸会在蓝色的石蕊试纸带上留下红点，而不同时间间隔的红点就可以代表不同字母。[28]他在长岛的一条跑道上利用树木和木架架设了一条线路，而石蕊试纸带则必须手工移动。

再后来就是针了。法国物理学家安德烈-马里·安培提议利用他自己改进的检流计作为发送信号的装置。电流通过时，检流计中的指针会受电磁效应作用而发生偏转，就像指南针在通电导线旁边会发生偏转一样。同样，他也设想为每个字母都使用一根指针。在俄国，帕维尔·席林（Pavel Schilling）男爵展示了一个由五根指针构成的系统，后来指针数量减少到了一根。他利用指针左或右的偏转组合来代表字母和数字。1833年，在德国的哥廷根，数学家卡尔·弗利德里希·高斯和物理学家威廉·韦伯合作，制订了一个类似的、使用一根指针的方案。指针的一次偏转会给出两种可能的信号（左或右），两次偏转的组合会给出四种可能（右+右、右+左、左+右、左+左），三次偏转给出八种组合，四次偏转会给出十六种，这样一共有总计三十种不同信号。操作员则通过停顿来分隔信号。高斯和韦伯对偏转的字母表按特定方式进行了组织，元音字母在前，其他字母和数字在后依次排列：

右	= a
左	= e
右+右	= i
右+左	= o
左+右	= u
左+左	= b
右+右+右	= c（以及 k）
右+右+左	= d
……	

在某种意义上，这种字母编码方案是二元的。信号的最小构成单位等同于一个二元选择，左或右。每个字母由一定数量的这种选择构成，而这个数量并未预先确定。该数量可能为一，例如在左为 a 而在右为 e 的情况，也可能包含更多数量。因此，这个方案是开放式的，允许字母表容纳任意数量的字母。高斯和韦伯在哥廷根天文台和物理学院之间相距 1.6 公里的沿途房屋和尖塔上架设了一条双线的线路。不过，可惜他们互相说了什么并没有流传下来。

然而，在这些发明家的工作室之外，远距离传讯（telegraph）一词仍然指的是信号塔、百叶窗以及旗语，但探寻新可能性的热情已经在慢慢积累。1833 年，律师兼语言学家约翰·皮克林在给波士顿船长协会的讲课中宣称："即便是最普通的观察者也能明显看出，没有什么传递情报的方式能在速度上超过或媲美远距离传讯系统。原因在于，除去在每个信号站接续讯息时几乎可以忽略的距离，在绝大部分距离中它的速度可以和光本身的速度相媲美。"[29]这里他特指的是波士顿中央码头的信号塔，这座沙普式的信号塔被用于与波士顿港沿岸二十公里内的其他三座信号塔相互交换航运讯息。与此同时，美国各地几十份新创办的报纸纷纷冠以时髦的"The Telegraph"之名，毕竟它们也需仰赖远距离传讯系统。

亚伯拉罕·沙普（Abraham Chappe）曾说过："远距离传讯是权力和秩序的基本要素。"[30]而日益崛起的金融和商业资本家则紧随其后，也试图从远距离快速传递信息中获益。从针线街上的伦敦证券交易所到布隆尼亚尔宫的巴黎证券交易所，相距不过三百多公里，但三百多公里就意味着长达数天的旅程。只要能跨越这个鸿沟就能发财。对于金融投机者来说，私有的远距离传讯系统将会如时光机般有用。在当时，罗斯柴尔德金融家族还在使用信鸽传递邮件，更可靠的方式则是利用小型船队送信使横跨英吉利海峡。远距离快速传递信息的可能一经发现，就引发了持续的热情。皮克林在波士顿作了下数学计算："如果现在我们以两天或更少的时间，换句话说，以每小时十二到十六公里的时速获取到纽约的情报，就能占据可观的商业优势，那么当我们利用远距离传讯系统传递同样的信息，以每分钟六公里的速度，换句话说，只需一个小时就足以从纽约传到波士顿时，任何人都能意识到这其中包含着成比例的获利机会。"[31]这样，政府借此收取军事快报和施展权力的兴趣就被资本家以及报纸、铁路和船运公司借此牟利的欲望给超越了。不过，在广袤的美国，甚至商业驱动力都不足以促使借助视觉的远距离传讯系统变成现实。只有一个试验系统曾在 1840 年成功地将两个城市（纽约和费城）连接了起来。它先是用来传递股票价格，后来用来传递彩票摇奖号码，再后来就被弃用了。

所有期望成为电报发明者的人（这样的人为数还不少）当时可用的工具大致相同，包括电线、磁针以及电池。其中电池是通过金属条浸在酸性电解质中进行化学反应来发电的，并通过叠加多个单元来加强电流。他们不使用光源，也没有马达可用。他们可用的只是所有可能由木头或黄铜制备的机械，如销子、螺丝、齿轮、簧片以及杠杆。最终他们都瞄准的是同一个目标：字母表中的字母。（爱德华·戴维认为有必要解释一下，为什么在 1836 年字母足以敷用以及如何做到这一点："每次传递一个字母，而每个字母都被接收的工作人员记录下来，并一个个拼凑成字词和句子。显而易见，借助众多字母无穷无尽的组合变化，大量的日常通信得以传递。"[32]）除了这份通用的可用货物列表外，不论是在维也纳、巴黎、伦敦、哥廷根、圣彼得堡，还是在美国，这些先行者们都隐约感到自己身处一种令人兴奋的竞争局面，只是相互之间并不清楚别人在做什么。另外，他们未能及时跟上相关科学的步伐，对于电学方面的许多重要进展浑然不知，虽然他们正是相当需要了解它们的那批人。所有的发明家都急切希望了解，电流通过不同长度和厚度的电线时会有什么样的变化。他们不明就里地继续摸索前行，却不知十多年前德国人格奥尔格·欧姆早已得出了电流、电压和电阻之间的精准数值关系。也难怪，这种新闻在当时传播得很慢。

正是在这样的背景下，美国的塞缪尔·摩尔斯和阿尔弗雷德·韦尔，以及英国的威廉·库克（William Cooke）和查尔斯·惠特斯通（Charles Wheatstone）将电报变成了一个现实和一桩生意。所有这些人后来都以这种或那种方式宣称是自己"发明"了电报，但这个功劳无法归到他们头上，摩尔斯也不例外。最终，他们各自的合作伙伴关系也以激烈、混乱、痛苦的专利纠纷而告终，当时两个大陆上的几乎所有电学方面的领军人物都被牵扯进了纠纷当中。电报的发明涉及人物众多，遍及各国，但相关的历史记录却相当不完全，且很少为人们所知。

在英国，库克当时是一名年轻的企业家，他曾在德国的海德堡见过指针式电报的原型；惠特斯通当时则是一名伦敦国王学院的物理学家，他和库克在 1837 年成了合作伙伴。惠特斯通做了一些声音和电流传递速度的实验，但真正的难题还是再一次归结到了如何将物理学和语言结合起来。他们咨询了英国的电学权威，迈克尔·法拉第以及彼得·罗热（Peter Roget）。后者撰写了《电磁学》（*Treatise on Electro-Magnetism*）一书，同时还编纂了《罗热同义词词典》。库克–惠特斯通的电报经历了多个原型。其中一种利用六根电线构成了三个回路，每一个回路控制着一根磁针。"我罗列出了三根磁针所能产生的所有信号排列，并从中选择了可操作的组合，这样我就有了一张由二十六种信号组成的字母表。"[33] 库克这样描述道，只是这听上去还是有些费解。同时，电报机上有个警报器，用以避免操作员走神。库克说，这个灵感来自于他唯一透彻了解的机械装置——音乐鼻烟盒。在下一版本中，他们用一对同步的旋转字母轮透过空槽来显示字母，字母轮则由电磁铁和机械装置控制。而一个更富匠心、同时也更显怪异的设计则用到了五根指针：二十个字母在字母盘上排列成菱形，操作员通过按下数字按钮就会触发五根针中的两根分别发生偏转，而它们的偏转恰好指向了希望传递的字母。这种库克–惠特斯通式电报虽然缺少了字母 C、J、Q、U、X 和 Z，但仍然能够运作。他们的美国竞争对手，韦尔，后来这样描述了其运作：

　　假设要从帕丁顿站往斯劳站发送这么一条讯息，"We have met the enemy and they are ours"（我们遭遇了敌人，不过已经把他们俘虏了）*。帕丁顿站的操作员就会按下 11 和 18 两个键，使得斯劳站的指针指向字母盘上的字母 W。斯劳站的操作员则被要求一直处于待命状态，一旦发现两根针指向了字母 W，他就要把它写下来，或大声地向另一个负责记录的操作员报告。根据最近的描述，传递一个信号至少需要两秒钟。[34]

韦尔认为这种装置效率低下，不过他有挑剔的资本。

　　至于塞缪尔·摩尔斯，他后来的回忆不可避免地受到论战的影响——用他儿子的话说，这是场"科学世界中的口水战，争执于谁首先或独自发现或发明了电报、他是否借鉴了他人以及存不存在有意或无意的剽窃"。[35]而这一切又因为沟通和记录的缺失而变得更加扑朔迷离。摩尔斯是马萨诸塞州的一个传教士之子，在耶鲁学院接受过高等教育。但他是个艺术家，而不是科学家。在 19 世纪二三十年代，他的大部分时间都在游历英国、法国、瑞士和意大利以学习绘画。正是在某次游历中，他第一次听说了电报，或者用他回忆录中的话说，他突生洞见——他儿子这样说道，灵感"好似一股秘流醍醐灌顶，后来就为其所用"。摩尔斯曾告诉他在巴黎的室友说："我们国家的邮政信函太慢了；法国的远距离传讯系统要快一些，并且在我们国家（比起这里一半时间雾气笼罩），它还会运作得更好。可即使那样，也还是不够快——闪电的效果会更好。"[36]但他后来描述自己的顿悟时，他所说的洞见就不是关于闪电，而是关于信号了："构造**一种信号系统**，通过它情报可以得到瞬间传递，这并不困难。"[37]

摩尔斯的首个装置传递的电报讯息

---

* 1813 年 9 月 10 日，在第二次独立战争的伊利湖战役中，美国舰队击败了英国舰队。美国海军少校奥利弗·哈泽德·佩里（Oliver Hazard Perry）发出了这个著名的捷报。——译者注

摩尔斯产生了一个卓越的洞见，由
此生发出了剩下的一切。虽然对木髓球、
气泡或石蕊试纸一无所知，但他意识到
信号可以用更简单、更基础、不那么有
形的办法来产生，也就是最简单的电路
的通和断。不要再去想什么针了。电流

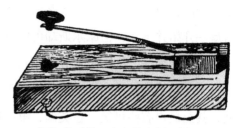

阿尔弗雷德·韦尔的电报"键"

流通，然后被中断，而一系列的中断可以被组织起来传递意义。想法虽然简单明
了，但摩尔斯做出来的首个设备很是错综复杂，它用到了发条、木制的钟摆、铅
笔、纸制色带、滚压杠，还有曲柄。作为一名经验丰富的机械师，韦尔把这些都
精简掉了。在发送端，韦尔的设计后来成为了用户界面的经典设计：一根简单的
弹簧支承的杠杆，通过它，操作员可以用手指触碰达到控制电路的目的。起初，
他把这根杠杆称为"通信员"，后来只称为"键"。它的简单性使得它比库克–惠特
斯通采用的按钮和曲柄快了至少一个数量级。通过键式电报，操作员可以把发送
信号的工作速度提高到每分钟数百个，毕竟这些信号只不过是电流的中断而已。

这样，他们在一端有了一根杠杆，用以控制电流的通断，而在另一端，电流
则控制着一块电磁铁。他们两个人中的一个，很可能是韦尔，想到了把两者组合
起来：磁铁可以操纵杠杆。这种组合［几乎与此同时，美国普林斯顿的约瑟夫·亨
利（Joseph Henry）和英国的爱德华·戴维也不约而同地想到了这一点］被命名为
"中继器"（relay），这个词本来指的是用来替换已疲惫之马的健壮之马。中继器的
出现扫除了远距离电报的最大障碍：电流沿着漫长的电线流动时会逐渐衰弱。衰
弱后的电流通过操纵一个中继器，就可以激活一个由新电池驱动的新电路。但中
继器所具有的潜能比它的发明者当初意识到的还要大。除了能传递信号，中继器
还能够反转信号，或者把来自多个信号源的多路信号组合成复合信号。不过，这
些是后话了。

———

1844 年，转折点来了，在英国和美国都是如此。库克和惠特斯通从帕丁顿站
沿着铁路架设起了他们的第一条线路。摩尔斯和韦尔则把线路从华盛顿架到了巴

尔的摩的普拉特街火车站，线路用纱线和沥青包裹，悬在六米多高的木杆上。通信量一开始并不大，但摩尔斯却可以自豪地向国会报告说，一种工具可以每分钟传输三十个字符，并且其线路"在任何人无意或恶意的侵扰下仍能岿然不动"。从一开始，它们的通信内容就与法国远距离传讯者所熟悉的军事或政府讯息大相径庭，甚至显得有些可笑。在英国，第一批被载入帕丁顿站电报本的讯息是有关行李招领和零售交易的。"请派人到曼彻斯特广场杜克街的哈里斯先生处，要求他用五点半的火车送六磅银鱼和四磅香肠至温莎镇的芬奇先生处；货物务必用五点半的火车送到，否则就不必送了。"[38]而在新年钟声敲响之际，帕丁顿的警长向他在斯劳的同僚送去了致意，并收到回复说，新年祝福发早了一分半钟，那边都还没到午夜。[39]那天早上，在斯劳，一个名叫约翰·托厄尔的瘾君子毒杀了他的情妇莎拉·哈特，并想搭乘开往帕丁顿的火车逃跑。但是一条电报讯息比他跑得更快，还附有他的体貌特征［"身着贵格会士（kwaker）服饰，外套一件棕色大衣"[40]——在当时英国的电报系统里没有 Q、U 这两个字母］。最终，嫌犯在伦敦落网，并在当年三月被处以绞刑。这件事轰动一时，在报章上热闹了数月之久。后来有人这样描述电报线，"就是这些线绞死了约翰·托厄尔"。到了四月，一位肯尼迪上尉在西南火车终点站和身处戈斯波特的斯汤顿先生下了一盘象棋。据当时的报道，"为了指示棋子的移动，电流在整场博弈过程中来回传输超过了一万英里"。[41]这则轶事也受到了各家报纸的追逐。事实上，任何能揭示电报神奇之处的故事越来越受到了报纸的青睐。

当英国和美国的电报业向普通公众敞开大门之时，人们还并不清楚，除了警察和偶尔下棋消遣者，还有谁愿意花钱使用电报。在华盛顿，1845 年定下的费用是每个字母四分之一美分，而头三个月的营收加起来还不到两百美元。次年，在纽约和宾夕法尼亚之间新开通了摩尔斯式线路，这时使用量才略有起色。一位电报公司的管理人员写道："鉴于业务增长极其迟缓［且］我们尚未取得公众信任，我们对当前取得的成果已经相当满意。"[42]他预计，营收很快会达到每天五十美元的水平。这时，新闻记者加入了进来。1846 年秋，亚历山大·琼斯从纽约给《华盛顿联合报》（*The Washington Union*）发回了他首篇借助电报传递的报道，报道了美国海军"奥尔巴尼号"在布鲁克林造船厂建成下水的新闻。[43]而在英国,《纪事晨报》(*The Morning Chronicle*)的一位撰稿人叙说了他首次用库克–惠特斯通式电报收到报道时的兴奋之情:

> 随着静止的针突然抖动,刺耳的警报声响起,新闻的第一部分传了过来。我们一边兴奋地紧盯着我们朋友那向来沉默寡言的面孔以及那神秘的字母盘,一边快速在我们的笔记本记下从大约一百四十多公里外传来的话语。[44]

这实在是极富感染力。但也有些人担心,电报会宣告报纸的死刑。正如一名美国记者所说,报纸一直以来是"商业、政治和其他情报快捷而不可或缺的传递者",

> 但在这些领域,报纸将彻底变得毫无用处。人们通过长有闪电之翼的电报事事都已有了预期,报纸就只能处理处理地方性的谈资,或是纯粹抽象的思辨。它们制造轰动效应(甚至是在大选时)的能力,也将会大为降低,因为报纸一刊出虚假讯息,绝对可靠的电报就会将谎言揭露无遗。[45]

但报业仍是无所畏惧,迫不及待地利用了此项技术。编辑们发现,任何讯息只要贴上"电报报道"的标签,就似乎显得更为紧急,更让人兴奋。尽管费用不菲(起初,通常的费用达每十个单词五十美分),报业逐渐成了电报服务极为热心的支持者。仅仅过了几年,一百二十多家地方报纸都能够连夜从议会获取最新的报道。一位记者注意到,克里米亚战争的前线快报从伦敦发送到了利物浦、约克、曼彻斯特、利兹、布里斯托、伯明翰以及赫尔等处,"快速更超烟火,也如烟火一般,在空中爆炸,通过发散的电线四散到众多邻近的市镇"。[46]但他也发现了其中的危险性:"由于收集和传输匆忙,这样的情报也有不足之处,不像报纸,虽然反应迟些、传输慢些,却更可靠。"电报和报纸之间是一种共生的关系,它们之间的正反馈放大了这种效应。作为一种信息技术,电报为自己的崛起推波助澜。

电报随后的全球拓展不断超出人们甚至其投资商的预期。当第一家电报公司在纽约华尔街开张大吉之时，它所面临的最大障碍是哈德逊河。摩尔斯式系统沿着河东岸上溯近一百公里，才到达一处足够窄的地方，架设起跨河的线路。但仅仅过了几年，一条绝缘线路就在纽约港底铺设好了。而 1851 年，一条四十公里长的海底电缆穿越英吉利海峡，将多佛尔和加来连接了起来。随后不久，一位博学的权威警告说："所有试图直接延拓横跨大西洋的线路将欧洲和美洲连接起来的想法，都是纯粹不切实际且荒唐可笑的。"[47]他说这话是在 1852 年，而到了 1858 年，他口中的不可能变成了现实。线路开通之时，维多利亚女王和布坎南总统得以互致问候。《纽约时报》因而宣称："这个成果是如此实用，又是如此不可思议……预示着人类未来充满希望的前景……它是人类智力进步过程中一座壮丽的里程碑。"[48]而这项成就的实质是什么呢？是"思想的传播，物质的生命冲力（ vital impulse ）"。电报给人们带来的振奋遍及全球，但它的具体效用体现在当地。各个消防队和警察局借此得以相互联系，而有些商店的老板则自豪地宣扬自己接受电报订购。

仅仅两年前还需要数天才能抵达目的地的信息，如今无论身在何处，分秒之间就可以收到。这不是给传输速度带来两倍或者三倍的提升，而是跨越了许多个数量级的阶跃。这就如同一道先前完全不为人知的大坝突然决堤，洪流顿时滚滚而出一般。它所带来的种种社会影响，完全超出了人们的意料，但其中有些影响很快就得到了人们的注意和重视。人们对于天气的感知开始发生变化——毕竟作为一个统称，天气是个抽象概念。谷物投机商们利用电报来相互传递简单的天气报告：德比，多云；约克，晴；利兹，晴；诺丁汉，无雨但多云低温。[49]"天气报告"概念本身就是新鲜的，因为这需要对某个遥远地方的即时情况作出一些估计。电报使得人们能够将天气看作一种大范围的、彼此相互关联的事件，而非一种各地异常情况的杂烩。1848 年，一位热情的评论员说道："大气的种种异象、流星的神秘莫测、天象组合的成因和后果，不再会牵涉迷信，也不再会给农夫、水手和牧羊人带来恐惧了。"

　　电报将不仅仅告诉他"从北方来了好天气"，以方便他的日常生活和
各种仪式，还可以让他了解到我们这个岛国的每个角落此时此刻的天气
如何……这么一来，电报就成了一个巨大的、遍及全国的晴雨表，而电
成了水银的侍女。[50]

这是个革新的想法。1854 年，英国政府在贸易部下设立了一个气象办公室。办公室主任罗伯特·费兹罗伊（Robert FitzRoy）海军中将（他曾是达尔文搭乘的"小猎犬号"的船长）选定了伦敦国王街上的一间办公室，并在里面配备了晴雨表、气压计和气象表。携带同样装备的观察员们则被分派到了海岸沿线的各个港口，他们要用电报每天发回两次当地风和云的报告。费兹罗伊开始发布天气预报，随后从 1860 年开始，《泰晤士报》也开始每日登载这些预报了。气象学家们开始意识到，所有的大风，如果从大尺度上看，都是由环状的或至少是"高度弧状"的旋转风暴引致的。

　　许多最基本的概念也受到了这种可以在遥远各点之间进行瞬时通信的技术的影响。文化观察者们开始声称，电报"消弭"了时间和空间。1860 年，一位美国电报公司的管理人员宣称，它"使我们能够借助神秘的流体发送信息，速度如思维般迅捷，从而消弭了时间和空间"。[51]这种夸大之辞很快成了一种陈词滥调。不过，电报看上去的确削弱或缩短了一种特定意义上的时间，即作为人类交往的阻碍或负担的时间。一家报纸宣称："在实际应用中，传输过程中的时间可以被视为完全消除了。"[52]空间也是如此。英国电报工程师乔赛亚·拉蒂默·克拉克（Josiah Latimer Clark）说道："我们头脑中的距离和时间概念已经发生了如此巨大的变化，以至于整个地球的大小在实践上已经大为缩小。毫无疑问，我们对于时空的概念与先辈们的相比已是大相径庭。"[53]

　　先前，所有的时间都是地方时：太阳升到最高点，就是中午了。只有那些见识卓越之人（或天文学家）才会知道，不同地方的人们实际上是在遵循不同的钟点生活。而现在，时间有了地方时和标准时之分，区分两者则让大多数人都犯了难。铁路运行需要标准时，但这在电报出现后才变得可行。标准时的普及花费了

数十年时间，而这个过程只有在 19 世纪 40 年代，英国皇家天文学会在格林尼治天文台和位于罗斯伯里街的电报公司之间架起电报线路，通过电报为全国的钟表对时之际才得以开始。在此之前，发布时间的最高技术不过是在特定时刻从天文台屋顶的桅杆上降下报时球。而一旦相隔遥远的各地在时间上达到了协调，他们就可以精确地测量自己所在位置的经度。测量经度的关键在于获知另外某地的时间，为此航船上都会带上时钟，试图使用各种不完全可靠的机械来记录那个时间。1844 年，曾领导过美国太平洋探险考察的查尔斯·威尔克斯海军上尉用首条摩尔斯式电报线路确定了，巴尔的摩的战争纪念碑位于华盛顿的国会大厦以东 1 分 34.868 秒处。[54]

电报引发的"同步"概念虽然没有"消弭"时间，但其影响却越来越广。同步概念本身，以及意识到这个概念是全新的，不禁使人惊呼。《纽约先驱报》宣称：

> 摩尔斯教授发明的电报不仅在情报传输领域开创了一个新时代，它还在人类思维领域引发了一类全新的观念、一种全新的意识。以前，从来没有人能清楚地知道，此时此刻在一个遥远的城市，四十、一百或五百英里之外发生了什么。[55]

这位兴奋不已的作者接着说，试想**现在**是十一点钟，而电报把一位身在华盛顿的议员**现在**正在说的话转发了出去。

> 我们不用费多大劲就能意识到，这个事实是**现在**正在发生的，而不是**已经完成的**。

是的，"这个事实是**现在**正在发生的"。

历史（以及记录历史的方式）也同样发生了变化。电报保留下了大量的日常生活琐事。曾有一段时间，各个电报公司试着保留每条讯息，直到事情变得不切实际。如此大量的信息存储可谓史无前例。一个当时的散文家写道："想象一下，未来某个历史学家在存储室中翻箱倒柜，并据此清晰地描绘出了英国 19 世纪社会和商业生活的面貌……那么 21 世纪的某天，还有什么信息从全体民众的来往函件

记录中找不出来呢？"[56]1845 年，在华盛顿和巴尔的摩之间的电报线路运行了一
年后，阿尔弗雷德·韦尔试图将对业已传递的所有电报整理分类。他写道：

> 非常重要的讯息，其中包括商人、国会议员、政府官员、银行家、
> 捐客、警员、约会者（双方先前已见过面或受邀而来）之间的往来讯息；
> 内容涉及新闻、选举结果、死亡宣告、问询家庭或个人的健康情况、参
> 众两院的日常公报、货品订单、问询船只出航情况、各个法院的案件公
> 报、证人召唤、关于特殊或快速列车的讯息、邀请函、在一处收款并在
> 另一处付款、催款、寻医问药……[57]

如此多样化的条目，以前从未聚集于同一名目之下，是电报给它们赋予了共性。
同样，在专利申请书和法律合同上，电报的发明者们也有理由用尽可能宽泛的语
言来描述自己的发明，如"发送、打印、盖戳或是以其他方式传递信号、警报声
或情报"。[58]

　　在这个概念纷纷发生变迁的时代，人们需要调整自己的认知才能正确理解电
报。许多熟悉的词汇被赋予了奇怪的新义，不论是像"发送"（send）这样含义简
单的词，还是像"讯息"（message）这样含义复杂的词。如果产生误解，常常就
会闹出笑话。比如，有位德国妇女带着一盘泡菜走进了卡尔斯鲁厄的电报局，想
要"发送"给她在拉施塔特的儿子，因为她听说士兵是通过电报"发送"到前
线的。还有位男士带着一份"讯息"来到缅因州班戈区的电报局。操作员在电
报键上操作完毕后，就把写有讯息的纸条摁到了钩子上。不料，这位客户投诉
说，讯息根本没有被发送出去，因为他明明看到它还挂在钩子上。《哈泼斯》在
1873 年回顾了这段历史，并指出，即使是"聪明多闻的人"也仍然发现这些东
西不大好懂。

> 要对该主题形成一个清晰概念的难度，由于存在这样的事实而加大，
> 即我们一方面不得不面对种种古怪的新事物，另一方面又不得不使用旧
> 有的词汇，并赋予其与之前不一致的新意义。[59]

讯息在过去一直被视为指一种有形之物，但这其实从来都是一种假象。现在，人们需要有意识地将讯息的概念与承载讯息的纸区分开来。《哈泼斯》解释道，科学家们会说电流"**承载着讯息**"，但人们不应该想象，是**有形之物**被传递了。实际存在的只是"某种不可思议的力量的作用和反作用，以及借助这种力量实现的在远距离制造出可理解的信号"。这样说，难怪人们会被闹糊涂。不过，"恐怕在今后很长的一段时期内，世界仍然需要使用这样的语言"。

现实世界的有形景观也发生了变化。无处不在的电线，给不论是都市大街还是乡间小道都增添了怪异的装饰。英国记者安德鲁·温特写道："各家电报公司正争先恐后地试图占领我们头上的空间。只要一抬头，我们看到的不是用蛛丝般绳索吊起的粗大线缆，就是屋顶上从一根电线杆蜿蜒至另一根的大量平行电线，简直避无可避。"[60]而且这番景象还延续了相当长的一段时间，并没有转瞬即逝。人们看到这些电线，不由想到它们所传递的重要的无形货物。诗人罗伯特·弗罗斯特写道："他们在苍穹下架设线路，字词不论是敲出来还是说出来/在上面奔走时都将如思绪般静寂无声。"[61]

电线在建筑物中找不到相似之物，在自然界中也难寻类比。苦心寻找比喻的作家们想到了蜘蛛和蛛网以及迷宫。还有一个词似乎更合适：整个地球都被铁制的**网络**（net-work）所包裹。《纽约先驱报》说："一个由铁线构成的神经网络，从作为大脑中枢的纽约开始分叉，伸向远端的四肢。"[62]而《哈泼斯》杂志则写道："电流在整个电线网络中律动，传递着人类智慧的信号。"[63]

温特还作出了一个预言："用不了多久，所有人足不出户就可以和所有人交谈。"[64]当时他使用"交谈"一词还只是作为一个隐喻。

在多种意义上，使用电报就意味着用编码（code）书写。

摩尔斯的点划系统一开始并未被称作一种编码，而仅仅被称为一种字母表："摩尔斯电报字母表"就是当时人们对它的普遍称谓。但它并不是字母表，因为它并非以符号表示声音。摩尔斯的方案是以字母表作为起点，通过替代（用新的符号替换旧的符号）来对其加以利用。它是一种元字母表，与字母表已经隔了一层。

这种将意义从一种抽象转换为另一种抽象的过程，在数学中早已有之。并且从某一方面上说，这恰是数学的本质所在。而现在，它已经成为了人们熟悉的一种思维工具。正是由于电报的功劳，到了 19 世纪末，人们逐渐适应或至少熟悉了编码的概念：用以表示其他符号的符号，用以表示其他词语的词语。从一种抽象向另一种抽象的转换，这就是**编码**（encoding）。

使用编码书写出于两种密切相关的动机：为了保密以及为了简明。简短的讯息省钱——这个道理简单明了，但威力强大，甚至连英语的散文写作风格很快看上去也受到了影响。新的文风因而被称为了**电报式**或**电报体**。修辞的辞藻代价过高，这让一些人感到遗憾。安德鲁·温特写道：

> 电报体让任何形式的礼貌说法都无容身之地。"May I ask you to do me the favour"（劳驾）这么一句话，传输五十英里的距离就要六便士。这个可怜的人要把类似温文尔雅的形容词无情地砍掉多少，才能将他的信函开支降到一个合理的水平呢？[65]

而对于新闻记者，他们几乎是立马就开始想方设法，试图用更少的计费字词传递更多的信息。一位记者炫耀道："我们很早就发明了一种速记系统，或曰密码……巧妙排列后，农产品的上市数量以及主要的面包原料和日用品的销售额和价目表等，就可以从布法罗和奥尔巴尼每日发出。两个城市总共只需二十个单词，而如果全写出来，将会是一百多个单词。"[66]电报公司企图遏止这种趋势，认为这种私人编码是在玩弄系统规则，但密码还是一发不可收拾。一套典型的编码系统是用词典中的字词指代整个短语，并将它们按语义和字母的顺序加以排列。比如，用所有以 B 开头的词汇事关面粉市场：baal 代表"今日的交易量小于昨日"；babble 代表"市场景气"；baby 代表"西部市场稳定，国内和出口需求中等"；button 代表"市场清淡，价格走低"；如此等等。当然，这就有必要让发送方和接收方使用同一个词典。对于电报操作员来说，编码后的讯息看上去如同胡言乱语，而这一点被证明是一个额外的益处。

早在人们想出用电报发送讯息之初，他们就忧虑自己的通信内容会为人所窥，至少是被电报操作员（这些不可靠的陌生人，在操作时无法不读到这些讯息）。与经过折叠和火漆封缄的手写信函相比，电报就显得公开而不安全了，毕竟讯息通过那些神秘的管道即电线传递时，谁也不知道会发生什么。韦尔自己就在 1847年写道："如果不能辅之以某种保密字母表的话，电报所具有的巨大优势（以闪电般的速度传递讯息，消弭时间和空间）在实用性上就会大打折扣。"[67]他接着说：

> 有多种系统可以用来确保，讯息在通信双方之间通过电报传递，而讯息的内容始终对于其他所有人高度保密，即便是必须经手的电报局操作员也不例外。

这个难度可不小。电报并不仅仅是一种提供服务的设备，它还是一种**媒介**，一种中间状态。讯息就是通过这种媒介加以传输的。我们不仅要考虑讯息本身，还必须考虑讯息的内容。即使讯息本身曝光了，其内容应该力求仍能保密。韦尔解释了他所谓的"保密字母表"：一份对字符加以"变位和替换"的字母表。

> 在**固定**字母表中的字母 a，在**保密**字母表中就可能用 y、c 或 x 表示，其他字母同理。

这么一来，"The firm of G. Barlow & Co. have failed"（G. Barlow 公司破产了）就可能会变成"Ejn stwz ys & qhwkyf p iy jhan shtknr"。而在对保密性要求不那么高的场合，韦尔建议将常用短语加以缩写。比如，在要发送"give my love to"（请问候某人）时，他建议只发送 gmlt 即可。他还给出了更多的例子：

mhii	My health is improving（我的健康正在好转）
shf	Stock have fallen（股票跌了）
ymir	Your message is received（来讯收悉）
wmietg	When may I expect the goods?（货物何时到？）
wyegfef	Will you exchange gold for eastern funds?

（你想用黄金交易东方基金吗？）

　　所有这些系统都要求发送方和接收方之间要有事先的约定：讯息需要通过双方都知道的、预先约定的知识而加以增补或变换。这种知识比较方便的存放地点，就是一个码本。在首条摩尔斯式线路开通商用之时，其核心投资人和支持者之一、缅因州众议员 F. O. J. 史密斯［人们因其名字缩写而常常称他为福格（Fog）］，就制作了这样一个码本《保密通信词汇表，适用于摩尔斯式电磁传讯系统，亦适用于经由邮政或其他系统传递的书面函件撰写》。[68]这个码本不过是按字母表顺序编号排列 5 6000 个英语单词，从 Aaronic 到 zygodactylous，再配上使用指南。"我们认为写信人和收信人都该各持一本，"史密斯解释道，"这样人们可以不用词语，而改用数字来发送他们的讯息，或者部分用数字、部分用词语。"为了获得更大的安全性，他们可以事先约定加上或减去一个他们自行选择的数字，或用不同的数字代表不同的词语。他保证："用了几次诸如此类的常规替换以后，整段话对那些不知道这种预先安排的人而言，就完全是不知所云了。"

　　密码术一度是门隐秘的技术，其奥秘通过私人手稿的方式传播，就和炼金术一样。但如今，编码制作通过印刷术被放到了光天化日之下，激起大众无尽的想象。在随后的几十年间，人们设计和出版了其他很多方案，从不过一便士的口袋本到印得密密麻麻的多卷本，不一而足。在伦敦，埃比尼泽·厄斯金·斯科特（E. Erskine Scott）出版了《供缩写电文和高度保密的讯息和信函使用三字母编码》（*Three Letter Code for Condensed Telegraphic and Inscrutably Secret Messages and Correspondence*）。斯科特是个精算师兼会计，与其他很多投身密码术的人一样，对数据痴迷不已。对于编目员、分类员、文字高手、数字命理学者，以及各种各样的收集癖者来说，电报为他们开启了广阔的用武之地。斯科特的书中不仅包括常用字词和两个词的词组，还包括地名、教名、伦敦证券交易所的各上市股票名、一年三百六十五天、英国陆军各团名、注册为英国国籍的所有船只名，以及英国的所有贵族名等。对所有这些数据进行了组织和编号后，利用它们就可以实现某种形式的缩写，而这则意味着节省开支。不过，用户们发现，仅仅把字词转换成数字，帮助并不大：发送 3747 和 azotite 的费用相差无几。因此，码本最终演变成了短语手册。它们把讯息压缩并封装起来，这样既可避人耳目，又适于有效传输。当然，在接收端，它们则用来解压缩。

一本在 19 世纪七八十年代特别卖座的书是《通用商业电报编码基础》，由威廉·克劳森–图厄设计。[69]他的目标受众是"金融家、商人、船主、掮客、经纪人等"，而他的口号是"简单经济，绝对安全"。克劳森–图厄也是个信息痴迷者，企图将整个语言或至少是商业语言整理成短语，并将所有短语按关键词加以组织。他最终达成了一项奇特的词典编纂学成果，成为了解当时英国经济生活的一扇窗口，也是一个包含各种具有细微差别同时无意间富含诗意的短语的宝库。例如，对于关键词"恐慌"（编号 10054 至 10065），相关的短语有：

> 在某地有大恐慌
>
> 恐慌平息了
>
> 恐慌仍在继续
>
> 恐慌已经度过最坏的阶段
>
> 恐慌可以认为已经结束

对于关键词"雨"（编号 11310 至 11330），有：

> 由于降雨不能工作
>
> 降雨带来很大好处
>
> 降雨带来很大破坏
>
> 现在真正大雨倾盆
>
> 降雨很可能会持续
>
> 十分需要降雨
>
> 有时有雨
>
> 普遍有雨

对于关键词"沉船"（编号 11310 至 11330），则有：

> 起锚后，船只失事

我认为最好以原状出售沉船

将尽全力挽救沉船

船肯定彻底沉了

海关已出售了沉船

领事已派人去营救沉船

但除此之外，世上还有万千事物，所以他还努力为尽可能多的专有名词赋予编号，如铁路名、银行名、矿山名、商品名、船只名、港口名，以及（本国的、殖民地的、外国的）股票名等。

　　随着电报网络穿洋过海，逐渐覆盖全球，而国际通信费居高不下，一个字词就要数美元，码本变得更为兴盛。这时节约经济甚至成了比保密更重要的考量。最早的跨大西洋的费用约为每条讯息（包含十个字词，通常以原意为海底线缆的 cable 一词来指代）一百美元。而在英国和印度之间（经由俄罗斯和土耳其/伊朗）收发讯息也便宜不了多少。为了节省国际通信费，精明的中间商设计了一种称为"打包"的办法。如果电报以二十个单词为一条讯息计费，那么就可以将，比方说，四条各含五个单词的讯息打包成一条。讯息越来越短，码本则越来越厚了。1885 年，位于伦敦科文特花园地区的 W. H. 比尔公司出版了一本畅销的《电报编码口袋书》（*Pocket Telegraphic Code*），定价一便士，其中包含了"三百多条只需一个单词的电报"，并按主题精心编排。重要的主题涉及诸如下注（"在当前赔率下我该为你下多少钱的注"）、制靴匠（"这些靴子不合脚，请直接派人来取走"）、洗衣妇（"今天请来取衣"），以及和出海有关的天气（"今天浪太大，不便渡海"）等。书中甚至还预留了一张空白页，用于"保密编码（请与您的朋友见面商定后填写）"。同时，市面上还有为铁路、游艇，以及从药商到地毯商等各行各业设计的专用码本。而篇幅最大因而也最昂贵的码本则被相互传阅，为此克劳森-图厄抱怨道："据笔者所知，有些人合伙只买一本《通用商业电报编码基础》，然后以此为基础来编纂他们自己的码本。笔者在此郑重声明，此类行为触犯版权法，将受法律追究，引发难堪之法律程序。"[70]不过，这只是虚张声势而已。到了 19、20 世纪之交，全球的电报服务商在伯尔尼和伦敦的国际电报大会上，对英语、荷兰语、法语、德语、意大利语、拉丁语、葡萄牙语和西班牙语的码本进行了系统整理。这些码本在 20 年纪的头十年还兴盛了一阵子，但随后就销声匿迹了。

那些使用电报编码的用户慢慢发现，编码虽然高效而简洁，但它也有始料未及的副作用，那就是极易受到哪怕是最微小的错误的破坏。由丁缺乏一般的英语散文（乃至扼要的电报体散文）所天然具有的冗余度，这些经过精心编码的讯息，可能会因为一个字符或点划的差异而面目全非。比如，1887 年 6 月 16 日，一个名叫弗兰克·普里姆罗斯的费城木材商给他在堪萨斯的代理商发电报说，他**已经买**（bought）了五十万磅木材。在他们事先约定的码本中，bought 被简写成 BAY。但当这一讯息抵达时，该关键之词变成了 BUY（买），于是代理商开始采买木材。据普里姆罗斯在对西部联合电报公司的诉状所称，这个错误给普里姆罗斯造成了两万美元的损失。这场官司打了六年，最终最高法院根据电报单背面的注意事项作出了支持电报公司的判决。用小字印刷的注意事项中说明了为避免出错而应采取的措施：

> 为避免出错或延误，讯息的发送者应要求接收方**复述一遍**，以便将该讯息传回发报局进行核对……上述公司不对任何**未经复述**的讯息中出现的错误负法律责任……亦不对由于使用密码或讯息语意模糊而导致的任何错误负法律责任。[71]

电报公司不得不接受密码，但对此却是无法喜欢。不过，法院还是作出了一项有利于普里姆罗斯的判决，判还了 1.15 美元的发报费用。

———

保密文字和文字一样古老。事实上，在文字诞生之初，它对除了少数人之外的所有人来说，都是无法读解的。而随着文字的神秘性逐渐消退，人们又找到了各种新方法来试图让自己的字词显得与众不同、隐秘难懂：用字母变位法来重写单词，用镜子反转文本，或是发明密码进行加密。

1641 年，英国内战爆发在即，一本匿名的小册子记录下了许多当时已知的所谓"密码术"。其中包括使用特种纸张和墨水，如柠檬或洋葱的汁液、生鸡蛋或"蒸馏萤火虫得到的汁液"，使得文字在暗处可见（或不可见）；或者以各种方式打乱文字内容，如将一些字母替换成另一些字母、发明新的符号、从右至左书写，或"以某些不同寻常的顺序对字母进行变位，比如把第一个字母放到行末，而把第二个字母放到行首，诸如此类"，又或把一条讯息分在两行书写：

T e o l i r a e l m s f m s e s p l u o w e u t e l

h s u d e s r a l o t a i h d, u p y s r e m s y i d.

The Souliders are allmost famished, supply us or wee must yeild.

（部队饥饿不堪，再无补给将全军覆没。）

通过字母变位和替换，罗马人和犹太人发明了其他更加错综复杂，因而也更为隐秘难懂的保密方法。

这本小册子名为《墨丘利神，秘密而快捷的信使：关于人们如何秘密而快捷地与任意远距离外的朋友交流思想》。[72]后来作者披露了自己的身份，他就是约翰·威尔金斯，一名教区牧师和数学家，后来成为剑桥大学三一学院院长，也是英国皇家学会的发起者之一。一位同时代人评价他说："他是个天才，具有一颗机械般缜密的头脑……他的思考很有广度和深度……精力过人、身材魁梧、体格健壮、膀大腰圆。"[73]他也是个思虑周到的人。在小册子中，虽然无法做到囊括自古以来所有曾经出现过的密码术，但他还是把一个17世纪的英国学者所能知晓的此类工作都搜罗了进来。这不仅是本保密文字的入门书，也是本汇编手册。

对于威尔金斯来说，密码学事关通信的基本问题。在他看来，文字和保密文字在本质上是一回事。但暂时撇开保密的问题不谈，他是这样来表述通信的基本问题的："一个人如何以最迅速、最快捷的方式将自己的意图传递给另一个相距遥远的人。"[74]在1641年，他所谓的**迅速**和**快捷**，还只限于一种哲学思辨。要知道，一年后，艾萨克·牛顿才会降生。他注意到，"我们常说，没有什么比思想的速度更快"。而仅次于思想的似乎就是视觉了。作为一名牧师，他认为，最快的运动肯定属于天使和灵。要是一个人可以差使天使跑腿，那么交流的距离可以是任意远。

可惜我们凡夫俗子受制于血肉之躯，"无法以如此简单和即时的方式交流思想"。因此，威尔金斯写道，难怪天使的原意是使者。

作为一名数学家，他又从另一个角度思考了该问题。他试图确定，如何用一个有限的符号集（或许仅含两个、三个或五个符号）来表示整个字母表。当然，这必须通过组合的形式实现。例如，一个包含五个符号的符号集（a、b、c、d、e），其符号两两成对，就可以表示一个由二十五个字母组成的字母表：

A	B	C	D	E	F	G	H	I	K	L	M
aa	ab	ac	ad	ae	ba	bb	bc	bd	be	ca	cb

N	O	P	Q	R	S	T	V	W	X	Y	Z	&
cc	cd	ce	da	db	dc	dd	de	ea	eb	ec	ed	ee

"根据以上规则，"威尔金斯写道，"'I am betrayed'（我被出卖了）就可以表示成'Bd aacb abaedddbaaecaead'。"这样，即使是一个小型的符号集，在适当安排之后，也足以用来表达任何讯息。不过，使用小型符号集的话，一条给定的讯息就需要以更长的字符串来表示，而这也意味着，用威尔金斯的话说，"更多的精力和时间"。威尔金斯没有进一步解释说 $25 = 5^2$，也没有引申说，由于 $3^3 = 27$，如果三个字符一组的话（aaa、aab、aac、……），就会产生二十七种可能。但显然他很清楚背后所涉及的数学知识，因为他的最后一个例子是一种二元编码，尽管这用字母而不是数字来表示显得有点怪怪的。

> 字母表中的两个字母在五个位置上的变位，会产生三十二种差异，所以即使有多于二十四个字母，它们也可以应用其上。

A	B	C	D	E	F	G
aaaaa	aaaab	aaaba	aaabb	aabaa	aabab	aabba

H	I	K	L	M	N	O
aabbb	abaaa	abaab	ababa	ababb	abbaa	abbab

P	Q	R	S	T	V	W
abbba	abbbb	baaaa	baaab	baaba	baabb	babaa

X	Y	Z
babab	babba	babbb

两个符号，五个一组，"会产生三十二种差异"。

　　差异（differences）一词想必在威尔金斯的读者（尽管为数不多）看来是个奇怪的措辞。但这是有意之举，并且富有深意。威尔金斯正试图接近信息最纯粹、最一般的形式，而文字只不过是其中的一个特例："因为我们必须意识到，一般说来，**任何能够创造出有效的差异，可为某种感官所感知的东西，都足以作为表达思想的手段**。"[75]这可以是"音调不同的两个钟"，或是"任何可见物，如火焰、狼烟等"，又或是号角、大炮或皮鼓。任何的差异都是一种二元选择，而任何的二元选择都可以拿来表达思想。在这里，在这份 1641 年不为人知的匿名专著中，信息论的核心思想浮出了人类思维的表面，却像土拨鼠一样看见了自己的影子，于是又沉没下去，消失长达三百多年。

　　密码史学家戴维·卡恩将电报出现后密码学方兴未艾的时期总结为，业余爱好者的贡献。[76]密码学不仅在某些知识分子圈子里受到青睐，在公众当中也引发了一股新的热潮。古代密码术吸引了各色人物，难题制造者、游戏玩家、数学爱好者，甚至诗歌爱好者。他们分析古代密码术，并尝试发明新的技术。理论研究者则争执于谁会成为最后的赢家，是一流的密码制作者，还是一流的密码破解者。在美国，一位伟大的密码学普及者就是爱伦·坡。在其幻想故事和杂志随笔中，他将这一门历史悠久的艺术广而告之，并津津乐道于自己在这上面的造诣。1841年，他在给《格雷厄姆杂志》的文章中写道："我们无法想象会存在这样一个时期，在其中人们没有必要，或至少没有意愿，力图使相互之间传递的信息不为他人所知。"[77]对于爱伦·坡来说，密码制作并不仅是一种对历史或技术的热情，而是一种执著，反映了他对人类是如何与世界交流的认识。在他看来，密码制作者和作家售卖的是同一类货物："心灵就是一个密码；它所提供的密文越短，破解起来就越艰难。"[78]热爱秘密是爱伦·坡的天性，他喜欢神秘甚于透明。

　　爱伦·坡认为，"保密通信肯定是与字母的发明差不多同时出现的"。对他而言，密码是科学与神秘学之间、理性头脑与智者之间的桥梁。[79]密码分析（"作为一项严肃的活动，作为传递信息的手段"）要求具备敏锐的头脑和特殊的精神力量，完全可登大雅之堂，值得在学院里传授。他屡屡强调，密码破解过程是种"特别的脑力活动"。爱伦·坡自己也给读者提出了一系列替换密码难题。

和爱伦·坡一样，凡尔纳和巴尔扎克也在他们的小说中加入了密码元素。1868 年，刘易斯·卡罗尔设计了一种"电报密码"，它包含一个"密匙字母表"和一个"讯息字母表"，使用时根据收发双方约定并记在脑子里的一个单词密匙进行变位加密。[80]不过，在维多利亚时代的英国，最杰出的密码分析者还是查尔斯·巴贝奇。符号替换以及意义在各种抽象之间转换的过程，是众多问题的核心关键，因此巴贝奇对于这个挑战乐此不疲。他指出："解密艺术最奇特的一个特性就是，每个人（即使是对此一知半解的人）都坚信，自己可以构造出一种无人能解的密码。我也注意到，一个人越聪明，他的这种信念植根得就越深。"[81]他自己一开始也是如此，但后来他投向了解密者一方。他原计划要写一本权威著作，定名为《解密的哲学》(*The Philosophy of Decyphering*)，但最终未能完成。不过，他确实破解了很多密码，其中就包括一种多码密码——维吉尼亚密码。该密码在欧洲曾一度被视为最安全的密码，被誉为"不可破译的密码"。[82]一如他在其他工作中所做的，他在其中也应用了代数方法，以方程的形式表达密码分析过程。但即便如此，他仍然只是个业余爱好者，并且他自己也心知肚明。

除了将代数演算应用到密码学领域，巴贝奇先前已经尝试将这种工具运用到了其更为传统的应用领域——数学，以及不那么传统的领域——机械，他曾为标记齿轮、杠杆和开关等活动部件的动作创造了一套符号语言。迪奥尼修斯·拉德纳对于这种机械记法评论道："一旦机械的不同部件通过适当的符号能够在纸面上表示出来，研究者们在思考时就可以完全抛开机械本身，而把注意力完全放到符号上去……这是一套近乎形而上学的抽象符号系统，借助它的帮助，动手即是动脑。"[83]而两个更年轻的英国人，奥古斯塔斯·德摩根和乔治·布尔，则把相同的方法论应用到了更为抽象的逻辑命题之上。德摩根是巴贝奇的朋友、爱达的老师，也是伦敦的大学学院的教授。布尔出身于林肯郡的一个修鞋匠和女仆家庭，到了 19 世纪 40

年代，最终成为科克的女王学院的教授。1847 年，他们在同一天各自出版了堪称自
亚里士多德以来逻辑学领域最伟大的里程碑式著作：布尔的《逻辑的数学分析》和
德摩根的《形式逻辑》。这个小众的领域可是沉闷了很长一段时间。

德摩根更熟悉该领域的学术传统，布尔则是位更具创造性和自主精神的数学
家。多年来，他们通信交换意见，讨论如何用代数符号来表示语言，或真理。X
可以代表"母牛"，而 Y 代表"马"。这可能是一头母牛，或所有母牛的集合中的
一个元素。（两者等价？）这些符号可以像在代数中一样操作。XY 可以代表"所有
既是 X 又是 Y 的事物的名字"，而 X,Y 代表"所有或是 X 或是 Y 的事物的名字"。[84]
再简单不过了——不过别急，语言可没有如此简单，种种复杂情况会突如其来。
德摩根写道："现在有些 Z 不是 X，也就是那些 ZY，但 ZY 并**不存在**。你或会说，
不存在的不是 X。但一匹不存在的马甚至不是马，（更进一步地？）也不是一头母
牛。"[85]

不过，他接着不无希冀地补充道："但我不怀疑你会找到办法，为这种新的负
值赋予意义。"最终他没有寄出这份草稿，但也没有丢弃它。

布尔设想的体系是一种不包含数的数学。他写道："逻辑学的公理，即仅靠它
们就可以构建出逻辑科学的那些定律，其形式和表达都是数学的，尽管不是计量
的数学：这是一个事实。"[86]其中允许使用的数只有 0 和 1，用以表示全无和全有：
"符号 0 和 1 在逻辑体系中的相应解释是**空类**（Nothing）和**全类**（Universe）。"[87]
在此之前，逻辑学一直从属于哲学；而现在，布尔要代表数学将逻辑学收入麾下。
为此，他设计了一种全新的编码形式，其码本融合了两套抽象的符号体系：一套
是从数学的形式主义中借用的字符，如 p 和 q、$+$ 和 $-$，以及大小括弧等；另一
套则是通常用含糊多变的日常语言表达的运算、命题和关系，如表示真和伪、类
的个体、前提和结论等的字词，以及各种"小品词"，如 if、either、or 等。布尔
理论的部分要点如下：

> 语言是人类理性的工具，而不仅仅是表达思维的媒介。
>
> 所有语言的组成元素都是记号或符号。

> 词即记号。有时它们被用来代表事物；有时则代表运算，思维借此
> 可将简单概念组合成复杂概念。
>
> 词……并非是我们能用的仅有的记号。任意的可见标记，以及任意
> 的声音或动作……都同样能够作为记号使用。[88]

而将一种抽象转换成另一种抽象的编码也有其功用。对于摩尔斯电码而言，这个功用就是把日常语言转换成了一种适合于通过铜线实现近乎即时传递的形式。对于符号逻辑而言，新的形式则要适合于进行代数演算。这些符号就像一个个小容器，保护其中脆弱的货物免遭日常交流中的风雾侵扰。对于以下这个布尔常举的例子，试比较哪种形式更可靠，是将命题写成如下公式，

$$1 - x = y(1 - z) + z(1 - y) + (1 - y)(1 - z)$$

还是用如下日常语言表达？

> 不洁净的走兽包括所有分蹄却不反刍的、所有反刍却不分蹄的，以
> 及所有既不分蹄也不反刍的。[89]

这种可靠性在很大程度上是来自于将字词的意义剥离而只留下符号。在这里，记号和符号并不仅仅是占位符，还是运算符，就如同机器中的齿轮和杠杆一般。语言，说到底，也是一种工具。

语言至此被视作服务于两种独立的功能，既是表达的工具，也是思维的工具。人们一般假定，其中思维在先。对于布尔来说，逻辑**就是**思维，是思维经过打磨和提纯的结果。因此，他选择将1854年出版的杰作起名为《思维的规律》(*The Laws of Thought*)。同样，电报操作员们也隐约感到他们收发的讯息会对人们的思维产生影响，这恐怕并非巧合。1873年，《哈泼斯》的一位随笔作家这样写道："单词在思考者将它用作沟通思维的信号之前，首先是作为一种思维工具而存在的。"

> 电报将给人类思维带来的最广泛也最重要的影响恐怕来自于它对于
> 语言的影响……类似于达尔文提出的自然选择原理，在语言使用中，短

词将逐渐对长词占有优势，直接表达形式将逐渐对间接表达形式占有优势，含义清晰的字词将逐渐对模棱两可的字词占有优势，而地方性的习语在任何地方都将处于劣势。[90]

不过，布尔在当时影响并不大，其重要意义在一段时间后才会被认识到。他与巴贝奇仅有过简短的通信，两人素未谋面。他的支持者之一是刘易斯·卡罗尔。在《爱丽丝梦游仙境》出版四分之一个世纪后，在人生行将终结之际，卡罗尔写了两卷以符号逻辑为主题的书，其中包含指南、谜题、图表和练习等。尽管他使用的符号无可挑剔，但其应用的三段论却不乏幽默：

1. 婴儿是不讲逻辑的；

2. 没有一个会调教鳄鱼的人被鄙视；

3. 不讲逻辑的人被鄙视。

（结论）婴儿不会调教鳄鱼。[91]

其符号化版本（ $b_1d_0 \dagger ac_0 \dagger d_1'c_0'$; $bd \dagger \underline{d}c' \dagger a\underline{c} \P ba_0 \dagger b_1$, i.e. $\P b_1a_0$ ）很好地做到了把意义剥离，这样使得用户可以直接推导出结论，而不会受阻于一个古怪的中间结论"婴儿被鄙视"。

到了 19、20 世纪之交时，伯特兰·罗素给予了乔治·布尔非同寻常的赞颂："纯数学是由布尔在其《思维的规律》中发现的。"[92]这句话经常被人引用。不过，真正使其赞颂非同寻常的却是紧跟其后但很少被人引用的批评：

他也错误地以为自己是在讨论思维的规律。但事实上，人们实际是如何进行思考的问题与他的研究并不相干，况且要是他的著作真的包含思维的规律，那么奇怪为什么此前没有一个人用这样的方式来进行思考呢？

这不由让人感到，罗素对悖论还真是乐此不疲。

注释

[1] Nathaniel Hawthorne, *The House of the Seven Gables* (Boston: Ticknor, Reed, & Fields, 1851), 283.

[2] 他们的工作"简单容易，且并不是持续不断"。"Central Telegraph Stations," *Journal of the Society of Telegraph Engineers* 4 (1875): 106.

[3] Andrew Wynter, "The Electric Telegraph," *Quarterly Review* 95 (1854): 118–164.

[4] Iwan Rhys Morus, "'The Nervous System of Britain': Space, Time and the Electric Telegraph in the Victorian Age," *British Journal of the History of Science* 33 (2000): 455–475.

[5] Quoted in Iwan Rhys Morus, "'The Nervous System of Britain,'" 471.

[6] "Edison's Baby," *The New York Times*, 27 October 1878, 5.

[7] "The Future of the Telephone," *Scientific American*, 10 January 1880.

[8] Alexander Jones, *Historical Sketch of the Electric Telegraph: Including Its Rise and Progress in the United States* (New York: Putnam, 1852), v.

[9] William Robert Grove, quoted in Iwan Rhys Morus, "'The Nervous System of Britain,'" 463.

[10] Dionysus Lardner, *The Electric Telegraph*, revised and rewritten by Edward B. Bright (London: James Walton, 1867), 6.

[11] "The Telegraph," *Harper's New Monthly Magazine*, 47 (August 1873), 337.

[12] "The Electric Telegraph," *The New York Times*, 11 November 1852.

[13] Job 38:35; Dionysus Lardner, *The Electric Telegraph*.

[14] *Memoirs of Count Miot de Melito*, vol. 1, trans. Cashel Hoey and John Lillie (London: Sampson Low, 1881), 44n.

[15] Gerard J. Holzmann and Björn Pehrson, *The Early History of Data Networks* (Washington, D.C.: IEEE Computer Society, 1995), 52 ff.

[16] "Lettre sur une nouveau télégraphe," quoted in Jacques Attali and Yves Stourdze, "The Birth of the Telephone and the Economic Crisis: The Slow Death of Monologue in French Society," in Ithiel de Sola Poolin, ed., *The Social Impact of the Telephone* (Cambridge, Mass.: MIT Press, 1977), 97.

[17] Gerard J. Holzmann and Björn Pehrson, *The Early History of Data Networks*, 59.

[18] Bertrand Barère de Vieuzac, 17 August 1794, quoted in ibid., 64.

[19] Taliaferro P. Shaffner, *The Telegraph Manual: A Complete History and Description of the Semaphoric, Electric and Magnetic Telegraphs of Europe, Asia, Africa, and America, Ancient and Modern* (New York: Pudney & Russell, 1859), 42.

[20] Gerard J. Holzmann and Björn Pehrson, *The Early History of Data Networks*, 81.

[21] Charles Dibdin, "The Telegraph," in *The Songs of Charles Dibdin, Chronologically Arranged*, vol. 2 (London: G. H. Davidson, 1863), 69.

[22] Taliaferro P. Shaffner, *The Telegraph Manual*, 31.

[23] Gerard J. Holzmann and Björn Pehrson, *The Early History of Data Networks*, 56.

[24] Ibid., 91.

[25] Ibid., 93.

[26] J. J. Fahie, *A History of Electric Telegraphy to the Year 1837* (London: E. & F. N. Spon, 1884), 90.

[27] E. A. Marland, *Early Electrical Communication* (London: Abelard-Schuman, 1964), 37.

[28] "当戴尔试图将他的方法引入实际应用时，他遭遇到了强烈的偏见，有些举动还着实骇人。惊恐之下，他离开了美国。" Chauncey M. Depew, *One Hundred Years of American Commerce* (New York: D. O. Haynes, 1895), 126.

[29] John Pickering, *Lecture on Telegraphic Language* (Boston: Hilliard, Gray, 1833), 11.

[30] Quoted in Daniel R. Headrick, *When Information Came of Age: Technologies of Knowledge in the Age of Reason and Revolution, 1700–1850* (Oxford: Oxford University Press, 2000), 200.

[31] John Pickering, *Lecture on Telegraphic Language*, 26.

[32] Davy manuscript, quoted in J. J. Fahie, *A History of Electric Telegraphy to the Year 1837*, 351.

[33] William Fothergill Cooke, *The Electric Telegraph: Was it Invented By Professor Wheatstone?* (London: W. H. Smith & Son, 1857), 27.

[34] Alfred Vail, *The American Electro Magnetic Telegraph: With the Reports of Congress, and a Description of All Telegraphs Known, Employing Electricity Or Galvanism* (Philadelphia: Lea & Blanchard, 1847), 178.

[35] *Samuel F. B. Morse: His Letters and Journals*, vol. 2 (Boston: Houghton Mifflin, 1914), 21.

[36] Recalled by R. W. Habersham, *Samuel F. B. Morse: His Letters and Journals*.

[37] Alfred Vail, *The American Electro Magnetic Telegraph*, 70.

[38] Andrew Wynter, "The Electric Telegraph," 128.

[39] Laurence Turnbull, *The Electro-Magnetic Telegraph, With an Historical Account of Its Rise, Progress, and Present Condition* (Philadelphia: A. Hart, 1853), 87.

[40] "The Trial of John Tawell for the Murder of Sarah Hart by Poison, at the Aylesbury Spring Assizes, before Mr. Baron Parks, on March 12th 1845," in William Otter Woodall, *A Collection of Reports of Celebrated Trials* (London: Shaw & Sons, 1873).

[41] John Timbs, *Stories of Inventors and Discoverers in Science and the Useful Arts* (London: Kent, 1860), 335.

[42] Quoted in Tom Standage, *The Victorian Internet: The Remarkable Story of the Telegraph and the Nineteenth Century's On-Line Pioneers* (New York: Berkley, 1998), 55.

[43] Alexander Jones, *Historical Sketch of the Electric Telegraph*, 121.

[44] Charles Maybury Archer, ed., *The London Anecdotes: The Electric Telegraph, vol. 1* (London: David Bogue, 1848), 85.

[45] *Littell's Living Age* 6, no. 63 (26 July 1845), 194.

[46] Andrew Wynter, "The Electric Telegraph," 138.

[47] Alexander Jones, *Historical Sketch of the Electric Telegraph*, 6.

[48] "The Atlantic Telegraph," *The New York Times*, 6 August 1858, 1.

[49] Charles Maybury Archer, *The London Anecdotes*, 51.

[50] Ibid., 73.

[51] George B. Prescott, *History, Theory, and Practice of the Electric Telegraph* (Boston: Ticknor and Fields, 1860), 5.

[52] *The New York Times*, 7 August 1858, 1.

[53] Quoted in Iwan Rhys Morus, "'The Nervous System of Britain,'" 463.

[54] Charles Wilkes to S. F. B. Morse, 13 June 1844, in Alfred Vail, *The American Electro Magnetic Telegraph*, 60.

[55] Quoted in Adam Frank, "Valdemar's Tongue, Poe's Telegraphy," *ELH* 72 (2005): 637.

[56] Andrew Wynter, "The Electric Telegraph," 133.

[57] Alfred Vail, *The American Electro Magnetic Telegraph*, viii.

[58] Agreement between Cooke and Wheatstone, 1843, in William Fothergill Cooke, *The Electric Telegraph*, 46.

[59] "The Telegraph," *Harper's New Monthly Magazine*, 336.

[60] Andrew Wynter, *Subtle Brains and Lissom Fingers: Being Some of the Chisel-Marks of Our Industrial and Scientific Progress* (London: Robert Hardwicke, 1863), 363.

[61] Robert Frost, "The Line-Gang," 1920.

[62] *Littell's Living Age* 6, no. 63 (26 July 1845): 194.

[63] "The Telegraph," *Harper's New Monthly Magazine*, 333.

[64] Andrew Wynter, *Subtle Brains and Lissom Fingers*, 371.

[65] Andrew Wynter, "The Electric Telegraph," 132.

[66] Alexander Jones, *Historical Sketch of the Electric Telegraph*, 123.

[67] Alfred Vail, *The American Electro Magnetic Telegraph*, 46.

[68] Francis O. J. Smith, *The Secret Corresponding Vocabulary; Adapted for Use to Morse's Electro-Magnetic Telegraph: And Also in Conducting Written Correspondence, Transmitted by the Mails, or Otherwise* (Portland, Maine: Thurston, Ilsley, 1845).

[69] William Clauson-Thue, *The ABC Universal Commercial Electric Telegraph Code*, 4th ed. (London: Eden Fisher, 1880).

[70] Ibid., iv.

[71] *Primrose v. Western Union Tel. Co.*, 154 U.S. 1 (1894); "Not Liable for Errors in Ciphers," *The New York Times*, 27 May 1894, 1.

[72] 确认作者后，后来再版为：John Wilkins, *Mercury: Or the Secret and Swift Messenger. Shewing, How a Man May With Privacy and Speed Communicate His Thoughts to a Friend At Any Distance*, 3rd ed. (London: John Nicholson, 1708).

[73] John Aubrey, *Brief Lives*, ed. Richard Barber (Woodbridge, Suffolk: Boydell Press, 1982), 324.

[74] John Wilkins, *Mercury: Or the Secret and Swift Messenger*, 62.

[75] Ibid., 69.

[76] David Kahn, *The Codebreakers: The Story of Secret Writing* (London: Weidenfeld & Nicolson, 1968), 189.

[77] "A Few Words on Secret Writing," *Graham's Magazine*, July 1841; Edgar Allan Poe, *Essays and Reviews* (New York: Library of America, 1984), 1277.

[78] *The Literati of New York* (1846), in Edgar Allan Poe, *Essays and Reviews*, 1172.

[79] Cf. William F. Friedman, "Edgar Allan Poe, Cryptographer," *American Literature* 8, no. 3 (1936): 266–280; Joseph Wood Krutch, *Edgar Allan Poe: A Study in Genius* (New York: Knopf, 1926).

[80] Lewis Carroll, "The Telegraph-Cipher," printed card 8 x 12 cm., Berol Collection, New York University Library.

[81] Charles Babbage, *Passages from the Life of a Philosopher* (London: Longman, Green, Longman, Roberts, & Green, 1864), 235.

[82] Simon Singh, *The Code Book: The Secret History of Codes and Code-breaking* (London: Fourth Estate, 1999), 63 ff.

[83] Dionysius Lardner, "Babbage's Calculating Engines," *Edinburgh Review* 59, no. 120 (1834): 315–317.

[84] De Morgan to Boole, 28 November 1847, in G. C. Smith, ed., *The Boole–De Morgan Correspondence 1842–1864* (Oxford: Clarendon Press, 1982), 25.

[85] De Morgan to Boole, draft, not sent, ibid., 27.

[86] Quoted by Samuel Neil, "The Late George Boole, LL.D., D.C.L." (1865), in James Gasser, ed., *A Boole Anthology: Recent and Classical Studies in the Logic of George Boole* (Dordrecht, Netherlands: Kluwer Academic, 2000), 16.

[87] George Boole, *An Investigation of the Laws of Thought, on Which Are Founded the Mathematical Theories of Logic and Probabilities* (London: Walton & Maberly, 1854), 34.

[88] Ibid., 24–25.

[89] Ibid., 69.

[90] "The Telegraph," *Harper's New Monthly Magazine*, 359.

[91] Lewis Carroll, *Symbolic Logic: Part I, Elementary* (London: Macmillan, 1896), 112 and 131. And cf. Steve Martin, *Born Standing Up: A Comic's Life* (New York: Simon & Schuster, 2007), 74.

[92] Bertrand Russell, *Mysticism and Logic* (1918; reprinted Mineola, N.Y.: Dover, 2004), 57.

第6章
新电线，新逻辑
（没有别的什么东西比它更严密地为未知所包裹）

整个设备的完美对称性——电话线居其中，电话机分两端，电话机上更有两人唠家常——即便对于一个纯粹的数学家来说，也可能有着极大的吸引力。

——詹姆斯·克拉克·麦克斯韦（1878）[1]

在 20 世纪 20 年代，一个好奇心重的乡下小孩或许自然而然会对通过电线发送讯息产生浓厚兴趣，成长于密歇根州盖洛德镇的克劳德·香农就是如此。他每天都能见到电线，不过它们是用来圈护牧场的刺铁丝护栏网——由两股钢丝绞成，并带有倒刺，从一根桩子连到另一根桩子。他会讨来他所能讨到的一切零件，临时架设起自己的铁丝网电报，向半英里外的另一个小男孩发送讯息。他使用的是塞缪尔·摩尔斯设计的编码。这很让他中意，他喜欢利用编码来发送讯息的主意——不仅仅是密码，还有一般意义上的编码，即用一些字词和符号来代表另一些字词和符号。香农有着一颗爱发明、爱玩耍的心，成年之后也依然保持着那份童真。终其一生，他都在玩游戏和发明游戏。他爱摆弄各种小机械和小装置。长大后的他精于抛球杂技，甚至还为此提出了一个抛球定理。当麻省理工学院或贝尔实验室的研究员们左躲右闪为一辆独轮车让路时，那骑车的必定是香农。除了格外爱玩，他的童年却也分外孤独。这两点，再加上他摆弄物件的天赋，促成了他的铁丝网电报。

当时的盖洛德镇人烟稀少，不过几条街道和少许店铺，被淹没在密歇根下半岛北部的广袤农地当中。[2]从这里开始，刺铁丝护栏网的踪迹一直往西蔓延，越过平原和大草原，直至落基山脉，到处催生着工业财富，尽管这项技术在所谓"电气时代"的种种新奇事物中并不显得特别光鲜亮丽。自从 1874 年，一个伊利诺伊州的农场主取得了 157214 号美国专利（"一种对铁丝护栏网的有价值的新型改进"）开始，对于该项技术专利权的争夺日趋激烈，官司甚至一直打到了最高法院。而与此同时，铁丝网得到了广泛应用，用来界定私人领地以及在公共牧场中圈地。在高峰期，美国的农场主、牧场主以及铁路公司一年的铁丝网铺设量超过了一百万英里之多。从整体上看，全国的铁丝网构不成一个网络，只不过是彼此断开的一个个点阵，毕竟它们的本意是隔离而非连接。除此之外，即便在干燥的天气下，这些铁丝也是糟糕的导电体。但铁丝毕竟是铁丝，克劳德·香农并非第一个发现这种广泛分布的点阵有潜力作为通信网格的人，生活在偏远地区的数以千计的农场主也想到了这一点。他们不愿坐等电话公司从城市出来，于是决定自己组建铁丝网通信合作社。他们把固定铁丝的金属 U 形钉换成了绝缘的夹子，往铁丝网中添加了干电池和通话筒，并用额外的铁丝把断处连接起来。1895 年夏，《纽约时报》曾报道："毫无疑问，大量简陋但有效的电话设施正在源源不断地兴建起来。比方说，南达科他州的一些农场主自己架设了一套有八英里长线路的电话系统。他们自己安装了电话送话器，并借助当地用作护栏的刺铁丝网彼此连接。"[3]记者进而评论道："可供亿万普通民众廉价使用的电话已经指日可待，这个观念正逐渐深入人心。至于这种印象是否站得住脚，则还是一个疑问。"显然，人们期待着能够相互联络。即便是那些素来痛恨各种护栏，以为它们使公共牧场变得支离破碎的养牛场场主，现在也拿起了听筒，从中听取市场报价、天气预报，或仅仅是线路上的吱吱声，这些人声衰弱变形后的声响也别是一番新奇。

电报、电话和无线电广播，三股巨大的电信浪潮依次汹涌而来。人们开始觉得理所当然要拥有专门用于收发讯息的各种设备。而这些设备也改变了社会的拓扑结构——它们拆分重组了社会结构，并在原来的空白处增设了网关和枢纽。早在 20 世纪伊始，就有人开始担忧它们会对社会行为产生始料未及的影响。据《纽约时报》的前述报道，威斯康星州电话线路的负责人就头疼于欧克莱尔镇和奇珀瓦福尔斯镇的年轻男女"通过电话线路没完没了地谈情说爱"。他说道："这种通过电话线路免费调情的做法，已经到了忍无可忍的程度。如果他们还想这样继续下去，那么他们就得付钱。"贝尔公司也试图阻止无聊的通话，特别是妇女和仆人当中的闲谈。不用给电话公司交钱的农场主之间的通信合作社则更为自由，这种合作社最晚一直延续到了 20 世纪 20 年代。蒙大拿东部线路电话协会（共八名成员）通过自己的电话网络传递"最新的"新闻报道，因为他们还拥有一台无线电。[4]毫无疑问，孩子们也想参与到这种游戏中去。

克劳德·埃尔伍德·香农，生于 1916 年，得到了个与他父亲相同的名字。克劳德的父亲是个自己奋斗成功的商人，经营家具、不动产，承办各项活动，还曾担任过遗嘱检验法官，克劳德出生时他已人到中年。克劳德的祖父是个农场主，他发明过一种洗衣机，由一个防水桶、一根木制臂和一个活塞组合而成。克劳德的母亲，梅布尔·凯瑟琳·沃尔夫（Mabel Catherine Wolf），德国移民之女，是位语言教师，还当过一段时间的中学校长。克劳德的姐姐，凯瑟琳·沃尔夫·香农（他们的父母在起名字时还真是节省）学习数学，会经常给弟弟出难题作为消遣。他们全家居住在主街以北几个街区的中心街。盖洛德镇至多不过三千居民，但这已经足以维持一个配备有日耳曼式制服和闪亮乐器的乐队。上小学时，克劳德就开始吹奏比他的胸口还要宽的降 E 大调中音号。他有众多 Erector 建筑拼装玩具和图书。他制作模型飞机，并通过为当地的西联汇款办公室投递电报来赚零花。他还破解密码。一个人独处时，他会把图书读了又读。他钟爱的一个故事是爱伦·坡写的《金甲虫》。[5]故事发生在美国南部的一个偏僻小岛，主人公是一个名叫威廉·勒格朗的怪人，他有着"容易兴奋的大脑"和"不同寻常的智力"，但"情绪交替无常，时而热情高亢，时而郁郁寡欢"——换言之，这正是作家自己的写照。如此天赋卓越的主人公呼应了当时那个时代的需求，也适时地被爱伦·坡及其他敏锐的作家，如阿瑟·柯南·道尔、赫伯特·乔治·威尔斯等塑造了出来。《金甲虫》中的主人公通过破解写在羊皮纸上的密码，找到了埋藏的宝藏。爱伦·坡给出了一串数字和符号（"在骷髅头和山羊之间潦草写着如下红色符号"）——
53‡‡†305))6*;4826)4‡.)4‡);806*;48†8¶60))85;1‡(;:‡*8†83(88)5*†;46(;88*96*?;8)*‡
(;485);5*†2:*‡(;4956*2(5*—4)8¶8*;4069285);6†8)4‡‡;1(‡9;48081;8:8‡1;48†85;4)485
†528806*81(‡9;48;(88;4(‡?34;48)4‡;161;:188;‡?;——并带着读者细细梳理了这个
密码的构造和破解过程。他的主人公宣称："环境的影响，加上某种心智倾向，使
我对这类谜语产生了兴趣。"[6]显然，这会让有着类似心智倾向的读者兴奋不已。
虽然密码的破解指引主人公找到了宝藏，但没有读者会在乎那些金银财宝。真正
让他们兴奋的是编码，因其神秘和变化。

克劳德仅用了三年时间，而非标准的四年，就完成了盖洛德高中的学业。1932
年，他到密歇根大学就读，学习电气工程学和数学。1936年，在临近毕业时，他
在公告板上看到了一张海报，上面提供了一个麻省理工学院的研究生岗位。时任
工程学院院长的万内瓦尔·布什，需要一名研究助理来操作他那有着奇怪名字的
机器：微分分析机（Differential Analyzer）。这是一个重达百吨、由转动的轴承和
齿轮构成的铁制平台。在报纸上，它被誉为"机械大脑"或"思考机器"，比如以
下这个具有代表性的新闻标题：

> "思考机器"能做高等数学；
> 解出人类要花数月才能求解的方程 [7]

虽然看上去查尔斯·巴贝奇的差分机和分析机是微分分析机的远祖，但除了
用语和目标有呼应外，微分分析机事实上与巴贝奇毫无关联。布什几乎没有听说
过他。只是和巴贝奇一样，布什也厌恶单调乏味、浪费时间的纯粹计算工作。他
写道："数学家并不是那种能够轻易摆布数字的人，他们常常做不到这点。数学家
的主要技能是擅长在一个高层次上运用符号逻辑，尤其他们有着优秀的直觉判断
力。"[8]

在第一次世界大战后，麻省理工学院成为了美国电气工程应用科学的三大孵
化中心之一，另两个是贝尔电话实验室和通用电气。这里也有着对于求解方程的
各种迫切需求——尤其是微分方程，又特别是二阶微分方程。微分方程表示的是

变化率，见于如弹道轨迹和振荡电路的分析。而二阶微分方程表示的是变化率的变化率，例如从位移到速度，再到加速度。它们很少能求得解析解，却又无处不在。布什设计的机械正是用来解决此类难题，进而处理产生此类难题的各种物理系统。与巴贝奇的机器相似，微分分析机在本质上仍然是机械的，尽管它使用了电动马达来驱动沉重的部件，并且随着逐渐完善，也越来越多地使用了机电开关用于控制。

不同于巴贝奇的机器，微分分析机并不操作数。它操作的是量，输出的则是一族曲线，用布什的话来说，这些曲线表示了一个动力系统的未来状态。现在我们会说这部机器是模拟的，而非数字的，其盘–轮式积分器是微分方程的物理模拟。在某种意义上，它是求积仪的后裔，只不过体积大了许多。所谓求积仪，是一种小型的测量装置，能把曲线的积分转化成轮子的运动。不论如何，教授和学生们还是蜂拥而来，希望求得微分分析机一用。而当它能够以百分之二的精度求解方程时，作为操作员的克劳德·香农就已经很满足了。他被这部"计算机"彻底迷倒了，不只由于那些旋转不止、喳喳作响、占满了一整个房间的模拟部件，也由于那些几乎默不作声（除了偶尔咔嚓作响一下）的电动控制器。[9]

里面的控制器分为两种：普通的开关，以及特殊的开关——继电器，这是电报中继器概念的衍生物。所谓继电器，是由电控制的电动开关（似乎有点同义反复）。在电报中使用中继器，是为了通过逐站传递使信号实现远距离传输。而对于香农来说，继电器的意义不在于延展距离，而在于进行控制。一百个继电器，在以复杂的方式连接起来后，以特定的顺序通与断，就能协调微分分析机的运作。在复杂继电电路方面最好的专家就是电话工程师。继电器控制着进入电话交换机的通话的路由，它们也控制着工厂装配线的机械。对于各种具体情形，人们设计了不同的继电电路。不过，从没有人想到要系统地对此加以研究。当时正为自己的硕士学位论文找题目的香农，意识到这其中有文章可做。在大学的最后一年，他上过一门符号逻辑课程。而现在当他试着把众多开关电路的可能组合整理成表时，他突然有了一种似曾相识的感觉。在高度抽象的层次上，两者有相通之处。符号逻辑的古怪记法——布尔"代数"，应该可以用来描述电路。

万内瓦尔·布什（左一）的微分分析机（在麻省理工学院）

这是种奇异的结合，毕竟电和逻辑看上去似乎风马牛不相及。然而，正如香农所认识到的，继电器从一个电路向下一个电路所传递的，并不是真的电，而是一个事实，即这个电路是闭合还是断开的事实。如果这个电路是断开的，那么继电器可能会导致下一个电路断开。当然，反过来也是可能的：当这个电路是断开时，继电器可能会导致下一个电路闭合。用文字描述开关电路的种种可能性太过啰唆，简化成符号就会更简洁，也便于数学家在表达式中对符号加以操作。（查尔斯·巴贝奇的机械记法已经迈出了相同的一步，不过香农对此一无所知。）

"一种演算法已经被发展了出来，借此可以通过简单的数学过程来推导这些表达式。"香农在他1937年的硕士论文中以这样响亮的宣言作为开篇。[10]任何电路都可以由一套表达式来表示，然后在其中运用演算法，而"这种演算法被证明类似于符号逻辑中所用的命题演算"。一如布尔，香农也表明他的表达式里只需两个数：0和1。0代表闭合电路，1代表断开电路；开或关，是或否，真或假。香农接下去进行了进一步的探讨。他从简单的情形开始，分析带有双开关的电路，也就是将双开关串联或并联的电路。他注意到，串联电路对应逻辑联结词**与**，而并联电路则具有**或**的效果。逻辑运算**否**（即将一个值转化为其反面）也可以用电路实现。他还发现，电路可以像在逻辑学中一样，作出"如果……那么……"的选择。他进而分析了更为复杂的"星形"和"网状"网络，所用的方法是提出一系列公理和定理，以此推导联立的表达式。在经过层层递进的抽象讨论之后，他最后举了一些应用例子——这些例子是虚构的，有些十分实用，而有些则十足古怪。比如，他绘制了一个具有五个按钮开关的电气密码锁的电路图。他还设计了一个电路，"只使用继电器和开关，就能实现对两数自动求和"。不过为了方便起见，他的例子只是基于二进制。他写道："使用继电电路进行复杂的数学运算是可能的。事实上，任何可以用**如果**、**或**、**与**等字词在有限步内加以完整描述的操作，都可以用继电器自动完成。"总之，这样的题目在电气工程学的学生中是前所未见的，当时典型的论文题目通常是如改进电动马达或传输线路等。当时尚未有对于一种能解决逻辑难题的机器的应用需求，但它是面向了未来。逻辑电路，二进制算术。这篇出自一个研究助理的硕士论文，蕴涵着即将到来的计算机革命的核心。

以上想法是香农 1937 年夏在贝尔电话实验室实习时成形的。之后他回到了麻省理工学院，并在万内瓦尔·布什的建议下，从电气工程系转到了数学系。布什还建议香农考虑一下是否有可能把一种符号代数（也就是其"奇怪的代数"[11]）应用到新兴的遗传学上。当时人们对于遗传学的基本要素——基因和染色体，理解还相当模糊。香农于是开始以此为题撰写一篇雄心勃勃的博士论文，也就是后来的《理论遗传学的代数》。[12]他指出，基因是一种理论构造。它们通常被认为存在于被称为染色体的丝状物上，后者可以在显微镜下看到，但人们无法确切了解基因是如何组织的，甚至无法确定它们是否真实存在。不过，香农指出："尽管如此，就我们的讨论而言，是可以把遗传理论看作成立的……因而我们在接下去的讨论中，将假设基因是真实存在的，而我们对于遗传现象的简化表示也是对的，因为在我们看来，事实可能就是如此。"他设计了一种表示方法，用字母和数字来表达个体的"基因分子式"。比如，一个个体的两对染色体（每个染色体上有四个基因）可能会是这样的：

$$A_1B_1C_3D_5 \quad E_4F_1G_6H_1$$
$$A_3B_1C_4D_3 \quad E_4F_2G_6H_2$$

接下去，基因组合和杂交过程就可以通过一种带有加法和乘法的演算法加以预测。这就像某种抽象的道路图，已经远远脱离了纷繁芜杂的生物学现实。对此，他解释道："对于那些非数学专业的人，我们希望指出，在现代代数中使用符号来表示概念而不是数字，是种常见做法。"这种做法复杂而富有新意，与当时该领域的常见做法大不相同。*可惜的是，他并未公开发表这篇论文。

与此同时，在 1939 年年初，他在写给布什的一封长信[13]中谈到了一个自觉更为重要的想法：

时断时续地，我一直在研究传递信息的一般系统的某些基本属性，它们包括电话、无线电广播、电视和电报等。几乎所有的通信系统都可以归结为如下的一般形式：

$$f_1(t) \rightarrow \boxed{T} \rightarrow F(t) \rightarrow \boxed{R} \rightarrow f_2(t)$$

其中 T 和 R 分别代表发送方和接收方，它们隔开了三个"时间函数"，$f(t)$："待传输的信息"、信号，以及最终输出。当然，最终输出希望做到与输入等同或接近等同。（"在理想的系统中，最终输出将是输入的精确复制。"）但香农也认识到，问题在于真实的系统总是会经受**失真**（distortion）——对于这个术语，他计划给出一个数学形式的严格定义。同样地，真实的系统中还存在**噪声**（"例如静电"）。香农告诉布什，他正试图证明一些定理。同时，并不意外地，他也在忙于构造一种机器，它完全借助电路就能实现各种符号化的数学运算，从而替代微分

---

* 四十年后，遗传学家詹姆斯·富兰克林·克罗（James F. Crow）对此评价道："这篇论文似乎是在与群体遗传学界完全脱离的情形下独立写出来的……［香农］发现的原理，后来被别人再度发现……我所惋惜的是，［它］没有在 1940 年就广为人知。我以为，它本可能彻底改变这门学科的轨迹。"[14]

分析机的工作，甚至还能做更多。但他面前的工作任重而道远。他说："尽管我已经在问题的一些外围部分取得了些许进展，但要说到取得实质性结果，我仍然进展缓慢。"

> 我绘制了一组电路，它们确实可以针对大部分函数进行符号微积分计算，但所用的计算方法不够通用或自然，并不能令人完全满意。我恐怕是完全没有把握到这种机器所应遵循的某些一般原理。

这时的香农瘦到了简直是皮包骨的程度，耳朵从剪得短短的鬈发下也仅能露出一点。1939 年秋的一天，他在与两位室友同住的花园街公寓里举办了一场聚会。他羞涩地站在自己房间的门口，听着留声机播放的爵士乐，突然一个年轻女子开始向他扔爆米花。她就是诺尔玛·莱沃（Norma Levor），一个来自纽约的大胆姑娘，时年十九岁，曾就读于拉德克利夫学院。那年夏天，她弃学前往巴黎，但纳粹德国入侵波兰后，她被父母接回了老家。然而即便在家乡，战争阴影也开始笼罩人们的生活。她被克劳德气质中的深沉阴郁以及智力上的才华横溢所深深吸引。他们开始每天约会。他为她写十四行诗，模仿 E. E. 卡明斯（E. E. Cummings）的风格一律小写；而她则欣赏香农对文字的热爱，喜欢他说"布——尔代数"的方式。到了次年一月，他们就结婚了（不过仅在波士顿地方法院登记，并未举行婚礼）。而后她跟香农一起到了普林斯顿高等研究院，因为在那里香农获得了一个博士后职位。

文字的发明一度催化了逻辑学的发展，因为文字使得对于逻辑推理的分析成为可能——借助文字，成串的思维过程将呈现在人们眼前，供人审视。而许多个世纪之后，随着人类发明了能够操作符号的机器，逻辑学再度被赋予了新的活力。在逻辑学和数学这两种推理的最高形式中，一切似乎都开始相融合。

通过融合逻辑学和数学，创建出一个由公理、符号、公式和证明构成的体系，哲学家们似乎可以企及某种完美——达到一种严格的、形式上的确定性。这正是英国理性主义巨匠伯特兰·罗素和艾尔弗雷德·诺思·怀特海所追求的目标。他们在 1910 年至 1913 年间出版了煌煌三卷的巨著《数学原理》(*Principia Mathematica*)，其书名与艾萨克·牛顿的杰作《自然哲学的数学原理》遥相呼应，而他们的雄心壮志正是要使一切的数学都臻于完美。他们声称，通过符号逻辑这一工具，借助其如黑曜石般棱角分明的符号和无可商榷的规则，这件事终于变得可能。他们的使命，就是为每一个数学事实都给出证明。而证明的过程，若设计得当，是应该可以机械地进行的。不同于日常语言，**符号主义**（他们宣称）能使"完美的精确表达"成为可能。在此之前的布尔、巴贝奇，以及更早得多的莱布尼茨，都曾对这个艰难的目标孜孜以求；他们都相信，完美的推理可以通过对思维的完美编码来实现。然而，莱布尼茨对此只能梦想。"某种文字或语言，"他在 1678 年写道，"它可以完美地反映我们思维之间的关系。"[15]借助这样的编码，逻辑错误会立即暴露无遗。

> 这种文字的字符，会与迄今为止人们所想出的所有字符都大不相同……这种文字的字符服务于创造和判断，应该如同它们服务于代数和算术一般……借助这些字符，人们不可能写出荒谬的结论。

罗素和怀特海解释道，符号主义适用于逻辑学中"高度抽象的过程和思想"[16]以及成串的推理，而对于描述日常世界的琐事，日常语言更有效。他们注意到，像**"鲸鱼很大"**这样的命题，使用一些简单的字词就表达了"一桩复杂的事实"；而像**"1 是个数"**这样的命题则"会在日常语言中导致无法忍受的啰唆"。要想理解什么是**鲸鱼**，什么是**大**，人们需要具备对于真实事物的知识和经验。但要想操作 **1** 和**数**，以及与之相关的全部算术运算，如果用精练的符号妥当地加以表示的话，这个过程应该是可以自动完成的。

然而，罗素和怀特海也注意到在前进的道路上存在着一些障碍——一些本不应该存在的荒谬结论。他们在前言中写道："我们花费了大量精力来处理那些在逻辑学中阒然作患的矛盾和悖论。""作患"已是个强烈的用语，但也不足以表达悖论的恼人之处。它们简直就是癌症。

有些悖论古已有之，如：

克里特的埃庇米尼得斯说，所有克里特人都是骗子，克里特人所说
的其他所有话都是谎话。那么埃庇米尼得斯的这句话是谎话吗？[17]

埃庇米尼得斯悖论的一种更简洁的表述，即所谓说谎者悖论：**这句话是假话**。之
所以说更简洁，是因为这样人们就不必考虑克里特人及其特性了。这个命题不可
能是真话，因为这么一来它就成了假话；但它又不可能是假话，因为这么一来它
就成了真话。这句话非真非假，或者说它既真又假。不过，这种颠来倒去、复杂
难解而又出人意料的循环论证的发现，并没有使生活或语言顿时陷入停滞。人们
识其大意后，便把它们丢在了一边，毕竟生活和语言是不完美，也不是绝对的。
在现实生活中，不可能所有克里特人都是骗子。而就算是骗子，也常会说出一些
实话。只有在企图构建一个严丝合缝的逻辑体系时，它们的破坏性才显露无遗。
然而完美和严格的证明正是罗素和怀特海所追求的，否则整个工作就没什么意义
了。可他们的体系越严格，他们发现其中出现的悖论就越多。侯世达曾写道："当
各种古典悖论的现代版本毫无预兆地出现在逻辑严密的数的世界中……出现在这
片从没人料想悖论竟能涉足的净土时，人们普遍感到，没有什么真正怪异之事是
不可能发生的。"[18]

　　其中一个悖论是贝里悖论，它由牛津大学博德利图书馆的馆员 G. G. 贝里（G.
G. Berry）首次向罗素提出。这个悖论与描述某个整数所需的音节数目有关。一般
而言，显然数越大，用来表示它的音节数目也越多。在英语中，需要两个音节描
述的最小整数是 7（seven），需要三个音节描述的最小整数是 11（eleven）。121
乍看上去需要六个音节（one hundred twenty-one）来描述，但略施巧技，实际上
四个音节就够用："11 平方"（eleven squared）。然而，即便绞尽脑汁，由有限个
音节构成的名字必定是有限的，因而按罗素的说法，"必有一些整数的名字由至少
十九个音节构成，而这些整数中必有一最小数。因此，**不可能以少于十九个音节
命名的最小整数**必定指的是一个确定的整数*"。[19]但这里就出现了悖论。**不可能**

---

　　* 罗素指出，按照标准英语的说法，该数为 111 777（one hundred and eleven thousand seven hundred and seventy-seven）。

以少于十九个音节命名的最小整数（the least integer not nameable in fewer than nineteen syllables）这个短语只含有十八个音节。这样，不可能以少于十九个音节命名的最小整数却以少于十九个音节命名了。

罗素提到的另一个悖论是理发师悖论：（假定）理发师是给所有不自己刮脸的人刮脸的人，那么理发师自己刮脸吗？[20]如果理发师自己刮脸，那么作为理发师他不能给自己刮脸；而如果理发师不自己刮脸，那么作为理发师他必须给自己刮脸。很少有人会为此类谜题所困扰，毕竟在现实生活中，理发师可以自行选择而不会影响到世界的照常运转。我们会感到，用罗素的话说，"这样的问题都是废话，毫无意义"。然而当数学家研究集合或类时，悖论可就不能被如此易轻地置之不理了。集合是一堆东西（如整数）的总体。集合 {0,2,4} 的元素就是一些整数。某个集合也可以是其他集合的元素。例如，集合 {0,2,4} 就属于**整数集**这个集合，也属于**三整数集**这个集合，但不属于**三素数集**这个集合。罗素曾定义了如下一个集合：

> S 是所有自身不是自身的元素的集合的集合。

这个版本被称为**罗素悖论**。*它可无法被置之不理。

为了消除罗素悖论，罗素采取了激烈的措施。悖论之所以出现，其关键因素似乎在于那个奇怪的递归：集合属于集合。递归在这里就好比给火焰助燃的氧气。同样地，说谎者悖论也是由于存在关于命题的命题。"这句话是假话"是一种元语言，即关于语言的语言。罗素似是而非的集合则依赖于一种元集合：关于集合的集合。因此，之所以会出现问题，是因为跨越了不同层次，或用罗素的术语来说，是因为混淆了不同类型。而他的解决方案是，禁止这样做，将之排除在外。不能混淆不同层次的抽象。不允许自指，不允许自包含。《数学原理》中的符号主义规则不允许这种原地兜圈、狗咬尾巴的反馈循环，因为这可能导致自相矛盾。这就是罗素的安全防火墙。

---

* 如果 S 是个自身是自身的元素的集合，而根据 S 的定义，它的元素是自身不是自身的元素的集合，那么 S 是个自身不是自身的元素的集合；如果 S 是个自身不是自身的元素的集合，同样根据 S 的定义，它就是自身的元素，因而 S 是个自身是自身的元素的集合。——译者注

接下来是库尔特·哥德尔上场。

哥德尔 1906 年出生于现今捷克南摩拉维亚州的首府布尔诺。他在距家乡一百二十公里外的维也纳大学学习物理学。二十岁时，他参加了维也纳小组，与一群哲学家和数学家定期在烟雾缭绕的咖啡馆聚会，如约瑟夫咖啡馆和参议院咖啡馆，高举逻辑学和实在主义的旗帜抵制形而上学。在他们看来，形而上学是唯灵论、现象学以及非理性的同义词。哥德尔跟他们讨论新逻辑学（这个说法在当时颇为流行），之后不久又转向了元数学（der Metamathematik）。元数学之于数学，不同于形而上学之于物理学。*它是隔了一层的数学，即关于数学的数学，一种"从外部看待"（äußerlich betrachtet）[21]数学的形式体系。而他接下去将提出和证明 20世纪有关知识的最重要的命题和定理，将打破罗素试图构建完美逻辑体系的梦想，并将证明悖论并非是逻辑体系的多余之物，而是存在于其根本当中。

哥德尔在埋葬罗素和怀特海的计划之前，也对它赞赏有加。他写道，数理逻辑学是"一门优先于所有其他科学的科学，它包含了作为所有其他科学基础的思想和原理"。[22]《数学原理》这部巨著体现的是一个曾短暂占据主流、无所不包的形式体系，哥德尔甚至采用书名的缩写（*PM*）来指代这个体系。当他提及 *PM*时，他指的是那个体系，而非那部书。在 *PM* 中，数学就像是一只被包含在瓶子里的模型船，再也不用担心会被无常的大海推来操去。到了 1930 年，当数学家打算证明一些东西时，他们就会按照 *PM* 的原理进行证明：用哥德尔的话说，在 *PM*里，"人们只需运用一些机械的规则就能证明任何定理"。[23]

之所以敢说**任何**定理，是因为这套体系曾经是（或至少曾经号称是）完全的。而所谓**机械的**规则，是因为逻辑学的运算冰冷无情，毫无个性化阐述的余地。它的符号被抽离了意义，它的证明可以被任何人一步一步地加以检验，只需他遵循一定的规则，却无需理解它。将这种特质称为机械的，不由使人回想起查尔斯·巴贝奇和爱达·洛夫莱斯的梦想：机器机械地处理着数，而数可以代表万事万物。

---

* metaphysics（形而上学）的前缀 meta-在希腊语中意为"之后"，指在亚里士多德作品集中，有关逻辑、意义等抽象知识的讨论被编排在了物理学（physics）的讨论之后。但拉丁语注解家错误地将其理解为"超越于物理学的科学"，因而后来有了"元科学"、"元语言"等说法。——译者注

在 1930 年维也纳动荡灰暗的文化气氛中，二十四岁的哥德尔戴着黑框圆眼镜，静静地听着他的新朋友们高谈阔论新逻辑学。他相信 *PM* 这个瓶子是完美的，但也怀疑数学是否真的可以被这个瓶子所完全包含。最终这个瘦弱的年轻人证明了自己的怀疑，作出了一项伟大而惊人的发现。他发现，在 *PM* 以及任何自洽的逻辑体系中，必定潜藏着某些迄今为止尚无人意识到的怪物：一些既不能被证实，但也不能被证伪的命题。也就是说，必然存在一些无法被证实的**真理**——而哥德尔可以证明这一点。

他的证明手法巧妙而严谨。他不仅运用了 *PM* 中的形式规则，而且也从元数学的角度运用它们，也就是说，从外部看待它们。他解释道，*PM* 中的所有符号（数字、算术运算符、逻辑联结词以及标点等）共同构成了一份有限的字母表。*PM* 中的任何命题或公式，都是依据这份字母表写成的。类似地，每个证明都由有限的公式序列构成，这不过是采用相同字母表写成的更长段落而已。这正是元数学的切入口。哥德尔指出，从元数学的角度来看，采用这种符号还是那种符号没有任何区别，具体字母表的选择可以是任意的。人们可以使用传统的各种各样的数字和标记（如来自算术的 $+, -, =, \times$；来自逻辑学的 $\neg, \vee, \supset, \exists$），也可以使用字母，或者点和划。通过编码就可以在符号集之间自如地进行转换。

哥德尔提出了一个仅使用数的方案，数就是他的字母表，用以替换 *PM* 中的符号。又由于数可以通过算术方法加以组合，所以任意的数的序列都可以表示成一个（可能非常很大的）数。因此，*PM* 中的每个命题、每个公式都可以被表达成一个数，每个证明也一样。如此这般，哥德尔描述了一个严格的编码方案——一种算法，一套机械的规则，它只要求人们遵循，而无需额外的智力。它是双向的：给定任何公式，遵循这套规则可以算出一个数；而给定任何数，遵循同一套规则可以拆出对应的公式。

不过，并非所有的数都会拆出一个正确的公式。有些数解码回去，只会得到毫无意义的符号，或是按照体系的规则判断不成立的公式。符号串"000 ==="，尽管可以算出某个数，但它根本不是一个公式。而命题"$0 = 1$"是一个公式，但它不成立。公式"$0 + x = x + 0$"成立，而且按照 *PM* 的原理可被证实。

上述的最后一个特性（**按照 *PM* 的原理可被证实**）原本无法用 *PM* 的语言表达，毕竟这似乎是一个在体系外部做出的命题，一个元数学的命题。然而，哥德尔的编码方案将它也纳入了进来。在他构建的框架内，自然数具有双重身份：既是数，又是命题。这样，人们可以对其做出各种不同的命题，或断言一个给定的数是**偶数**、**素数**或**完全平方数**，又或断言一个给定的数是个**可被证实的公式**。以数 1 044 045 317 700 为例，人们可以对其做出各式各样的命题，并测试这些命题成不成立：这个数是个偶数、它不是个素数、它不是个完全平方数、它大于 5、它可以被 121 整除，以及（按哥德尔的规则解码后）它是一个可被证实的公式。*

哥德尔在 1931 年的一篇论文中给出了他的证明。其证明严丝合缝，涉及复杂的逻辑学，但其基本论证过程却简洁而优雅。哥德尔先证明如何构造出这样一个公式：**某个特定的数 *x* 是不可被证实的**。这很容易，因为存在无穷多个这样的公式。他接着证明，至少在有些情形下，数 *x* 碰巧会代表那个特定的公式。这正是罗素试图在 *PM* 的规则中禁止的循环的自指：

> **这个命题**不可被证实。

而现在哥德尔证明了，这样的命题总是存在的。这样，说谎者悖论又回来了，而且这回已不能通过改变规则的方式将其拒之门外。正如哥德尔（在当属史上最具深远影响的脚注之一中）所解释的，

> 表面上看来，这样一个命题是个错误的循环论证。但事实并非如此，因为一开始它仅仅是断言了某个定义良好的公式……是不可被证实的。只是后来（由于巧合），这个公式恰好就是表示该命题的那个公式。[24]

在 *PM* 以及任何能够进行基本算术运算的自洽的逻辑体系内部，必定存在这样受诅咒的命题，它们成立却不可被证实。这样，哥德尔证明了，一个自洽的形式体系必定是不完全的，不可能存在完全且自洽的形式体系。

---

* 构造哥德尔数只是整个证明的第一步。对整个证明的通俗表述可参见：欧内斯特·内格尔，詹姆士·R. 纽曼，《哥德尔证明》，陈东威，连永君译，北京：中国人民大学出版社，2008。——译者注

这回悖论重现江湖，而且它们现在不仅仅是普通的古怪之事而已，而是盘踞在了整个形式体系的核心。正如哥德尔后来所说的，对于悖论的分析揭示了一个"有趣的事实"，即"我们的逻辑直觉（比如与真理、概念、存在、类等相关的直觉）竟是自相矛盾的"。[25]而侯世达则说，哥德尔的发现"突如一道晴天霹雳"，其力量的彰显并不在于它击垮了一个庞大的体系，而在于它所体现的对于数、符号和编码的洞见：

> 痛上加痛地是，哥德尔的结论并非源自 *PM* 的弱项，相反是源自它的强项。这个强项是基于这样一个事实，即数的灵活性或"变色龙般的能力"使其模式可以模仿推理的模式……正是 *PM* 极强的**表达能力**导致了它的不完全性。[26]

人类长久以来孜孜以求的通用语言，也就是莱布尼茨宣称自己接近完成的通用表意文字，其实一直就那里，就隐藏在数当中。数可以用来编码任何形式的推理，表示任何形式的知识。

1930 年 9 月，在柯尼斯堡举办了一次哲学会议。在会议的第三天，也就是最后一天，哥德尔在会上首次公开提出了他的发现，但没有引起什么反响。似乎只有一个人确实听了进去，这是个匈牙利人，叫做诺伊曼·亚诺什（Neumann János）。这名年轻的数学家当时正在办理前往美国普林斯顿的手续，在那里他将很快改名为约翰·冯·诺伊曼。他立刻理解了哥德尔的学说，虽然一开始他感到震惊，但经过一番研究后他被说服了。次年，哥德尔的论文刚一发表，冯·诺伊曼随即就在普林斯顿大学的数学讨论会上介绍了这篇论文。不完全性是个事实，这意味着数学无法摆脱自相矛盾，而且"至关重要的是"，冯·诺伊曼指出，"这不是某种抽象的哲学原理，也不是个人某种看似合理的思维态度，而是经由极其复杂的、严格的数学证明后得出的结论"。[27]因此，要么相信数学，进而认同这个结论；要么不相信数学，从而否认这个结论。

伯特兰·罗素（当然，他**相信数学**）当时已经将研究转向了更为常规的哲学。多年以后，他在耄耋之年承认哥德尔曾使他感到困扰："当时我庆幸自己已经不再研究数理逻辑了。如果能从一组给定的公理中推导出自相矛盾的结论，那么显然其中至少一个公理是不成立的。"[28]另一方面，维也纳的著名哲学家路德维希·维特根斯坦（在本质上，他并**不相信数学**）则对不完全性定理嗤之以鼻，以为它不过是障眼法（Kunststücken），并称他不会尝试驳斥它，而只会对其弃之不理：

> 数学不可能是不完全的，正如**一个意义**不可能是不完全的。只要是我理解了的意义，我肯定是完全理解了。[29]

哥德尔的批驳对两人都加以了回敬："罗素显然误解了我的结论，但他误解的方式倒挺有意思。与之相反，维特根斯坦……提出的误解却完全不值一提且无趣。"[30]

1933 年，哥德尔首次受邀前往新成立的普林斯顿高等研究院。当时，约翰·冯·诺伊曼和阿尔伯特·爱因斯坦都是该研究院的首批成员。在随后几年，伴随着法西斯主义的兴起和维也纳短暂繁荣的衰退，他还将多次横跨大西洋，往返于欧美之间。在日益紧张的局势中，他开始遭受抑郁型神经衰弱以及挥之不去的多疑症的折磨，甚至不得不住进疗养院，但对政治完全没概念、对历史也一知半解的他选择坚持留在维也纳。虽然普林斯顿屡屡抛出橄榄枝，哥德尔却迟迟犹豫不决。直到 1938 年，经历了德奥合并和维也纳小组的消亡（其成员不是惨遭杀害就是被迫流亡），甚至到了 1939 年，希特勒的军队占领了他的祖国捷克斯洛伐克，他依然还是待在了维也纳。哥德尔不是犹太人，但数学界已被认为是受犹太人影响严重（verjudet）的一个领域，他始终难逃干系。1940 年 1 月，哥德尔最终成功离开了维也纳，取道西伯利亚大铁路，途经日本，最后乘船抵达旧金山。在抵达普林斯顿时，他的名字被电话公司改写成了"K. Goedel"。[31]这一回，他是要留下了。

1940 年秋，克劳德·香农来到普林斯顿高等研究院，进行为期一学年的博士后研究。研究院地处偏僻，这里原先是个农场，距离普林斯顿大学一英里。新建的主楼是幢红砖建筑，顶上矗立着钟楼和圆顶，四周则榆树环绕。在研究院约十五名教授中，声望最大的是爱因斯坦，他的办公室在一层的背面，不过香农很少看到他出现。哥德尔是三月份到的，除了爱因斯坦之外，他几乎不和别人说话。

香农名义上的导师是赫尔曼·外尔，也是个德国流亡者，在新兴的量子力学领域颇有建树。外尔对于香农的遗传学论文（"你的那些生物数学问题"[32]）兴趣有限，但他觉得香农可能会与研究院里另一位卓越的年轻数学家冯·诺伊曼找到共同语言。香农大多数时间都待在他在普林斯顿市区帕尔默广场的住所里，整天郁郁寡欢。他二十岁的妻子感到成天待在家里，听克劳德随着毕克斯·拜德贝克（Bix Beiderbecke）的唱片吹奏单簧管，这样的生活越来越令人不悦。诺尔玛觉得克劳德患上了抑郁症，要求他去看精神科医生。能见到爱因斯坦固然是件好事，但新奇总会消退。最终他们的婚姻走到了尽头：诺尔玛在年底离开了他。*

香农也不愿在普林斯顿待下去了。他希望从事信息传输方面的研究，这个方向在当时还刚起步，但毕竟比主导着研究院议程的那些理论物理学研究更实用。况且，战争的脚步日益临近，各个机构的研究议程都在为此进行着调整。在万内瓦尔·布什领导下的国防研究委员会（NDRC）将"七号工程"（高射炮火控系统的数学研究）委派给了香农。[33]根据 NDRC 报告的朴实描述，这项工作是"为火炮控制提供校正，以确保炮弹和目标在同一时刻抵达同一位置"。[34]飞机的出现使几乎所有以前在弹道学中用到的数学顿时变得力不从心，因为史无前例地，目标移动的速度与炮弹本身的速度差不了多少。无论是在海上，还是在陆地上，这个问题都极为复杂，也至关重要。当时在伦敦就集结了大量 3.7 英寸重型高射炮。但要做到使高射炮瞄准快速移动的飞机，要么仰赖直觉和运气，要么借助齿轮、联动和伺服体系进行的大量计算。为此，香农不仅要分析物理问题，还要分析其中的计算问题：火控系统必须通过机轴和齿轮，在测距仪和积分仪的帮助下追踪三维空间中目标快速变化的路径。一门高射炮就是一个动力系统，会受到"后坐力"和自身摆动等因素的影响，而这些因素可能可预测，也可能不可预测。（但如果面对的微分方程是非线性的，那么香农就无能为力了，对此他自己也很清楚。）

香农先前曾在贝尔电话实验室工作过两个夏天（1937 年和 1940 年），而当时

---

* 诺尔玛并未就此退出历史舞台。她后来成了一位好莱坞剧作家，与同为剧作家的本·巴尔兹曼（Ben Barzman）结婚后，随夫姓改名诺尔玛·巴尔兹曼。在麦卡锡主义盛行的时期，夫妻二人被列入好莱坞黑名单，被迫流亡欧洲。香农后来对于自己这段短暂的婚姻一直避而不谈。——译者注

实验室的数学部门也承接了有关火控工程的研究，因此 1941 年夏，他们邀请香农正式加入实验室。对于这项工作，操作微分分析机的经验对他很有帮助。事实上，当时的自动高射炮已经俨然是一台模拟计算机了：它必须从测距仪的瞄准器或新式的、尚处于实验阶段的雷达接受输入，并对这些数据进行平滑、过滤和误差补偿，然后快速求解实际上的二阶微分方程，得出目标的运动路径。

在贝尔实验室，数据处理的环节看上去有点似曾相识。它与电话通信的一个常见问题很相似——这些干扰数据就像是电话线路中的静电噪声。香农和他的同事在报告中写道，"为消除或削弱跟踪误差的影响而进行的数据平滑问题，与将信号从通信系统的干扰噪声中分离出来的问题，两者之间存在明显的相似性"，每个数据构成了一个信号，因而整个问题实际上是"传输、操作和利用信息的一个实例"。[35]而这正是贝尔实验室的专长所在。

尽管电报曾经使人类通信面貌一新，尽管无线电广播现在看来依然神奇，但现在说起电气通信，人们首先想到的是电话。19 世纪 70 年代，随着几条实验线路的建成，电话首先在美国问世。而到了世纪之交，电话产业在各项指标上都超越了电报，不论是业务量、线路里程数，还是资本投入额。电话使用量每过几年就会翻一番。而究其原因，也没有什么好奇怪的，因为电话谁都会用。使用它的唯一要求就是能听会说，这里不牵涉文字、编码或电键。每个人都只需回应对方的说话声音即可，而它传递的不仅是字词，而且还有各种感受。

电话的优势是显而易见的，不过当时并非所有人都能看出这一点。伊莱沙·格雷，这位电报从业者后来在与亚历山大·格雷厄姆·贝尔争夺电话发明专利时败下阵来，在 1875 年却告诉自己的专利律师说，这项工作几乎毫无意义："贝尔似乎花费了全部精力在会说话的电报上。尽管这件事在科学上非常有意思，但在现阶段却没有任何商业价值，因为使用现有的方法可以在单条线路上完成更多业务。"[36]三年之后，当西奥多·牛顿·韦尔（阿尔弗雷德·韦尔的侄子）辞掉在邮政部的高级职位，出任新成立的贝尔电话公司总经理（也是唯一领薪水的管理人员）时，邮政部副部长恼怒地写道："我简直难以置信，以你那样健全的判断力……居然能放弃这个职位去搞什么美国佬的该死玩意（一根电线，两头挂一对德克萨斯小牛的角，摆弄几下会像牛犊子一样叫唤）叫什么电话来的！"[37]又过了一年，在英国，邮政总局的总工程师威廉·普里斯（William Preece）在向国会所做的报告中说："我猜测，我们得到的对于电话在美国的应用的描述有点夸大其词，尽管美国的确存在诸多因素，使得在那边使用这种工具的必要性是比在这边要大一些。咱们这里有大量的信使、供差遣的童仆，诸如此类……我的办公室里就有一部电话，不过更多的是用来展示。如果我想发条讯息的话，我可以使用发报机，或差一个童仆去跑趟腿就行了。"[38]

而之所以会出现这些错误判断，原因之一是人们在面对一种全新技术时通常会遭遇的想象力失灵。人们对于电报已经很熟悉，但与之相关的经验却无法移用到电话这种新设备上来。电报要求书面文化的配合，而电话则拥抱了口语文化。用电报发讯息，需要先把它写下来、编好码，再由经过专门训练的中间人敲进去。而使用电话时，人们只要开口说话就可以了，就连小孩子也会用。也正因为如此，电话看起来像个玩具。事实上，它像一个人们熟悉的玩具，由罐头盒和细绳制成的"土电话"。电话不会留下持久的记录，也永远不会有哪家报纸以"电话"冠名。商务人士会认为电话不够正式。电报与事实和数打交道，而电话则诉诸人的情感。

新成立的贝尔电话公司很快就把这变成了一个卖点。其支持者常常喜欢引用小普林尼的话，"活生生的声音，方能打动人心"，或是剧作家托马斯·米德尔顿（Thomas Middleton）的话，"好姑娘的声音呵，听起来那般甜美"。但另一方面，也有人对这种捕捉和播放声音的想法感到不安，要知道留声机在当时也刚问世不久。一位评论员这样说道："［一旦连上电话线，］无论一个人把他的门窗怎样紧密闭合，哪怕是把钥匙孔和壁炉送暖口都用毛巾和毛毯封得密不透风，他所说的每一句话（无论是自言自语的，还是说给同伴听的）都可能会被人偷听。"[39]要知道，迄今为止，人们的交谈一直以来大多都是私密的。

显然，必须向人们解释清楚这项新发明，而这通常是从比较电话与电报开始的。它们都有发送者和接收者，双方用电线相连，**某些东西**以电的形式沿着电线进行传递。对于电话来说，所传的东西是声音，它由空气中的声波转化成了电线上的电流。电话有个优势显而易见，即它对音乐家来说肯定非常有用。贝尔本人就曾在各地公开演示自己的新技术，宣扬这种考虑电话的方式。他在音乐厅用电话播放来自另一地的音乐演出。当管弦乐团和合唱团演奏的《美利坚》和《友谊地久天长》从他的小装置里传出来时，人们惊喜不已。他鼓励人们把电话想象成一种广播设备，可以把音乐和布道传播很远的距离，这样就像把音乐厅和教堂搬到了自己的起居室内。报纸和评论员大多也是沿着这条思路进行报道。但这些只是对技术进行抽象分析所得出的结论。而一旦人们有机会亲手拿起电话，他们马上就想出了该怎么用它——他们要在上面交谈。

1878 年，在剑桥的一次讲座上，物理学家詹姆斯·克拉克·麦克斯韦为电话交谈提供了一种科学描述："说话者对着线路一端的发送器说话，另一端的聆听者将接收器放在耳边，就可以听到说话者所说的内容。这个过程两端的状态，与通常面对面地说话和聆听极为相似，所以任何一端的操作者都不需要什么预备训练。"[40]这里，麦克斯韦也意识到了电话的易用性。

所以到了 1880 年，美国已有超过六万部电话投入使用。这时距离贝尔成功地把"华生先生，快来，我要见你！"这句话传递出去不过四年，距离第一对电话以二十美元的价格租赁出去不过三年。首批购置成对电话的客户是把它们用于点对点的通信，比如在工厂与其办公室之间。维多利亚女王也在温莎城堡和白金汉宫分别安装了一部电话（它们用象牙制造，是精明的贝尔赠送的礼物）。然而当可连通的电话数量超过了某个临界值时，其拓扑结构就发生了变化，而且这种变化来得异常迅速。社区性的电话网络出现了，其相互连通的功能由一种称为交换机的新型设备来管理。

最初的无知和怀疑转眼间烟消云散，接下来的新奇和惊喜也没有持续更长的时间。商务人士很快把先前对于电话不够正式的疑虑抛在了脑后。现在每个人都可以对电话预言一番，其中有些预测在电报出现时就已经听说过了。不过，对此最具前瞻性的评论来自那些注意到了网络的力量会呈指数增长的人。早在 1880 年，《科学美国人》杂志就讨论了"电话的未来"，并特别指出"一个个小型的电话使用群"正在形成。而网络越庞大、使用者越多样，其潜力也就越惊人。

电报花了数年才做到的事，电话在数月内就做到了。当初它还只是个科学玩具，有着无穷多种可能的实际应用。而下一年，它就成了一个有史以来最为复杂、最为便捷、扩张得也最为迅猛的通信系统的基础……不久以后，商务办公室之间通过电话相连将成为常规而非例外。事实上，富人的住所之间也会如此。而且不仅限于城市，这也将延伸到所有边远地区。其结果将导致一种新型的社会组织形态，在其中，每个人，无论他怎样与世隔绝，都可以打电话给社区中的其他所有人，这样将避免社交和商务上的大量麻烦、不必要的往来奔波，以及种种失望、拖延和大大小小的无数痛苦和烦恼。

借助即时的电话通信，文明世界中散居各地的成员将被紧密地联系起来，就如同身体的不同器官被神经系统联结起来一样。这样的时刻已经指日可待。[41]

到了 1890 年，散居各地的使用电话的成员达到了五十万之多；到了 1914 年，更达到了千万之众。人们准确地认识到，电话已经成为推动工业快速发展的重要因素。其中的理由怎样表述都不算夸张。1907 年，美国商务部列出了依赖于"跨越空间的即时通信"的诸领域，如"农业、采矿业、商业、制造业、运输业，以及事实上其他所有自然资源和人造资源的生产和流通环节"，更不用说"修鞋铺、洗衣店，甚至洗衣女工"了。[42]换句话说，在经济引擎中的每一个齿轮已经都离不开电话。商务部对此评论道："繁忙的电话流量有力地表明了，大把的时间得到了节省。"它还注意到了电话对于生活和社会结构的改变，这些改变即便在一个世纪后依旧还能见到："在过去几年，如此多的电话线延伸到了各个避暑胜地。这使得商务人士完全可以做到每次离开办公室几天，却仍然与其办公室保持密切联系。"1908 年，后来成为贝尔实验室首任主任的约翰·约瑟夫·卡蒂（John J. Carty），从信息的角度分析了电话如何塑造纽约的天际线。他认为，就像电梯，电话使摩天大楼成为可能。

如果说贝尔及其继任者是现代商业建筑——摩天大楼之父，这乍听上去似乎很荒唐。但请容我慢慢道来。且以胜家大楼、熨斗大厦、布罗德交易所大楼、三一大楼，或任何一座巨型商业写字楼为例。你认为每天会有多少讯息从这些大楼里进进出出？假设没有电话，每条讯息都需要信使来传递，那么你认为需要增加多少电梯，而这还能留下多少办公区域？显然，这样的建筑结构从经济上讲是不合算的。[43]

为了实现这一巨大网络的快速扩张，电话需要新技术和新科学的支持。它们大致可以归为两大类。一类与电本身有关：测量电量，控制电磁波——调制其幅度和频率。麦克斯韦在 19 世纪 60 年代发现了，电场、磁场以及光本身是同一种力的不同表现："同一物质的不同表象"，而光是另一种形式的"遵循电磁定律在场内传播的电磁扰动"。[44]现在，电气工程师必须运用这些定律，将电话、无线电广播等技术统一起来。即便是电报，它其实也采用了一种简单的调幅，其中只有两个值起作用，即一个最大值表示"通"，一个最小值表示"断"。然而要想传递声音，就需要用到强得多的电流，施以更精密的控制。工程师还得理解反馈机制，如话筒放大器的输入与输出间的耦合。他们设计出真空管中继器，使电流能够进行远距离传输，从而使 1914 年首条横跨美洲大陆的电话线路成为可能。这条线路联结了纽约和旧金山，绵延五千多公里，跨越了一万三千多根电线杆。工程师还发现了如何调制单股电流，以便把多股这样的电流整合起来通过单一信道进行传输，同时又不丢失每股电流的本来特征，这叫做多路复用。到 1918 年，他们已经可以将四路通话放入单股双绞电线中。不过，这里实际上不是**电流**保持了本来特征。在工程师自己清晰意识到之前，他们实际上已经是在用**信号**传输的概念进行思考了。信号作为一种抽象实体，与作为其载体的电流并不是一回事。

另一类科学则没有那么定义良好，它们涉及电话网络的组织问题，包括电话交换、电话编号，以及网络逻辑等。这一分支延续了贝尔早在 1877 年的开创性设想，即电话无需成对出售，通过一个中心"交换机"转接而不是用电线直接连接，这样每部电话都可以与其他许多电话相连。1878 年 1 月，乔治·科伊（George W. Coy）在康涅狄格州纽黑文市建成了第一个交换机。他用马车螺栓和女裙衬架的金属丝做成"插头"和"插座",并为此申请了专利。他自己则成为了世界上首位电话"接线员"。由于需要频繁地拆接线,插头磨损得很快。对此,一个早期改进方案是采用一种约五厘米长的对折金属片作为插头。由于它像折叠刀(jackknife)的刀柄,所以这种插头很快也被叫作 jack,这种说法一直沿用至今。科伊的交换机允许从二十一个用户中任意选取两路进行同时通话。在 2 月,科伊公布了一份用户列表:他自己和他的一些朋友,数位外科医生和牙医,当地的邮局、警察局和商会,以及几家肉类和鱼类的商铺。这通常被视为世界上第一本电话号码簿,但它很难说得上是名副其实:它只有一页纸,没有按字母表排序,也没有与名字相关联的号码。电话号码还有待发明。

这项创新在次年就出现了。1879 年底,在马萨诸塞州的洛厄尔市,四名接线员管理着两百多个用户的电话连接。当时恰值麻疹疫情爆发,医生摩西·格里利·帕克(Moses Greely Parker)担心,一旦接线员不幸染病,将很难找到替换人手。于是他建议,给每部电话配一个号码,并将号码按字母表顺序排列。这些想法无法申请专利,而类似的设想也在全国各地冒了出来,因为快速扩展的电话网络产生了大量此类数据,亟待组织。很快,电话号码簿就成了人类有史以来制作的最广泛的列表和目录。(它们是当时世界上最厚、最密的图书——伦敦的电话号码簿有四卷,而芝加哥的则是 2600 页的大部头。它们一直以来是世界信息生态系统中必不可少的组成部分,然而突然之间,它们风光不再。进入 21 世纪后,它们变得过时了。美国的电话公司宣布将在 2010 年前逐步停止为用户每年发放纸质电话号码簿。据估计,仅在纽约州,这项举措每年就节约了 5000 吨纸张。)

一开始,用户对自己竟被用一个号码表示而感到愤怒,工程师则怀疑人们是否能记住超过四五位数的号码。对此,贝尔公司不得不坚持推行自己的做法。最早的一批电话接线员是十多岁的男孩子,是从电报送信员当中低薪挑选的。[45]但各地的电话局很快就发现,男孩子不安分,爱开玩笑,爱做恶作剧,更有可能被发现是在地板上扭打,而不是老老实实地坐在凳子上进行精确、重复的接线工作。于是另一个廉价劳动力来源被开辟了出来。到了 1881 年,几乎所有的电话接线员都是女性。比如在辛辛那提市,电话公司就雇用了六十六名"年轻女性",并认为她们要"远好于"男孩子："她们更稳重，不沾啤酒，且供应源源不断。"[46]还有一点不言而喻，公司只需付给女性与男孩子一样低廉，甚至更少的工资。但这是份具有挑战性的工作，很快它就要求进行特别的培训。接线员一方面要头戴像马具一般的耳机，长时间进行上身的肢体活动，另一方面还要能快速分辨不同的声音和口音，并在面对丧失耐心和粗鲁的用户时保持礼节。有些男性认为，这对女性其实有好处。《女性百科全书》（*Every Woman's Encyclopedia*）就这样写道："手臂的上下左右运动，会锻炼她的胸部和手臂，使得瘦弱的女孩变强壮。在接线室里，找不到看上去无精打采、病病歪歪的女性。"[47]与另一种新兴技术打字机一道，电话交换机加速了女性进入白领劳动力市场的进程。然而，即便成批成批的人工接线员也无法维持这个以如此高速壮大的网络。电话交换必须得能自动完成。

这就意味着需要在电话机与交换机之间建立起一种自动机制，不仅能传递呼叫方的声音，还有一个号码——一个用以识别一个人，或至少是另一部电话的号码。人们精心设计了各种方案，将号码转化成电气形式：首先试验的是按钮，然后是一种看上去怪怪的转盘，它的十个手指孔分别对应着十进制的数字，转动后就会将相应的电脉冲发送出去。接下去，这些编码后的电脉冲将被传递到中央交换机，在那里，另一套继电电路控制的机制将据此建立起正确的连接。如此这般，它们将人与机器、数与电路之间的翻译转换推进到了前所未有的复杂程度。电话公司可不会放过这个卖点，自动交换机常被他们誉为"电气大脑"。电话公司还改进了衍生自电报中继器的继电器（用一个电路来控制另一个电路），其体积和重量缩小到不足百克，并进行了大量生产，年产量达数百万。

1910 年，一位研究电话史的历史学家写道："电话一直以来是诸电气奇迹中的最高成就。没有别的什么东西可以用如此少的能量实现如此大的成就，也没有别的什么东西比它更严密地为未知所包裹。"[48]当时纽约市的电话簿上已有数十万电话用户。对此，《斯克里布纳杂志》特别强调了一个惊人的事实："如此众多数目中的任意两个，在五秒钟之内，就可以实现互相交流，这一次工程科学如此好地跟上了公众的需求。"[49]为了建立连接，纽约市的电话交换机已经演变成了一个庞然大物，有着近两百万个焊接部件、六千多公里长线路，以及约一万五千盏信号灯。[50]到了 1925 年，新近由一些电话研究小组合并而成的贝尔电话实验室，投入应用了一种容量达 400 门的改进型"寻线机"，用以取代旧式的、22 接点的机电式旋转步进交换机。当时，美国电话电报公司正在日渐巩固其垄断地位，其工程师也在努力缩短寻呼时间。与此同时，虽然本地的电话交换已经自动化，但跨网的长途呼叫在一开始还是需要先打给另一个"长途"接线员，然后等待接线员回电告知连接已经准备完毕。不过，跨网的连接很快也将实现自动拨号。这么一来，复杂性无疑顿时倍增，而贝尔实验室也不得不更多地寻求数学家的帮助。

贝尔实验室中最早被称为数学咨询部门的地方，后来逐渐发展成了一个别具特色的应用数学中心。它不像那些备受尊敬的数学重镇，如哈佛大学和普林斯顿大学的数学系，也不入学术圈的法眼。数学中心的首任主任桑顿·卡尔·弗里，十分享受理论与应用之间的张力，这就像两种文化的碰撞。他在 1941 年写道："对于数学家来说，一段论证要么是每个细节都完美无瑕，要么是整个都错了。他会把这称为具有'严格思维'，典型的工程师则会说这是'钻牛角尖'。"

> 数学家还倾向于把他们面对的任何情况都加以理想化。他的气体是"理想气体"，他的导体是"全导体"，他的表面是"光滑表面"。他会把这称为"直抵本质"，工程师则恐怕会说这是"无视事实"。[51]

换句话说，数学家和工程师谁也离不开谁。当时的电气工程师能够处理波形是正弦曲线的简单情况。但要想理解电话网络的种种行为，他们需要解决更复杂的新难题。为此，数学家提出了有关网络的各种定理，以数学的方式加以处理。数学家还应用排队论来处理通话拥挤问题，开发各种图和树来管理城市间的电话干线和支线，并使用组合分析来化解电话中复杂的概率论问题。

接着，噪声问题出现了。噪声在一开始（比如，对亚历山大·格雷厄姆·贝尔来说）看上去并不是一个理论问题。它就在那里，总是充斥在线路当中——这些爆裂声、嘶嘶声、噼啪声干扰和削弱了送入话筒的人声。无线电广播也深受其害。在最好的情况下，它隐藏幕后，不为人注意；而在最糟的情况下，密集的噪声甚至使得用户浮想联翩：

> 里面有噼啪声、汩汩声、急促声、刺耳声、口哨声、尖叫声，也有
> 树叶窸窣、蛙鸣婉转、蒸汽嘶嘶、鸟翼扑腾。有的是电报线上的滴滴答
> 答，有的是从别部电话传来的只言片语，还有的是小而尖的奇怪声响，
> 不像任何已知的声音……夜间更比白天热闹，而在午夜幽寂时分，由于
> 无人知道的原因，噪声最甚。[52]

但现在，工程师可以从他们的示波器中**看到**噪声，看到它们干扰和削弱了原本规则的波形。于是他们自然想要度量它，尽管度量这么神出鬼没的恼人之物看上去有点不切实际。但其实，还是有方法度量的，并且阿尔伯特·爱因斯坦已经阐明了这种方法。

　　1905 年是爱因斯坦的神奇之年，他在这一年发表了一篇论文，讨论的是布朗运动——悬浮微粒在液体中的不规则运动。列文虎克很早就用他的早期显微镜观察到了这种现象，后来该现象因苏格兰植物学家罗伯特·布朗而得名。布朗在 1827 年对此进行了细致研究：先是水中的花粉，然后是水中的煤灰和岩石粉末。布朗确信这些微粒并非活物（它们不是微生物），但它们就是不会老老实实地待着。爱因斯坦通过巧妙地运用数学知识，解释了这种现象是分子热运动的结果，进而也证实了分子的存在。在显微镜下可见的微粒，如花粉*，它们持续被分子所撞击，又由于其质量足够小，它们就会表现出不规则运动。微粒的扰动，从个体上看是不可预测的，从整体上看则遵循统计力学的规律。因此，即便液体是平静的，系统处于热平衡状态，但只要液体温度高于绝对零度，这种不规则的运动就会出现。根据同样的思路，在任何电导体中，随机热骚动也会影响自由电子，从而导致噪声。

　　但物理学家没有注意到爱因斯坦的这项研究在电学方面的意涵。直到 1927

---

　　* 布朗当时观察到的是"花粉中所含微粒"的不规则运动，而非花粉本身。花粉体积太大，几乎不会
　　受布朗运动影响。这是一个常见的误解。具体可见维基百科的相应条目。——译者注

年，贝尔实验室的两位瑞典人才为电路中的热噪声奠定了严格的数学基础。约翰·伯特兰·约翰逊（John B. Johnson）最先度量了电路中固有的噪声，他指出这些噪声并非由电路设计的缺陷所致。接下来，哈里·奈奎斯特（Harry Nyquist）对此给出了解释，并推导出了计算理想网络中电流和电压波动的公式。奈奎斯特的父亲是个农民兼鞋匠，本来名叫拉尔斯·荣松，但由于他的邮件常被投递到附近另一个同名者那里，所以便更改了姓氏。哈里十多岁时随家移民美国，后来就读于北达科他大学，并在耶鲁大学取得物理学博士学位后加入了贝尔电话实验室。在那里，他似乎总是喜欢把视野放得更宽一些，而不仅仅只是关注电话本身。早在 1918 年，他就着手研究一种通过电话线传输照片的方法，即所谓"传真"（telephotography）。他的设想是把照片正片安放在旋转的圆鼓上，并把它扫描下来，产生成与图像的明暗呈比例的电流。到了 1924 年，美国电话电报公司制作了一个工作原型，它能够在七分钟内发送完毕一张宽五英寸、高七英寸的图片。不过与此同时，奈奎斯特也有将视线投到一些老问题上。这一年，在费城举办的一次电气工程师会议上，他做了一场题为《影响电报传输速率的若干因素》的讲演。

自从电报诞生初期以来，人们见到的讯息传播的基本单位是离散的：点和划。而到了电话时代，同样明显不过的是，有用的信息是连续的：声音和颜色，它们沿着频谱逐渐变化，融合得天衣无缝。那么到底哪一种才是真相？当时的物理学家，如奈奎斯特，他们是把电流当作波形来处理，即便这些电流传递的是离散的电报信号（这时，电报线中的大部分电流是被浪费掉了）。在奈奎斯特看来，如果连续信号可以表示像声音这般复杂的东西，那么像电报信号这样简单的东西只是它的一种特殊情况罢了。具体来讲，是对它进行调幅后的一种特殊情况，这时它仅有的两个有意义的幅度表示的就是**通**和**断**。通过把电报信号当作具有波形的脉冲来处理，工程师就可以加快它们的传输速率，也可以把它们整合进一个电路上传递，甚至可以把它们与声音信道整合起来。奈奎斯特进而想要知道一个电路上究竟能容纳**多少**电报数据，它们又能以多快的速率传输。为了回答这个问题，他采取了一个巧妙的办法，将连续波转换成离散的或说是"数字的"数据。奈奎斯特的办法就是按照一定间隔对连续波进行采样，从而把它转换成可数的一个个片断。

　　一个电路上承载的波有不同的频率，工程师称之为波的"频带"。频率的范围，也就是频带的宽度，简称"带宽"，可以作为这个电路容量的度量指标。如果一条电话线可以传送从 400 赫兹到 3400 赫兹的波，那么它的带宽就是 3000 赫兹。（这个频带可以覆盖管弦乐团的大多数声音，但短笛的高音部分会被截掉。）奈奎斯特提出了一个公式来计算"信息（intelligence）传输速率"。[53]他指出，若要想以特定速率传输信息，那么信道需要特定的、可度量的带宽。*如果带宽过小，就必须降低信息传输速率。（但后来人们发现，只要有充分的时间和精心的设计，即使信道只有很小的带宽，也可以发送复杂的讯息：比如，只能用手敲出高低两个音符的鼓。）

　　1927 年夏，在意大利科莫湖畔举办的一次国际会议上，奈奎斯特的同事拉尔夫·哈特利在报告中对这些结果进行了进一步拓展，其中他使用的是 information 一词。这是次交流思想的绝好机会。为了纪念亚历山德罗·伏特逝世一百周年，世界各地的科学家济济一堂。尼尔斯·玻尔在会上做了有关新兴的量子理论的演讲，并首次提出了他的互补原理。哈特利提供给听众的则不仅有一个基础定理，还有一套全新的概念。

　　这个定理是对奈奎斯特公式的一种推广，并且它可以用文字表述：在任意给定时间内能够传输的最大信息量，与可用的频率范围呈正比（他还没有使用**带宽**这一术语）。哈特利还提出了一套概念和假设，它们随后将逐渐融入电气工程文化，特别是贝尔实验室的文化当中。首要的是信息概念本身。他需要明确这个飘忽不定的概念。他指出："在日常使用中，信息这个术语弹性太大。"[54]让我们首先考虑通信涉及的诸要素，而不论它是通过电线、面对面说话、文字或别的什么途径实现的。通信需要借助物理符号，如"字词"、"点和划"等。根据通信双方的事先约定，这些符号传达了"意义"。到目前为止，这不过是一个模糊的概念接着另一个模糊的概念。如果哈特利想要做到"排除心理因素的影响"，而用"纯粹的物

---

*　奈奎斯特提出的公式为：$W = K \log m$。在 1924 年的论文（"Certain Factors Affecting Telegraph Speed"）中，他讨论了，给定线路速度（K），信息传播速率（W）与编码的符号集大小（m）的关系。在 1928 年的论文（"Certain Topics in Telegraph Transmission Theory"），他进一步指出，信道所需的带宽与线路速度呈正比，因而给定符号集大小，信息传播速率与带宽呈正比。——译者注

理量"度量信息的话，他就需要一些明确的、可计数的东西。于是，他从计算物理符号的数目着手，而不管这些符号代表什么意思。每个传输过程都包含可数数目的符号。每个符号都意味着一次选择，它是从某个特定的可能符号集（例如，一个字母表）中选取的。可能符号的数目同样是可数的。尽管可能字词的数目并不那么容易计算，但即便是在日常语言中，每个字词仍旧意味着从一个可能性集中进行选择。

> 例如，在"苹果是红的"（Apples are red）这句话中，第一个词排除了其他种类的水果，以及所有其他物体。第二个词将我们的注意力引向了苹果的某些属性或状态，而第三个词则排除了其他可能的颜色……
>
> 显然，每次选择中可能符号的数目会随着所用的符号类型、具体的通信方以及双方事先预定的详细程度的不同而显著不同。[55]

哈特利承认，从心理的角度看，在一些特殊情况下，后续的符号可能会比先前的符号传递更多的信息。"比如，'是'或'否'，当它出现在一场漫长讨论的末尾时，它可能会具有极其重要的意义。"他的听众可以想出更多的例子，但这里的要点在于，要把心理因素从公式中排除出去，毕竟电报和电话说到底是毫无感情的机械。

同一符号集内的符号之间没有差别，讯息的信息量应该正比于符号数：多一倍符号数，就多一倍信息量。这一点在直觉上似乎不言而喻。但一个点或划携带的信息量比字母表中的一个字母要少，比从一本含有一千个单词的词典中选取的一个单词就更少了。也就是说，可能符号的数目越多，每次选择携带的信息量就越大。那么大多少呢？下面是哈特利的公式：

$$H = n \log s$$

其中 H 表示讯息的信息量，n 表示被传输的符号数，s 表示符号集的大小。在点–划系统中，s 只有 2。一个汉字的权重比摩尔斯电码的一个点或划大得多，因而也更有价值。而在用不同符号分别表示词典中一千个单词的系统中，s 就是 1000。

博多码表

不过，单个字符的信息量与字符集的大小并不呈正比，而是呈对数关系：要想使单个字符的信息量翻一番，就需要使字符集增至原先大小的平方。哈特利以电传打字电报机为例阐明了这一点。这个设备把新旧技术结合到了一起，通过一个钢琴式的键盘来发送电报，键盘布局则采用了法国人埃米尔·博多（Émile Baudot）设计的编码。操作员根据要发送的字符按下相应的键，设备会将这些键的按压译为电报触点的通断。博多码使用五个单位来表示一个字符，所以其可能字符的数目为 2^5，也就是 32。从单个字符的信息量来说，每个这种字符的价值是其基础的二元单位的五倍，而不是三十二倍。

电话以波浪起伏的模拟波在网络中传输人的声音，那么它当中包含的符号在哪里呢？这些符号又该如何计数？

对此，哈特利延续了奈奎斯特的观点，认为连续曲线应该被看作一连串离散的步骤逼近得到的极限，而这些步骤反过来可以通过对波形进行间隔采样而还原出来。采用这样的办法，电话就可以同电报一样适用相同的数学分析。哈特利进而通过一项粗略但令人信服的分析证明了，在这两种情况下，讯息的信息量都取决于两个因素：传输所能用的时间，以及信道的带宽。同样的分析也适用于留声机唱片和电影。

奈奎斯特和哈特利这几篇有点奇怪的论文在当时并未立即引起多少人的注意。它们也很难被那些富有声望的数学或物理学期刊所接受，所幸贝尔实验室自己有份《贝尔系统技术期刊》。克劳德·香农读到了这些论文，并吸收了其中的数学洞见。尽管它们还显粗略，但这仍是朝向一个隐隐约约的目标所蹒跚迈出的第一步。香农还注意到了他们两人在界定术语时所遭遇的困难。"这里的信息传输速率指的是，在给定时长内所能够传输的字符数，这些字符可以代表不同的字母、数字等。"[56]但字符、字母、数字，这些都很难进行计数。还有一些概念，尚未有相应的术语，如"一个系统传输特定符号序列的容量"。[57]

当时的通信工程师所谈论的不仅是电线，还有空气（"以太"），甚至打孔纸带。他们所关注的不仅是文字，还有声音和影像。他们正试图用符号来表示整个世界，将万物化身为电。而香农感觉到了一丝将这一切统一起来的希望。

注释

[1] James Clerk Maxwell, "The Telephone," Rede Lecture, Cambridge 1878, "illustrated with the aid of Mr. Gower's telephonic harp," in W. D. Niven, ed., *The Scientific Papers of James Clerk Maxwell*, vol. 2 (Cambridge: Cambridge University Press, 1890; repr. New York: Dover, 1965), 750.

[2] "小到你走不到几个街区就会发现自己已经身处乡间了。" Shannon interview with Anthony Liversidge, *Omni* (August 1987), in Claude Elwood Shannon, *Collected Papers*, ed. N. J. A. Sloane and Aaron D. Wyner (New York: IEEE Press, 1993), xx.

[3] "In the World of Electricity," *The New York Times*, 14 July 1895, 28.

[4] David B. Sicilia, "How the West Was Wired," *Inc.*, June 15 1997.

[5] 1843; *Complete Stories and Poems of Edgar Allan Poe* (New York: Doubleday, 1966), 71.

[6] Ibid., 90.

[7] *The New York Times*, 21 October 1927.

[8] Vannevar Bush, "As We May Think," *The Atlantic* (July 1945).

[9] Shannon to Rudolf E. Kalman, 12 June 1987, Manuscript Division, Library of Congress.

[10] Claude Shannon, "A Symbolic Analysis of Relay and Switching Circuits," *Transactions of the American Institute of Electrical Engineers* 57 (1938): 38–50.

[11] Vannevar Bush to Barbara Burks, 5 January 1938, Manuscript Division, Library of Congress.

[12] Claude Shannon, *Collected Papers*, 892.

[13] Claude Shannon to Vannevar Bush, 16 February 1939, in Claude Shannon, *Collected Papers*, 455.

[14] Claude Shannon, *Collected Papers*, 921.

[15] Leibniz to Jean Galloys, December 1678, in Martin Davis, *The Universal Computer: The Road from Leibniz to Turing* (New York: Norton, 2000), 16.

[16] Alfred North Whitehead and Bertrand Russell, *Principia Mathematica*, vol. 1 (Cambridge: Cambridge University Press, 1910), 2.

[17] Bertrand Russell, "Mathematical Logic Based on the Theory of Types," *American Journal of Mathematics* 30, no. 3 (July 1908): 222.

[18] Douglas R. Hofstadter, *I Am a Strange Loop* (New York: Basic Books, 2007), 109.

[19] Alfred North Whitehead and Bertrand Russell, *Principia Mathematica*, vol. 1, 61.

[20] "The Philosophy of Logical Atomism" (1910), in Bertrand Russell, *Logic and Knowledge: Essays, 1901–1950* (London: Routledge, 1956), 261.

[21] Kurt Gödel, "On Formally Undecidable Propositions of *Principia Mathematica* and Related Systems I" (1931), in *Kurt Gödel: Collected Works*, vol. 1, ed. Solomon Feferman (New York: Oxford University Press, 1986), 146.

[22] Kurt Gödel, "Russell's Mathematical Logic" (1944), in *Kurt Gödel: Collected Works*, vol. 2, 119.

[23] Kurt Gödel, "On Formally Undecidable Propositions of *Principia Mathematica* and Related Systems I" (1931), 145.

[24] Ibid., 151 n15.

[25] Kurt Gödel, "Russell's Mathematical Logic" (1944), 124.

[26] Douglas R. Hofstadter, *I Am a Strange Loop*, 166.

[27] John von Neumann, "Tribute to Dr. Gödel" (1951), quoted in Steve J. Heims, *John von Neumann and Norbert Weiner* (Cambridge, Mass · MIT Press, 1980), 133.

[28] Russell to Leon Henkin, 1 April 1963.

[29] Ludwig Wittgenstein, *Remarks on the Foundations of Mathematics* (Cambridge, Mass.: MIT Press, 1967), 158.

[30] Gödel to Abraham Robinson, July 1973, in *Kurt Gödel: Collected Works*, vol. 5, 201.

[31] Rebecca Goldstein, *Incompleteness: The Proof and Paradox of Kurt Gödel* (New York: Atlas, 2005), 207.

[32] Hermann Weyl to Claude Shannon, 11 April 1940, Manuscript Division, Library of Congress.

[33] David A. Mindell, *Between Human and Machine: Feedback, Control, and Computing Before Cybernetics* (Baltimore: Johns Hopkins University Press, 2002), 289.

[34] Vannevar Bush, "Report of the National Defense Research Committee for the First Year of Operation, June 27, 1940, to June 28, 1941," Franklin D. Roosevelt Presidential Library and Museum, 19.

[35] R. B. Blackman, H. W. Bode, and Claude E. Shannon, "Data Smoothing and Prediction in

Fire-Control Systems," Summary Technical Report of Division 7, National Defense Research Committee, vol. 1, *Gunfire Control* (Washington D.C.: 1946), 71–159 and 166–167; David A. Mindell, "Automation's Finest Hour: Bell Labs and Automatic Control in World War II," *IEEE Control Systems* 15 (December 1995): 72–80.

[36] Elisha Gray to A. L. Hayes, October 1875, quoted in Michael E. Gorman, *Transforming Nature: Ethics, Invention and Discovery* (Boston: Kluwer Academic, 1998), 165.

[37] Albert Bigelow Paine, *In One Man's Life: Being Chapters from the Personal & Business Career of Theodore N. Vail* (New York: Harper & Brothers, 1921), 114.

[38] Marion May Dilts, *The Telephone in a Changing World* (New York: Longmans, Green, 1941), 11.

[39] "The Telephone Unmasked," *The New York Times*, 13 October 1877, 4.

[40] *The Scientific Papers of James Clerk Maxwell*, ed. W. D. Niven, vol. 2 (Cambridge: Cambridge University Press, 1890; repr. New York: Dover, 1965), 744.

[41] *Scientific American*, 10 January 1880.

[42] *Telephones: 1907*, Special Reports, Bureau of the Census, 74.

[43] Quoted in Ithiel de Sola Pool, ed., *The Social Impact of the Telephone* (Cambridge, Mass.: MIT Press, 1977) 140.

[44] J. Clerk Maxwell, "A Dynamical Theory of the Electromagnetic Field," *Philosophical Transactions of the Royal Society* 155 (1865): 459.

[45] Michèle Martin, *"Hello, Central?": Gender, Technology, and Culture in the Formation of Telephone Systems* (Montreal: McGill–Queen's University Press, 1991), 55.

[46] Proceedings of the National Telephone Exchange Association, 1881, in Frederick Leland Rhodes, *Beginnings of Telephony* (New York: Harper & Brothers, 1929), 154.

[47] Quoted in Peter Young, *Person to Person: The International Impact of the Telephone* (Cambridge: Granta, 1991), 65.

[48] Herbert N. Casson, *The History of the Telephone* (Chicago: A. C. McClurg, 1910), 296.

[49] John Vaughn, "The Thirtieth Anniversary of a Great Invention," *Scribner's* 40 (1906): 371.

[50] G. E. Schindler, Jr., ed., *A History of Engineering and Science in the Bell System: Switching Technology 1925–1975* (Bell Telephone Laboratories, 1982).

[51] T. C. Fry, "Industrial Mathematics," *Bell System Technical Journal* 20 (July 1941): 255.

[52] Bell Canada Archives, quoted in Michèle Martin, *"Hello, Central?"* 23.

[53] H. Nyquist, "Certain Factors Affecting Telegraph Speed," *Bell System Technical Journal* 3 (April 1924): 332.

[54] R. V. L. Hartley, "Transmission of Information," *Bell System Technical Journal* 7 (July 1928): 536.

[55] Ibid.

[56] H. Nyquist, "Certain Factors Affecting Telegraph Speed," 333.

[57] R. V. L. Hartley, "Transmission of Information," 537.

第 7 章
信息论
（我想要的不过只是一颗寻常的大脑）

> 建立一套有关信息及其处理的理论，有点儿像建造一条横贯大陆的铁路。你可以从东海岸出发，先试着理解信息是如何**处理**的，然后向西迈进。或者你也可以从西海岸出发，先试着理解**信息**到底是什么，然后向东深入。我们希望的是，两条铁轨能在中间会合。
>
> ——乔恩·巴怀斯（1986）[1]

1943 年初，正值第二次世界大战如火如荼之时，两位志趣相投的思想家，克劳德·香农和阿兰·图灵，经常会在贝尔实验室的食堂共进午餐，但他们对彼此的工作都守口如瓶，因为那事关机密。[2] 两人都在从事密码分析工作，甚至连图灵来到贝尔实验室这件事都涉及机密。他是搭乘"伊丽莎白女王号"，辗转躲过德军的 U 型潜艇方才来到美国。而之所以能够躲过劫难，还要归功于他之前在布莱切利庄园成功破解了德军用来进行机要通信的密码——恩尼格玛（Enigma），该密码也用在了潜艇的通信上。当时香农正致力于 X 系统（SIGSALY）的工作，该系统是用来加密在五角大楼的罗斯福与在战争办公室的丘吉尔之间的语音通话。它先对模拟语音信号每秒采样五十次（即"量化"或"数字化"），然后对采样信号应用一个随机密匙，这个密匙与工程师们很熟悉的电路噪声十分相似。香农并不设计这套系统，他的任务是从理论上分析该系统，并希望证明它不可破解。他成功地做到了这一点。后世的人们清楚地认识到，正是大西洋两岸这些人的通力合作才使密码学从一门艺术变成了一门科学。但在当时，密码制作者和密码破解者却无法对此开怀畅谈。

既然密码这个话题不能拿到台面上讨论，图灵就给香农看了一篇他在七年前写的论文《论可计算数》，其中讨论了一种理想计算机器的力量和局限。他们谈论的另一个话题则是双方都感兴趣的，即机器是否可能学会思考。香农提议可以把"文化的东西"，比如音乐，也灌输进电子大脑中。双方的讨论有时会变得十分激烈，图灵曾有一次在大庭广众之下高声反驳说："不，我对建造一颗**强大的**大脑不感兴趣，我想要的不过只是一颗**寻常的**大脑，跟美国电报电话公司董事长的脑袋瓜差不多即可。"[3]在 1943 年讨论什么思考机器似乎有点大言不惭，毕竟晶体管和电子计算机都还没有出现。不过，香农和图灵所交流的愿景与电子学无关，而只与逻辑学有关。

机器能思考吗？这个问题出现的历史相对较短，且看上去有点奇怪——说奇怪，是因为机器结结实实就是一堆物质啊。查尔斯·巴贝奇和爱达·洛夫莱斯差不多是最早研究这个问题的人，但他们早已被人遗忘。而现在，阿兰·图灵迈出了前所未闻的一步：他首先设想了一种机器，它在思维领域具备无与伦比的力量；然后他证明了，这样的机器**不能**做什么。他的机器在当时并未变成现实（不过现如今，它已是无处不在），这只是一个思想实验。

与机器能做什么的问题密切相关的是另一个问题，即什么样的任务是**机械的**（这个旧词被赋予了新的重要性）。既然机器可以演奏音乐、捕捉图像、瞄准高射炮、连接电话通话、控制组装线，还可以进行数学计算，"机械的"一词已然显得不那么贬义。不过在当时，也只有那些胆小而迷信的人才会想象机器有朝一日会变得有创造力、独到、自主，毕竟这些特性与"**机械的**"一词的通常意涵（自动的、被动的、循规蹈矩的）大相径庭。哲学家们发现这个词很有用。在他们看来，一个既涉及智能又可被称为机械的例子是算法：这个新术语表示的是某种古已有之的东西（体现在如菜谱、指令集、分步步骤等当中），只是现在它要求人们的正式承认。巴贝奇和洛夫莱斯与算法打了那么久交道，却没有给它加以命名。而算法在 20 世纪被赋予了一个核心位置，也正是从此开始的。

1936 年，当图灵将他关于可计算数的论文呈交给他的教授时，他是剑桥大学国王学院的研究员，两年前刚从那里本科毕业。这篇论文的完整标题以一个华丽的德语单词收尾：《论可计算数及其在判定性问题上的应用》（"On Computable Numbers, with an Application to the *Entscheidungsproblem*"）。所谓"判定性问题"（*Entscheidungsproblem*）是大卫·希尔伯特在 1928 年国际数学家大会上提出来的。身为可能是他那个时代最具影响力的数学家，与罗素、怀特海一样，希尔伯特也满怀热情地致力于为全部数学奠定一个坚实的逻辑基础。他曾宣称："在数学里，没有'我们将来也不知道'*。"当然，数学里有很多未解之题，其中一些还很著名，如费马大定理和哥德巴赫猜想——这些命题看上去是成立的，但尚未得到证明。†大多数人认为，这些命题只是**暂时**尚未得到证明。他们假设，或者说相信，任何数学真理都能被证实，只是时间早晚而已。

判定性问题问的就是，能否找到一个严格的、分步的算法，通过它，给定一种演绎推理的形式语言，人们就可以自动化地进行证明。这呼应了莱布尼茨的梦想，即通过一系列机械的规则来表示所有有效的推理过程。虽然希尔伯特是以问题的形式提出，但他是个乐观主义者。他认为或者说希望，自己已经知道答案了。也正是在这数学和逻辑学命运的关键时刻，哥德尔提出了他的不完全性定理。至少表面上看，哥德尔的研究彻底打破了希尔伯特的乐观主义，就像之前对罗素所做的。但实际上，哥德尔并没有回答判定性问题。希尔伯特曾区分了三个问题：

> 数学是完全的吗？
>
> 数学是一致的吗？
>
> 数学是可判定的吗？

---

* 这是希尔伯特在 1900 年国际数学家大会上的表述，引用的是一句拉丁语箴言"我们现在不知道，我们将来也不知道"（ignoramus et ignorabimus）。1930 年，希尔伯特把这句口号改成了"我们必须知道，我们也必将知道"（Wir müssen wissen — wir werden wissen!）。——译者注

† 1995 年，英国数学家安德鲁·怀尔斯与其学生理查德·泰勒对费马大定理给出了证明。可参见：西蒙·辛格，《费马大定理》，薛密译，上海：上海译文出版社，2005。——译者注

哥德尔证明了，数学不可能既是完全的，又是一致的，但他并没有明确地回答第三个问题，至少没有针对全部数学给出明确答案。这样，即便某个特定的、封闭的形式逻辑体系必然包含一些从体系内部既不能证实也不能证伪的命题，但它还是可能由一个可以说是外部的裁判（如该体系外的逻辑或规则）加以判定。*

阿兰·图灵，当时只有二十二岁，他对于大部分的相关文献都不熟悉，工作也喜欢独来独往，有时他的教授甚至都担心他会变得"习惯于孤独"。[4]在论文中，他提出了一个（表面上看）完全不同的问题：所有的数都是可计算的吗？这是个出人意料的问题，毕竟几乎没有什么人考虑过**不**可计算的数。大多数人所使用或考虑的数，根据定义都是可计算的。有理数是可计算的，因为它们可以表示成两个整数的商：a/b。代数数是可计算的，因为它们是多项式方程的解。一些超越数，如著名的 π 和 e，也是可计算的，人们事实上一直都在计算它们。对此，图灵提出了一个看似温和的命题：有些数可命名、可定义，却是**不**可计算的。

那这句话是什么意思？图灵将可计算数定义为，其小数表达式可在有限步骤内计算出来。他说："这样定义的合理性，在于人类记忆是有限的这一事实。"[5]图灵同时把**计算**定义为一个机械的过程，一种算法。人类在解决问题时常常会借助直觉、想象或灵光一闪——这些乍看上去可以说是非机械的计算，但深究起来或许又只是步骤被隐藏起来的机械计算罢了。图灵需要把这些只可意会不可言传的东西去除。因此，他问了一个直截了当的问题：要是机器，它会怎样做？"根据我的定义，如果一个数的小数表达式可以被机器写出来，那么它就是可计算的。"

但在当时，没有一台真实的机器可供参考。从事计算工作的依然是"计算员"，几乎所有的计算工作仍旧是在纸面上运算完成的。不过，图灵确实想到了一台信息处理机器可以作为起点，那就是打字机。早在他十一岁还在上寄宿学校时，他就曾想过要发明一台打字机。他在给父母的信中写道："你看，这些有趣的圆圈一面刻出字母的形状，从圆圈Ⓐ开始，排列在一个印台四周，这样压下去就可以印出一个字母，不过图上没有把字母全部画出来。"[6]当然，打字机不是自动的，与

---

* 哥德尔在晚年写道："正是由于图灵的工作，事情才完全搞清楚，即我的证明对于**任何**包含算术的形式体系都成立。"[7]

其说它是台机器，还不如说它是个工具。它不会往页面上倾吐一连串文字，相反，是纸在一格格移动位置，然后字锤在上面敲出一个个字符。基于这样的模型，图灵想象出了另一种至纯至简的机器。也正因为这样一部机器只存在于想象当中，所以无需考虑图纸设计、技术规格或专利申请等环节的细节问题。与巴贝奇一样，图灵的机器也是用来计算数，只是他不必担心各种技术限制，因为他根本就没有打算去建造这部机器。

图灵列出了他的机器必备的很少几个组件：纸带、符号和状态。这些组件需要一一加以定义。

纸带之于图灵机，就如同纸张之于打字机。不过，打字机利用了纸张的两个维度，而图灵机只利用了它的一个维度——纸带是一长条纸，并被分成了一个个的方格。图灵写道："在初等算术中，人们有时会用到纸张的二维特性，但这种做法是可以回避的。并且我认为，人们将会认识到，纸张的二维特性对计算来说并不是必不可少的。"[8]图灵机的纸带被想象成无限长的，也就是说，它取之不尽，用之不竭。但在任意给定时刻，在"机器内"的只有一个方格。纸带（或机器）可以左右移动至前后方格。

符号可以写在纸带上，每个方格写一个。那么可以使用多少个符号呢？这个问题需要费些思量，尤其是如果限定只能使用有限个符号（如果允许无限个符号，那么符号之间的差异将会任意小）。但这个限定并不会有太大影响，因为"总是可以用符号序列来代替单个符号"。图灵发现，至少在欧洲语言里，一个由众多字母拼成的单词是被视为单个符号（相反，汉字则"试图使用可枚举的无限个符号"）。如果 17 和 999 999 999 999 被视为单个符号的话，那么阿拉伯数字将有无限个，但图灵更愿意把它们视为复合符号。事实上，为了符合机器的极简主义精神，他选择了最简单的两个符号：二进制记号，0 和 1。符号不仅可以写入纸带，还可以读出——图灵当时使用的是"扫描"一词。在现实中，当时显然还没有出现可以把纸面上的符号扫描进机器中的技术，但等效的东西却早已有之，如用在制表机上的打孔卡片。图灵还设定了另一个限制：机器每次只能"感知"（使用这样拟人化的用语也是别无选择）一个符号，也就是在机器内的方格上的那个符号。

状态则要费更多笔墨解释。图灵使用了"格局"（configuration）一词，并指出，不同的格局对应的是不同的"思维状态"。图灵机具有有限多个状态。在任何给定状态下，机器会根据当前符号的不同，执行一个或多个操作。例如，在状态 a 下，机器可能会在当前符号为 1 时右移一格，在当前符号为 0 时左移一格，在当前符号为空时则打印 1。在状态 b 下，机器可能会擦除当前符号。而在状态 c 下，机器可能会在当前符号为 0 或 1 时右移，否则就停机。执行完每组操作后，机器将具有一个新的状态，而它与先前状态可能相同也可能不同。给定一个计算，它所使用的各个状态都存放在一张表中，但至于如何物理地管理这张表则无关紧要。这张状态表其实就是机器的指令集。

这就是全部了。

图灵实际上是在对他的机器**编程**，尽管他没有使用这个术语。利用这些基本操作（移动、打印、擦除、变更状态，以及停机）就可以构建出更复杂的过程，并可以反复调用这些过程，如"复制符号序列、比较序列、擦除给定形式的所有符号等"。虽然机器一次只能看到一个符号，但实际上它可以利用部分纸带来暂时存储信息。用图灵的话来说，"另外一些[符号]则仅是临时笔记，以'帮助记忆'"。而无穷无尽的纸带为此提供了无限的记录空间。就这样，图灵机可以完成所有算术运算。图灵演示了如何将两个数相加，也就是，写下了运算所需的状态表。他还演示了怎样让机器（无穷无尽地）打印出 π 的二进制表示。他花了很多时间探索这部机器能做什么以及实现某些具体任务的方法。最终他证明了，这部机器能做人类在计算数时所能做的一切工作，这其中不需要任何知识或直觉。任何可计算的，这部机器都可以计算。

接下来就是最后的准备工作。如果把图灵机简化到只剩下一张有限的状态表以及一个有限的输入集，那么图灵机本身就可以用数来表示。每一张可能的状态表，配以表示初始输入的纸带，表示了不同的机器。而每部这样的机器可以用一个特定的数来描述（这个数描述了其状态表和初始输入）。图灵给他的机器编码，就如同哥德尔给他的符号逻辑语言编码一样。如此这般，数据和指令之间的区分就被消除了：说到底，它们都不过是数而已。每个可计算数，必定对应着一个机器编号。

图灵最终（还是在脑子里）制造了一种机器，它可以模拟其他任何可能的图灵机——任何一部数字计算机。他把这部机器称为 U，取自"通用的"（universal）一词，这个说法也被数学家一直沿用至今。通用图灵机接受机器编号作为输入，也就是说，它可以从纸带上读取对其他机器的描述（这个数描述了其算法和输入）。无论一部数字计算机变得如何复杂，对它的描述都可以被编码后写入纸带，并由 U 读取。如果一个问题可以使用一部数字计算机来解决，也就是说，它能被编码成一组符号并通过一个算法来解决，那么这个问题也可以使用通用图灵机来解决。

现在显微镜把镜头对准了自身。通用图灵机开始检验每一个数，看它是否对应一个可计算的算法。有一些被证明是可计算的，还有一些被证明是不可计算的。但还存在第三种可能，这让图灵非常感兴趣。有那么一些算法会抗拒检查，自行其是，让机器一直计算下去，永不停机，也不明显地出现重复，只留下一旁的观察者始终纳闷它是否**会停机**。

现如今，图灵 1936 年对于停机问题的证明已经成为一个艰深难懂的杰作，其中充斥着递归定义、用以表示其他符号的符号、用以表示数（状态表、算法，乃至机器）的数。他的证明看上去是这样子的：

> 我们假设存在这样一个过程，也就是说，我们可以发明一台机器 $\mathscr{D}$，当提供了任一机器 $\mathscr{M}$ 的标准描述，它能够检测这个标准描述。如果 $\mathscr{M}$ 是循环机，则用符号 u 标记这个标准描述；如果 $\mathscr{M}$ 是非循环机，则用符号 s 标记这个标准描述。
>
> 结合机器 $\mathscr{D}$ 和 $\mathscr{U}$，我们可以构造机器 $\mathscr{H}$ 来计算序列 β'。机器 $\mathscr{D}$ 需要一条纸带。我们假设它使用了 F-格所有符号之外的 E-格，并在最后得出结论时，擦除机器 $\mathscr{D}$ 所做的所有中间工作……
>
> 我们可以进一步证明，**不存在这样的机器 $\mathscr{E}$，当给它提供了任意一台机器 $\mathscr{M}$ 的标准描述时，它可以判断 $\mathscr{M}$ 是否曾经打印过给定的符号**（比如 0）。

很少人能跟得上图灵的思路。*尽管这看上去像悖论（其实这就是**悖论**），但图灵的确证明了有些数是不可计算的。（事实上，绝大多数的数都是不可计算的。）

同时，由于每个数都对应着一个编码后的数学和逻辑学命题，因而图灵已经回答了希尔伯特的问题，即"命题是否都是可判定的"。他证明了判定性问题有答案，且这个答案是否定的。一个不可计算的数，实际上就是一个不可判定的命题。

就这样，借助一台新奇、抽象、完全想象的机器，图灵得出了与哥德尔相似的证明和结论。不仅如此，他还更进一步，给出了一个形式体系的一般定义：任何用于生成公式的机械的流程，本质上都是一台图灵机。因此，任何形式体系中必然存在不可判定的命题。数学是不可判定的，其不完全性来源自不可计算性。

当数被拿来编码机器的行为时，悖论就会再次现身。这涉及不可避免的递归纠缠：被计算的实体与进行计算的实体纠缠到了一起，带来种种恶果。正如后来侯世达所说的，"整个事情依赖于这位停机检察官自己在看着自己［在看着自己（……）预测自己的行为时预测自己的行为］预测自己的行为时预测自己的行为"。[9]物理学同样新近遇到了类似的难题：海森堡的不确定性原理。图灵在听说这个原理后，采用自指的说法对此进行了表述："过去我们一直假定，在科学中，只要知道宇宙在某一时刻的全部状态，我们就能把宇宙所有的未来状态都预测出来……但更为现代的科学却认为，当我们面对原子和电子时，我们无法知道它们的全部确切状态，因为我们所用的仪器本身就是由原子和电子构成的。"[10]

从巴贝奇的差分机到图灵的通用机，一个是笨重的庞然大物，一个是优雅的抽象虚构，两者相隔了一个世纪。图灵从没打算成为一个循规蹈矩的机器操作员，就像多年以后数学家和逻辑学家赫伯特·恩德滕所描述的那种"勤勉努力的办事员，遵照着给他的指令，在供应充足的纸张上做着运算"。[11]相反，一如爱达·洛

---

* 图灵的论证思路大致如下：可证明 $\mathcal{H}$ 是非循环机；但 $\mathcal{H}$ 必须处理它自己的描述数，即 $\mathcal{H}$ 需要确定它本身是否是非循环的，这时 $\mathcal{H}$ 将陷入无限循环之中；由此导致自相矛盾，从而证明假设不成立，即 $\mathcal{D}$ 不存在，也就是说，不存在一个通用过程可以判断一台机器是否是非循环的（而如果一个数可以被非循环机计算出来，那么它就是可计算数）。类似地，图灵用反证法证明了 $\mathcal{E}$ 不存在（否则，$\mathcal{E}$ 将判断出 $\mathcal{M}$ 是否经常无限次打印 0 或 1 或都打印，从而判断出 $\mathcal{M}$ 是否是非循环的）。具体可参见：Charles Petzold，《图灵的秘密》，杨卫东，朱皓等译，北京：人民邮电出版社，2012，第 10 章。——译者注

夫莱斯，图灵是个程序员。他将自己想象成一台计算机，关注自己思维过程中一步步的逻辑，并将这些心智过程加以提炼萃取，得出其最小的组分，也就是信息处理的原子。

———

图灵和香农都在使用编码，只是图灵是把指令编码成数，将十进制数编码成 0 和 1，而香农是对基因、染色体、继电器和开关编码。他们的灵思巧智都应用在了如何将一类事物**映射**到另一类事物（例如，代数函数与机器指令，逻辑运算符与电路），也就是找出两类事物之间严格的对应关系上。在他们心智的武器库中，符号运算以及映射的思想占据着举足轻重的地位。当然，这种编码转换不是为了遮蔽事实，相反是为了揭示事实：比如说，借此可以发现苹果和橘子归根结底是等价的，或即便不等价，也是可相互替代的。但很快，两人便都被战争引入了当时如日中天的密码学领域。

图灵的母亲常问他，他的数学有什么用。对此早在 1936 年，他就曾在给母亲的信中透露，自己已经找到了当时正在研究的可计算数的一种可能应用："它回答了'最一般的编码或密码是什么样的'问题，并且（自然而然）使得我可以构造许多特殊的、有趣的密码。"[12]他又补充道："我猜我能以大价钱把这些密码卖给政府，但我相当怀疑这样做是否道德。"图灵机的确能够**制作**密码，不过英国政府当时面对的却是另外一个难题。随着战争阴影的逼近，解读拦截到的德军电报和无线电情报的任务，便落到了对外称为"政府编码与密码学校"（GC&CS）的密码破解机构肩上。该机构原本隶属于海军部，后来转移到了外交部，最早的成员包括语言学家、办事员和打字员，但没有数学家。1938 年夏，图灵应召进入该学校，并在次年随学校从伦敦撤到了伯明翰郡的布莱切利庄园。这时他的同事中还有了几位国际象棋和填字游戏冠军。很显然，古典语言学对于现在的密码分析工作已经力不从心了。

一台缴获的恩尼格玛密码机

德国的密码系统名为恩尼格玛，是一种多码加密装置。密码机有手提箱大小，里面有多个转子，外面则有键盘和信号灯。这个密码系统源自著名的维吉尼亚密码，它曾号称是不可破译的密码，直到 1854 年被查尔斯·巴贝奇所破解。巴贝奇所用的数学方式为政府编码与密码学校的早期工作提供了帮助。同样提供了帮助的是波兰密码学家，他们在战前曾成功破解过德军早期的恩尼格玛密码系统。在"八号营房"，图灵从理论入手，最终不仅从数学上，还从物理上解决了这个难题。

这意味着要建造一台机器，用来逆推恩尼格玛加密过的数据。图灵的首台机器只是个使用假想纸带的虚幻之物，但这台绰号"炸弹"（Bombe）的机器却是个体积将近三立方米的庞然大物，里面藏着重达一吨的电线以及油腻腻的金属零件，它们有效地将恩尼格玛密码机的转子映射成了电路。这项在布莱切利庄园取得的科学成就，在战争期间及之后的三十年里一直都是机密，但它对战争结局的影响甚至要超过曼哈顿计划制造出的真正炸弹。到了战争后期，图灵的"炸弹"每天要破解数以千计的敌军情报，这样的信息处理规模是史无前例的。

尽管在贝尔实验室一起用餐时，图灵和香农都丝毫没有提及这方面的内容，但他们的确间接地谈到了图灵对于如何度量这些东西的一个构想。布莱切利庄园的分析师会对汇聚到此的各种讯息（有些难以确定，有些又互相矛盾）进行权衡，以便评估它们当中包含一定事实的概率，比如恩尼格玛的某种编码设置或潜艇的可能位置等。图灵感到这其中有些东西需要在数学上加以度量。不过，他关注的不是传统意义上的概率，用比值比（如 3 比 2）或一个 0 到 1 的数（如 0.6，或 60%）来表示。他更在意的是引致概率**变化**的数据：影响概率的因子，有点类似于皮尔士的证据权重。他发现使用对数标度比较方便，这样乘法运算就会变成加法运算。他还为此发明了一个新单位，叫做"班"（ban）*。班是以 10 为底，因此，1 班意味着使某一事实成立的可能性增大十倍所需的证据权重。对于粒度更小的度量需求，还可以使用分班和厘班。

与此同时，香农也在沿着类似的轨迹进行着摸索。

在纽约西村的贝尔实验室旧总部，香农发展出了一套密码学理论，也使得自己曾向万内瓦尔·布什吐露的梦想（"研究传递信息的一般系统的某些基本属性"）变得更为清晰。在整个战争期间，他同时在从事多项任务。因此，他要向对应的上司汇报相应的工作，而对别的事情守口如瓶。保密是当时的命令。对于图灵正试图借助实际拦截和物理硬件进行破解的一些密码系统，香农则是在纯数学领域对其进行了分析。例如，其中一个具体问题是，当"敌方知道我方在使用维吉尼亚密码"[13]时，该系统的安全性有多高。（实际上，当时德国人就在采用这样一套密码系统，而英国人则是知道对方在使用这套系统的敌方。）香农试图找出涉及（用他的话说）"离散信息"的密码系统的一般数学结构和属性。这意味着它们处理的是从有限集中选取的符号序列，主要是字母表中的字母，但也可以是某种语言中的单词，或甚至是"量化后的语音"，也就是声音信号被分解成不同幅度的组块。为了隐藏这些离散信息，讯息发送者需要通过某种系统化的过程，把正确的

---

* 单位名称源自布莱切利附近的一个镇名，班伯里（Banbury），因为当时计算所用的纸张是在这个镇特别印制的。这个单位是以 10 为底，有时又被称为"哈特利"（hartley）。同时，以 2 为底的信息的单位称为"比特"，以 e 为底的单位称为"奈特"（nat）。——译者注

符号替换成错误的符号，而讯息接收者知道该过程使用的**密钥**，从而可以借此反推整个替换过程。因此，即便敌方知道了所用的加密过程，只要密钥没有泄露，整套安全系统仍然有效。

密码破解者面对的是一串看上去毫无意义的数据流，而他们想要做的是从中找出真正的信号。香农指出："在密码分析师看来，密码系统与有噪通信系统几乎没有什么不同。"[14]（这份题为《密码学的数学理论》的报告在 1945 年完成后，随即被列为机密文件。）数据流故意被弄得看上去像是随机的。当然，事实上绝非如此，否则其中的信号也会丢失。密码必须将像日常语言这种符合一定模式的东西，转换成表面看来无规律可循的东西。但即便如此，还是会有模式隐藏其中。为了对加密替换过程进行分析和归类，香农必须更深入地理解语言的模式，找到一条学者们（如语言学家）从未尝试过的道路。当时的语言学家已经开始把注意力放到了语言的结构上，试图从语言含糊不清而又连绵不断的形状和声音中找出其结构。语言学家爱德华·萨丕尔曾把语言的底层语音模式称为语言的"符号原子"。他在 1921 年写道："单只语音并不是语言的实质性事实；语言的实质性事实毋宁说在于思维的分类、形式模式……语言，作为一种结构来看，它的内面是思维的模具。"[15]**思维的模具**，这个说法很精致。不过，香农需要找到比这更有形、更易数的方式来描述语言。

在香农看来，模式就等同于冗余。在日常语言中，冗余可以辅助理解。可在密码分析中，冗余就是密码的阿喀琉斯之踵。那么冗余又在哪里呢？在英语中，一个简单的例子是，紧跟在字母 q 后面的字母 u 就是冗余，即便把它去掉也不会有影响。[或者说，几乎总是冗余。要不是英语中还有极少的外来词，如 Qin（秦）或 Qatar（卡塔尔），它就完全成了冗余。] 在字母 q 之后，大家都预期后面会是字母 u。这里面不存在什么意外，它也就没有贡献什么信息。紧跟在字母 t 后面的字母 h 也有一定的冗余度，因为它是最可能在此出现的字母。香农认为，每一种语言都有一定的统计结构，以及相应一定的冗余度。我们可以用 D 来表示冗余度（这是香农的提法）。"在某种意义上，D 度量了某种语言的文本在不损失任何信息的前提下能够缩减多少篇幅。"[16]

香农估计，英语的冗余度大约是百分之五十。*当时还没有计算机可以处理海量文本，所以他并不是很确定，但他的估计被证明是正确的。常规的英语段落可以缩减一半的篇幅而不损失信息。（试想第 1 章中提到的例子，If u cn rd ths...）。对于早期最简单的替换密码，这种冗余是其首当其冲的弱点。爱伦·坡知道，如果一份密文中的字母 z 比所有其他字母都多，那么字母 z 可能替换的就是字母 e，因为 e 是英语中出现频率最高的字母。同样，一旦字母 q 被破解了，字母 u 就手到擒来。密码破解者还会寻找反复出现的模式，因为它们可能对应着常用单词或常见字母组合，比如 the、and 或 -tion。为了进一步改进这种频度分析，密码破解者需要对字母的出现频率有更深入的了解，当年阿尔弗雷德·韦尔或塞缪尔·摩尔斯通过查看印刷工人的铅字盘得出的结论毕竟太过粗略。而在另一方面，密码制作者也设计了更为聪明的加密过程来克服这个缺点。他们通过不断变化替换的字母表，使得每个字母都存在多种可能的替换。这么一来，那些明显的、可辨识的模式就不见了。然而，只要密文还带有一丝模式的痕迹，无论它是某种形式、某种序列，还是某种统计规律性，那么在理论上，数学家就能找到突破口。

当时所有的密码系统都有一个共同点，那就是它们都要使用密钥。密钥可能是一个单词、一个短语、一整本书或甚至更复杂的东西。但不管是什么，它都是发送者和接收者都知道的一个字符的来源，是除了讯息之外双方所共享的知识。在德军的恩尼格玛密码系统中，其密钥是密码机的硬件设置，且设置每天都会变换。在布莱切利庄园的分析师必须每天分析经过全新方式替换后的文本的模式，重新找出对方所用的密匙。†而与此同时，香农则开始从最宏观、最一般和最理论的视角审视这个问题。这时，一个密码系统可以看作由以下几个部分构成：有限数量（虽然数目可能很大）的可能讯息、有限数量的可能密文，以及用于两者相互转换的有限数量的密钥，每个密钥都有相应的出现概率。以下是香农的示意图：

---

* "在不考虑统计结构的长度超过八个字母的情况下。"

† 恩尼格玛在理论上几乎是不可破解的，但在实际应用中，使用者的一些指令、习惯或失误等会提供一些蛛丝马迹。通过对比一些已知的明文（crib）与相应的密文，图灵的"炸弹"可以排除掉大量不可能的设置，而将需要进一步人工分析的数目减少到可处理的程度。——译者注

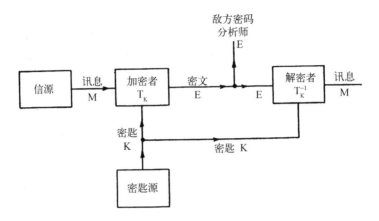

敌方密码分析师和解密者都试图得到同一个目标物：讯息。而香农借助数学和概率的语言，就把讯息的概念彻底从它的物理细节中抽象了出来。声音、波形等贝尔实验室的工程师通常要操心的事情，在香农的理论里变得无关紧要。讯息被看作一种选择，从一个集合中选择其中一个可选元素。在保罗·里维尔骑马报讯那晚，旧北区教堂上可选讯息的数量是二。而现如今，这个数量已经大到难以计数——不过对它仍然能够进行统计分析。

在对布莱切利庄园进行的类似工作毫不知情的情况下，香农构建起了一整套代数方法、定理和证明，使得密码学家首次拥有了一种严谨的手段，可以评估任意一套密码系统的安全性。香农也借此确立了密码学的许多科学原理。其中他证明了，完美密码是可能的——"完美"一词在这里的意思是，即便被敌方截获了无限长的讯息，它对密码破解也不会有更多帮助（"无论敌人截获了多少材料，他们的处境并不会比先前有所改善"[17]）。但有得必有失，香农同样证明了，完美密码的要求太过苛刻，导致它根本没什么实际用途。在完美密码中，所有密钥的出现概率必须相等，这样生成的实际上是一串随机的字符流，同时每个密钥只能使用一次，而且最糟糕的是，每个密钥都必须与整条讯息一样长。

也是在这篇机密报告中，几乎是不经意的，香农使用了一个自己之前从未用过的说法："信息论"。

要想为信息建立理论，香农首先要做的是去除其"意义"。这里的引号是香农自己的做法。他曾不无兴奋地提出："对于信息论的研究而言，讯息的'意义'基本上无关。"[18]

而香农之所以这样主张，是为了使自己的研究变得清晰明确：他需要把握住基础的"信息"概念。香农写道："这里的'信息'，虽然与这个词的日常意义有关，但不应该与其相混淆。"与之前的奈奎斯特和哈特利一样，香农也希望排除其中的"心理因素"，而集中注意在"物理"层面。然而，如果信息被剥除了语义内容，那么剩下的又是什么呢？对此，有几个可能的回答，而它们乍听之下都有点似非而是。信息是不确定性，是出人意料，是困难程度，是熵。

- "信息与不确定性密切相关。"反过来，不确定性可以通过统计可能讯息的数量加以度量。如果仅有一条可能讯息，那么这其中就不存在不确定性，因而也就不包含信息了。

- 有一些讯息出现的可能性比其他讯息要大，而信息意味着出人意料。出人意料其实讲的是概率。比如在英语中，如果紧跟在字母 t 之后的是字母 h，那么这其中的信息量就不大，因为字母 h 在此出现的概率相对较高。

- "其中重要的是，将讯息从一点传送到另一点的困难程度。"这或许听上去有点同义反复，就像用移动物体所需的力来定义质量一样。不过换个角度看，质量的确**可以**用这种方式定义。

- 信息是熵。这是各个说法当中最奇怪也最强大的一个。熵的概念早已有之，在研究热量和能量的热力学中，它被用来度量系统的无序程度。但对于这个概念，一直以来人们的理解有限。

在火控系统与密码学方面的工作之外，香农在整个战争期间都在苦苦思考这些隐隐约约的设想。他独自一人住在纽约格林尼治村的公寓里，与同事也几乎没有交往，因为他们都已经搬到了新泽西的新总部，而他却选择留在西街的旧办公楼。他不需要向别人解释自己在干什么，毕竟他在从事战争工作。这些工作也使他可以缓期服兵役，并且缓期一直延续到了战争结束后。贝尔实验室一直以来是清一色的男性世界，但在战争期间，计算部门尤其迫切需要称职的职员。由此，女性开始被招募进实验室，成长于纽约斯塔滕岛的贝蒂·摩尔（Betty Moore）就是其中的一员。在她看来，计算部门就像是为数学部门服务的打印池。一年后，她进入了微波研究组，在原纳贝斯克饼干公司的厂房工作，与实验室的旧办公楼隔街相对。微波研究组在二楼设计真空管，然后在一楼组装，克劳德·香农偶尔会过来闲逛。他和贝蒂在 1948 年开始约会，随后在 1949 年初结婚。也就是在那时，他成了人人都在谈论的科学家。

当时很少有图书馆订阅了《贝尔系统技术期刊》。因此，研究人员是靠口口相传的传统方式听说了《通信的数学理论》，也是靠直接写信给作者的传统方式才拿到了论文复印件。许多科学家会使用一种专门用于此类请求的特制明信片，于是越来越多这样的明信片便纷至沓来。并非人人都能读懂他的论文。对于许多工程师来说，论文中的数学内容太深了；而对于数学家来说，他们则对论文中的工程学背景缺乏了解。不过，时任洛克菲勒基金会自然科学部主任的沃伦·韦弗已经认识到了论文的意义。他告诉基金会的主席，香农之于通信理论的贡献，就如同"吉布斯之于物理化学"。[19]在战争期间，韦弗曾领导了政府的应用数学研究，对于火控项目以及电子计算机器的初期研究都很熟悉。1949 年，韦弗在《科学美国人》杂志发表了一篇不是很技术化的赞誉文章，介绍了香农的理论。随后在同一年，香农的论文和韦弗的文章被集结成书，以《通信的数学理论》（*The Mathematical Theory of Communication*）为题出版，这时其中原来带有谦逊意味的不定冠词被换成了更自负的定冠词。贝尔实验室的工程师约翰·罗宾逊·皮尔斯，见证了晶体管和香农论文的同期问世历程，用他的话来说，后者的"出现犹如颗炸弹，而且还有点像是颗延时炸弹"。[20]

外行人可能会认为，通信的基本问题是使自己的意图被人理解，是传递意义，但香农描绘的场景却大为不同：

> 通信的基本问题是，在一点精确地或近似地复现在另一点所选取的讯息。[21]

"点"是个经过精心选择的措词,它意味着,讯息的信源和信宿可以在空间或时间上相分隔,而且信息的储存,比如唱片,也可算是一种通信。同时,讯息并不是创造出来的,而是选取出来的。一条讯息就是一个选择,它可能是从一副牌里选出一张牌、从一千个三位数中选出一个数,又或是从一个确定的码本中选出一组词。当然,香农无法完全对意义视而不见,所以他在给意义赋予一个科学家的定义后,客气地把它请出了门:

> 这些讯息往往都带有**意义**,也就是说,根据某种体系,它们指向或关联了特定的物理或概念实体。但通信的这些语义因素,与其工程学问题无关。

然而,正如韦弗努力试图解释的,这不是一种狭隘的通信概念,恰恰相反,这样的概念包罗万象:"不仅涵盖了口语和书面语,还有音乐、图像艺术、戏剧、芭蕾,乃至事实上所有的人类行为。"其实还包括非人类:机器就没有讯息要传递吗?

香农的通信模型可以用一张简单的图来示意。这张图在本质上与他在那篇机密的密码学论文中提出的图是一样的,当然这并非巧合。

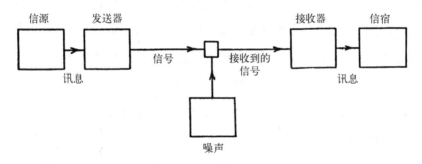

一个通信系统必须包含以下要素:

- **信源**是指产生讯息的人或机器。这里的讯息可以简单如一个字符序列,就像在电报或电传中的情形;也可以表达成时间及其他变量的数学函数,比如 $f(x, y, t)$。香农指出,在彩色电视这个复杂情形中,讯息就是由三维连续统定义的三个函数表示的。

- **发送器**"对讯息执行某种操作"（也就是，对讯息**编码**）以得到适当的信号。电话机将声压转换成模拟电流，电报将字符编码成点、划和停顿。更复杂的讯息可能会经过采样、压缩、量化和交错等操作。
- **信道**："传输信号所使用的媒介。"
- **接收器**执行发送器的逆操作，对讯息解码，或从信号中提取出讯息。
- **信宿**是位于另一端的"人（或物）"。

以日常交谈为例，信源、发送器、信道、接收器和信宿分别对应的是，说话者的大脑、说话者的声带、空气、听话者的耳朵和听话者的大脑。

在香农的示意图中，还有一个方格与其他要素同样显著，那就是**噪声**，毕竟这对工程师来说避无可避。这涵盖了一切会削弱信号的东西，有些事先可预测，有些则不可预测，比如多余的附加信号、明显的错误、随机干扰、静电、天电、干涉、失真等。香农将种种各不相同的通信系统大致分成了三类，一类是连续的，一类是离散的，还有一类是混合的。在离散系统中，讯息和信号由分立的个体符号组成，比如字符、数字或点划。但除了电报，当时的电气工程师每天面对的大多是连续系统，其中的讯息和信号是被视为连续函数。如果要想在一个信道上传递更多信息，工程师通常的做法是，增大信源的输出功率。不过，这个方法在远距离通信中会失效，因为一次又一次地放大信号，只会导致噪声的逐渐积累。

香农避免这个问题的办法是，把信号视为一串离散符号。这时，讯息发送者可以不通过增大信源的输出功率，而是通过使用额外的符号用于纠错，以此来克服噪声的干扰。这就像非洲的鼓手在进行远距离沟通时，他并不是更用力地去击鼓，而是为自己的言语增加额外的字词。香农认为，离散的情形在数学上更为基本。此外，他还考虑到了一点：把讯息视为离散的，这不仅可以应用在传统通信领域，还可以应用于另一个新兴的小众的领域，计算机器理论。

因此，他首先分析起了电报。精确说来，电报使用的并不只有点、划两个符号。在实际操作中，电报员使用了点（一个单位时间的"电路闭合"和一个单位时间的"电路断开"）、划（三个单位时间的电路闭合和一个单位时间的电路断开），以及两种停顿: 字符间停顿（一般是三个单位时间的电路断开）和词之间停顿（六个单位时间的电路断开）。这四个符号的出现位置和出现概率并不均等。比如, 一个停顿后面肯定不会跟另一个停顿, 而点、划可以跟在任何符号后面。对此, 香农用**状态**一词加以表述。所以电报有两种状态: 其一, 一个停顿在前, 这时接下来只允许出现点或划, 然后状态发生转变; 其二, 任何符号都允许出现, 并且状态只在遇到停顿时才发生转变。香农把这表示成了下图:

这套系统要远比简单的二元编码系统复杂, 但香农还是在论文中推导得出了该系统信息内容和信道容量的正确方程。随后, 他把注意力放到了讯息所使用语言的统计结构及其产生的效应上。正是由于语言中存在这种结构（字母 e 的出现频率比 q 高、字母组合 th 的出现频率比 xp 高, 诸如此类）, 我们得以借此节省所需的时间或信道容量。

> 这在电报中已经得到了有限的应用。人们用最短的序列, 一个点, 来代表英语中最常见的字母 E, 而用更长的点划序列来代表较罕见的字母 Q、X 和 Z。这种思想也在某些行业码本中被进一步发扬光大。它们用四五个字母的代码组表示一些常用的字词和短语, 从而大幅节省了平均时间。而现如今标准化的问候和祝福电报更将这种做法推到了把一两句话编码成一串相对简短的数字的程度。[22]

为了揭示讯息的统计结构, 香农借鉴了物理学中研究随机过程所用的方法论和术语。（物理学中随机过程的实例, 小的如布朗运动, 大的则如恒星动力学。香农就在论文中引用了天体物理学家钱德拉塞卡 1943 年发表在《现代物理学评论》上的经典论文。[23]）随机过程既不是决定论的（下一事件能被确定地计算出来）,

也不是完全随机的（下一事件完全不受约束），而是受一组概率支配。每个事件的概率，不仅取决于系统当前的状态，还可能取决于它此前的历史。如果把**事件**换成**符号**，那么像英语或汉语这样的自然的书面语言，就可以看成一个随机过程。量化后的语音或电视信号，也是一个随机过程。

　　然后香农对统计结构进行了更深入的研究。他考察了一条讯息可能会对接下来一个符号的出现概率产生多大影响。一种可能是没有影响，也就是说，每个符号各有其出现概率，但它不依赖于之前出现的内容。这是一阶的情形。在二阶的情形中，每个符号的出现概率仅依赖于前一个符号，但与更前面的符号无关。这么一来，每个双字符组合也各有其出现概率，比如在英语中，双字母组合 th 的出现概率就比 xp 高。三阶的情形对应三字符组合，依此类推。此外，在普通文本中，在单词的层面上进行考察，显然要比在字母层面上进行考察更适合，并且这时许多新的统计事实会产生影响。比如，在"黄色"一词之后的位置，有些单词的出现概率较高，而有些则几近于零。同样，在单词 an 后面，以辅音字母开头的单词的出现概率就极小。假如一个单词以字母 u 结尾，那么这个单词很可能是 you。而连续出现两个相同字母时，它们通常会是 ll、ee、ss 或 oo。另外，这样的结构还可以跨越很长的长度：在一条包含"母牛"一词的讯息中，即便后面间隔了许多其他字符，再次出现"母牛"一词的概率仍然相对较高。在香农看来，一条讯息就像一个动力系统，它的未来走向会受到过去历史的影响。

　　为了说明各阶结构之间的差异，香农写出了（实际上是计算出了）英语文本的一系列"近似"。他使用了一个包含二十七个字母的字母表，即二十六个拉丁字母再加上词之间的空格，然后借助一张随机数表，生成了一系列字符串。（他使用的是剑桥大学出版社刚出版的一份随机数表，其中收录了十万个随机数字，定价仅三先令九便士，而且"保证排列的随机性"。[24]）虽然随机数是现成的，但计算出这些字符串依然需要花很多力气。它们的样子看上去这样的：

- 零阶近似——完全随机的字符，其中不存在结构或依赖。

XFOML　RXKHRJFFJUJ　ZLPWCFWKCYJ　FFJEYVKCQSGHYD
QPAAMKBZAACIBZLHJQD.

- 一阶近似——每个字符与其他字符不存在依赖关系，各自的出现频率取在英语中的出现频率：字母 e 和 t 出现得较多，而 z 和 j 较少，且单词长度看起来也较接近现实。

OCRO HLI RGWR NIMIELWIS EU LL NBNESEBYA TH EEI ALHENHTTPA OOBTTVA NAH BRL.

- 二阶近似——不仅单个字母，双字母组合的出现频率也符合英语的情况。（香农从密码破解者所用的表格中，找到了所需的统计数据。[25] 英语中最常出现的双字母组合是 th，大致每千个单词出现 168 次，紧跟其后的是 he、an、re 和 er。还有相当数量的双字母组合的出现频率为零。）

ON IE ANTSOUTINYS ARE T INCTORE ST BE S DEAMY ACHIN D ILONASIVE TUCOOWE AT TEASONARE FUSO TIZIN ANDY TOBE SEACE CTISBE.

- 三阶近似——三字母组合也符合英语的情况。

IN NO IST LAT WHEY CRATICT FROURE BIRS GROCID PONDENOME OF DEMONSTURES OF THE REPTAGIN IS REGOACTIONA OF CRE.

- 一阶单词近似。

REPRESENTING AND SPEEDILY IS AN GOOD APT OR COME CAN DIFFERENT NATURAL HERE HE THE A IN CAME THE TO OF TO EXPERT GRAY COME TO FURNISHES THE LINE MESSAGE HAD BE THESE

- 二阶单词近似——双单词组合以英语中期望的频率出现，所以不会出现上例中 "A IN" 或 "TO OF" 的情况。

THE HEAD AND IN FRONTAL ATTACK ON AN ENGLISH WRITER THAT THE CHARACTER OF THIS POINT IS THEREFORE ANOTHER METHOD FOR THE LETTERS THAT THE TIME OF WHO EVER TOLD THE PROBLEM FOR AN UNEXPECTED .

这一系列字符串"看起来"像英语的程度越来越高。或者换用不那么主观的说法，打字员盲打这些字符串的速度会越来越快——这也反过来说明了，人们已经下意识地把语言的统计结构内化了。

如果有充足的时间，香农还可以实现更高阶的近似，只是其中所需的工作量会变得异常繁重。但这已经足以说明问题，即可以把一条讯息看成一个随机过程的结果，其中这个过程借助一组离散的概率生成了一系列事件。香农接下去要考虑的是，这个过程生成的信息量或信息生成的速率又是多少。假设每个可能事件的出现概率已知（用 $p_1, p_2, p_3, ..., p_n$ 表示），香农希望找到一种方式，度量"在生成一系列事件的过程中所涉及的'选择'有多少，或者对于结果我们有多么不确定"。[26] 这样，他将信息的量度（用 $H(p_1, p_2, p_3, ..., p_n)$ 表示）定义为了不确定性的量度。可能事件的出现概率可能相等，也可能不相等，但一般来说，选择越多意味着不确定性越高——信息越多。一个选择可能可以分解成若干前后相继、各有其概率的选择，这时这些概率需要能够可加。比如，某个双字符组合的出现概率，就是其中两个符号各自出现概率的加权总和。在各可能事件的出现概率相等的情况下，每个符号传达的信息量就是可能符号的数目的对数，也就是奈奎斯特和哈特利提出的公式：

$$H = n \log s$$

而对于更接近现实的出现概率不相等的情况，香农提出了一个优雅的方法，解决信息的量度是概率的函数的问题，即对概率取对数后（以 2 为底最为方便）进行加权求和。这计算的是讯息不可能性的对数的均值，也就是意外程度的量度：

$$H = -\sum p_i \log_2 p_i$$

其中 p_i 是可能讯息的出现概率。香农指出，我们会一再得见这个形式："作为信息、选择和不确定性的量度，这个形式的量将在信息论中占据核心地位。"的确如此，H 无处不在，而它通常被称为讯息的熵、香农熵，或干脆，信息。

这时需要一个新的单位。香农说："如果以 2 为底，相应结果的单位可以称为二进制数字（binary digit），或简称为比特（bit）。"[27]作为信息最小的可能取值，1 比特代表掷硬币猜正反面时的不确定程度。掷硬币的结果有两种可能，且出现概率相等：在这里，p_1 和 p_2 都等于 ½，而 ½ 以 2 为底的对数值是−1，因此，H 的值是 1 比特。而从包含 32 个字符的字母表中随机挑选的一个字符，它的信息量就要多一些：5 比特，具体来说，这是因为可能讯息的数目为 32，而 32 以 2 为底的对数值是 5。由 1000 个这类字符组成的字符串则包含 5000 比特的信息——这不只是简单的乘法，也是因为信息量表示的是不确定程度，也就是可能选择的数目：1000 个从包含 32 个字符的字母表中随机选出的字符，可能组成的讯息数目为 32^{1000}，而这个数以 2 为底的对数值是 5000。

也正在是这里，自然语言的统计结构又重新发挥了作用。如果已知这条千字讯息是英语文本，那么可能讯息的数目就会减少，而且是**大为**减少。在统计结构的长度不超过八个字母的情况下，香农估计，英语内在的冗余度约为 50%，讯息中每个字母所含的信息量大致只有 2.3 比特，到不了 5 比特。如果考虑更大范围的统计效应，扩展到句和段落的层面，香农估计的冗余度进一步升高到了约 75%——不过他也警告，随着长度增加，这种估算会"波动得更剧烈，不确定性更大，且更严重地依赖于所涉及的文本类型"。[28]香农使用了一种度量冗余度的新方法，那就是对人类受试者进行心理学测试。虽然这是种粗略的经验观察，但这种方法"充分利用了一个事实，即每个语言使用者天然都拥有对于所用语言的统计特征的丰富知识"。

> 由于熟悉单词、习语、套话和语法，所以他能在校对时自动补上遗漏或错误的字母，或在对话中自动补全未说完的短语。

这里的"他"或许应该改成"她"，因为实际上他的测试对象正是自己的妻子贝蒂。他从书架上抽出一本书（根据文字可知这是雷蒙德·钱德勒的短篇侦探小说集《简单的谋杀艺术》），随机指向一个短小段落，要贝蒂逐个猜段落里的字母。如果猜错了，他会告诉她正确答案，并让她接下去继续猜。当然，她知道的内容越多，猜对的几率就越大。在猜过"A SMALL OBLONG READING LAMP ON THE"后，她猜错了第一个字母。但得知这个字母是 D 以后，她毫不费力地猜对了接下去三个字母。*香农注意到："不出所料，错误最常出现在单词和音节的开头处，因为思路在这些地方有更多分岔的可能。"

以这种方式来量化可预测性和冗余度，其实是以另一种方式度量信息内容。如果一个字母能根据先前的内容猜出来，那么它就是冗余的；既然它是冗余的，那么它就没有提供新的信息。如果英语的冗余度是 75%，那么一条包含一千个字母的英语讯息所承载的信息量，就只有由一千个随机选择的字母所构成的讯息的25%。尽管这听上去像是悖论，但随机讯息的确承载了**更多**的信息量。这也意味着，自然语言的文本可以被更有效地编码，以便于传输或存储。

为此，香农展示了这么一种适用于无噪信道的算术编码实现，这个算法充分利用了不同符号之间的概率差异。他还在论文中得出了一系列惊人的基本结论。其中一项发现是关于信道容量的一个公式，信道容量是任何信道的信息传输速率的上限（现在也直接被称为香农限）。他的另一项发现是，只要信息传输速率没有超出该上限，那么总是存在一种纠错编码方案，可以克服任何程度的噪声，使得错误概率任意小。虽然发送者可能需要越来越多的比特用来纠错，并使传输速率越来越慢，但讯息最终总能完成传送。不过，香农并未指出如何设计这样的编码方案，只是证明了这种方案是可能的，因而也开辟了后来计算机科学一个新的分支。香农的同事罗伯特·费诺（Robert Fano）在多年后回忆道："使得错误概率任意小？从没有人这样想过。我不知道他是如何得到了这个洞见，而他又是如何使自己相信这件事是可能的。但现如今，几乎所有的现代通信理论都是基于他的这项工作。"[29]无论是消除冗余以提升效率，还是增加冗余以纠正错误，编码方案的设计都要依赖于针对语言统计结构的知识。信息与概率密不可分。1 比特，从根本上说，就是一次掷硬币。

如果说掷硬币的两种可能是表示 1 比特的一种方式，那么香农也提供了一个更实用的硬件例子：

---

* 指 DESK（桌子）一词。这句话大意为"一盏椭圆形小阅读灯在桌子上"，取自小说集中的短篇小说《午街取货》。——译者注

一个具有两个稳态的设备，如继电器或双稳态触发器电路，可以储存 1 比特信息。N 个此类设备就可以存储 N 比特，因为可能状态的总数为 2^N，而 $\log_2 2^N = N$。

香农曾见过此类设备被组合在一起，比如继电器阵列，它们可以储存数百、乃至数千比特的信息。这个数目在当时看来已然很巨大了。在论文即将完成时，有一天香农闲逛到了同事威廉·肖克莱（William Shockley）的办公室。当时肖克莱三十多岁，正带领着固态物理学组，忙于寻找可取代真空管的固态设备。在肖克莱的桌上，有个很小的原型产品，一片半导体晶体。肖克莱告诉香农："这是一个固态放大器。"[30]当时，这东西还没起名。

1949 年夏的一天（那时《通信的数学理论》单行本还尚未出版），香农用铅笔在一张笔记本活页上，自上而下画了一条竖线，并在旁边依次写下了 10 的幂，从 10^0 到 10^{13}。他将这条坐标轴命名为"比特存储容量"。[31]然后，他开始列举一些可用来"储存"信息的东西。机械加法机上的数轮，只能储存十个十进制数字，也就是 3 比特多一点。在 10^3 下方，香农写上了"打孔卡片（所有可能配置）"。在 10^4 处，他安放的是"单行距打字的页面（32 种可能符号）"。而在 10^5 附近，他写下了不同寻常的东西："人类的基因构成"。这种科学思考在当时可谓史无前例，要知道詹姆斯·杜威·沃森（James D. Watson）那时 21 岁，还只是印第安纳大学动物学系的学生，而 DNA 结构的发现还要再等上几年。这是首次有人提出，基因组是个信息仓库，并可用比特来度量。不过，香农的猜测太保守了，低了起码四个数量级。当时他认为"留声机唱片（128 级）"都能存储更多信息，达到了约 300 000 比特。在 10^7 级别的是一本厚厚的专业期刊（《无线电工程师学会学报》），在 10^9 级别的则是《不列颠百科全书》。香农估计，一小时的电视节目大约有 10^{11} 比特信息，而一小时的"彩色电影"就要超过 10^{12} 比特。最后，就在表示 10^{14} 的铅笔标记之下，香农写下了他所能想到的最大的信息仓库：美国国会图书馆。

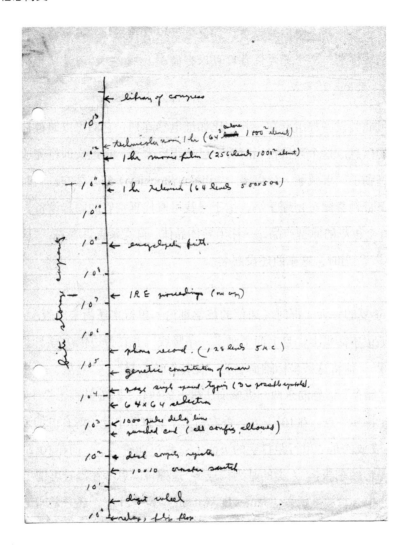

注释

[1] Jon Barwise, "Information and Circumstance," *Notre Dame Journal of Formal Logic* 27, no. 3 (1986): 324.

[2] Shannon interview with Robert Price: "A Conversation with Claude Shannon: One Man's Approach to Problem Solving," *IEEE Communications Magazine 22* (1984): 125; cf. Alan Turing to Claude Shannon, June 1953, Manuscript Division, Library of Congress.

[3] Andrew Hodges, *Alan Turing: The Enigma* (London: Vintage, 1992), 251.

[4] Max H. A. Newman to Alonzo Church, 31 May 1936, quoted in Andrew Hodges, *Alan Turing*, 113.

[5] Alan M. Turing, "On Computable Numbers, with an Application to the *Entscheidungsproblem*," *Proceedings of the London Mathematical Society* 42 (1936): 230–265.

[6] Kurt Gödel to Ernest Nagel, 1957, in *Kurt Gödel: Collected Works*, vol. 5, ed. Solomon Feferman (New York: Oxford University Press, 1986), 147.

[7] Letter from Alan Turing to his mother and father, summer 1923, AMT/K/1/3, Turing Digital Archive, http://www.turingarchive.org.

[8] Alan M. Turing, "On Computable Numbers," 230–265.

[9] "On the Seeming Paradox of Mechanizing Creativity," in Douglas R. Hofstadter, *Metamagical Themas: Questing for the Essence of Mind and Pattern* (New York: Basic Books, 1985), 535.

[10] "The Nature of Spirit," unpublished essay, 1932, in Andrew Hodges, *Alan Turing*, 63.

[11] Herbert B. Enderton, "Elements of Recursion Theory," in Jon Barwise, *Handbook of Mathematical Logic* (Amsterdam: North Holland, 1977), 529.

[12] Alan Turing to Sara Turing, 14 October 1936, quoted in Andrew Hodges, *Alan Turing*, 120.

[13] "Communication Theory of Secrecy Systems" (1948), in Claude Elwood Shannon, *Collected Papers*, ed. N. J. A. Sloane and Aaron D. Wyner (New York: IEEE Press, 1993), 90.

[14] Ibid., 113.

[15] Edward Sapir, *Language: An Introduction to the Study of Speech* (New York: Harcourt, Brace, 1921), 21.

[16] "Communication Theory of Secrecy Systems," in Claude Shannon, *Collected Papers*, 85.

[17] Ibid., 97.

[18] "Communication Theory—Exposition of Fundamentals,"*IRE Transactions on Information Theory,* no. 1 (February 1950), in Claude Shannon, *Collected Papers*, 173.

[19] Warren Weaver letter to Claude Shannon, 27 January 1949, Manuscript Division, Library of Congress.

[20] John R. Pierce, "The Early Days of Information Theory," *IEEE Transactions on Information Theory* 19, no. 1 (1973): 4.

[21] Claude Elwood Shannon and Warren Weaver, *The Mathematical Theory of Communication* (Urbana: University of Illinois Press, 1949), 31.

[22] Ibid., 11.

[23] "Stochastic Problems in Physics and Astronomy," *Reviews of Modern Physics* 15, no. 1 (January 1943), 1.

[24] M. G. Kendall and B. Babington Smith, *Table of Random Sampling Numbers* (Cambridge: Cambridge University Press, 1939). 肯德尔和史密斯使用了一种"随机化机器"———一个圆盘被平均分成十份，上面分别标有十个数字；在圆盘转动过程中，一个霓虹灯会不时地闪烁，让人看清指针刚好所对应的数字。最早的随机数表由 L. H. C. 蒂皮特在 1927 年出版。他从当时的普查报告中取出了 41 600 个数字，并将其组成了 10 400 个四位数。但当时也有

人认为这样的机器没有必要："在现代社会中，似乎没有必要专门建造一种随机化机器，因为社会生活的许多方面都具有随机性……因此，阅读街上行驶车辆的车牌数字就能构建出足够日常使用的随机数表，因为尽管车辆是顺序编号的，但它们在街上是以非顺序的方式行驶。当然，比如阅读车牌数字的人每天都能看到史密斯先生的车总是停在 49 号楼前，像这样明显的错误要排除掉。"Frank Sandon, "Random Sampling Numbers," *The Mathematical Gazette* 28 (December 1944): 216.

[25] Fletcher Pratt, *Secret and Urgent: The Story of Codes and Ciphers* (Garden City, N.Y.: Blue Ribbon, 1939).

[26] Claude Elwood Shannon and Warren Weaver, *The Mathematical Theory of Communication*, 18.

[27] 香农随即补充道："这个说法最早由约翰·怀尔德·图基提出。"统计学家约翰·图基，在普林斯顿大学求学时曾是理查德·费曼的室友，在"二战"结束后曾在贝尔实验室工作过一段时间。

[28] Claude Shannon, "Prediction and Entropy of Printed English," *Bell System Technical Journal* 30 (1951): 50, in Claude Shannon, *Collected Papers*, 94.

[29] Quoted in M. Mitchell Waldrop, "Reluctant Father of the Digital Age," *Technology Review* (July–August 2001): 64–71.

[30] Shannon interview with Anthony Liversidge, *Omni* (August 1987), in Claude Shannon, *Collected Papers*, xxiii.

[31] Handwritten note, 12 July 1949, Manuscript Division, Library of Congress.

第 8 章
信息转向
（形成心智的基本要素）

将信息论应用于超出其原本意图的领域，很可能是件危险的事情，但我想危险恐怕也阻止不了人们这样做的热情。

——J. C. R. 利克里德（1950）[1]

大部分数学理论都是慢慢成形的，香农的信息论却如雅典娜一样，甫一问世便已成熟。不过，香农和韦弗的小书在 1949 年出版时，并没有引起公众足够的关注。第一篇书评来自数学家约瑟夫·利奥·杜布。他抱怨，整个讨论"暗示"的意味多于数学推导，并且"作者运用数学的动机并不总是那么正大光明"。[2]一份生物学期刊评论道："乍看之下，这主要是本工程学专著，对于解决人类实际问题用处不大，或甚至根本没用。但事实上，该理论具有许多相当令人振奋的意涵。"[3]《哲学评论》称，哲学家不应忽视这本书："香农提出了一个'信息'的概念，并且令人惊讶的是，这个概念竟然是热力学中'熵'概念的延伸。"[4]而其中最奇怪的评论来自 1950 年 9 月的《今日物理》（*Physics Today*），文章作者是麻省理工学院的诺伯特·维纳。这篇只有五段话的文章很难称得上是一份书评。

一开篇，维纳讲述了一则略带倚老卖老意味的轶事：

大约十五年前，一名非常聪明的年轻学生向麻省理工学院的教授提出了自己的一个设想，试图建立一种基于逻辑代数的电动开关理论。这名学生就是克劳德·香农。

维纳接着说，在这本书中，香农（与韦弗一起）"总结了他对于通信工程的见解"。

维纳认为，香农提出的基本思想是"把信息量视为负熵"，并随即补充道，他本人（"本书评作者"）也几乎在同一时间产生了相同的见解。

维纳声称，虽然香农的研究"独立于我的研究，但它从一开始就与我的研究紧密联系，并有着相互影响"。他还提到，通信理论与统计力学之间的类比初看上去有点牵强，但对于"我们当中那些已经试图将这个类比延伸至麦克斯韦妖研究的人来说"，它是个物理事实。但对此，他补充道，相关研究还任重道远。

维纳进而指出，香农对于语言的讨论没有给予语言在人类神经系统内的通信过程（"神经接收并传递语言到大脑"）以更多重视。不过，他也强调："我这样说，并不是为了吹毛求疵。"

最后，维纳用一整段文字介绍了另一本新书："我自己的《控制论》"。他认为，这两本书是一个必将迅猛发展的领域中最早的两声欢迎礼炮。

> 而在我的书中，作为作者，我有幸能从更思辨的角度，讨论比香农和韦弗博士所选的更广阔的话题。我希望重申，在一个新领域……不仅有空间，而且也确实需要种种在现实性或思辨性上各具特色的著作。

他之所以向这两位同人致以了敬意，恰是因为他们独立且精彩的工作殊途同归，归到了自己的控制论上。

其实，香农此前已经在《无线电工程师学会学报》上针对维纳的书写过一篇短评，虽是赞赏，但程度可谓轻淡：这是一本"出色的导论"。[5]两人的关系有点紧张，这从《通信的数学理论》中韦弗文章开头的一个大段脚注中就能感觉得到：

> 香农博士强调，他的通信理论在基础哲学原理方面颇多受益于诺伯特·维纳教授。另一方面，维纳教授也指出，香农在开关和数理逻辑方面的许多早期研究是在他对该领域产生兴趣之前，并且他大度地补充道，

引入熵的思想，将之作为该理论的基本思想，确实是香农一个人的功劳。

香农的同事约翰·罗宾逊·皮尔斯后来写道："维纳当时满脑子里都是他自己的研究……一些有识之士曾告诉我，维纳误以为自己早已得出了香农所得到的结论，但其实他从来都没得出过。"[6]

控制论（cybernetics），作为一个新创词、一个日后的热门词、一块全新的研究领域、一场将来的哲学运动，是由维纳这位聪明过人又锋芒毕露的思想家凭一己之力所构想出来的。维纳借用的是希腊语中的"舵手"（κυβερνήτης, kubernites）一词［英语中的 govern（治理）一词也源自于此，显然这并非巧合］。[7]维纳的控制论意在整合通信和控制的研究，乃至人类和机器的研究。在他身为哈佛教授的父亲培养和宣扬下，诺伯特·维纳年少成名，享有神童之誉。年仅十四岁时，他就登上了《纽约时报》的头版："一个被他的朋友们自豪地誉为世界上最聪明男孩的小伙子，下个月就将从塔夫茨学院毕业……除了学习能力过人之外，诺伯特·维纳与其他男孩一般无二……他那双深邃的黑色眼睛是他最引人注目的特征。"[8]而在撰写自己的回忆录时，维纳也总是会在书名中加上**神童**两字，如《昔日神童：我的童年与青年时代》和《我是数学家：一个神童后来的生活》。

从塔夫茨学院（数学专业）本科毕业后，维纳先后到了哈佛大学研究生院（动物学专业）和康奈尔大学（哲学专业）深造。然后在回到哈佛取得博士学位后，他又动身前往英国剑桥大学，师从罗素本人，研究符号逻辑和《数学原理》。不过，罗素对维纳并不是全然欣赏，他曾在给友人的信中写道："我这来了个名叫维纳的神童，十八岁，哈佛大学博士……这孩子被惯坏了，以为自己是全能的上帝——我俩之间总是在暗暗较劲究竟谁该教谁。"[9]而维纳对罗素也不无反感："他冷酷如冰山。他的思维给人感觉就像一部敏锐、冷酷而狭隘的逻辑机器，这部机器会将宇宙切成整齐划一的小块，比如长宽高正好三英寸。"[10]回到美国后，维纳从1919年开始在麻省理工学院执教，与万内瓦尔·布什恰在同一年。1936年，香农到麻省理工学院深造时，还上过维纳的数学课。随着战争阴影的逼近，维纳是最早一批加入了机密的高射炮火控系统研究的人。

诺伯特·维纳（1956 年）

　　他身材矮胖，留着山羊胡，头戴厚厚的眼镜。相较于香农的火控研究是深入到研究噪声中的信号，维纳则是一直专注于研究噪声，比如雷达接收器上密集的波动、飞行路线变幻莫测的偏差等。按他的理解，这些噪声在统计上与布朗运动相似。布朗运动是一种"极其活跃而又完全杂乱无章的运动"，最早在 17 世纪由列文虎克通过显微镜观察到。在 20 世纪 20 年代，维纳曾对布朗运动有过深入的数学分析。当时他被这种不连续性所吸引，因为不仅是微粒轨迹，而且数学函数也表现异常。他把这称作"离散混乱"（discrete chaos），chaos 这个术语则还要再过几代人的时间才会被人们很好地理解。*在火控系统的研究中，相较于香农在贝尔实验室研究组中所做的不太大的贡献，维纳与其同事朱利安·比奇洛（Julian Bigelow）则一起完成了一份极为知名的 120 页专著。它一度被列为机密，并被数

---

　　*　这里的 chaos 与 20 世纪 70 年代兴起的混沌理论（chaos theory）中的 chaos 并不完全相同。后者指
　　　的是对初始条件极其敏感的动力系统的行为，最早由詹姆斯·艾伦·约克和李天岩在 1975 年提出。
　　　前者则描述的是一种随机、混乱的状态。——译者注

十个有权查阅该书的人称为"黄祸"，这不仅是由于它有一个黄色封面，还由于它的内容艰深难懂。在这份正式标题为《平稳时间序列的外推、内插与平滑化》（*Extrapolation, Interpolation, and Smoothing of Stationary Time Series*）的研究中，维纳发展了一种统计方法，用以根据有噪声、不确定和有失真的历史数据预测未来。这种方法超出了当时武器的能力范围，但维纳还是在布什的微分分析机上进行了测试。在他的设想中，高射炮及其炮手、目标飞机及其驾驶员，双方都是人和机器的混合体，相互要预测对方的行为。

香农是沉默寡言，维纳则老于世故。他游历广博，通晓多国语言，雄心勃勃且关注社会。他对科学的热情完全是发自内心，这从他对热力学第二定律的表述中就可见一斑：

> 我们所做的是在奔向无序的巨流中努力逆流而上，否则它将使一切最终陷于热力学第二定律所描绘的平衡和同质的热寂当中……这种物理学上的热寂在克尔凯郭尔的伦理学中有个对应物，也就是我们所生活的混乱的道德宇宙。在其中，我们的主要使命就是建立起一块块具有秩序和体系的独立领地。但这些领地在我们建立起来后并不会就一直延续下去。正如《爱丽丝镜中奇遇》里的红皇后所说的，我们只有全力奔跑，才能留在原地。[11]

维纳很关心自己在人类思想史上的地位，并且志存高远。他在回忆录中写道，控制论是"一种对人类，对人类关于宇宙和社会的知识的全新阐释"。[12]香农把自己视为数学家和工程师，维纳则认为自己首先是个哲学家，甚至从火控系统的研究中，他也能得出关于目的和行为的哲学结论。如果把"行为"的定义巧加改动（"实体针对环境所做的任何变化"[13]），那么除了动物，这个词也能拿来描述机器。为实现某个目标而采取的行为具有目的性，而目的有时是出自机器本身，而非机器的人类操作员：比如，一种配备目标搜寻机制的鱼雷。"'伺服机制'一词正是用来称呼那些能实行具有内在目的性行为的机器。"其中的关键是控制，或自我调节。

　　为了对此进行有效分析，维纳从电气工程中借用了一个不常用的概念："反馈"，即使能量从电路的输出端返回至其输入端。在正反馈的情形中，比如把扩音器输出的声音通过麦克风再次放大，它最终会使系统失去控制。但在负反馈的情形中，比如用于控制蒸汽机的早期机械离心式调速器（詹姆斯·克拉克·麦克斯韦最早对此进行了分析），它却能将系统导向均衡，这时它起到了维持稳态的作用。反馈可以是机械的：离心式调速器旋转得越快，其悬臂就伸展得越宽；反过来，悬臂伸展得越宽，其旋转就势必越慢。反馈也可以是电气的。但无论是哪种方式，信息都是整个过程中的关键。比如，高射炮火控系统的关键是，有关飞机坐标以及有关高射炮自身上一个位置的信息。正如维纳的朋友比奇洛所强调的，对于上一个行动的结果，重要的"不是如能量、长度或电压之类的具体物理量，而是信息（无论其以何种途径传递）"。[14]

　　维纳意识到，负反馈肯定无所不在。比如在手眼协调中，负反馈引导着神经系统，才能让人完成普通如拾起一支铅笔的动作。因此，他特别关注影响肢体协调或语言表达的神经失调，认为这正是信息反馈机制出错的具体情形：比如各种运动性共济失调，就是由于感官讯息或在脊髓处被阻断，或在小脑处被误读所致。维纳对此的分析深入细致，也很数学化，甚至列出了方程，而这在神经学领域几乎是前所未闻的。与此同时，反馈控制系统也被逐渐引入工厂装配线，毕竟机械系统也同样能修正自身行为。反馈成了名副其实的治理者、舵手。

　　就这样，"控制论"成了维纳首部著作的主书名，副书名则是"或关于在动物和机器中控制和通信的科学"。该书在1948年秋在美国和法国出版，而令出版社吃惊的是，这样一部充斥着概念和分析的作品竟然出人意料地成了当年的畅销书，连美国的大众新闻杂志《时代》周刊和《新闻周刊》都对它进行了专题报道。事实上，维纳的控制论适逢其时，因为当时一样新事物正开始进入公众的视线，那就是计算机器。随着战争的结束，首批为战争上马的电子计算工程也揭去了神秘面纱，尤其是在宾夕法尼亚大学电气工程学院的埃尼阿克（ENIAC）。这是个重近三十吨、长近三十米的庞然大物，由众多真空管、继电器和手焊线路组成，能够对最多二十个十进制数进行存储和乘法操作，曾被美军用来计算火炮射表。国际商用机器公司（IBM）除了为军事工程提供打孔卡片制表机外，也在哈佛大学建造了一部巨型计算机器——马克一号（Mark I）。而在英国的布莱切利庄园，密码破解者们建造了多部称为巨像（Colossus）的真空管计算机器，但它们在战后多年依然是高度机密。阿兰·图灵在曼彻斯特大学也在建造类似的机器。所以当公众得知这些机器的情况后，他们自然而然会将它们想象成"大脑"。所有人都在问同一个问题：这些机器能思考吗？

"它们正以令人恐惧的速度成长，起初只是以快如闪电的速度求解数学方程，现如今却已经开始像真正的机械大脑那样运作。"[15]而维纳的研究进一步鼓励了这种遐想，《时代》周刊在当年的年终版中继续说道：

> 在维纳博士看来，没有理由认为机器不能从经验中学习，就像许多大个早熟的孩童在文法学校中成绩会突飞猛进一样。一个这样的机械大脑，一旦通过存储经验而变得成熟，它就可能足以经营一整个产业，不仅会取代机械师和职员，甚至还会取代许多管理人员……
>
> 维纳解释道，随着人类建造出性能更优越的计算机器，随着他们对自己大脑的探索更为深入，这两者看上去会越来越相似。他认为，人类是在依照自己的形象来重建一个新的自己，只不过这次是把体积放大了很多倍。

维纳的著作，尽管曲奥难读，但仍取得了巨大的成功，而这很大一方面要归功于，他总是使自己的关注点最终落回人类身上，而非机器身上。相较于计算兴起本身（毕竟他的研究与此关联不多），维纳对于计算对人类的可能影响更感兴趣。他深切关注如精神失调、机械假体，以及智能机器兴起可能引致的社会失序等问题。他担忧，智能机器将使人的大脑贬值，就像工业机器已经使人的双手贬值一样。

在"计算机器与神经系统"一章中，维纳深入探讨了人与机器的相似处。首先，他区分了两种类型的计算机器：模拟与数字（不过他并没有使用这样的用语）。前者（比如布什的微分分析机）使用连续尺上的度量来表示数，他称之为模拟（analogy）机器。后者，他称之为数值（numerical）机器，则使用直接、精确的方式来表示数，就像机械计算器里的情形。在理想状况下，为简单起见，数值机器可以采用二进制数字系统。而如果要进行更复杂计算的话，它们还要用到某种形式的逻辑。何种形式的逻辑呢？香农早在 1937 年的硕士论文中就已经回答了这个问题，而现在维纳也给出了相同的答案：

> 逻辑代数，又称布尔代数。与二进制算术一样，这种算法也是基于二分法，即**是**或**否**的选择，属于某类或不属于某类的选择。[16]

维纳认为，人的大脑至少部分可以被视为一部逻辑机器。计算机有继电器（无论是机械的、机电的，还是完全电动的），大脑则有神经元。这些神经细胞在任意给定时刻都处在以下两种状态之一：动作（点火）或静息（休止）。因此，它们可以被视为双稳态继电器。神经元彼此连接，形成大型阵列，其接触点称为突触。讯息就在神经网络中传递。为了储存讯息，大脑有记忆功能，而计算机器也同样需要被称为记忆体的物理存储器。（维纳很清楚，这只是对该复杂系统的一种简化描述。还有其他类型的讯息，它们更多的是模拟而非数字讯息，似乎是通过激素以化学方式传递的。）他还提出，像"神经崩溃"这样的功能失调在电子学中也可能找到对应物，比如对应于"神经系统中交通拥堵和过载问题"[17]的数据过载。因此，计算机器的设计师可能需要为不合时宜的数据过载预先准备应对方案。

此外，大脑和电子计算机在执行逻辑运算时都需要大量能量。这些能量"被消耗、转化成了热量"，并被血液或通风和冷却设施带走。但这其实都无关紧要，维纳指出："机械大脑并不会像过去的唯物论者所主张的'如同肝脏分泌胆汁'那样分泌出思想，也不会像肌肉发出动作那样以能量的形式发出思想。信息就是信息，既不是物质也不是能量。不承认这一点，唯物主义在今天就站不住脚。"

接下来是一段群情激昂的时期。

"我们再度进入了一个科学进步的黄金时代——就像当初的前苏格拉底时代。"[18]美国神经生理学家沃伦·麦卡洛克在一次会议上对与会的英国哲学家们这样宣称道。他还告诉他们，聆听维纳和冯·诺伊曼等人就现代计算机器诸问题进行的讨论，使人恍惚置身于古代先贤的辩论当中。他认为，一种关于通信的新物理学已经诞生，形而上学也将因此发生根本的改观："科学史上头一回，我们明白了自己是如何进行认知的，因而我们能够清楚地将其表述出来。"不过，他所指明的道路在当时无异于离经叛道，因为他所设想的这个明白人是一部计算机器，其大脑由多达上百亿个继电器组成，其中每一个都从其他继电器那里接收信号并将其传递出去。信号会被加以量化：它们或者发生，或者未发生。因此，世界的构成材料再一次被证明是德谟克利特的原子："在虚空中随意晃荡的不可分之物、最小之物。"

> 它所在的是一个赫拉克利特的世界，永远"在变动"。我并不仅仅是指每一个继电器本身都在永恒的活火中时刻消亡又再生，我也是指，每一个继电器的工作都与信息相关——信息通过许多渠道进入它，在其中穿行流转，最后再次回到世界中。

而这样的思想之所以有机会进行跨学科的交流，这在很大程度上要归功于麦卡洛克，他就像一部推动交流、融合的发电机。战争刚结束不久，他就在位于纽约公园大道的比克曼酒店筹办了一系列会议（1946 年至 1953 年）。会议得到了小乔赛亚·梅西基金会的资助，该基金会由这位 19 世纪来自楠塔基特岛的捕鲸船长的后代所创立。当时，一大批科学几乎在同时进入了成熟阶段：其中有些是所谓社会科学，如人类学和心理学，它们正试图为自己寻找新的数学基础；有些是有着混合名称的医学分支，如神经生理学；还有一些则还不完全称得上是科学，如精神分析。麦卡洛克邀请了所有这些领域的专家，当然还有数学家和电气工程学专家。他创立了一种诺亚方舟原则，即从每个领域邀请两名专家，这么一来，主讲者的行话就总有在场的人能完全领会。[19]会议的核心成员包括，著名的人类学家玛格丽特·米德（Margaret Mead）和当时还是她丈夫的格雷戈里·贝特森（Gregory Bateson），心理学家劳伦斯·弗兰克（Lawrence K. Frank）和海因里希·克吕弗（Heinrich Klüver），以及一对受人尊敬、但有时相互也会针锋相对的数学家——维纳和冯·诺伊曼。

米德在会上使用别人看不懂的速记符号做纪要，而在首场会议上，她甚至在激烈的讨论中咬碎了一颗牙齿而不自知，直到会后才发觉。维纳则在会上宣称，所有这些科学，尤其是社会科学，说到底研究的都是通信，因而它们共有的一个概念就是**讯息**。[20]会议一开始有个冗长的名称："生物和社会系统中的循环因果和反馈机制会议"。后来，出于对维纳的敬意，也是为了借助他当时的盛名，会议名称改为了"控制论会议"。在各次会议上，"信息论"这个新潮、拗口、又有些可疑的术语被人们反复使用。在有些学科中，这个术语用起来比较契合，有些就差一点。但对于信息在各自世界观中应处于怎样的位置，人们当时还没有清晰的概念。

情况在 1950 年 3 月 22 日至 23 日举办的那次会议上有了转机。第一位主讲人是来自芝加哥大学医学院的神经科学家拉尔夫·杰勒德（Ralph Gerard）。他首先称赞了历次会议的成功："会议主题和与会阵容引发了外界的极大兴趣，几乎成了一次席卷全国的热潮。许多知名的科学杂志，如《时代》周刊、《新闻周刊》和《生活》杂志，都对此有连篇累牍的报道。"[21]在众多报道中，他可能特别指的是《时代》周刊年初一篇关于维纳的封面报道，题为《思考机器》，其中写道：

> 维纳教授是一只翱翔在数学及其邻近领域的矫健的海燕（不过他看上去倒更像只粗壮矮小的海鹦）……在书中，维纳夹杂着警告和喜悦呐喊道，这些伟大的新型计算机……昭告了一门全新的通信和控制科学的诞生，并且他及时地将之命名为"控制论"。维纳指出，最新的一批机器无论从结构或功能上看，都已经与人脑十分相似了。虽然目前它们还不具备感官或"效应器"（如四肢），但为什么不给它们加上呢？

杰勒德承认，自己从事的领域正深刻地受到来自通信工程的新思维方式的影响，比如由此将神经冲动不仅视为一个"物理-化学事件"，而且视为一个符号或信号。向"计算机器和通信系统"取经很有用，但这样做无疑也存在危险性：

> 如果像大众媒体所说，这些机器就是大脑，而我们的大脑也不过是计算机器，这种说法未免草率。倘若这样的话，我们也可以说，望远镜

就是眼睛，而推土机就是肌肉了。[22]

对此，维纳觉得有必要作出回应："我无力阻止这些报道的面世，但我确曾尝试要求这些报道在表述上保持克制。不过，对于他们在报道中使用的'思考'一词，我还是觉得不应该全盘否定。*"[23]

杰勒德的讲演主旨是讨论人的大脑（其中神经元之间的架构错综复杂，树突的分支盘根错节，而且相互的复杂交互在"化学汤"中此起彼伏）能否被恰当地界定为模拟的或数字的。[24]格雷戈里·贝特森立即打断了主讲人，表示不太明白数字的与模拟的之间的区别。这可是个根本性的问题。杰勒德强调，他本人对此的理解要归功于"先前在这块场地上得到的专家指教，尤其是来自约翰·冯·诺伊曼的"（当时，冯·诺伊曼本人就坐在下面听讲），不过他还是决定班门弄斧，尝试进行一下区分。模拟的就像计算尺，数用间距来表示；而数字的则像算盘，算珠要么被计数，要么不被计数，没有介于两者之间的状态。同样，用来调节光线的变阻器是模拟的，而墙上的开关则是数字的。杰勒德认为，神经系统的化学活动和电活动都是模拟的。

讨论变得越来越热烈。冯·诺伊曼对此也有话要说。当时他正忙于发展"博弈论"，一门他实际上视为研究不完全信息的数学。同时，他也在为新型电子计算机考虑一种新的体系结构。借着杰勒德的话头，他希望说服与会者当中那些更习惯于从模拟的角度看待问题的人能更加抽象地进行思考，从而认识到数字过程存在于这个纷繁复杂、连续的世界当中。比如，当神经细胞在两种可能状态（"神经细胞内没有讯息的状态，以及有讯息的状态"[25]）中来回切换时，这种切换的化学活动中可能具有中间的细微变化，但在理论上，这些细微变化可以被忽略。冯·诺伊曼指出，不论是在大脑中，还是在真空管计算机中，尽管"这些'离散的切换动作'实际上是在连续过程的刺激下完成的"，但这些刺激的有限变化对于动作的大局来说无关紧要。其实在不久前的一篇论文《论名叫大脑的数字计算机》中，

---

* 对此，让-皮埃尔·迪皮伊后来评论道："说到底，这其实是一种极常见的情境，即科学家责备非科学家对于他们所说的过于望文生义。控制论者一方面给公众灌输了思考机器即将变成现实的观念，另一方面又迫不及待地与那些轻信此事的人撇清关系。"[26]

麦卡洛克已经将这种观点表述得很清晰："在这个世界上，即使是表面看上去连续的东西，似乎也最好将其视为由若干较小的步骤组成。"[27]在听众当中，会议新人克劳德·香农，对此未置一词。

下一位主讲者是来自哈佛大学心理声学实验室的 J.C.R. 利克里德，人们都叫他利克。他是一位涉足心理学和电气工程两个不同领域的年轻科学家，在语音和声音处理方面颇有造诣。在这一年晚些时候，他加入了麻省理工学院，教授心理学，并致力于组建一个独立的心理学系（心理学在当时还是经济学系的一部分）。当时他正在研究语音量化的种种可能性，比如将语音的声波简化成可被一种"触发器电路"再现的最小量。[28]这种触发器电路其实是一个他用真空管、电阻和电容自制而成的设备，成本不过约二十五美元。但实验结果表明，即便对那些已经习惯于在电话噪声干扰下进行通话的人来说，语音能被简化而不至于无法分辨的程度还是令人惊讶。香农很用心地听了这场演讲，不仅因为他了解相关的电话工程原理，也因为他在战争期间曾参与过语音加密的机密项目。维纳也听得兴趣盎然，部分原因是他对于助听器有着特殊兴趣。

当利克里德说到，有某些失真既不是线性的，也不是对数的，而是"居于两者中间"时，维纳打断了他。

"请问'中间'是什么意思？X 加 S 再除以 N 吗？"

利克里德叹了口气："数学家总是这样，对别人不精确的表述紧抓不放。"[29]不过，利克里德对于数学并无问题，随后他就给出了一个估算，看在一条带宽为5000 赫兹、信噪比为 33 分贝的传输线路上（这些数值与商用无线电广播的情况接近），可以传送多少信息（这里用的则是香农提出的新术语）。"我认为，这样一条信道可以传送 100 000 比特的信息。"当然，这里他指的是比特每秒。这是个让人惊讶的巨大数目。作为对比，利克里德计算了日常人类语音的信息传输速率：如果每秒传输 10 个音素，并假设可能音素的数目为 64（"为方便起见"取 2^6，这样可能音素数目的对数值就是 6），那么信息传输速率就是每秒 60 比特。利克里德补充道："前提，各个音素的出现概率都相等——"

"对！"维纳又插话。

"——但当然，各个音素的出现概率并不相等。"[30]

维纳被激起了兴趣，他还想知道，是否有人用类似的算法计算过"视觉压缩"，比如电视的情形，而要想达到可分辨的程度，其中所需的"真实信息"又起码要有多少。说到这，他顺口补充道："我常弄不明白，人们为什么想要看电视。"

玛格丽特·米德则提出了另一个议题。她希望与会者不要忘记，意义有时可以与音素和字典上的定义不完全相关。她说道："如果谈到另一种信息，比如你试图传递某人正在生气这一事实，那么在保持一条讯息原话不变的前提下，需要引入多大程度的失真才能去除该讯息中的'生气'意义呢？"[31]

第三场讲演在晚上举行，主讲人是克劳德·香农。他一上来就开宗明义：根本不要去管什么意义。即便他讲的主题是书面英语的冗余，他也对**意义**毫无兴趣。

他所谈论的信息，是某种从一点被传递至另一点的东西，可能根本不含意义："比如，它可以是一个随机数字串，也可以是一枚导弹或一个电视信号里的信息。"[32]重要的是，他打算把信源表示成一种随机过程，通过利用不同的概率生成讯息。他展示了在《通信的数学理论》（下面听众中几乎没人读过这本书）中用过的字符串样本，并描述了他的"预测实验"，即让受试者逐个字母地猜测文本内容。他告诉听众，书面英语有一个特定的**熵**，这个值与冗余度相关，而他能根据这些实验算出该值。听众被深深吸引住了，尤其是维纳，他也想到了自己的"预测理论"。

"我的方法与此有些相似之处。抱歉打断了你的话。"维纳插话说道。

香农和维纳的侧重点有所不同。维纳用熵来度量无序程度，而香农用熵度量的则是不确定性。不过，正如他们所意识到的，两者从根本上说是一回事。一个书面英语样本中的内在有序性越强（有序性表现为为语言使用者有意识或下意识所知悉的统计特征），其可预测性也就越高，换用香农的话来说，也就是后续字母所传递的信息量越少。如果受试者对下一个字母是什么信心十足，那么这个字母就是冗余的，它的出现没有贡献新的信息。信息是出人意料。

其他听众也纷纷提出了各种问题，比如不同语言、不同文体、表意文字或音素文字之间的统计分布是否都遵循齐普夫定律。*麦卡洛克就问道，新闻报道与詹姆斯·乔伊斯的作品是否都遵循这个定律？（有人认为是的。）冯·诺伊曼的同事、统计学家伦纳德·萨维奇（Leonard Savage）则问香农当初如何选的实验用书：随机的吗？

"我走到书架前，随便拿了一本。"

"那不能称为随机吧，不是吗？"萨维奇反问道，"可能你会挑到一本工程学专著。"[33]但香农没告诉萨维奇，其实他挑到的是本侦探小说集。

还有人问香农，婴儿的咿呀学语是比大人的说话更容易预测，还是更难？

"我认为是更容易，"香农答道，"如果你与那个婴儿很熟的话。"

英语其实是很多种不同的语言，也许有多少人说英语，就有多少种不同的语言，而每一种都有各自不同的统计特征。英语中还衍生出了许多人造方言，例如字母表有限且精确的符号逻辑语言，以及一名提问者提到的所谓"飞机语"，即指挥塔台和飞行员所使用的语言。此外，语言也是在一直变动的。因此，出生于维也纳、也是维特根斯坦早期追随者的年轻物理学家海因茨·冯·弗尔斯特（Heinz von Foerster）就想知道，语言的冗余度随着语言的演化将发生怎样的变迁，尤其是在从口语文化过渡到书面文化的阶段。

与玛格丽特·米德等人一样，冯·弗尔斯特也对不含意义的信息的概念感到难以接受。冯·弗尔斯特后来回忆道："当时我打算把他们所谓的信息论改称为**信号**论，因为在其中信息还没有产生。那里只有'哔哔声'，仅此而已，没有信息。只有当这组信号被转换成我们大脑可理解的其他信号之后，信息才算诞生——总之，信息不在'哔哔声'里。"[34]尽管如此，他还是发现自己已经开始从新的角度思考语言的本质以及它在人类心智和文化中的历史。他指出，一开始，没有人意识到字母或音素是语言的基本单位。

---

* 齐普夫定律由语言学家乔治·齐普夫（George Zipf）在 1949 年提出。这是一条经验定律，描述的是，在自然语言的语料库里，最常见单词的出现次数是次常见单词的两倍，是第三常见单词的三倍，依此类推。——译者注

我想到的有古代玛雅文字、埃及的象形文字和早期的苏美尔泥板。
然后在文字的发展历程中，人们花了相当长的时间（或是出于偶然）才
发现语言可以拆分成比单词更小的单位，如音节或字母。

我有种感觉，那就是文字和口语之间存在着某种反馈机制……换句
话说，我相信，一种语言以单词统计的冗余度与以字母统计的冗余度之
间应该存在某种关联。[35]

会议上的讨论改变了他原先的认知，他开始承认信息占据着举足轻重的地位。在
编辑次年的第八次会议的会刊时，他在编者注中写了这样一句带有警句意味的话：
"信息可被认为是从无序中夺得的有序。"[36]

尽管香农努力试图让听众集中注意在他对信息所下的不含意义的定义上，但
这群与会者可不会轻易就这样对其中的语义纠缠置之不顾。他们迅速把握了香农
的核心思想，然后就开始了大胆的发挥。社会心理学家亚历克斯·巴弗拉斯（Alex
Bavelas）就评论道："如果我们同意把信息定义为任何能改变概率或降低不确定
性的东西，那么很容易从这个角度来看待比如情绪安全感的变化。情绪安全感的
变化可被定义为个体对于自己属不属于某类人或自己被爱或不被爱的主观概率的
变化。"同样，手势或脸部表情、拍拍背或隔桌对你眨眼睛，如果这减少了你对自
身状态或在陌生群体中的地位的不确定性，那么这也是信息。随着心理学家吸收
了这种考虑信号和大脑的新视角，心理学的整个面貌即将发生急剧的转变。

说到群体中的陌生人，神经科学家拉尔夫·杰勒德想起了一个故事。在一个
派对里，人们彼此都很熟，这时来个了新人。他看到，有个人说 "72"，所有人都
大笑。又有个人说 "29"，全场沸腾。他就问这是怎么回事。

他旁边的人回答说："我们讲过很多笑话，而且讲得次数太多了，所
以现在干脆直接讲号码算了。"这个客人也想尝试一下。他说了几个词，
然后说 "63"。结果人们反应冷淡。"怎么回事，难道这数不是个笑话吗？"

"喔，是笑话，而且还是其中最好笑的之一，只可惜你没讲好。"[37]

在次年的会议上，香农带来了一个机器人。尽管它并不很聪明，外表也不像人，但它给与会者留下了深刻印象，因为它能走迷宫。他们称它为"香农的老鼠"。

香农推出了一个柜子，柜面上是一个五乘五的网格。在二十五个方格之间可以任意放置隔板，从而构造出不同的迷宫。迷宫的终点则以放置在任意一个方格里的一个徽章来标记。在迷宫中走来走去的是一个感应触头，它在两个小马达的驱动下可分别在东西和南北方向上移动。而在柜面下面有一个由约七十五个继电器相互连接组成的阵列，它们各自的开开关关形成了机器人的"记忆体"。此外，还有一个总开关，控制着机器人的启动和关闭。

香农边演示边讲解道："机器关闭后，继电器就会忘记它已知的一切。因此现在启动时，它们又是从头开始，对迷宫毫无了解。"[38]听众们都听得入了迷。"你看，触头正在探索迷宫，找寻终点所在。每当它来到一个方格的中央时，机器就会决定接下来要尝试的方向。"一旦感应触头碰到隔板，马达就会反转，使触头回复到中央位置，而继电器则会将该事件记录下来。如此这般，机器会根据此前的"知识"（这里免不了要用到这些心理学词汇）以及香农预先设定的策略来做每一个"决策"。触头在迷宫里不断试错，有时会走进死胡同，有时会碰壁。但最终，在众人瞩目之下，触头走到了终点。这时触头上的灯泡亮起，同时铃声响起，马达停止了转动。

然后香农将触头移回起点，重新运行一次。这回，它直抵终点，没有转错弯，也没有撞到隔板。它已经"学会"了如何走这个迷宫。如果把它放到先前走过的方格中，它也能直接抵达终点。但如果把它放入先前未探索过的区域，那么它需要重新开始试错，直到最终，"它建立起了完整的信息模式，可以直接从任何位置抵达终点"。[39]

为了执行预先设定的搜寻策略和直抵目标策略，这台机器必须每访问一个方格，就存储下一点信息：具体而言，也就是它上一次离开该方格时的方向。香农解释道，由于只有东西南北四种可能，所以每个方格都被分配了两个继电器作为记忆体。两个继电器，意味着两比特信息，但这对四选一来说已经足够了，因为两个继电器可以有四种组合状态：关–关、关–开、开–关、开–开。

香农和他的迷宫

下一步，香农重新布置了隔板，这样之前的路线就失效了。机器只好"瞎打转"，直到找出新的路线为止。不过，碰得不巧的话，当旧记忆遇上新迷宫时，机器可能会陷入无尽的循环。香农演示道："当它到达 A 时，它记得旧的路线是往 B 走，结果它就陷入了 A-B-C-D-A-B-C-D 的循环当中。这是一个恶性循环，或者说，它是在把这几个音符来回唱个不停。"[40]

"真是一种神经症！"拉尔夫·杰勒德说道。

不过，香农早有准备，他设计了一种"抗神经症电路"：一个计数器，用来在机器重复同样的序列六次时跳出循环。伦纳德·萨维奇认为，这不免有作弊之嫌。"它没有办法意识到自己'发疯'了，只是意识到自己走得距离太长了？"萨维奇问道。"是的。"香农也承认这一点。

如果迷宫里没有放置终点，它又会怎样做呢？香农解释道，那它会尝试走遍每一个方格，碰遍每一块壁，并持续重复这个路径。

"这也太像人了。"劳伦斯·弗兰克不由叹道。

"乔治·奥威尔，已故的《1984》作者，大概应该见过这个东西。"精神病学家亨利·布罗辛（Henry Brosin）则这样表示。

香农使单个方向与每个方格相关联的组织机器记忆体的方式，具有一个特别之处，即路线是不可逆的。当触头抵达终点时，它并不"知道"怎样返回到出发点。机器所了解的所谓"知识"，其实是得自由这二十五个向量组成的向量场。他解释道："沿着这些向量所示，你会走到终点。但反转这个过程的话，你可能会遇到分岔点，面对许多可能的方向。你无法通过研究记忆体确定，感应触头是来自哪个方向的。"

麦卡洛克补充道："这就像一个熟悉某小镇的人，他可以从任意一个地方走到另一个地方，但他不一定都记得是怎么走到的。"[41]

香农的老鼠与巴贝奇的白银舞女、梅兰的机械博物馆里的白银天鹅和金属鱼是同类，即它们都是模拟生命体的自动机械，总是会带给人惊喜和欢乐。而随着信息时代的来临，出现了新一代的人工老鼠、人工甲壳虫和人工乌龟之类。它们由真空管或稍后由晶体管制成，不过即便对比仅仅几年后的标准，它们也还显得粗糙，甚至不值一提。比如，香农的老鼠的记忆体容量就只不过七十五比特。然而，香农可以当之无愧地说，他的机器能通过试错解决问题，能记住解法并正确无误地加以重复，能从经验中吸取和整合信息，还能在情况发生变化时"忘掉"旧的解法。这部机器不只是在模仿生命体的行为，它也是在完成一些原本只有大脑才能完成的功能。

匈牙利电气工程师丹尼斯·伽柏（他后来因发明全息摄影而获得诺贝尔物理学奖）就批评道："它看上去能从经验中学习，但实际上，记忆经验的是迷宫，而非那只老鼠。"[42]这种说法有一定道理。毕竟说到底，里面并没有真正的老鼠。而继电器无论被放置到哪里，它们都仍然保持着对于迷宫的记忆。事实上，这些继电器成为了迷宫的一种心智模式，或者说，成为了关于该迷宫的一个**理论**。

并不是只有在战后的美国，才出现生物学家和神经科学家忽然间开始与数学家和电机工程师相互协作的情况，尽管有时美国人说得仿佛就是这样。比如，维纳在《控制论》的引论中用了相当篇幅谈及自己在别国的游历，在其中他就有点不屑地写道，虽然英国研究者在控制论方面的兴趣几乎同样"浓厚且消息灵通"，但在"整合该主题的研究，捏合不同研究思路"方面却比不上在美国所取得的进展。[43]不过到了 1949 年，英国科学家当中形成了新的一批研究信息论和控制论的核心团体。他们大多数都是年轻人，有着密码破解、雷达或火控方面的崭新经验。脑电图研究的先驱之一约翰·贝茨建议，有必要为此成立一个英式的晚餐俱乐部（"有限会员制，活动主要在用餐后进行"，对于俱乐部名称和徽章、会员守则、聚会地点等也会有细致规定）。贝茨希望邀请有涉足电学的生物学家以及有涉足生物学的工程师，并想到了一些可能的人选，"大概有十五个人，他们在维纳的著作出版之前，就产生了与他类似的思想"。[44]在位于伦敦布卢姆斯伯里的英国精神疾病医院（National Hospital for Nervous Diseases）的地下室，他们进行了首次聚会，并决定自称"计算俱乐部"（Ratio Club）——Ratio 这个词具有多种含义可供会员选取。*（菲利普·赫斯本兹和欧文·霍兰后来在撰写该团体的历史时，曾彩访过许多当时还健在的会员，发现他们当中一半将 Ratio 读作 RAY-she-oh，另一半则读作 RAT-ee-oh）。[45]在首次聚会上，他们还邀请到了沃伦·麦卡洛克。

他们讨论的话题不仅包括理解大脑，也包括"设计"大脑。精神病学家威廉·罗斯·阿什比（W. Ross Ashby）就表示自己正在研究这样一种可能性，即"由随机连接的、可塑的突触构成的大脑，通过经验的积累，将可以达到任意水平的有序性"——换句话说，心智是一个自组织的动力系统。[46]另外一些人则在讨论模式识别、神经系统中的噪声、能下国际象棋的机器人，以及机械产生自我意识的可能性。用麦卡洛克的话来说："可以把大脑想成电报中继器，它在一个信号激发下，便发射出另一个信号。"中继器的历史则可追溯至摩尔斯的时代。"从大脑的分子事件上看，这些信号由原子构成。每个信号或发出，或不发出。"大脑的基本单位是一个选择，并且是一个二元选择。"这是或为真、或为假的最小的事件。"[47]

他们还成功地在 1950 年吸引了阿兰·图灵的加入。图灵在当年发表了一篇著

---

* Ratio 由艾伯特·厄特利（Albert Uttley）提议，取自莱布尼茨的"calculus ratiocinator"（计算机器），意指"计算或与计算、计划和推理相关联的心智功能"。Ratio 也是 rationarium（统计数据）、ratiocinatius（论证的）的词根。作为一个源自拉丁语的名字，Ratio 按理应读为 RAT-ee-oh。——译者注

名的论文，其中一开头便令人兴奋："我想请大家考虑这样一个问题：'机器能思考吗？'"[48]而对于**机器**和**思考**这两个含义模糊的词，他认为即便对此不加定义，也可以讨论这个问题。他的做法是，用一个测试来代替这个问题，他称之为"模仿博弈"，也就是后来鼎鼎有名的"图灵测试"。模仿博弈最初的形式需要三个人参与：一个男人、一个女人和一个提问者。提问者坐在一个隔开的房间里提问（在理想状况下，图灵建议，问答双方所在的两个房间通过"电传打字机通信"）。提问者的目标是判断另两个人中哪个是男人，哪个是女人。其中一个人，比如那个男人，目标是误导提问者；而另一个人的目标则是帮助揭露真相。图灵认为："对于那个女人来说，最好的策略很可能就是如实作答。她可以补充这样一些话，比如'我才是女人，别听他瞎说'。不过这么做并不会有所帮助，因为那个男人也可以说出类似的话。"

但如果问题并非问性别是男还是女，而是问种族是人还是机器呢？

通常认为人类的本质在于其"智能"，因此这个博弈被设计成了，通过在两个房间之间传递的看不见摸不着的讯息进行判断。图灵平淡地说道："我们不希望机器由于在选美比赛中无法胜出而失分，同样我们也不希望一个人由于跑不过飞机而失分。"此外，人也不应该由于做算术运算很慢而失分。图灵给出了一些适当的问题和答案的例子，比如：

> 问：请以福斯桥为题，给我做一首十四行诗。
>
> 答：这种事就不要找我啦，我从来都不会写诗的。

不过，在继续深入之前，图灵觉得有必要解释一下自己所讨论的机器属于哪一类。他指出："当前大家对于'思考机器'的兴趣，其实是由一类特殊的机器所引发的，它们通常被称为'电子计算机'或'数字计算机'。"[49]这些设备从事的是人类计算员的工作，但要比人类更快速，也更可靠。图灵清晰地阐明了数字计算机的本质和特性，而这一点是香农没有做到的。冯·诺伊曼在建造埃尼阿克的后续机型时，同样也做到了这一点。图灵认为，数字计算机包括三个部分：一个"信息仓库"，相当于人类计算员的记忆或纸张；一个"执行单元"，负责完成一个个操作；

以及一个"控制器"，管理一个指令列表，以确保各指令按照正确顺序被执行。这些指令被编码成数，它们有时被称为一个"程序"，而构建这样一个列表的工作通常被称为"编程"。

图灵认为，数字计算机的设想早已有之，并将它归功于查尔斯·巴贝奇，他曾在 1828 年到 1839 年间担任剑桥大学的卢卡斯数学教授——在当时可是鼎鼎有名，但现在却几乎被人遗忘。图灵解释道，巴贝奇"已经产生了所有核心的思想"，并且还"设计了这么一部机器，名叫分析机，但可惜始终没有完成"。分析机本来要用到的是齿轮和打孔卡片——这与电可一点关系都没有。这种机器存在（或者虽说不存在，但已经接近存在）的事实，让图灵得以驳斥他在 20 年纪 50 年代的时代精神当中觉察到的一丝迷信。当时的人们似乎认为，数字计算机的魔力本质上来源于电，并且神经系统的本质也是电。然而，图灵所努力要做的是，从最一般的抽象角度来思考计算的本质。他知道，这与电毫不相干：

> 由于巴贝奇的机器没有用到电，并且所有的数字计算机在某种意义上又都是等价的，我们可以得出，电的这种使用并没有什么理论上的重要性……因此，数字计算机和神经系统都使用电这一特征，其实只是非常肤浅的相似性而已。[50]

著名的图灵机是一部通过逻辑构建的机器，有着想象的纸带、任意的符号。它拥有无尽的时间和无限的记忆体，能完成任何可表示成一系列步骤或运算的工作，甚至能判断《数学原理》体系中的证明是否成立。"当遇到既不能被证实、也不能被证伪的公式时，这部机器的行为显然不能尽如人意，因为它会无休止地运行下去，却不会产生任何结果。不过，这与数学家的反应其实也相差不了多少，比如他们就花费了数百年时间研究费马大定理是否成立。"[51]因此，图灵认为这部机器应该能够玩模仿博弈。

当然，图灵无法装作能证明这一点。他的主旨其实是试图澄清在这场他看来略显愚蠢的论辩（"机器能思考吗？"）中所使用的一些术语，比如数字计算机。他还对未来半个世纪作出了一些预测：计算机的存储容量将达到10^9比特（在他的想象中，未来只需少量巨型计算机；他没有预见到，现如今小型计算设备会无所不在，而且它们的存储容量都要比10^9大上很多个数量级），并且计算机在经过编程后可以较好地玩模仿博弈，至少能在几分钟内愚弄一些提问者（就目前所见，这一点倒是不假）。

> 我相信，"机器能思考吗？"这个原始问题含义模糊，不值得讨论。不过我也相信，到本世纪末，字词的使用以及普通公众的认识将会发生很大改变，到时人们说到"机器能思考"时，将不会遭到什么质疑。[52]

但可惜图灵无法亲眼见证自己的预言是如何准确地得到了应验。1952年，他因同性恋行为被逮捕，随后遭受审判，并被定罪和取消参与涉密项目的资格。当局对图灵实施了侮辱性的雌激素注射。1954年，图灵自杀身亡。

在很长一段时间内，很少有人知道图灵在布莱切利庄园为破解恩尼格玛所从事的秘密工作，了解他为国家所作出的卓越贡献。他有关思考机器的思想，在大西洋两岸倒是吸引了不少关注。有些人觉得图灵的想法很荒唐，甚至很恐怖。当他们征求香农的意见时，香农则坚定地站在了图灵这一边。他曾对一位工程师写道："对于我们所有人来说，机器能思考的思想丝毫没有什么令人不悦之处。事实上，如果反过来说，人的大脑可能本身是一部机器，能够通过无生命的物体复制其功能，我觉得这个思想相当吸引人。"[53]毕竟这比"用看不见摸不着的'生命力'、'灵魂'或诸如此类来解释"要有用得多。

在20世纪中叶，计算机科学家想了解计算机究竟能做什么事，心理学家也想了解大脑是不是计算机，或者说，大脑是不是**仅仅是**计算机。在当时，计算机科学还是门新兴学科，而心理学作为一门科学也同样非常年轻。

心理学在20世纪中叶几乎陷入了停滞。在所有的科学门类当中，心理学一直以来都最难以说清自己的研究对象究竟为何物。一开始，它的研究对象是灵魂，以区分于人体学所研究的身体和血液学所研究的血液。17世纪的荷兰医生詹姆斯·德巴克（James de Back）最早提出"心理学"的说法："心理学（psychologie）

是一门探究人类灵魂及其效应的学问。没有灵魂，人将不人。"[54]然而在本质上，灵魂是不可言喻的，因而也几乎不可能被了解。而观察者与被观察对象共存一体、相互纠缠（这只见于心理学），更使得问题难上加难。1854 年，当时心理学还更多地被称为"心灵哲学"，大卫·布儒斯特就曾哀叹，没有一门其他学问像"心智科学，如果它能算一门科学的话"那样进展寥寥。

> 人的心智，一些人认为是物质的，另一些人认为是精神的，还有些人认为是由两者神秘混合而成的，但它始终不为人的感官和理性所理解。它有如一块在北风恣虐下的荒原，每位路过的思想者都在上面撒下自己的心灵杂草种子，生生扼杀了那些原本可能萌发成熟的好种子。[55]

当时这些路过的思想者，主要是通过内省的方法研究心理学，但这种方法的局限性也很明显。到了 19、20 世纪之交时，为了使研究变得严谨、可验证，甚至是数学化，许多心理学研究者开始转向多个大不相同的方向。弗洛伊德的思路只是其中之一。在美国，威廉·詹姆斯几乎凭一己之力创建了心理学这门学科：他开设了首个心理学课程，撰写了第一本综合性的心理学教科书《心理学原理》。但就在他花十二年时间完成了这部巨著时，他却心生弃意。他在给出版商的信中写道，这在自己看来是"一堆令人生厌、冗长、累赘、臃肿的文字，只表明了两个事实：其一，根本不存在一门称为心理学的**科学**；其二、威廉·詹姆斯无能"。[56]

在俄罗斯，生理学家伊万·彼得罗维奇·巴甫洛夫，他曾因对于消化过程的研究而赢得诺贝尔奖，开辟了心理学的一种新思路。詹姆斯在心情好的时候，还会把心理学称为研究心智生活的科学，但巴甫洛夫对于"心理学"一词及其所有相关术语都不以为然。在他看来，根本不存在什么心智，有的只是行为。所谓心理状态、思想、情绪、目标、目的等，全是无形的、主观的、不可把握的东西，不可避免地会沾染到宗教和迷信。詹姆斯视为心理学核心课题的东西，比如"思想流"、"自我意识"、对时空的感知、想象力、推理能力以及意志等，在巴甫洛夫的实验室里都不见踪影。科学家能观察到的只有行为，并且行为至少能够被记录和测量。行为主义者，以美国的约翰·华生和后来非常知名的 B.F.斯金纳为代表，基于刺激（如铃铛、食丸、电击）和反应（如唾液分泌、按操作杆、走出迷宫）建立了整个的科学体系。华生认为，心理学的全部目的在于预测某个特定的刺激会引发怎样的反应，以及某个特定的行为要源自怎样的刺激。在刺激与反应之间是一个黑箱，人们只知道它由感官、神经通道和运动机能组成，却无法通过科学方法对其进行分析。事实上，行为主义者无非是又说了一遍"灵魂是不可言喻的"。由于在条件反射和控制行为方面取得的成果，行为主义兴盛了约半个世纪的时间。

用心理学家乔治·米勒的话讲，行为主义者大概会说："你们说什么记忆，说什么期待，说什么感觉，说了那么多心智方面的东西。这些都是虚的，否则秀一个给我看，指一个给我瞧。"[57]而他们则甚至能教鸽子打乒乓球或是教老鼠走迷宫。然而到了20世纪中叶，不满的情绪开始显露出来。行为主义只研究可观察对象的前提变成了教条，它对心理状态的一概排斥成了束缚自身发展的牢笼，而心理学家依然渴望理解心智到底是什么。

信息论给了心理学家一条进入黑箱的入口。科学家分析了信息处理过程，并建造机器来实现这样的过程。这些机器能记忆，还能模拟学习和目标搜索的行为。对于老鼠走迷宫，行为主义者会讨论其中刺激和反应之间的关联，却会完全拒绝讨论老鼠的**心智**；但现在，工程师只用少量电子继电器就建造出了老鼠的心智模型。因此，工程师不只是在努力打开黑箱，他们甚至还试图自己做黑箱。在这些黑箱中，信号不断被传输、编码、存储和提取，对于外部世界的内部模型也被创建和持续更新。心理学家密切关注了这些进展，并从信息论和控制论当中借鉴了一套有用的隐喻乃至一个有效的概念框架。比如，香农的老鼠就不仅可以被视为大脑的一个粗略模型，也可以被视为一个行为理论。于是突然之间，心理学家也开始谈论起了计划、算法、句法规则等东西。他们不仅研究生物如何对外部世界作出反应，也开始考察生物如何将外部世界呈现给自己。

在不同研究者手中，香农的信息论被引向了他当初始料未及的方向。香农曾说："通信的基本问题是，在一点精确地或近似地复现在另一点所选取的讯息。"心理学家则不难看出，可以把外部世界视为信源，而把心智视为接收器。

既然耳朵和眼睛可以被视为信道，那么为什么不像对麦克风和相机那样也对它们进行测试和度量呢？纽约市立大学亨特学院的化学家霍默·雅各布森就说道："对于信息的本质和度量的众多新概念，使得度量人类耳朵的信息容量成为可能。"[58]他这样说，也这样做了。后来他又对眼睛进行了同样的度量，得出的估值要比耳朵的信息容量（以比特每秒计）大上四百多倍。就这样，许多更精致的类似实验突然间变得有了意义，其中一些更是直接受到了香农在噪声和冗余方面研究的启发。1951 年，一个研究小组就做了一项实验，测量受试者在不同情况下听对单词的可能性：一种情况是他们被告知单词要从少量可选单词中选出，另一种情况则是要从大量可选单词中选出。[59]结果似乎显而易见，但这样的实验之前却从来没人做过。还有实验者研究了如果试图同时理解两个对话，会有什么效果。也有人开始研究，人在面对一组数字、字母或字词时能够理解或记住多少，而它们又包含多少信息。在一些标准实验中（比如，受试者可能需要在蜂鸣声中识别出语音，并在接受视觉刺激时，通过手按键和踩下脚作出反应），刺激和反应这样的用语逐渐被信息的传输和接收所取代了。

曾有一段短暂的时期，心理学研究者之间还对这种转变争执不休。但过了不久，讨论便平息了下来。1958 年，主要研究选择性注意和短期记忆的英国实验心理学家唐纳德·布罗德本特就写道："当比较需要作出两个反应的情况与只需作出一个反应的情况时，是用刺激和反应来解释实验结果，还是用信息论的术语来解释，两者之间的差异变得最为明显……毫无疑问，用刺激和反应也能对结果作出合适的解释……但相较于信息论的解释，这样的解释就显得繁复了。"[60]也是在这一年，布罗德本特开始执掌英国医学研究理事会下的应用心理学研究部门。人们在那里及其他地方都进行了大量实验，涉及人类处理信息的各种方式，比如噪声对表现的影响、选择性注意和感知的过滤、短期和长期记忆、模式识别，以及问题解决等。那么其中逻辑又该归入哪门学科呢？是心理学，还是计算机科学？但有一点已可以肯定，它已不仅仅只属于哲学的范畴了。

在英国有唐纳德·布罗德本特，在美国则有同样影响深远的乔治·米勒，他在 1960 年共同发起成立了哈佛大学认知研究中心。而早在 1956 年，他便已经因一篇论文而声名鹊起。论文的标题略显古怪：《神奇之数：7±2——我们处理信息能力的某些局限》。[61]论文提出，大多数人每次在工作记忆内储存的最大单位数目大致是七个，比如七个数字（这是当时美国典型的电话号码长度）、七个单词或实验心理学家展示的七件物品。米勒声称，在其他类型的实验中也会不断发现这个数。比如受试者会被要求辨别盐度不同的盐水滴、音高或响度不同的声音，以及计算屏幕上随机显示的亮点数目（如果亮点数目在七个以下，他们几乎总能准确说出来；而如果超过七个，人们就几乎总是要靠估算）。无论实验怎么做，七总会是反复出现的那个阈值。米勒写道："这个数会以各种不同的形式出现，有时略大一点，有时略小一点，但从来都不会变到无法辨认的程度。"

显然，这是某种类型的粗略简化；米勒也承认，人类具备从数千人脸或单词中进行辨识的能力，也能够记下很长的符号序列。为了说明这是种什么类型的简化，米勒借助了信息论，尤其是香农将信息理解为在多个可能选择中作出一个选择的观点。他首先提出，"观察者可以被视为一个信道"（这种说法想必会让当时还占据主流的行为主义者大吃一惊），他接受输入信息，传递并输出信息（关于响度、咸度或数字的信息）。米勒还简要解释了一下比特：

> 一比特信息，就是我们在两个出现概率相等的可能选择中做出决策时所需的信息量。如果我们想要判断某人身高是低于六英尺，还是高于六英尺，并且已知两种情况出现的可能性相等，那么我们只需一比特信息……
>
> 两比特信息使得我们能在四个出现概率相等的可能选择中做出决策，三比特使得我们能在八个出现概率相等的可能选择中做出决策……依此类推。换言之，假如存在三十二个出现概率相等的可能选择，我们就要依次做出五次二元决策，每次决策一比特信息，这样才能知道哪个选择是正确的。因此，基本规则很简单：可能选择的数目每翻一番，所需信息量的比特数就加一。

这样算来，神奇之数七是略小于三比特。米勒接着分析了，在单维刺激和多维刺激（比如结合了大小、明度和色相）的情况下，随着可能刺激的数目增加，观察者的反应会开始出现混淆，而混淆出现的这一点可以被称为其信道容量。米勒还注意到，人们还会借助信息理论家所谓的"再编码"（recoding），将信息拼凑成越来越大的组块，比如使电报的点和划凑成字母，字母又凑成单词，单词再凑成短语。米勒最后的总结颇有点宣言的性质。他宣称："这种语言的再编码，在我看来，正是思考过程的核心命脉。"

> 来自信息论的各种概念和度量方法，使得我们能够对其中一些问题加以量化。该理论给我们提供了一把量尺，借此我们可以校准刺激材料，并度量受试者的表现……
>
> 信息论相关概念的价值已经在辨别和语言的研究中得到了证实，并在学习和记忆的研究方面表现出了巨大的潜力，近来甚至还有人建议它在概念形成的研究中也可以有用武之地。许多在二三十年前看来不会取得什么成果的问题，或许现在值得重新审视一番了。

这就是在心理学史上被称为认知革命的开始，一门结合了心理学、计算机科学和哲学的认知科学也由此发端。事后回想起来，一些哲学家也将这一时刻称为信息转向（informational turn）。弗雷德里克·亚当斯就写道："在那些接受信息转向的人看来，信息是形成心智的基本要素，信息必然促成了心智的起源。"[62]也正如米勒本人所喜欢说的，心智借着机器重新进入了视野。[63]

香农在当时不是个家喻户晓的名字（他的名声从不曾传到普通公众当中），不过在自己的学术圈内，他却享有偶像级的声望。有时他也会到大学和博物馆就"信息"发表通俗演讲。在其中他会解释基本思想，比如调皮地引用《新约·马太福音》第 5 章第 37 节的话，"你们的话，是，就说是；不是，就说不是；若再多说，就是出于那恶者"，以此作为比特和冗余编码概念的范本。他还会预测计算机和自动机械的未来前景，比如他在宾夕法尼亚大学的一次演讲中就说道："总而言之，我认为，这一整个信息产业将在本世纪快速崛起和发展，其中包括信息的采集、信息从一点到另一点的传输，以及恐怕是最为重要的，信息的处理。"[64]

克劳德·香农（1963）

　　面对心理学家、人类学家、语言学家、经济学家及其他各类社会科学家纷纷学时髦搭车信息论的做法，一些数学家和工程师不免感到不悦。香农本人便把信息论称为一种科学"时尚"（bandwagon），并以此为题在 1956 年写了一篇仅有四段话的短文，特意进行提醒："许多不同领域的科学家同人，为其浩大声势及其开辟的科学分析新思路所吸引，正纷纷将这些思想应用到自己研究的问题上去……尽管对于我们这些从事这个领域研究的人来说，这一波流行热潮固然让人欣喜和兴奋，但同时它其中也带有危险的元素。"[65]香农提醒人们，信息论的核心是数学。尽管他个人确实认为信息论的许多概念会对其他领域有所帮助，但它不是万金油，也无法被简单照搬："这样的应用，并不是简单地将术语翻译到一个新领域，而是需要经过缓慢而艰辛的假设和实验检验的过程。"并且香农感到，类似的艰苦工作在"我们自家院里"都还没怎么开展，因此当务之急是研究，而非阐释。

　　至于控制论，这个词则开始淡出人们的视线。1953 年，最后一次控制论会议在普林斯顿的拿骚旅馆举办，但维纳并不在场，因为他早已与一些与会者闹翻，包括麦卡洛克。在最后进行总结发言时，对于会议所取得的成就，麦卡洛克说道：
"我们从未达成过一致的共识。但就算是达成了，我也看不出上帝有什么理由会赞
同我们。"[66]

在整个 20 世纪 50 年代，香农始终是这个自己创立的领域里的学术领导者。
他写出了大量艰深、充满各种定理的论文，其中很多都蕴涵着进一步发展的可能，
为扩展该领域的研究奠定了基础。香农研究的主题之一是信道，麦克卢汉后来也
将之称为"媒介"。他对信道进行了严谨的数学分析，研究很快得到了应用并取得
了丰硕的成果：广播信道和窃听信道、有噪信道和无噪信道、高斯信道、有约束信
道、反馈信道、有记忆信道、多用户信道和多址接入信道，等等。（当麦克卢汉宣
称媒介即讯息时，他是在开玩笑。事实上，媒介既独立于讯息，又与它密不可分。）

香农取得的重要成果之一是有噪信道编码定理，它指出利用纠错编码可以有
效地抵消噪声和失真的影响。一开始，这个成果所预示的前景可望而不可即，因
为纠错编码需要用到大量计算，而计算在当时并不便宜。但到了 20 世纪 50 年代，
在纠错编码上的进展开始逐渐将香农预示的前景变成了现实，对此的需求也日渐
明显。其中一个应用是，在使用火箭和人造卫星进行太空探索时，它们需要借助
有限的能量将讯息送出遥远的距离。随着纠错编码和数据压缩技术的齐头并进，
编码理论也成为了计算机科学的关键组成。没有编码理论，就不可能有调制解调
器、光盘和数字电视等。而对于研究随机过程的数学家来说，编码定理也可以用
来度量信息熵。

与此同时，香农还取得了其他许多为今后的计算机设计奠定基础的理论进展。
其中一个发现给出了在一个具有多个分支的网络中，如何使流量最大化的方法，
这里的网络可以是通信网、铁路网、电网或水网。*还有一篇论文则有一个直截了
当的题目，《采用劣质继电器构建可靠的电路》[不过在发表时，题目被改为了《采
用不甚可靠的继电器构建可靠的电路》（"Reliable Circuits Using Less Reliable
Relays"）[67]]。香农还研究过开关函数、率失真理论和微分熵等。虽然公众对于

---

* P. Elias, A. Feinstein, and C. E. Shannon, "A Note on the Maximum Flow Through a Network," *IRE Transactions on Information Theory* 2, no. 4 (1956): 117–119.——译者注

这些研究一无所知，但他们却能广泛感觉到计算时代到来的震撼，而这其中香农与有力焉。

1948 年，香农在一篇论文中探讨了一个他自称"本身无关紧要"的问题：如何给机器编程，来让它下国际象棋。[68]人们早在 18 和 19 世纪就做过此类尝试，但这些在欧洲各地巡演的自动下棋机器偶尔会被人拆穿是里面藏着小人。到了 1914 年，西班牙数学家、工程师莱昂纳多·托雷斯-克韦多（Leonardo Torres y Quevedo）公开展示了一部真正的、纯机械的下棋机器，名字就叫棋手。它会下一种简单的三子残局：单车杀王。

现在香农指出，执行数字运算的计算机经过设计之后，能够下完整的棋局。他解释道，这些"包含数千个真空管、继电器和其他零件"的设备，能够在"记忆体"内存储许多数，而经过一个巧妙的翻译过程后，这些数可以用来表示棋盘上的方格和棋子。香农提出的基本原理一直被所有国际象棋程序沿用至今。当时计算尚还处于青涩年代，很多人很快就设想，计算机能够计算出所有可能的走法和子力组合，从而完美**解决**国际象棋问题。他们认为运算快速的电子计算机能完美地下棋，就好像他们当时也认为它能做出可靠的长期天气预报一样。然而，香农经过粗略计算后指出，一盘典型的国际象棋棋局涉及的可能组合数目超过了 10^{120} ——这个数要远大于以纳秒计的宇宙年龄。因此，在香农看来，计算机不能靠蛮力搜索来下国际象棋，而是要像人下棋那样进行推理。

香农甚至还登门拜访了美国国际象棋冠军爱德华·拉斯克，而拉斯克也给了他一些改进建议。[69]1950 年，香农为《科学美国人》杂志撰写了一篇介绍先前论文的通俗文章，在其中他提出了那个浮现在所有人脑海中的疑问："这种下棋机器'思考'吗？"

> 答案完全取决于我们如何定义思考……从行为主义的观点来看，这部机器表现得它似乎在思考。我们总是认为，要下好国际象棋需要推理能力。因此，如果我们把思考视为是外部行为而非内部方法的一种属性，那么这种机器显然在思考。

不过，根据香农在 1952 年的估算，大概需要三名程序员花费六个月的时间，才只能让一台大型计算机的下棋水平勉强达到马马虎虎的业余水准。"而比起预先编好程序的棋手，能自主学习的计算机棋手的问题恐怕要留待更远的将来来解决。目前提出的各种方法显然都太过缓慢，想必还没等赢下一盘棋，机器就已经报废了。"[70]但重要的是，要探索通用计算机尽可能多的潜在用途。

香农也不忘施展自己的奇思异想。他设计并建造了一台机器，用来做罗马数字的算术运算，比如 IV（4）乘以 XII（12）等于 XLVIII（48）。他将这台机器命名为 THROBAC 一号，取自"简型罗马数字守旧计算机"（THrifty ROman-numeral BAckward-looking Computer）的首字母缩写。他还建造过一台"读心机"，用来玩小孩猜奇偶的游戏。所有这些奇思异想之举都有一个共同点，那就是将算法应用到了新领域中去，即将思想抽象映射到数学对象上去。香农退休后还写过一篇数千字的长文，分析抛球的科学原理，其中提出了一系列定理和推论，并凭借记忆引用了诗人 E. E. 卡明斯的诗句："某个混账会发明出测量春天的机器。"[71]

在 20 世纪 50 年代，香农还尝试设计一种能自行修复的机器。[72]如果其中某个继电器坏了，机器能自动找到并替换它。他甚至考虑过这样一种可能性，一种机器通过从环境中收集零件并加以组装，从而实现自我复制。虽然贝尔实验室乐于让香农出去谈论这些话题，演示他那能学会走迷宫的机器，但并不是每个听众都感到满意。"弗兰肯斯坦"之类的说法开始出现，怀俄明州的一名报纸专栏作家就写道："我很纳闷，你这年轻人是否意识到自己在摆弄的是些什么东西。"

> 要是你启动了一部这样的机械计算机，却忘了在出去吃午餐时关掉它，那会发生什么事呢？我来告诉你。它在美国就会像野兔在澳大利亚一样。在你算出 701 945 240 乘以 879 030 546 等于多少之前，这个国家的每个家庭就都有了一台自己的小计算机……
>
> 香农先生，我无意批评你的这些实验，但坦率地讲，我对哪怕是一台计算机都丝毫没有兴趣。更别提要是有一堆计算机挤到我周围，又是乘又是除，又做其他什么它们擅长的事，那我一定会相当生气。[73]

在香农对信息论的"时尚"提出警示两年后，一位年轻的信息理论家彼得·伊莱亚斯在一份学术期刊上发表了一篇社论，其中对一篇题为《信息论、光合作用和宗教》的论文提出了批评。[74]当然，这篇论文是杜撰的。但在当时确实有过一批论文，讨论诸如信息论、生命和拓扑学，信息论与组织损伤物理学，信息论与文职系统，信息论与心理药理学，信息论与地球物理学资料解释，信息论与晶体结构，信息论与旋律，如此等等。伊莱亚斯的父亲曾作为工程师在爱迪生的实验室工作，而他本人则是位严肃的专业研究者——他就对编码理论作出了重要贡献。对于这些堆砌概念、投机取巧而又毫无新意的所谓"跨学科"研究，他十分警惕："这篇论文讨论了信息论与心理学（或遗传学、语言学、精神病学、商业组织）在用语和概念框架上出人意料密切的关系……诸如结构、模式、熵、噪声、发送器、接收器以及编码等概念（只要适当加以阐释）都对双方至关重要。在首次为心理学奠定了稳固的科学基础之后，论文作者谦虚地将填充自己所提出的框架的工作留给了心理学家。"伊莱亚斯把这称为偷窃，并呼吁这些同人放弃偷窃，开始诚实的劳作。

香农和伊莱亚斯的警告都发表在一份知名的信息论学术期刊上，而这份期刊只是当时为数众多且在不断增加的专门研究信息论的新期刊之一。

有一个流行词在各个学术圈里业已名声不好，那就是熵。另一位学者科林·彻里就抱怨道："我们见到'熵'被用在了语言、社会系统、经济系统以及各种苦于缺乏新方法的研究当中。它具有某种笼统性，因而成为一些人的救命稻草。"[75]他没有说到，毕竟当时还看不出端倪，信息论正开始改变理论物理学和生命科学的研究轨迹，而熵正是促成了这种改变的原因之一。

虽然当时信息理论家对于许多社会科学学科的直接影响已经过了巅峰，他们所用的数学也越来越适用于计算机科学而非心理学，但他们曾经的贡献是实实在在的。他们催化了许多社会科学学科的发展，为其迎接即将到来的新时代作好了准备。在这些学科中，信息转向的痕迹无法被消除。

注释

[1] Heinz von Foerster, ed., *Cybernetics: Circular Causal and Feedback Mechanisms in Biological and Social Systems: Transactions of the Seventh Conference, March 23–24, 1950* (New York: Josiah Macy, Jr. Foundation, 1951), 155.

[2] J. L. Doob, review (untitled), *Mathematical Reviews* 10 (February 1949): 133.

[3] A. Chapanis, review (untitled), *Quarterly Review of Biology* 26, no. 3 (September 1951): 321.

[4] Arthur W. Burks, review (untitled), *Philosophical Review* 60, no. 3 (July 1951): 398.

[5] *Proceedings of the Institute of Radio Engineers* 37 (1949), in Claude Elwood Shannon, *Collected Papers*, ed. N. J. A. Sloane and Aaron D. Wyner (New York: IEEE Press, 1993), 872.

[6] John R. Pierce, "The Early Days of Information Theory," *IEEE Transactions on Information Theory* 19, no. 1 (1973): 5.

[7] 1834 年，法国物理学家安德烈–马里·安培就曾使用了 cybernétique（*Essai sur la philosophie des sciences*）一词，不过这里的意义是"治理的艺术"。

[8] "Boy of 14 College Graduate," *The New York Times*, 9 May 1909, 1.

[9] Bertrand Russell to Lucy Donnelly, 19 October 1913, quoted in Steve J. Heims, *John von Neumann and Norbert Wiener* (Cambridge, Mass.: MIT Press, 1980), 18.

[10] Norbert Wiener to Leo Wiener, 15 October 1913, quoted in Flo Conway and Jim Siegelman, *Dark Hero of the Information Age: In Search of Norbert Weiner, the Father of Cybernetics* (New York: Basic Books, 2005), 30.

[11] Norbert Wiener, *I Am a Mathematician: The Later Life of a Prodigy* (Cambridge, Mass.: MIT Press, 1964), 324.

[12] Ibid., 375.

[13] Arturo Rosenblueth et al., "Behavior, Purpose and Teleology," *Philosophy of Science* 10 (1943): 18.

[14] Quoted in Warren S. McCulloch, "Recollections of the Many Sources of Cybernetics," *ASC Forum* 6, no. 2 (1974).

[15] "In Man's Image," *Time*, 27 December 1948.

[16] Norbert Wiener, *Cybernetics: Or Control and Communication in Animal and the Machine*, 2nd ed. (Cambridge, Mass.: MIT Press, 1961), 118.

[17] Ibid., 132.

[18] Warren S. McCulloch, "Through the Den of the Metaphysician," *British Journal for the Philosophy of Science* 5, no. 17 (1954): 18.

[19] Warren S. McCulloch, "Recollections of the Many Sources of Cybernetics,"11.

[20] Steve J. Heims, *The Cybernetics Group* (Cambridge, Mass.: MIT Press, 1991), 22.

[21] Heinz von Foerster, ed., *Transactions of the Seventh Conference*, 11.

[22] Ibid., 12.

[23] Ibid., 18.

[24] Heinz von Foerster, ed., *Transactions of the Seventh Conference*, 13.

[25] Ibid., 20.

[26] Jean-Pierre Dupuy, *The Mechanization of the Mind: On the Origins of Cognitive Science*, trans. M. B. DeBevoise (Princeton, N.J.: Princeton University Press, 2000), 89.

[27] Warren S. McCulloch and John Pfeiffer, "Of Digital Computers Called Brains," *Scientific Monthly* 69, no. 6 (1949): 368.

[28] J. C. R. Licklider, interview by William Aspray and Arthur Norberg, 28 October 1988, Charles Babbage Institute, University of Minnesota.

[29] Heinz von Foerster, ed., *Transactions of the Seventh Conference*, 66.

[30] Ibid., 92.

[31] Ibid., 100.

[32] Ibid., 123.

[33] Ibid., 135.

[34] Quoted in Flo Conway and Jim Siegelman, *Dark Hero of the Information Age*, 189.

[35] Heinz von Foerster, ed., *Transactions of the Seventh Conference*, 143.

[36] Heinz von Foerster, ed., *Cybernetics: Circular Causal and Feedback Mechanisms in Biological and Social Systems: Transactions of the Eighth Conference, March 15–16, 1951* (New York: Josiah Macy, Jr. Foundation, 1952), xiii.

[37] Heinz von Foerster, ed., *Transactions of the Seventh Conference*, 151.

[38] Heinz von Foerster, ed., *Transactions of the Eighth Conference*, 173.

[39] "Computers and Automata," in Claude Shannon, *Collected Papers*, 706.

[40] Heinz von Foerster, ed. *Transactions of the Eighth Conference*, 175.

[41] Ibid., 180.

[42] Quoted in Roberto Cordeschi, *The Discovery of the Artificial: Behavior, Mind, and Machines Before and Beyond Cybernetics* (Dordrecht, Netherlands: Springer, 2002), 163.

[43] Norbert Wiener, *Cybernetics*, 23.

[44] John Bates to Grey Walter, quoted in Owen Holland, "The First Biologically Inspired Robots," *Robotica* 21 (2003): 354.

[45] Philip Husbands and Owen Holland, "The Ratio Club: A Hub of British Cybernetics," in *The Mechanical Mind in History* (Cambridge, Mass.: MIT Press, 2008), 103.

[46] Ibid., 110.

[47] "Brain and Behavior," *Comparative Psychology Monograph*, Series 103 (1950), in Warren S. McCulloch, *Embodiments of Mind* (Cambridge, Mass.: MIT Press, 1965), 307.

[48] Alan M. Turing, "Computing Machinery and Intelligence," *Minds and Machines* 59, no. 236 (1950): 433–460.

[49] Ibid., 436.

[50] Ibid., 439.

[51] Alan M. Turing, "Intelligent Machinery, A Heretical Theory," unpublished lecture, c. 1951, in Stuart M. Shieber, ed., *The Turing Test: Verbal Behavior as the Hallmark of Intelligence* (Cambridge, Mass.: MIT Press, 2004), 105.

[52] Alan M. Turing, "Computing Machinery and Intelligence," 442.

[53] Claude Shannon to C. Jones, 16 June 1952, Manuscript Division, Library of Congress.

[54] Translated in William Harvey, *Anatomical Exercises Concerning the Motion of the Heart and Blood* (London, 1653), quoted in "psychology, *n*," draft revision Dec. 2009, *OED Online*, Oxford University Press.

[55] *North British Review* 22 (November 1854), 181.

[56] William James to Henry Holt, 9 May 1890, quoted in Robert D. Richardson, *William James: In the Maelstrom of American Modernism* (New York: Houghton Mifflin, 2006), 298.

[57] George Miller, dialogue with Jonathan Miller, in Jonathan Miller, *States of Mind* (New York: Pantheon, 1983), 22.

[58] Homer Jacobson, "The Informational Capacity of the Human Ear," *Science* 112 (4 August 1950): 143–144; "The Informational Capacity of the Human Eye," *Science* 113 (16 March 1951): 292–293.

[59] G. A. Miller, G. A. Heise, and W. Lichten, "The Intelligibility of Speech as a Function of the Context of the Test Materials," *Journal of Experimental Psychology* 41 (1951): 329–335.

[60] Donald E. Broadbent, *Perception and Communication* (Oxford: Pergamon Press, 1958), 31.

[61] *Psychological Review* 63 (1956): 81–97.

[62] Frederick Adams, "The Informational Turn in Philosophy," *Minds and Machines* 13 (2003): 495.

[63] Jonathan Miller, *States of Mind*, 26.

[64] Claude Shannon, "The Transfer of Information," talk presented at the 75th anniversary of the University of Pennsylvania Graduate School of Arts and Sciences, Manuscript Division, Library of Congress.

[65] "The Bandwagon," in Claude Shannon, *Collected Papers*, 462.

[66] Quoted in Steve J. Heims, *The Cybernetics Group*, 277.

[67] Notes by Neil J. A. Sloane and Aaron D. Wyner in Claude Shannon, *Collected Papers*, 882.

[68] Claude E. Shannon, "Programming a Computer for Playing Chess," first presented at National IRE Convention, 9 March 1949, in Claude Shannon, *Collected Papers*, 637; and "A Chess-Playing Machine," *Scientific American* (February 1950), in Claude Shannon, *Collected Papers*, 657.

[69] Edward Lasker to Claude Shannon, 7 February 1949, Manuscript Division, Library of Congress.

[70] Claude Shannon to C. J. S. Purdy, 28 August 1952, Manuscript Division, Library of Congress.

[71] "Scientific Aspects of Juggling," unpublished, in Claude Shannon, *Collected Papers*, 861. 卡明斯在《声对声，唇对唇》（"Voices to Voices, Lip to Lip"）一诗中的原文为："只要你我有唇相吻，有声放歌，谁管是否某个混账独眼龙会发明出测量春天的工具？"

[72] Claude Shannon to Irene Angus, 8 August 1952, Manuscript Division, Library of Congress.

[73] Robert McCraken, "The Sinister Machines," *Wyoming Tribune*, March 1954.

[74] Peter Elias, "Two Famous Papers," *IRE Transactions on Information Theory* 4, no. 3 (1958): 99.

[75] E. Colin Cherry, *On Human Communication* (Cambridge, Mass.: MIT Press, 1957), 214.

第 9 章
熵及其妖
（你无法通过搅拌将果酱和布丁区分开来）

思维干涉了可能事件的发生概率，从而从长期来看，也干涉了熵。

——戴维·L. 沃森（1930）[1]

如果说当时没有一个人知道**熵**到底意味着什么，那是有点夸张。但说它是那些少有人理解的词之一，这却是不假。根据在贝尔实验室里流传的一个说法，是约翰·冯·诺伊曼建议香农使用这个词，因为没有人懂这个词的意思，所以他与人争论时可以无往而不利。[2]这件事虽然子虚乌有，但听起来似乎有点道理。这个词在一开始甚至出现过意义颠倒，而即便到了现在，它也依然是极其难以定义。《牛津英语词典》就一反常态，没有给出这个词的明确释义：

1. 该词指代某种定量因素，它决定了部分物质的热力学状态。

热力学的主要奠基人之一德国人鲁道夫·克劳修斯在 1865 年首次引入了"熵"这个词，当时他需要为自己发现的某种量想个名称——这种量与能量有关，但又不是能量本身。

热力学是伴随着蒸汽机的发展而兴起的，事实上一开始只是作为"蒸汽机的理论研究"。[3]它关注热量或能量转换为功的过程。而当这种转换发生时（热量驱动了引擎），克劳修斯认识到，热量实际上并未损失，只是从较热的物体传递到了较冷的物体，并在传递途中做了些功。正如法国工程师尼古拉·萨迪·卡诺所反复指出的，这就像一部水车：水从高处流往低处，水量并没有增加或减少，但水在往低处流动的途中做了功。卡诺把热量也想象成了这样一种物质，即热质。热力学系统做功的能力，并不取决于热量本身，而取决于冷热之间的温差。把一块热石头投入冷水中就可以做功（比如产生的蒸气可以推动涡轮机），但整个由石头和水组成的系统的总热量维持不变，并且最终石头和水会逐渐达到同一温度。相反，无论一个封闭系统内含有多少能量，只要系统内的所有物体的温度都相同，它就无法对外做功。

克劳修斯想要度量的正是这种能量不可用（无法用于做功）的程度。他想出了熵（entropy）这个词，它源自希腊语的"转换"（τροπή, tropē）一词。*他的英国同行很快领悟到了其中的要点，但认为克劳修斯把关注点放在消极一面上是弄反了方向。詹姆斯·克拉克·麦克斯韦在其《热理论》一书中就建议，将熵的意义颠倒过来（"**能够**被转换为机械功的那部分能量"）会"更方便些"。这么一来：

> 当系统的压力和温度变得均匀一致时，熵就耗竭了。

不过没过了几年，麦克斯韦便来了个一百八十度的大转向，决定沿用克劳修斯的用法。[4]他重写了该书，并添加了一条略显尴尬的脚注：

> 在本书先前各版中，我曾认为，克劳修斯把他所引入的"熵"的概念定义为无法被转换为功的那部分能量，是不妥当的。我进而将它重新定义为可用的能量，但这导致了热力学用语中的严重混乱。因此，在这一版中，我已经努力遵循克劳修斯的原始定义来使用"熵"一词。

但这里的问题不只在于是从积极一面还是从消极一面来看待，还存在于更微妙的层次。麦克斯韦先前把熵视为能量下属的一个类别，即可被用于做功的能量。但现在经过重新考虑后，他意识到热力学需要的是一个全新的量度。因此，熵不是

---

* 克劳修斯有意使 entropy（熵）与 energy（能量）一词的结构相似，因为他认为这两个量在物理重要性上有着密切关系。——译者注

能量的一种，也不是能量的数量，而是如克劳修斯所说，是能量的**不可用程度**。尽管听上去很抽象，但它与温度、体积或压力一样，也是个可以度量的量。

熵成为了一个图腾般的概念。有了它，热力学"定律"能被简洁地加以表达：

第一定律：宇宙的能量守恒。

第二定律：宇宙的熵恒增。

这些定律还有许多别的表达形式，有数学化的，也有好玩的，比如，"第一定律：你不可能赢；第二定律：你也甚至不可能打成平手"。[5]但不论形式如何，它都预示了宇宙的宿命：宇宙在走下坡路，一条不断衰退的不归路。我们的最终结局，就是熵最大化的状态。

威廉·汤姆森，即开尔文男爵，通过描述这番暗淡的前景，使得热力学第二定律吸引了公众的想象力。他在 1862 年宣称："虽然机械能**不灭**，但一个普遍趋势是机械能会耗散，导致在整个物质宇宙内，运动会停止，势能会耗竭，而热能则会逐渐增加和扩散。这样最终整个宇宙会归于一个静止和死寂的状态。"[6]因而后来在 H. G. 威尔斯的科幻小说《时间机器》里，熵主宰了宇宙的最终命运：生命衰灭，太阳死亡，"令人厌恶的毁灭气息笼罩着整个世界"。不过，热寂并不是一片寒冷，而是不温不火、了无生气。1918 年，弗洛伊德也从熵的概念中找到了某些有用之处，虽然他对此的理解有偏差："在考虑从心理能量到实体行为的转换时，我们必须用到熵的概念，这个概念不允许撤销已发生的事情。"[7]

汤姆森的**耗散**一词可谓恰当。能量没有损失，只是耗散了；耗散掉的能量仍在，但已无法被人利用。最早开始关注混乱（无序）本身，把它视为熵的本质特性的，则是麦克斯韦。无序，它听上去竟不太像自然科学的概念，倒有点与知识、智能或判断等相似。麦克斯韦指出："由此可得出的一个结论是，能量耗散的概念取决于我们的知识水平。可用的能量，是那些可以按我们的希望被引导进某个渠道中的能量。而耗散掉的能量则是那些我们无法掌控或按意志加以引导的能量，比如分子混乱扰动的能量，也就是我们所谓的热量。"**我们能做什么、能知道什么**，成了定义的一部分。谈到有序和无序，就不可避免地要涉及行为者或观察者，涉及心智：

> 混乱，如同与之相关的术语秩序一样，并不是物质本身的属性，而
> 是与观察它们的心智息息相关。一本写得很整洁的备忘簿，在一个不识
> 字的人看来并不混乱，在那位知道上面记着什么的主人看来也不混乱，
> 但在其他识字却读不懂内容的人看来，它则显得无比混乱。同样地，耗
> 散掉的能量的概念，对于不能自主利用任何自然界能量的存在物，或是
> 能够跟踪每个分子的运动并在恰当时机俘获它们的存在物而言，都是没
> 有意义的。[8]

秩序是主观的，因人而异。秩序和混乱似乎并不是数学家会尝试去定义或度量的
一类东西。但他们真会就此束手吗？如果无序对应于熵，那么或许它也可以进行
科学处理。

热力学的先驱们考虑了一种理想情况，即一个密闭容器中的气体。气体由原
子构成，它并不像看上去那样简单或平静，而是包含了大量不断扰动的微粒的系
综。原子看不见摸不着，在当时还是一种理论假想物。但如克劳修斯、开尔文、
麦克斯韦、路德维希·波尔兹曼和威拉德·吉布斯等理论家都接受流体由原子构
成的观点，并据此推导出了结论：微粒的运动杂乱无章、碰撞频繁且持续不断。
他们意识到，正是微粒的这种运动构成了热。热不是物质，不是流体，也不是燃
素，而只是分子的运动。

每一分子个体都必定遵守牛顿运动定律，因而在理论上，每个动作、每次碰
撞都是可度量、可计算的。可是分子的数量实在太多了，无法一一加以度量和计
算。但借助概率，新出现的统计力学在微观细节与宏观行为之间架起了桥梁。假
设这个密闭容器被一块隔板隔成两半，A 和 B，并且 A 的气体比 B 的热，也就是
说，A 的分子运动得较快，能量较高。但只要一去掉隔板，分子就开始混合。较
快的分子碰撞较慢的分子，同时进行能量交换。最终一段时间后，气体的温度会
变得均匀一致。但令人费解的是，为什么这个过程不可逆呢？在牛顿运动方程中，

时间可以取正值，也可以取负值。从数学上说，两个方向都能成立，但在现实中，过去和未来可不会这么轻易就对调。

法国物理学家莱昂·布里卢安在 1949 年就说道："时间一去不返，这一事实让物理学家感到大惑不解，毕竟所有基础物理定律都是可逆的。"[9]不过，麦克斯韦对此并没有太多困惑。他在给瑞利男爵（约翰·威廉·斯特拉特）的信中写道：

> 如果这个世界是个纯粹的动力系统，并且如果你能精确地将该系统中所有粒子的运动在同一刹那反转，那么所有事物就会回到它们的起点，雨滴会从地面升起，飞回云里，如此等等。人们会看见自己的朋友从坟墓回到摇篮，直到自己也来到出生之前，尽管谁也不知道那是种怎样的状态。

麦克斯韦在这里想表达的关键是，如果从微观细节上观察个体分子的运动，无论时间是向前还是向后，分子的行为都是一样的。我们可以把电影倒放，但我们把隔板去掉，观察密闭容器内的气体时，这个混合过程在统计上说是单向的。即便我们观察该流体很长很长的时间，它也不会自动分成一边热一边冷的两半。在汤姆·斯托帕德（Tom Stoppard）的话剧《世外桃源》（*Arcadia*）中，聪明的小托马西娜有一句台词："你无法通过搅拌将果酱和布丁区分开来。"这恰与"时间一去不返"的说法异曲同工。此类过程只能朝一个方向进行，而概率则是背后的原因。并且值得注意的是，所有的不可逆过程都必须用同样的原因来解释，这一点物理学家花了很长时间才算接受。比如，时间本身就取决于几率，或如理查德·费曼喜欢说的，"世事无常"："总而言之，不可逆性是由于世事无常所导致的。"[10]而密闭容器内的气体从混合变得区分开来，这在物理定律上并非不可能，只是概率极其小罢了。因此，热力学第二定律只是在概率意义上成立：在统计上，万事万物都将趋于熵最大化。

不过，虽说第二定律不是必然，但这并不妨碍它成为科学的基本定律。正如麦克斯韦所说：

寓意。热力学第二定律等同于真理的程度与下述命题等同于真理的程度相同：把一杯水倒入大海以后，就不可能再取回同一杯水。[11]

热量自发地（没有外部帮助）从较冷的物体传向较热的物体，与有序自发地（没有外部帮助）从无序中产生，两者的不可能程度相当。它们在根本上可以用统计学来解释。计算一个系统的所有可能组合，可以发现其中无序的状态要远多于有序的状态。在大多数组合或"状态"中，分子全乱作一团；只有在极少数状态中，分子是整齐有序的。因此，有序状态的熵低，出现概率也低。而如果要达到可观的有序度，那么其出现概率更可能会**非常**低。图灵曾开玩笑地提出过一个数值 N，其定义为"一支粉笔从房间一头扔到另一头，并在黑板上写下一行莎士比亚诗句的几率"。[12]

最终物理学家开始用微观状态和宏观状态来讨论熵。一个宏观状态可以是，所有气体集中在密闭容器的上半部，而与之对应的微观状态则是全部粒子的位置和速度的所有可能组合。这样一来，熵就成了概率在物理学上的等价物：某一给定宏观状态的熵，就是它所对应的微观状态数目的对数。因此，热力学第二定律揭示的是，宇宙从可能性较小的（有序的）宏观状态演化为可能性较大的（无序的）宏观状态的趋势。

不过，将如此重要的物理现象归结为仅仅是由于概率，这不免仍然让人困惑。说物理学完全允许混合气体自发地分成冷热两边，而这之所以不会出现只是由于几率和统计学，这种说法真的正确吗？对于这个难题，麦克斯韦提出了一个思想实验加以说明。设想"一个有限的存在物"，它控制着分隔密闭容器的隔板上的一个微孔。它能够看清飞来的分子，能够判断它们运动的快慢，并能够选择是否让它们通过。这么一来，它改变了原来的几率。通过筛选较快的分子和较慢的分子，它可以使得 A 更热而 B 更冷，并且这样做时，"无需做功，只需一个眼明手快的存在物发挥其智能即可"。[13]这个存在物不遵从普通概率。通常的情况是，不同事物会彼此混合。但要将它们筛选出来，就需要信息。

汤姆森很喜欢这个设想，并把这个想象出来的存在物称为妖（demon）："麦克斯韦的智能妖"、"麦克斯韦的筛选妖",以及随后简单的,"麦克斯韦妖"。在大不列颠皇家协会的一次晚间讲演上,汤姆森生动地描述了这个小家伙:"它与一般动物的区别只〔只!〕在于,它体积极微小且身手极敏捷。"[14]借助两只装有不同颜色液体的试管,他演示了看上去不可逆的扩散过程,并宣称,只有那个妖能反演这个过程:

> 它能让密闭容器内的半边空气,或半根铁棒变得滚烫,同时另外一半却变得冰冷;能引导一盆水里的水分子的能量,使得水升高至某个高度,同时相应降低水的温度(每升高 772 英尺降低 1 华氏度);能"筛选"食盐溶液或两种气体的混合物内的分子,从而反转正常的扩散过程,使得溶质聚积在一起,而留下其他地方都是水,或使得两种气体分别占据密闭容器的不同区域。

对此,《科普月刊》的记者感到不以为然,甚至认为这荒唐可笑:"据说,整个自然充斥着无数这样荒诞微小的小鬼,它们无所不知,甚至能操控那些决定和维持着所有自然秩序的看不见摸不着的运动。当像剑桥大学的麦克斯韦和格拉斯哥大学的汤姆森这样的人物,都公开支持如此浅陋的假说,需要借助这种对原子又敲又踢的小恶魔来解释观察到的自然现象的变化时,我们不禁要问,接下来又会是什么?"[15]但这位记者没有理解关键所在。麦克斯韦并没有暗示他的妖真实存在,它只是教学工具而已。

这个妖能看见我们看不见的,毕竟我们太大也太慢了。具体来说,它能看见,热力学第二定律只是在统计意义上成立,而不是由某种物理原因所决定的。事实上,在分子水平,这条定律就会被随机地违背。而这个妖则是用具有目的性的行为替代了这种随机性。它用信息降低了熵。麦克斯韦从来没有想到,他的妖会如此广为流传,如此经久不衰。美国历史学家亨利·亚当斯甚至尝试将熵的概念纳入他的历史理论当中。1903 年,他在给弟弟布鲁克斯的信中写道:"人如同原子,而那个掌控着热力学第二定律的麦克斯韦妖则应当成为总统。"[16]其实不妨说,这个妖统治的是一道大门,一道从物理世界进入信息世界的大门。

这个妖的力量让科学家十分羡慕，其卡通形象也常出现在物理学期刊中，用来活跃版面。虽然它确实是个想象之物，但原子本身一直以来也被视为是想象出来的，而这个妖竟能将原子驯服。自然规律看似不可抗拒，但这个妖却可以违背它们。它就像一个盗贼，通过操弄一个个分子来撬锁。法国数学家亨利·庞加莱就写道："只有如麦克斯韦妖这样拥有无限敏锐的感官的存在物，才能梳理这团乱麻，并扭转宇宙不可逆的走向。"[17]而这不正是人类所梦寐以求的吗？

借助手中优于以往的显微镜，科学家在 20 世纪初开始考察细胞膜的主动筛选过程。他们发现，活细胞透过细胞膜吸收、过滤外界的物质，并在内部进行加工处理。种种具有目的性的过程似乎在微观水平上不断运作着。那么是谁或什么在操控这一切？答案似乎就在生命本身。1914 年，英国生物学家詹姆斯·约翰斯通强调，"我们不能将魔鬼学引入科学"。[18]他指出，在物理学中，个体分子仍然无法为我们所控制。"它们的运动及其轨迹缺乏协调，可以说是'一片混乱'。因此，物理学只考虑统计意义下的**平均**速度。"这就是为什么物理现象不可逆的原因，"因而在后者这门科学中，麦克斯韦妖不存在"。那么生命呢？生理学呢？约翰斯通进而提出，地球上的生命，作为一个整体，其过程**是**可逆的。"因此，我们必须寻找证据，证明生物体**能够**控制个体分子原本缺乏协调的运动。"

> 一方面，我们人类的大部分努力都用在了**引导**自然界的力量和能量，使之转到它们原本不会采取的轨迹上去；但另一方面，我们却长久以来都没有把原始生物，或甚至高等生物的身体组织也视为具有这种引导物理–化学过程的能力。这岂不是咄咄怪事？

既然生命依旧如此神秘莫测，或许麦克斯韦妖也有可能不只存在于卡通当中。

再后来，麦克斯韦妖也开始困扰一位非常年轻的匈牙利裔物理学家莱奥·齐拉特。这是位极富想象力的人物，在日后提出了电子显微镜、核连锁反应、直线加速器、回旋加速器等设想。他那位名气更大的老师，阿尔伯特·爱因斯坦，曾出于好意劝他到专利局谋取职位，所幸他并未听从。在 20 世纪 20 年代，齐拉特曾思考过热力学应当如何处理永不停歇的分子涨落。顾名思义，涨落就是偏离均值，就像逆流而上的鱼儿会时上时下。人们自然会想，要是能利用这种涨落的话，又会怎样呢？这样的想法令人难以抗拒，有人甚至据此设想了一种永动机*——永动机可是异想天开者和夸夸其谈者的圣杯。但这其实只是"我们为什么利用不了所有热量"的另一种说法。

麦克斯韦妖还引发了另一个悖论。在一个封闭系统中，对这个能够区分较快分子和较慢分子并控制其通过的妖来说，它无异于拥有了一个源源不绝的有用的能量来源。又或者不是这个想象的小恶魔，而是其他"智能生命"呢？比如一个实验物理学家，他无需拥有操控个体分子的特异功能："如果我们将这个实验者视为某种解围之神——他能准确地了解每时每刻自然的现有状态，并能在不消耗功的前提下干涉其宏观状态的走向，那样的话，永动机是可能实现的。"[19]然而，只要引入一个具有大脑的生命，生物现象本身便会带来问题。齐拉特指出："神经系统本身的存在，就是依赖于能量的持续耗散。"［他的朋友卡尔·埃卡特（Carl Eckart）便精辟地总结道："思考产生熵。"[20]］因此，在他的思想实验中，齐拉特设想了一个圆柱容器内盛有气体的热力学系统，智能生命则由一种"无生命设备"来取代，其运作只需度量少量信息。他还指出，这样的设备需要具有"某种记忆功能"（论文发表于 1929 年，当时图灵还是个十几岁的孩子。但如果用图灵后来提出的术语来说，齐拉特是把麦克斯韦妖的心智视为了一部具有双稳态存储的计算机）。

齐拉特进而证明了，即便是这样的永动机也必然会失败。而其中的关键在于：信息不是免费的。麦克斯韦、汤姆森等人都默认知识是现成的——关于分子运动速度和轨迹的知识就直接摆在了这个妖的眼前。他们没有考虑到，获取这些信息是需要成本的。不过，他们也不可能考虑得到，毕竟在那个相对单纯的时代，对他们来说，信息简直属于另一个平行宇宙、另一个灵魂世界，与这个他们试图研究的由物质和能量、粒子和力构成的世界并无关联。

然而，信息是物理的（information is physical）。麦克斯韦妖则在两者之间架

---

    *　比如，气体分子的随机撞击带动叶片和转轮，另一端的棘轮和掣爪则使转轮只能朝一个方向转动。对其不可能性的分析可见：《费恩曼物理学讲义（第 1 卷）》，第 46 章。——译者注

起了桥梁，它每处理一个粒子，就是做了一次信息与能量的转换。齐拉特发现（当时他并未使用**信息**一词），只要精确核算每次度量和记忆，这种转换也是可以精确计算的。根据他的计算，每获取一单位的信息总是会相应带来一定的熵增加——具体来说，熵会增加 $k \log 2$ 个单位。这个妖每次在两个粒子之间作出选择时，都会消耗一比特信息。熵增加会出现在每个循环结束时，这时旧的记忆不得不被清除（最后的这一点细节齐拉特并没有在论文中明确提出，但体现在了所用的数学当中）。只有把所有这些也妥善地考虑进去，似是而非的永动机才会无处容身，而宇宙也才会恢复和谐，"重新与热力学第二定律保持一致"。

就这样，齐拉特完成了通往香农"信息是熵"的构想的最后一环。但对香农来说，他看不懂德文，也没有关注过《物理学杂志》。他在后来回忆道："我想，齐拉特当时确实是在思考这个问题。他曾跟冯·诺伊曼提起过，而冯·诺伊曼也可能跟维纳说起过。但他们都没有跟我谈到过此事。"[21]香农是从头构建了熵的数学理论。

在统计力学中，熵度量的是一个物理系统的微观状态的不确定程度，即处于所有可能微观状态中的一种的概率。这些可能微观状态的出现概率不一定相等，因此，物理学家的公式是：$S = -\sum p_i \log p_i$。

而在信息论中，熵度量的是一条讯息的不确定程度，即身为由信源发出的所有可能讯息中的一条的概率。这些可能讯息的出现概率不一定相等，因此，香农的公式是：$H = -\sum p_i \log p_i$。

两者形式上的相似性，并不是巧合：自然对相似问题本当给出相似答案。事实上这是同一个问题。要减少密闭容器内气体的熵，要对外做功，就必须以信息支付成本。类似地，一条确定的讯息会减少由所有可能讯息组成的集合的熵——这个集合用动力系统的术语来说就是相空间。

维纳的观点则与香农的稍有不同。这位同行兼对手在公式面前添加的是相反的符号，不过这对一个意义一开始曾出现过颠倒的用语来说倒也正常。香农说信息就是熵，而维纳则说信息是**负**熵。维纳认为，信息代表秩序，但有序的事物并不一定含有很多信息。香农曾向维纳指出过其中的差异，但认为这无关紧要，不过是"数学上的文字游戏"，而且他们算出的数值结果会是相同的。

> 我考虑的是，从一个集合中作出选择时会有多少信息**产生**——这样一来，集合越大，产生的信息越**多**。而你考虑的是，集合越大，不确定性越高时，对于该情况的知识就越少，因而信息也就越**少**。[22]

换句话说，H 度量的是出人意料的程度。再换句话说，H 是通过只允许回答是或否的问题来猜出一条未知讯息时所需问问题的平均数目。在现实中，香农的说法占据了上风，并在后来的物理学家和数学家手中结出了累累硕果，但由此引致的混乱还是持续了许多年时间。无序和有序，还需进一步的区分。

我们都像麦克斯韦妖一样活动。生物体（organism），顾名思义，时刻在组织（organize）。也正是在日常经验中，我们可以发现一向冷静的物理学家之所以会在两个世纪里对这个卡通形象一直难以忘怀的原因。我们分拣邮件、堆造沙堡、拼凑拼图、复盘棋局、收集邮票、给麦穗脱粒、按字母表顺序排列书籍、创造对称形式、创作十四行诗和奏鸣曲，以及整理自己的房间。所有这些活动并不需要巨大的能量，只需保障我们能够发挥智能便可。我们繁衍生息，我们扰乱了趋向热平衡的趋势——这里的"我们"不仅仅是人类，也包括所有生物在内。虽然试图对这些过程进行热力学核算无异于白日做梦，但有一点可以确信，即我们是在一点一点、一比特一比特地减少熵。原始版本的麦克斯韦妖有时被誉为"超级智能"，因为它能够一次识别一个分子，区分较快的和较慢的，还能操控它的微孔。但与真正的生物体相比，它只是个白痴天才。生物体降低了无序度，这不仅见于其所在的环境，也见于其本身，见于其骨骼、肌肉、囊泡和生物膜、外壳和背甲、叶和花，以及循环系统和代谢通道——这些无疑都是体现出模式和结构的奇迹。有时看来，我们存在于这个宇宙似乎就是为了一个知其不可而为之的目的——控制熵。

1943 年，埃尔温·薛定谔在都柏林三一学院的一系列公共讲座上，试图回答一个困扰人们已久的难解之谜：生命是什么？这位喜好抽烟和戴领结的量子物理先驱，已经用自己的名字命名了一个量子力学的基本公式。但在涉足其他领域时，跟许多人到中年的诺贝尔奖得主太经常会做的那样，他不得不牺牲部分严谨性，而代之以一些大胆推测。因此，他一开讲就先向听众道了歉："这个困境无法打破，除非我们当中有人敢于尝试去综合各种已有事实和理论，哪怕用的是一些二手的和不完全的知识，哪怕有可能使自己成为别人的笑柄。"[23]虽然如此，根据这次讲座的内容整理出版的小书却对后来影响深远。该书没有发现什么新东西，甚至也没有提出什么新东西，却奠定了一门新兴学科的基础，一门融合了遗传学和生物化学的交叉学科。该学科的一位奠基者后来曾这样写道："有点类似于《汤姆叔叔的小屋》引发了南北战争，薛定谔的图书也引发了这场生物学革命。而当尘埃落定后，它留下了分子生物学作为自己的遗产。"[24]当时的生物学家从不曾读到过这样的东西，而物理学家则意识到，这预示着下一个可能取得重大成果的课题或许便是在生物学领域。

薛定谔首先从他所谓"神秘的生物恒定性"入手。不同于充斥着随机运动和涨落的密闭容器中的气体，也似乎无视不确定性占主导的薛定谔的波动力学，生物体的结构表现出令人惊叹的恒定性。这种恒定性不仅伴随着生物体的一生，并且还能通过遗传代代相传。薛定谔感到，这是个需要解释的现象。

于是他设问道："生命的特征是什么？一个物体怎样才可以说是活的？"对此，他跳过了通常的解释，比如会成长、会进食、会繁殖等，而从尽量简单的角度来回答："只要它在不断'做些什么'，比如移动、与周围环境进行物质交换，诸如此类，并且持续时间要大大长于我们预期无生命物体在类似情况下做这些活动的持续时间即可。"[25]当一个无生命的系统孤立地处于均匀一致的环境中时，其中的运动最终会静止下来，温度会最终达到均匀一致，化学反应也会最终停止——"整个系统沦为一团静止的、惰性的物质"，热力学第二定律得到了遵循，而熵达到了最大化。然而，生物体却可以保持不稳定的状态。后来维纳在《控制论》中进一步考虑了这个问题。他认为，酶可能就是"亚稳的"麦克斯韦妖——亚稳的意思是，不那么稳定。[26]他指出："酶的稳定状态就是失去催化活性，而活的生物体的稳定状态就是死亡。"

薛定谔认为，能够短暂地违背热力学第二定律，或至少看上去如此，正是生物体"看上去如此神秘"的原因。生物体看上去像永动机那样运作，使得许多人相信它们当中存在一种特殊的、超自然的**生命力**。除此之外，另一种流行的观念，即生物体依赖与周围环境交换物质或能量而存活，也被他视为荒诞不经。同一元素的不同原子之间并没有什么差别，而此一卡路里热量与彼一卡路里热量之间也并无高下之分，那么交换又有何益处呢？相反，他指出：生物体以负熵为食。

"换一种看上去不那么自相矛盾的说法，"他又不无悖论地补充道，"新陈代谢的本质是，生物体成功地使自己摆脱在其存活期内所必然产生的所有熵。"[27]

换言之，生物从周围环境中汲取秩序。草食动物和肉食动物以各种结构为食；它们摄取物质组织得井然有序的有机化合物，消化吸收之后，再将其排出体外，这时物质的"有序度已大大降低——但并未完全退化，因为它还能被植物利用"。与此同时，植物则还从阳光里吸收了能量以及负熵。对于这些过程，能量的核算尚可以完成，毕竟只是严格程度会有不同。但有序度的核算就没那么简单了。秩序和混乱的数学考量仍然困难重重，而相关的定义也不免陷入循环定义。

薛定谔进一步指出，对于生命如何存储和延续从自然吸收的秩序，我们还知之甚少。当时的生物学家借助显微镜，已经对细胞积累了大量的认识。他们在体细胞和受精卵中观察到了许多丝状物，他们称之为染色体。不同物种各自有着特定数目的染色体，它们成对出现，通常被视为生命遗传特征的载体。用薛定谔的话来说，染色体内保存着生物体的"模式"："正是这些染色体，或很可能仅仅只是我们透过显微镜实际看到的染色体对中的一套丝状物，包含着某种决定了个体未来发展的全部模式的编码脚本。"生物体的每一个细胞竟然都"拥有完整的（两套）编码脚本"，这让薛定谔感到十分神奇——为何如此还不得而知，但这想必与生物体的功能有着某种至关重要的关系。[28]他将这比做一支军队里的每个士兵都对将军的作战计划的细节了如指掌。

这些细节指的是一个生物体的众多离散的"属性"，尽管当时对于如何界定一个属性尚还不清楚。（薛定谔就指出："试图将一个生物体的模式分解成众多离散的'属性'，这既不合适，也不现实，毕竟生物体在本质上是个统一体，是个'整体'。" [29]) 某种动物的眼睛颜色, 或蓝色或棕色, 或许可以称得上是一种属性, 但关注个体在这上面的**差异**恐怕更为有用, 而这种差异当时被认为受染色体内的某种东西所控制。薛定谔使用的是**基因**一词: "某个遗传特征的假想的物质载体。" 当时人们还无法看见这种假想的基因, 但预期应该为时不远。根据显微镜观察结果, 当时的科学家估算出单个基因的体积约等于边长为 300 埃 (大致为 100 个液体中的原子或 150 个固体中的原子的长度) 的立方体, 包含的原子数不超过一百万或数百万个。然而, 这些微小实体却必须找到某种方法封装下一个生物体的全部模式, 不论它是一只果蝇、一株杜鹃, 还是一只老鼠、一个人; 并且这个模式还必须是个四维对象, 即生物体的三维结构, 再加上从胚胎到成年的每个发育阶段的演变。

为了探寻基因的分子结构, 人们很自然地会将目光投向最井然有序的一类物质——晶体, 试图从中寻找线索。晶体具有相对恒定的形式, 可以从微小的起始开始, 生成越来越大的晶体结构, 并且当时的量子力学也已经开始深入探究晶体当中的作用力。不过, 薛定谔意识到有机体与晶体还是有所区别。晶体**太过**有序了, 只是 "以一种相对乏味的方式, 在三个维度上周期性地重复相同的结构"。晶体尽管看上去很精致, 但其中每个原子或原子团的作用是完全等同的。相反, 他认为, 生命必然是基于更高程度的复杂度, 其结构必定不是通过可预测的重复而成, 而每个原子或原子团的作用也并不是完全等同的。他发明了一个术语来描述这种结构——非周期性晶体, 并进而提出了一个假说: "我们相信一个基因, 或可能整条染色体, 是一种非周期性晶体。" [30] 对于周期性与非周期性之间的巨大差异, 他不禁强调再三:

> 两者结构上的差异, 就好比一张普通墙纸与一件精品刺绣, 比如一件拉菲尔的挂毯, 那样有着天壤之别。前者只是以有规律的周期重复着相同的模式, 而后者看不出有乏味的重复, 有的只是精致、协调且**富有意义**的设计。[31]

法国物理学家莱昂·布里卢安后来沿着薛定谔的思路, 进一步比较了活的生物体与死的晶体之间的差别。他注意到，晶体具有一定的自我修复能力，比如受到一定压力挤压时，其原子会调整到新的位置，以维持晶体结构的稳定。但这种自我修复是有限的，相较之下，生物体的自我修复能力就高超得太多了："活的生物体能自己愈合伤口、治愈病症，甚至能再生因意外受损的大块结构。这是生物体最引人注目、也最令人意外的属性。"[32]跟薛定谔一样，布里卢安也用熵来联系起最小的和最大的尺度。

> 地球并不是一个封闭系统，生命便是以渗入地球系统的能量和负熵为食。阳光和雨露滋养作物（俗话说得好，三月风、四月雨，带来五月的花），作物提供食物，其中的循环大致如此：首先，创造出不稳定的平衡（如燃料、食物、瀑布等）；然后，所有生物都来利用这些储备。

这样一来，生物使得通常的熵计算变得更复杂了。类似地，信息也会如此。布里卢安就问道："取一份《纽约时报》、一本讲控制论的书，以及一堆分量相当的废纸，它们的熵一样吗？"如果你拿它们来烧火炉，自然它们的熵是一样的。但如果你是拿它们来读，那它们的熵就不同了。墨点的不同排列组合包含不同程度的信息，或者按维纳"信息是负熵"的说法，包含不同程度的负熵。

为了进行观察和度量，物理学家也需要从周围环境汲取负熵（比如他需要用到电池、电源、压缩空气等），从而将负熵转化成信息。布里卢安进而提出了一个大胆的猜想：物理学家根据观察和度量建立起科学知识，推导出科学定律，并利用这些定律，设计和制造出自然界中原本没有的、其结构非常罕见的机器和设备，这是不是又将信息转化成了某种形式的负熵呢？[33]

有些人认为，齐拉特的论文为麦克斯韦妖的棺材钉上了最后一根钉子。但这并不是麦克斯韦妖的结束——还远远没有。要想彻底解决该问题，驱走这个妖，要求我们更为深入地理解一个与热力学相隔甚远的领域：机械计算。正如彼得·兰兹伯格所写的："麦克斯韦妖，死于莱奥·齐拉特的一篇论文发表之时，享年六十二岁。但它又化身为了一个顽皮而可爱的鬼魂，继续在物理学城堡里阴魂不散，时时作响。"[34]

注释

[1] David L. Watson, "Entropy and Organization," *Science* 72 (1930): 222.

[2] Robert Price, "A Conversation with Claude Shannon: One Man's Approach to Problem Solving," *IEEE Communications Magazine* 22 (1984): 124.

[3] 这种说法可见于如：J. Johnstone, "Entropy and Evolution," *Philosophy* 7 (July 1932): 287.

[4] James Clerk Maxwell, *Theory of Heat*, 2nd ed. (London: Longmans, Green, 1872), 186; 8th edition (London: Longmans, Green, 1891), 189 n.

[5] Peter Nicholls and David Langford, eds., *The Science in Science Fiction* (New York: Knopf, 1983), 86.

[6] Lord Kelvin (William Thomson), "Physical Considerations Regarding the Possible Age of the Sun's Heat," lecture at the Meeting of the British Association at Manchester, September 1861, in *Philosophical Magazine* 152 (February 1862): 158.

[7] Sigmund Freud, "From the History of an Infantile Neurosis," 1918*b*, 116, in *The Standard Edition of the Complete Psychological Works of Sigmund Freud* (London: Hogarth Press, 1955).

[8] James Clerk Maxwell, "Diffusion," written for the ninth edition of *Encyclopaedia Britannica*, in *The Scientific Papers of James Clerk Maxwell*, ed. W. D. Niven, vol. 2 (Cambridge: Cambridge University Press, 1890; repr. New York: Dover, 1965), 646.

[9] Léon Brillouin, "Life, Thermodynamics, and Cybernetics" (1949), in Harvey S. Leff and Andrew F. Rex, eds., *Maxwell's Demon 2: Entropy, Classical and Quantum Information, Computing* (Bristol, U.K.: Institute of Physics, 2003), 77.

[10] Richard Feynman, *The Character of Physical Law* (New York: Modern Library, 1994), 106.

[11] James Clerk Maxwell to John William Strutt, 6 December 1870, in Elizabeth Garber, Stephen G. Brush, and C. W. F. Everitt, eds., *Maxwell on Heat and Statistical Mechanics: On "Avoiding All Personal Enquiries" of Molecules* (London: Associated University Presses, 1995), 205.

[12] Quoted by Andrew Hodges, "What Did Alan Turing Mean by 'Machine,' " in Philip Husbands et al., *The Mechanical Mind in History* (Cambridge, Mass.: MIT Press, 2008), 81.

[13] James Clerk Maxwell to Peter Guthrie Tait, 11 December 1867, in *The Scientific Letters and Papers of James Clerk Maxwell*, ed. P. M. Harman, vol. 3 Cambridge: Cambridge University Press, 2002), 332.

[14] Royal Institution Lecture, 28 February 1879, *Proceedings of the Royal Institution* 9 (1880): 113, in William Thomson, *Mathematical and Physical Papers*, vol. 5 (Cambridge: Cambridge University Press, 1911), 21.

[15] "Editor's Table," *Popular Science Monthly* 15 (1879): 412.

[16] Henry Adams to Brooks Adams, 2 May 1903, in *Henry Adams and His Friends: A Collection of His Unpublished Letters*, ed. Harold Cater (Boston: Houghton Mifflin, 1947), 545.

[17] Henri Poincaré, *The Foundations of Science*, trans. George Bruce Halsted (New York: Science Press, 1913), 152.

[18] James Johnstone, *The Philosophy of Biology* (Cambridge: Cambridge University Press, 1914), 118.

[19] Leó Szilárd, "On the Decrease of Entropy in a Thermodynamic System by the Intervention of Intelligent Beings," trans. Anatol Rapoport and Mechthilde Knoller, from Leó Szilárd, *"Über die Entropieverminderung in einem thermodynamischen System bei Eingriffen intelligenter Wesen,"* *Zeitschrift für Physik* 53 (1929): 840–856, in Harvey S. Leff and Andrew F. Rex, eds., *Maxwell's Demon 2*, 111.

[20] Quoted in William Lanouette, *Genius in the Shadows* (New York: Scribner's, 1992), 64.

[21] Shannon interview with Friedrich-Wilhelm Hagemeyer, 1977, quoted in Erico Mariu Guizzo, "The Essential Message: Claude Shannon and the Making of Information Theory" (Master's thesis, Massachusetts Institute of Technology, 2004).

[22] Claude Shannon to Norbert Wiener, 13 October 1948, Massachusetts Institute of Technology Archives.

[23] Erwin Schrödinger, *What Is Life?*, reprint ed. (Cambridge: Cambridge University Press, 1967), 1.

[24] Gunther S. Stent, "That Was the Molecular Biology That Was," *Science* 160, no. 3826 (1968): 392.

[25] Erwin Schrödinger, *What Is Life?*, 69.

[26] Norbert Wiener, *Cybernetics: Or Control and Communication in the Animal and the Machine*, 2nd ed. (Cambridge, Mass.: MIT Press, 1961), 58.

[27] Erwin Schrödinger, *What Is Life?*, 71.

[28] Ibid., 23.

[29] Ibid., 28.

[30] Ibid., 61.

[31] Ibid., 5. （强调为引者所加。）

[32] Léon Brillouin, "Life, Thermodynamics, and Cybernetics," 84.

[33] Léon Brillouin, "Maxwell's Demon Cannot Operate: Information and Entropy," in Harvey S. Leff and Andrew F. Rex, eds., *Maxwell's Demon 2*, 123.

[34] Peter T. Landsberg, *The Enigma of Time* (Bristol: Adam Hilger, 1982), 15.

第 10 章
生命的编码
（关于生物体的完整描述都已写在了卵里）

> 处于所有生物核心的不是火，不是热气，也不是所谓的"生命火花"，而是信息、字词以及指令。如果你想为生命找个隐喻，那就别把它想象成火、火花或气息之类。相反，可以把它想象成数以亿计的离散数字字符刻在了一片片晶片上。
>
> ——理查德·道金斯（1986）[1]

科学家喜爱谈论基本粒子。如果某些性状能够代代相传，它们必然具有某种原始形态或某类载体。因此，有人设想了某种原生质的基本粒子。1875 年，《科普月刊》上的一篇文章就提到了这样一种假说："就跟物理学家一样，生物学家也应该被允许同样充分地'科学运用想象力'。如果前者必须用到他假想的原子和分子，那么后者也可以谈论他的生理学单位，也就是塑型性分子（plastic molecule），或简称'塑子'（plasticule）。"[2]

"塑子"终究没能流传开来，不过在当时，人们对于遗传的认识几乎都是错误的。因此，到了 1910 年，丹麦植物学家威廉·约翰森特意提出了**基因**一词，试图借此纠正当时播散甚广的一种迷思，即认为"身体属性"是从父母传递给子女的。约翰森在美国博物学家学会上的一次演讲中就斥之为"关于遗传最幼稚、也最古老的思想"。[3]会出现这样的想法不难理解。如果父女两人都很胖，一般人或许都会认为是父亲的肥胖导致了女儿的肥胖，或是父亲将肥胖遗传给了女儿。但这种认识是完全错误的。约翰森指出："任何个体生物体的'身体属性'根本不会决定其后代的属性。相反，无论是祖先的属性，还是后裔的属性，都是以相同的方式，由'生殖物质'（如雄配子和雌配子，生物体正是从它们发育而成）的本质所决定的。"生物体所传递的是某种更抽象、更潜藏于潜能的本质当中的东西。

为了消除错误思想，约翰森提出了一套新术语。*首先一个就是"基因"："这不过是个适用性很强的小词，很容易与其他单词组合成新词。"——即便当时约翰森或其他人都不清楚基因到底是什么，这也完全不影响其使用——"因此，它或许适合用来表示配子里的'遗传因子'、'元素'或'等位因子'等……至于'基因'的本质，现在就提出假说还为时尚早。"但格雷戈尔·孟德尔针对绿色和黄色豌豆的多年研究已经表明，肯定存在基因这样的东西。对于子叶颜色和其他性状，杂交后的植株的不同表现，具体数目由于受到多种因素（如温度和土壤成分）的影响而略有差异，但之间的比例大致都为三比一，这说明其中有**某种东西**作为一个整体被传递。它们既不混合，也不扩散，因而必定是量子化的。[4]孟德尔事实上已经发现了基因，只是没有叫这个名字罢了（当时他将之称为"遗传因子"）。在他看来，遗传因子更多的是一种代数上的方便说法，而不是一种物理实体。

后来薛定谔在认真思考基因时，他不得不面对一个难题。这样"微小的一点物质"是如何包含进去控制着一个生物体各个发育阶段的全部编码脚本呢？为了解决这个难题，薛定谔从电报（而没有从波动力学或理论物理学）借用了一个例子：摩尔斯电码。他注意到，仅仅两个符号（点和划），以有序的方式组合起来，就能生成人类的所有语言。他因而提出，基因也一定采用了某种编码："只要有了基因的分子图景，我们便不再无法设想，如此微型的编码如何既能对应一个高度复杂而又具体明确的发育计划，又能以某种方式包含执行计划所需的方法。"[5]

编码、指令、信号，所有这些带有浓厚的机械和工程学意味的术语很快侵入了生物学家的词汇当中，就如同当初诺曼法语侵入中世纪英语一般。20 世纪 40

---

* 他解释道："旧的那套术语由于与古老的或错误的理论和体系相联系而大打折扣，它们由此带上了种种不恰当的意义，而这对于得出正确的洞见不总是全无害处的。"

年代，在生物学中使用这些术语一开始还给人矫揉造作之感，但很快人们就习以为常了。新兴的分子生物学开始考察分子水平上的信息存储和信息转换，并用"比特"来计量。一些将研究转向生物学的物理学家发现，信息正是讨论和度量诸如复杂度与有序度、组织性与特异性等生物学属性时所需的概念。[6]其中之一就是亨利·夸斯特勒，这是位来自维也纳的放射学先驱，当时在美国伊利诺伊大学，从事将信息论应用于生物学和心理学的研究。他估算出一个氨基酸的信息量相当于一个书面单词，一个蛋白质分子的信息量则相当于一个段落。1950 年，他的同事西德尼·丹科夫曾向他提出过一种设想，认为一条染色体就是"一条经过编码的线性的指令带"。

> 整条染色体构成了一条"讯息"。该讯息可以细分成亚单位，它们或可称为"段落"或"单词"等。最小的讯息单位可能是某种触发器，它们能作出或是或否的选择。[7]

1952 年，夸斯特勒组织了一次专题研讨会，讨论信息论在生物学中的应用，比如将熵、噪声、信息传输和差异化等新概念应用到从细胞结构、酶催化到宏观的"生态系统"等领域。据一位与会者的估算，一个细菌所包含的比特数就高达 10^{13}。[8]（不过，这是描述整个三维的分子结构时所需的数目——或许存在更经济的描述方法？）而细菌的生长则可以描述为自身熵的减少。夸斯特勒也想用信息量来度量更高级的生物体，但不是以原子计（"那样做未免太过浪费"），而是以"塑造生物体的假想的指令"计。[9]这让他自然想到了基因。

他设想，在"染色体的某处"隐藏着一整套指令集，也就是基因组。这是个"目录"，即使没有包含全部，至少也包含了"关于成年生物体的所有信息中的大部分"。不过他也强调，人们对基因还几近一无所知。基因是离散的物理实体，还是它们之间会有重叠？基因是"相互独立的信源"，还是它们之间会互相影响？基因的数量又有多少？尽管这些问题当时都还没有答案，他还是得出了一个初步的结论：

单个细胞或一整个人的基本复杂度都不会大于 10^{12} 比特，也不会小于 10^5 比特。当然，这是个非常粗略的估算，但总算聊胜于无。[10]

当时这些粗略的工作并没有产生什么直接的后续影响。香农的信息论终究不能整体移植到生物学研究上去。但这已经不重要了。一个重大转变已然在进行：从考虑能量变成考虑信息。

1953 年春，在大西洋对岸的伦敦，《自然》杂志的办公室收到了一封奇怪的短信。[11]这是份联名信，牵头的是法国首位遗传学教授、巴黎大学的鲍里斯·埃弗吕西，联署的还有来自苏黎世大学、剑桥大学和日内瓦大学的学者。这些科学家抱怨说："在我们看来，专业词汇近来的增长相当混乱。"比如，细菌的遗传重组就有诸如细菌"转化"、"诱导"、"转导"甚至"传染"等说法。对此，他们建议加以简化：

> 作为解决上述混乱局面的一个方案，我们建议采用"细菌间信息"（interbacterial information）这个术语来取代上述说法。该术语避免了给人留下重组过程必定涉及物质转移的暗示，同时也为将来控制论在细菌水平上的可能应用预留了空间。

这封信其实原是这些科学家在瑞士洛迦诺的一次湖畔午餐上，酒酣耳熟之后的产物——原本只是打算开个玩笑。[12]但《自然》杂志的编辑却认为言之有理，并随即将它刊登了出来。在当时参加了午餐并在信上署名的人当中，其中最年轻的是个二十五岁的美国人，名叫詹姆斯·沃森。

紧接着下一期的《自然》杂志又刊登了沃森及其合作者弗朗西斯·克里克的另一封信。这封信使两人一举成名，因为他们找到了基因。

在此之前，主流观点认为，无论基因是什么样，也无论它们是如何起作用，它们很有可能是蛋白质：由一长串氨基酸构成的巨型有机分子。但在 20 世纪 40 年代，一些遗传学家已经开始研究一种简单的病毒——噬菌体，并且之后的一系列遗传实验让包括沃森和克里克在内的许多研究人员相信，基因可能存在于另一种物质当中。[13]由于某种未知的原因，这种物质广泛存在于所有细胞的细胞核内，无论是植物、动物还是噬菌体都概莫能外。这种物质是一种核酸，更具体地，是脱氧核糖核酸（DNA）。之前对核酸进行研究的，主要是化学家，但他们对它一直以来也知之甚少，只知道它是由一种叫做核苷酸的更小单位构成。沃森和克里克当时都在剑桥大学的卡文迪什实验室。他们意识到，秘密可能就藏身于此，需要做的是搞清楚 DNA 的结构。他们无法看见这些分子，只能在 DNA 的 X 射线衍射图谱中寻找线索。所幸他们对 DNA 的亚单位更为了解，知道每个核苷酸含有一个碱基，碱基一共只有四种，分别记为 A、C、G 和 T，并且各自的比例是严格可预测的。它们想必是遗传编码的字母，剩下的便是充分发挥想象力，不断进行试错了。

他们的发现，即 DNA 的双螺旋结构，很快成了一种象征符号，见于杂志封面甚至雕塑作品。DNA 由两条长长的碱基序列构成（它就像使用一张四字母码表写成的密码），两者互补并相互缠绕。分离开后，每条序列都可以作为复制的模板。（DNA 是不是薛定谔设想的"非周期性晶体"呢？从物理结构上看，X 射线衍射图谱显示，DNA 的结构完全是有规律的。其非周期性存在于语言，即"字母"序列这个抽象水平上。）克里克是在一家当地酒吧里，激动万分地向所有愿意倾听的听众宣布，他们发现了"生命的秘密"。不过，两人在《自然》杂志上发表的仅有一页的论文中显得更为谨慎。其论文结尾中的一句话被有人称为"科学文献中最羞怯的表述之一"。[14]

> 我们不是没有注意到，我们设想的这种碱基配对模式直接预示了遗传物质一种可能的复制机制。[15]

在几周后他们的另一篇论文中，这种胆怯已经荡然无存。他们注意到，在每条长链上，碱基序列看上去都无规律可循——任何一种序列皆有可能出现。"这意味着，在一个长分子上，大量不同的排列方式都有可能。"[16]而大量不同的排列方式，也就意味着大量可能的讯息。他们接下去的一句话则让大西洋两岸的学者都为之一振："因此很有可能，碱基的精确序列就是承载遗传信息的编码。"他们在这里使用**信息**、**编码**等术语时，已经用的不再是这些词的比喻意义了。

有机生命的高分子将信息嵌入高度复杂的结构当中。比如，一个人类的血红蛋白分子包含四条盘绕折叠的多肽链，其中两条各含 141 个氨基酸，另两条各含 146 个，其上的所有氨基酸都以严格的线性顺序排列。要是让氢、氧、碳、铁原子随机混合，就算穷极宇宙一生的时间恐怕也不见得会组成一个血红蛋白分子，就像黑猩猩在有限的时间内几乎不可能敲出莎士比亚全集一样。高分子的生成离不开能量；它们由较简单、较无序的单位组合而成，熵的定律在这里同样适用。对地球上的生命而言，能量来自太阳的光子，信息则来自进化。

DNA 分子有点不同，它的唯一功能就是携带信息。因此，微生物学家在意识到这点后，便将注意力转向了编码破解问题。克里克当初是由于读了薛定谔的《生命是什么？》才从物理转而研究生物，所以他特意寄了份论文给薛定谔，但没有得到回音。

另一方面，乔治·伽莫夫在一次访问加州大学伯克利分校的辐射实验室时，读到了沃森和克里克的报告。这位乌克兰裔宇宙学家，大爆炸理论的创立者之一，立马意识到了这是个伟大的思想。随后他发出了一封信：

> 亲爱的沃森博士和克里克博士：
>
> 我是名物理学家，而非生物学家……但你们发表在五月三十日的《自然》杂志上的文章着实令我兴奋不已。我认为，这篇文章让生物学得以跻身于众"精确"科学……如果你们的观点成立，那么每个生物体都能用四进制（？）系统的一个长长的数来表征，其中数字 1、2、3、4 分别代表四种不同碱基……这将为生物学开辟一个令人振奋的、基于组合论和数论的理论研究前景！……我感觉这能实现。你们觉得如何？[17]

在接下来的十年里，遗传编码的破解吸引了一大批来自各领域的杰出头脑，其中有很多人跟伽莫夫一样，对生物化学知之甚少。当初破解 DNA 的结构问题时，沃森和克里克需要涉及众多专业知识，诸如氢键、盐桥、联结脱氧呋喃核糖残基的磷酸二酯键等。他们需要弄清楚无机离子的三维空间构型，还要计算化学键间的精确角度。为此，他们还用纸板、锡片和铁丝制作了实体模型。但现在，问题变成了一个操弄符号的抽象游戏。虽然 RNA（核糖核酸，与 DNA 有密切联系，但只有单股长链）在合成蛋白质的过程中似乎扮演着信使或翻译的角色，但伽莫夫明确表示，背后的化学过程无关紧要。他和其他很多人都把这视为一个数学难题，即找出采用了不同字母表的讯息之间的映射关系。如果这是一个编码问题，那么他们可以从组合论和信息论中寻找所需的工具。另外，他们不仅咨询了物理学家，还咨询了密码分析师。

伽莫夫说干就干，亲自开始设计一套组合编码。在他看来，目标是从 DNA 的四种碱基出发，组合出用来合成蛋白质的二十种氨基酸——也就是说，一套包括四个字母和二十个单词的编码。*通过简单的组合论分析，他知道需要用连续三个核苷酸来标注一个氨基酸——也就是说，每个单词由三个字母构成。几个月后，他在《自然》杂志上发表了自己的编码方案，它很快被人们称为伽莫夫的"方块码"。†又过了几个月，克里克证明方块码完全错了，它被蛋白质序列的实验数据所否定。不过，伽莫夫没有就此罢手，毕竟三联体编码的设想实在诱人。除了伽莫夫，遗传编码的破解还吸引了其他一些出人意料的科学家，包括原为物理学家、现在加州理工学院生物系的马克斯·德尔布吕克（Max Delbrück），德尔布吕克的朋友、量子物理学家理查德·费曼（Richard Feynman），理论物理学家、"氢弹之父"爱德华·特勒（Edward Teller），特勒在洛斯阿拉莫斯国家实验室的同事、数学家尼古拉斯·梅特罗波利斯（Nicholas Metropolis），以及克里克在卡文迪什实验室的同事西德尼·布伦纳（Sydney Brenner）等。

---

* 伽莫夫提出存在二十种氨基酸，这是个大胆的猜测，因为当时已知的数目还没有这么多。尽管这个数目后来被证明是正确的，但伽莫夫给出的氨基酸清单并不正确。

† 根据伽莫夫的方案，四个碱基分居方块的四个顶点。其中相对的两个顶点上是一对碱基对（根据碱基互补配对原则，有两种可能）；另两个顶点上的两个碱基则可以任意，共十种可能（同种碱基有四种可能，不同碱基有六种可能）。上下、左右翻转方块并不影响编码。参见：George Gamow, "Possible Relation between Deoxyribonucleic Acid and Protein Structure," *Nature* 173 (1954): 318.——译者注

他们每个人都有自己的编码设想。从数学上看，这个问题连伽莫夫都不禁觉得十分艰巨。他在1954年写道："就如在战争期间（热战或冷战！）解密敌方讯息，成功的胜算取决于截获的加密文本的长度。又如任何一位情报人员都会告诉你的，破解的难度很高，成功大部分只能靠运气。要知道，二十种氨基酸便有20! = 10^{17} 种分配给碱基三联体的可能……我觉得，要是不借助电子计算机的帮助，恐怕是不可能解决这个问题了。"[18]伽莫夫和沃森还专门为此成立了一个俱乐部，取名"RNA领带俱乐部"，成员限为二十名。每名成员都会得到一条黑色羊毛领带，上面绣有绿色和黄色的RNA单链图案。伽莫夫设计了图案，沃森则跑腿将图案送到了洛杉矶的一家男装裁缝店进行定做。除了提供交际娱乐，伽莫夫还希望借此打造一条不依赖期刊论文的思想交流渠道。在这里，科学新闻的传播速度远快于以往。另一名成员冈特·斯滕特就提到："许多基本概念都是在大西洋两岸的一些非正式讨论中首次提出的，然后它们通过私下的跨国流言网络，才迅速在专家当中传播开来。"[19]当然，有些编码方案胎死腹中，有些异想天开，还有些则落入了死胡同，并且当时的生物化学界也并不总是愿意接受这些方案。

"当时，人们并不都**相信**编码的思想，"克里克后来说道，"大多数生物化学家根本就没往这方面想。这是个全新的思想，并被他们认为是太过简化了。"[20]相反，他们认为，理解蛋白质的关键在于研究酶系统和肽合成。这在当时听上去似乎不无道理。

> 他们认为，蛋白质合成不可能是把一种东西编码成另一种这么简单，而且对**他们**而言，编码听起来太像是**物理学**的东西，一点也不像生物化学……因此，对于一些简单的思想，比如三个核苷酸编码一个氨基酸，人们就存在着一定程度的抵制，视之为弄虚作假。

伽莫夫则是站到了另一个极端，有意忽略生物化学的细节，而直接提出一种简单得骇人的思想，即任何活的生物体都是由"四进制系统的一个长长的数"所决定。[21]他将这称为"兽名数字"（取自《新约·启示录》）。如果两只兽具有相同的数，那么它们就是双胞所生。

到了后来，**编码**一词已经如此深入地渗透到日常话语当中，人们对之习以为常，就很少会意识到，用一种抽象符号任意地表示另外一种抽象符号，这样的事情竟然能够在化学的分子水平上进行，该是多么非同寻常。事实上，遗传编码与哥德尔为了哲学论证而发明的元数学编码，在功能上有着惊人的相似性。哥德尔的编码用普通的数来表示数学表达式和数学运算，而遗传编码则用核苷酸三联体来表示氨基酸。20 世纪 80 年代，侯世达第一个明确地将两者联系了起来，"活细胞里得以让 DNA 复制自己的复杂机制，与数学系统里得以让一个公式描述自己的聪明机制"。[22]他意识到，两者都是在一个实体集与另一个实体集之间建立起了看似任意的映射关系。在外人看来，遗传编码联结的两个领域都涉及化学物质，似乎之间的关联不难看出。"但一直以来都没有人哪怕有过一丝闪念，设想一类化学物质竟能**编码**另一类。"

> 的确，这种思想本身就令人困惑：倘使存在一种编码，那它是谁发明的？它传递的是什么样的讯息？它是谁撰写的？又是写给谁看的？

RNA 领带俱乐部的成员们意识到，问题不只包括信息存储，还包括信息转移。DNA 要实现两种不同的功能。首先，它要能够保存信息。这是通过它的自我复制实现的，世代相承，绵延不绝——它就如同一座古亚历山大图书馆，可以进行数十亿次的自我复制而仍然保持数据的完整可靠。虽然 DNA 有着漂亮的双螺旋结构，但它的信息存储方式本质上是一维的：其构成元素线性排成一串。人类 DNA 中的核苷酸单位数量超过了十亿，而如此庞大的吉比特的讯息仍要求保存得非常完美，或几近完美。其次，DNA 还要能够将所保存的信息发送出去，用以构成生物体。存储在一维 DNA 长链中的数据必须能够指导在三维空间里的展开。这种信息转移是通过 DNA 转录成 RNA，并由 RNA 翻译为蛋白质来实现的。因此，DNA 不仅进行自我复制，分离开后，它还控制着另一种完全不同的物质的制造。而生成的这些极其复杂的蛋白质，是生物体的构成材料，有如砂浆和砖瓦；又是生物体的控制系统，有如调控生长的管道、线路和信号。

复制 DNA，就是复制信息；制造蛋白质，就是转移信息，发送讯息。生物学家之所以现在能够清晰地认识到这一点，是因为**讯息**已经有了明确的定义，并脱离了任何特定的载体。如果讯息能够加载在声波或电脉冲上，那为什么不会是通过化学过程呢？

伽莫夫就精练地总结道："一个活细胞的细胞核就是一座信息仓库。"[23]更不凡的是，它还是一台自动激活的信息发射机。所有生命的延续都依赖于细胞核中的这个"信息系统"，而遗传学所研究的正是"细胞的语言"。

在方块码失败后，伽莫夫又尝试过"三角码"及其他变体，但所有这些也被证明是错误的。即便如此，三联体密码子仍被认为是最有可能的形式，只是正确的编码方案看似就在眼前，却又总是鞭长莫及。其中一个问题是，自然如何为貌似连续的 DNA 和 RNA 长链加注标点呢？在摩尔斯电码中，通过停顿可以区分字符或字词，但人们不知道其生物学对应物在哪里。或许四个一组，第四个碱基就是逗号？又或者像克里克猜想的那样，其实不需要逗号，因为有些三联体"有意义"，而有些是"毫无意义"的？[24]这样的话，指令带的某种读取器只需从特定的点开始读起，三个一组地读取核苷酸即可。在被这个问题所吸引的众多数学家中，有三位来自加州帕萨迪纳的喷气推进实验室（实验室的主业是航天研究）。他们认为，这个问题看上去有点像信源编码理论中的一个经典问题："核苷酸序列可被视作一条不带标点的无限长讯息，其中的任意有限长片断在加入适当的逗号后，都必须能够被译成一个氨基酸序列。"[25]他们提出了编码**词典**的概念，并考虑了编码**误植**问题。

然而，生物化学毕竟至关紧要。离开了培养皿和实验室，即便世界上所有密码分析师合起来，也不可能从无穷无尽的可能中猜到答案。到了 20 世纪 60 年代初，遗传编码最终被破解时*，人们才发现这种编码充满了冗余。核苷酸三联体与氨基酸之间的映射关系大多不是一一对应，不像伽莫夫先前所设想的那般井井有条。有些氨基酸只对应于一个密码子，而有些则对应着两个、四个甚至六个密码

---

* 1961 年，马歇尔·尼伦伯格（Marshall Nirenberg）等人通过实验破解了第一个密码子。后来，哈尔·戈宾德·科拉纳（Har Gobind Khorana）破解了其余的密码子。罗伯特·威廉·霍利（Robert W. Holley）随后确定了转运 RNA 的结构。这三人共同分享了 1968 年的诺贝尔生理学或医学奖。——译者注

子。被称为核糖体的细胞器读取 RNA 上的遗传信息，每次三个碱基，并对其进行翻译。有些密码子是冗余的，有些则用作起始或终止信号。正如信息理论家所预想的，冗余提供了容错能力。生物学中的讯息同样会受到噪声影响，DNA 中的错误（误植）就是所谓的突变。

而在最终答案出现之前，克里克早已指明了遗传的基本原理，他称之为中心法则（该说法也一直沿用至今）。这是个关于进化方向和生命起源的假说，可以借助不同化学物质字母表的香农熵（DNA 字母表和 RNA 字母表的香农熵都为 $\log_2 64$，而氨基酸字母表的香农熵为 $\log_2 20$）加以证实。

> 一旦"信息"传入了蛋白质，它就**无法再传出**。具体而言，信息可以从核酸传到核酸，或从核酸传到蛋白质，但不可能从蛋白质传到蛋白质，或从蛋白质传到核酸。这里的"信息"，是指序列的**精确**次序。[26]

因此，遗传讯息是独立、刺不透的：没有来自外部事件的信息可以改变它。

信息从未在如此微小的尺度上书写过。这是在埃尺度上写成的文字，出版于无人可见的地方——一本针眼里的生命之书。

一切生命皆源于卵（Omne vivum ex ovo）。"关于生物体的完整描述都已写在了卵里，"1971 年冬，西德尼·布伦纳在剑桥大学对为撰写分子生物学的历史而前来采访的霍勒斯·弗里兰·贾德森说道，"每只动物体内都有关于该动物的描述。找出那个描述是个经验问题，但困难的是，要探明其中涉及的大量细节。对此，最经济有效的描述语言是借助分子和遗传的描述，这个我们已经有了。但我们还不知道的是，在那种语言里，其中具体用到的是些什么样的**名字**。生物体自己是怎样取名字的呢？我们不能断言，一个生物体会给，比如说，一根手指取个名字。因此无从保证，我们在制造一只手套时所用的术语能套用在解释生物体如何制造一只手上。"[27]

当时布伦纳邀请贾德森在国王学院共进晚餐。他喝了两杯雪利酒开胃，不禁思绪翻飞。在不到二十年前，他刚开始与克里克一起工作时，甚至还没有分子生物学这个名字。而二十年后，到了 20 世纪 90 年代，世界各地的科学家则已经开始合作进行绘制人类基因组图谱的计划，要涉及约两万个基因、三十亿个碱基对。但什么是其中最根本性的改变？是研究框架变了，从研究能量和物质转向了研究信息。

"直到 20 世纪 50 年代，生物化学主要关心的是，细胞活动所需的能量和物质从何而来。生物化学家考虑的只是能量流和物质流，而分子生物学家则开始讨论信息流。现在看来，正是双螺旋结构的发现让人们意识到，生物系统中的信息也能像物质和能量那样进行研究……

"我给你举个例子。二十年前，如果你去问一名生物学家，蛋白质是如何合成的，他会回答，这个问题太过复杂，我不知道。如果你去问一个生物化学家，他会说，关键的问题在于从哪得到制造肽键的能量。而分子生物学家对此则会说，关键不在那，关键在于组装氨基酸序列的指令从何而来；让能量见鬼去吧，它自己会想办法的。"

在 20 世纪 70 年代初，生物学家的技术术语中已经包含了诸如字母表、文库、编辑、校对、转录、翻译、无意义、同义词和冗余等词。遗传学和 DNA 不仅吸引了密码学家，还吸引了传统语言学家。人们发现，某些蛋白质能够在两种相对稳态之间翻转，就像继电器。它们接受加密指令并传递给相邻的蛋白质——如同三维通信网络中的交换站。布伦纳在展望未来时，认为将来的研究重点会转向计算机科学，并设想了一门研究混沌和复杂性的新科学。他说道："我认为，在今后二十五年里，我们还将给生物学新引入另一种语言。我不知道这种语言叫什么名字，大家都不知道。但我想，这种语言要处理的是复杂系统理论的基本问题。"他提到，约翰·冯·诺伊曼早在信息论和控制论刚兴起时就曾建议，可以通过思考计算机器如何执行相应功能（比如视觉识别）来理解生物学过程和心理学过程。布伦纳继续说道："换句话说，物理学讨论的是定律，分子生物学到现在为止讨论的是机制，或许我们现在应该开始讨论其算法。也就是，配方、程序。"

如果你想知道老鼠是什么，那不妨换个问法，考虑如何才能制造一只老鼠，或老鼠是怎样把自己制造出来的。老鼠的各个基因开开关关，一步一步地执行着计算步骤。"我觉得这种新的分子生物学必须要走这条路，去研究生物发育成长的各种高阶逻辑计算机、程序和算法……

"最终人们希望做到将两者合二为一，从而在分子硬件与描述其如何组织的**逻辑**软件之间可以自由转换，而不会感觉两者属于不同的科学。"

即便到了布伦纳的时代，或者说尤其到了那个时代，基因也不是它表面看上去的样子。基因最初源自一名植物学家的直觉，只是作为一种在代数上的方便说法。在过去一段时间，人们逐渐发现它存在于染色体上，认识到它是互相缠绕的螺旋长链，并对它进行了解码、分析和编目。然后在分子生物学处于巅峰的 20世纪 70 年代，人们对基因重新有了新的认识，基因再次摆脱了其物质载体。

人们对基因了解越多，就越难给它下定义。基因就是 DNA 吗？它是由 DNA**组成**，还是以 DNA 为**载体**呢？把基因认定为一种物质，真的合适吗？

不过，并非所有人都觉得这其中有什么问题。1977 年，冈特·斯滕特就宣称，将孟德尔的遗传因子或基因"最终明确确认为"一段特定长度的 DNA，这是 20世纪分子生物学领域所取得的伟大胜利之一。"正是在这个意义上，现在所有遗传学家使用了'基因'一词。"[28]换用比较专业但简洁的话说就是："基因，其实就是 DNA 核苷酸的一段线性排列，它决定了蛋白质氨基酸的一段线性排列。"斯滕特认为，是西摩·本泽明确地确立了这种认识。

但本泽本人并没有如此乐观。早在 1957 年，他就提出，传统的基因概念已经不再适合。这个概念试图同时承载三种目的（作为重组的单位、作为突变的单位，以及作为功能的单位），而他有充分的理由怀疑，这三者并不兼容。基因一直以来被认为是最小的不可再分的单位，但沃森和克里克的发现表明，一条 DNA 长链包含许多碱基对，它们就像一条线上串起的许多珠子或一个句子里包含的许多字母。显然，作为物理实体，基因不能再被称为不可再分的基本单位。为此，本泽提出了一批替换的新名称："重组子"（recon），表示用于重组的最小单位；"突变子"（muton），表示发生突变的最小单位（单个碱基对）；"顺反子"（cistron），表示执行功能的最小单位——不过他也承认，这要更难定义一些，因为"这取决于具体指的是哪种水平上的功能"，它可能具体指一个氨基酸，也可能指"达成某个具体生理结果的一整套步骤"。[29]"基因"一词究竟没有就此消失，但对于这么一个小词来说，它的确承载了太多重负。

当时发生的一件大事是，分子生物学与进化生物学的碰撞，后者的研究范围涉及从植物学到古生物学的广大领域。与科学史上的其他碰撞一样，这次碰撞同样带来了丰硕成果，不久后，双方都发现自己想要发展已离不开对方。在这个过程中，有些碰撞的火花尤为耀眼夺目，而其中相当一部分源自牛津大学的一名年轻动物学家理查德·道金斯。道金斯认为，他的许多同行对于生命的理解是完全弄错了方向。

随着分子生物学对 DNA 细节的了解日益完善，操纵这些分子奇观的水平日渐高超，人们自然而然会将 DNA 视为回答"生物体如何繁衍"这个重大问题的答案。有人或许会说，我们利用 DNA 来繁衍，就像利用肺来呼吸，利用眼睛来看一样。但道金斯却写道："这种态度是极其错误的，与真理完全背道而驰。"[30]他指出，如果采取恰当的视角来看待生命，我们就会发现 DNA 在历史上和在重要性上都是占先的。从这个视角来看，基因才是焦点，才是核心，才是主角。在他的第一本著作中（这是本大众通俗读物，出版于 1976 年，起了个富有争议的书名，《自私的基因》），他提出了一个引发了后续几十年热议的观点："我们不过是生存机器——某种机器人载具，被盲目地编程为用来保全一种称为基因的自私分子。"[31]据他称，这个真理他已经知道很多年了。

因此，自然选择的基本单位不是生物体，而是基因。它们的起源是"复制子"（replicator），某种在原生汤中意外结成的分子，拥有自我复制的特殊能力。

> 这些远古的复制子并没有灭绝，毕竟它们是生存艺术的大师。不过现在你不会找到它们在海洋中四处漂流，因为它们很早便已经放弃了这种随波逐流的自由。它们如今聚集在一块块巨大的殖民地当中，藏身于笨重的机器人内，与外部世界相隔离，只是通过复杂的间接途径与其沟通，并通过远程控制对其进行操控。它们就在你我体内。它们创造了我

们，包括身体和心智，而我们存在的终极目的只是为保全它们。这些复制子不断在完善着自己。现在它们被称为基因，而我们不过是它们的生存机器。[32]

可以想见，这样的说法势必会激怒某些不认为自己不过是机器人的人。1977 年，史蒂芬·杰伊·古尔德就写道："最近英国生物学家理查德·道金斯的说法，称基因才是自然选择的基本单位，而个体不过是它们暂时容身的皮囊，这令我十分不快。"[33]古尔德的同道者甚众。冈特·斯滕特说出了许多分子生物学家想说的话，称这位"三十六岁的动物行为专业的学生"的说法当中暗含着"万物有灵的这种古老的、前科学的传统"。[34]

尽管如此，道金斯这本精彩的著作还是引发了重大的转变，确立了一种对于基因的全新的、多层次的理解。乍看上去，自私的基因的思想不过是变换了视角，或像是开玩笑。塞缪尔·巴特勒在一百年前就说过（并且他并未宣称自己是第一个说这话的人），母鸡不过是一只蛋用来制造另一只蛋的工具。对此，巴特勒自己是态度严肃的：

> 每种生物都有权以自己的方式"完成"自己的发育。蛋的做法可能看起来是绕了大弯，但那**正是**它自己的方式，我们人类没有多少理由对此说三道四。凭什么认为鸡比蛋更鲜活？又凭什么说是鸡生蛋而不是蛋生鸡？这些无法用哲学解释的问题，或许从另一个角度就可以解答，那就是考虑到人类的自负及其长久以来的、忽略一切不像自己的事物的习惯。[35]

他又补充道："不过，也许说到底，真正的理由是，蛋生鸡时候没有咯咯叫。"后来，巴特勒的模板，"*X* 不过是一个 *Y* 用来制造另一个 *Y* 的工具"，有了很多其他变化。比如，丹尼尔·丹尼特在 1995 年就曾说："学者不过是一座图书馆用来制造另一座图书馆的工具。"[36]同样地，丹尼特这样说也不全是开玩笑。*

---

　　* 丹尼特以此作为文化演化的模因视角的口号。对模因的讨论，具体见本书下一章。——译者注

巴特勒在 1878 年对人类中心的生命观的嘲弄，可谓先知先觉，但事实上他读过达尔文的著作，明白万物的创造和设计并非是为了人类。正如爱德华·奥斯本·威尔森在一百年后所说的，"人类中心主义是人类智识的一大残疾"。[37] 然而，道金斯提出的视角变换更为激进。他不只把人（和鸡），还有其他各具特色的生物体都挪到了一旁。但生物学**不**研究生物，那还叫生物学吗？道金斯理解这种变换并不容易："这需要我们有意识地调整思维，以使生物学再次回归正确的轨道，并意识到复制子在历史上和在重要性上都是占先的。"[38]

道金斯的一个目的是解释个体违反自身最佳利益而实行的利他行为。自然界里到处可见动物为了后代、亲属或只是同类而不顾自身生死的例子。此外，动物还会分享食物、合作建造蜂巢或水坝、顽强地保护自己的卵。为了解释这类行为（同样，为了解释任何适应现象），我们就必须问一个法医侦探常问的问题：谁会因此得利？比如，当一只鸟发现了天敌时，它会大声鸣叫，这样做虽然警告了鸟群，但也吸引了天敌的注意，那么这时谁会得利呢？一种很自然的想法是，这是为了群体利益，比如家庭、部落或物种的利益，但大多理论学者都同意，这并不符合进化规律。自然选择几乎从不在群体水平上进行。然而，如果转而从个体是为了将体内的各种基因延续下去的角度思考，那么许多解释便说得通了。同一物种的其他个体拥有这些基因中的大部分，而亲属拥有的相同基因就更多了。当然，个体对基因一事并不知情，它不是**有意识地**去做这样的事。同样地，也没有外力给基因灌输意图，它们毕竟只是没有大脑的微小实体而已。但正如道金斯所表明的，这种视角的变换以及假设基因的运作就是为了最大限度地复制自身，可以解释很多东西。比如，一个基因"可能通过让承载自己的各代身体拥有长腿，以帮助这些身体逃离掠食者，从而确保自己的生存"。[39] 类似地，一个基因也可能会赋予生物体一种本能冲动，让它自我牺牲以拯救其后代，从而最大限度地保存自己的数量。这时，特定的这团 DNA 会随着生物的死去而消逝，但它的副本却因此得以延续。这个过程完全是盲目的，没有预见，没有意图，也没有知识。同样，基因也是盲目的："它们不会事先做计划。基因只是**存在着**，其中有些基因比其他基因数量更多，仅此而已。"[40]

地球上的生命史始于复制子的偶然出现。复制子是一种信息载体，它通过自我复制而生存和传播。副本必须自洽且可靠，但无需完美。相反，为了实现进化，错误倒是必不可少。复制子可以先于 DNA 甚至蛋白质而存在。苏格兰生物学家亚历山大·凯恩斯-史密斯（Alexander Cairns-Smith）就曾设想过一个场景，复制子可能出现在黏土矿物的黏性表面：某种脱胎于硅酸盐矿物的复杂分子。另一些生命起源模型的进化场所则是更传统的"原生汤"。但无论是哪种场景，在这些承载了信息的大分子当中，或者有些降解得比其他的要快，或者有些复制得比其他的要多或要好，又或者有些可以通过化学效应破坏对手的分子结构，如此这般，它们得以在竞争中延续下来。RNA 通过像麦克斯韦妖那样吸收光子的能量，催化了体积更大、携带信息更丰富的分子的形成过程。DNA 则除了比之前的复制子都要更稳定外，还具有自我复制以及制造另一类分子的双重功能，而这赋予了它独特的竞争优势。它能通过在自身周围制造一层蛋白质外壳来保护自己，这就是道金斯所谓的"生存机器"———开始只是细胞，然后是越来越庞大的身体，其中具备越来越复杂的膜、组织、肢体、器官以及技能。它们是基因的精致载具，可以与其他载具竞争，转换能量，甚至处理信息。在这场生存竞赛中，有些载具跑得更快、操控更灵、传播更广，因而得以延续下去。

虽然费了一番周折，但基因中心的、基于信息的视角还是引导人们开始了新的一种探寻生命史的侦探工作。正如古生物学家试图在化石纪录中寻找翅膀和尾巴的骨骼前身，分子生物学家和生物物理学家则试图在血红蛋白、致癌基因以及酶和蛋白质库的其余部分中寻找可能透露信息的古 DNA 残遗。维尔纳·勒文施泰因就指出："一门分子考古学正在兴起。"[41]生命史是用负熵写就的，他继续写道："真正在进化的是以各种形态和载体存在的信息。如果有那么一本指导生物进化的手册的话，我想，里面第一句大概应该是这样的，它读起来像句圣经诫命：应使你的信息更丰富。"

单独一个基因无法制造一个生物体。昆虫、植物和动物是大量基因集体共用的载具，这些基因相互合作，在生物体的发育过程中各司其职。这是一种复杂的系综，其中每个基因都与成千上万的其他基因进行交互，产生的种种效应在时间和空间里延伸。生物体的身体是基因的殖民地。当然，身体是作为整体参与到交互、移动和繁殖等活动当中，并且至少对其中一个物种来说，它相当确信自己是个整体。基因中心的视角也促使生物学家意识到，构成人类基因组的基因只是人身体所携带基因的一部分，因为与别的物种一样，人类也携带了一整个微生物生态系统——尤其是细菌，它们广泛存在于皮肤、消化系统等当中。我们的"微生物基因组"一方面帮助我们消化食物、抵御疾病，另一方面同时也在为了自己的利益而迅速灵活地进化。所有这些基因参与到了共同进化的宏大进程当中，与基因池中的其他等位基因进行竞争，但已不再是单打独斗。它们的成败取决于相互之间的互动好坏。正如道金斯所说："自然选择偏爱那些与其他基因一起能胜出，同时反过来其他基因与它们一起也能胜出的基因。"[42]

任何一个基因的效应可能取决于这种互动，也可能取决于环境影响或单纯的几率。的确，谈论单个基因的**效应**是个非常复杂的问题，只说某个基因的效应就是它所控制合成的蛋白质是不够的。有人可能会说，一只绵羊或一只乌鸦具有一个对应黑色的基因，因为该基因所控制合成的黑色蛋白质直接决定了羊毛或羽毛的颜色。然而，绵羊、乌鸦和所有看起来是黑色的生物，黑的样子和程度都有差异，而不是全黑或全白。即便是看起来如此简单的生物属性，其实也几乎不会直接对应着一种生物学"开关"。道金斯指出，假如另一个基因所控制合成的蛋白质，作为酶，会产生许多间接的效应，其中之一就是促进黑色蛋白质的合成，那么这个基因也应当被称为对应黑色的基因。[43]又假如黑色蛋白质只能借助阳光合成，而有一个基因控制着个体的趋光性，那么在这种更间接的情景中，这个基因也是对应黑色的基因。这样的基因虽然只是起着间接的作用，却可能是不可或缺的。但这时要具体确定某个基因对应黑色，无疑十分困难。而对于更复杂的生物属性，比如肥胖、侵略性、筑巢、智力或同性恋等，想要确定对应的基因就更难了。

但真有对应这些属性的基因吗？如果将一个基因视为表达某种蛋白质的特定一段 DNA，那么答案是否定的。严格说来，我们不能说，某个基因对应某个属性，即便是简单如眼睛颜色这样的属性。正确的说法应该是，基因上的差异可能导致表现型（即生物体实际性状）上的差异。然而，从遗传学研究之初起，科学家就一直在更笼统地谈论基因。如果某个群体在某个性状（比如身高）上存在差异，并且这个差异要经受自然选择，那么根据定义，这个性状就至少部分与基因相关。虽然身高差异有基因因素的影响，但事实上并不存在对应长腿的基因，也不存在对应腿的基因。[44]制造一条腿需要涉及许许多多的基因，其中每个都会以合成蛋白质的方式下达指令，有的制造原材料，有的则制造定时器和开关。在所有制造腿的基因中，想定会有某些能够产生一些效应，使得腿比在没有这些效应时要长。对于这些基因，我们或许可以笼统地称之为对应长腿的基因，只要我们记得，长腿这个属性并没有直接由"这个"基因表示或编码。

因此，遗传学家、动物学家、动物行为学家和古生物学家长久以来都已经习惯于说"对应 X 的基因"，而非"影响 X 差异的基因因素"。[45]对此，道金斯进一步得出了一个引发争议的逻辑结论。如果某个性状（比如眼睛颜色或肥胖）的差异受到基因因素的影响，那么必定存在对应该性状的某个或某些基因，而不论实际性状可能还受到其他深层次因素（比如环境甚至偶然因素）的影响，也不论该性状实际是复杂的、后天习得的行为模式。道金斯有意举了一个极端的例子加以说明：对应阅读的基因。

这个说法看上去似乎荒诞不经，我们轻易可以举出很多反对理由。比如，阅读是一种后天习得的行为模式，没有人生下来就会。而如果要说有什么技能依赖于环境因素，比如教育，那么其中肯定包括阅读。此外，阅读是数千年前才出现的事物，因此在此之前从未经受过自然选择。又或者我们也可以说［就像遗传学家约翰·梅纳德·史密斯（John Maynard Smith）所嘲弄的］，这样的话，系鞋带也有对应的基因？但道金斯并没有动摇。他指出，基因说到底是关于**差异**。因此，他首先提出了一个与之密切相关的问题：是否存在对应阅读障碍症的基因呢？

为了确认存在对应阅读的基因，我们所要做的只是发现对应不会阅读的基因，比如某个会造成大脑损伤、进而导致阅读障碍症的基因。这种阅读障碍症患者可能在一切方面都正常且聪颖，但就是不会阅读。如果这种阅读障碍症被证明会稳定遗传，大概遗传学家也不会感到特别惊讶。显然，在这个例子中，该基因只会在有着正规教育的环境中才会展现其效应。在史前环境中，该基因的效应可能就看不出来，或者会产生不同的效应，比如在原始人的遗传学家看来，该基因的效应就是无法辨别动物足迹……

那么遵照遗传学术语的常规，同一基因座上的野生型基因（这个群体中其余个体都携有两份剂量的该基因），就可以恰当地被称为对应阅读的基因了。如果你反对这种说法，那么你也势必要反对我们在谈论孟德尔的豌豆时所用的诸如对应高茎的基因等说法，毕竟在这两种情况中，使用术语的逻辑是一样的。我们感兴趣的都是**差异**，并且差异也都只在某些特定环境下才会体现。至于为什么简单如一个基因的差异竟能导致如此复杂的效应，比如一个人是否能阅读，或鞋带系得好坏，理由大致如下：无论这个世界某个给定状态有多么复杂，该状态与另一种可替代状态之间的**差异**则可能是由某些极其简单的东西所导致的。[46]

那么可能存在对应利他行为的基因吗？是的，道金斯说道，只要这指的是"任何影响到神经系统的发育，使得生物体可能实施利他行为的基因"。[47]当然，这样的基因（幸存的复制子）并不知道什么利他行为，什么阅读。无论它们产生的表现型效应如何，这只是为了帮助它们自己的传播。

分子生物学的标志性成就之一就是，把基因确定为一段包含蛋白质编码的DNA片断。但这只是基因的硬件定义，其软件定义则要更悠久也更含糊：遗传的基本单位，某种表现型差异的根源。当人们还在使用这两个定义时，道金斯则尝试超越它们。

如果把基因视为生存大师，那它们就不太可能是一些核酸片断，毕竟这些东西无法长久。而说一个复制子成功地延续了亿万年时间，也就意味是将其所有副本视而为一，以此定义这个复制子。因此，道金斯宣称，基因不会"衰老"。

　　它在一百万岁时死亡的概率，不会比只有一百岁时更大。它在一代
代的身体当中迁徙，为自己的目的、以自己的方式操控着这一具具身体，
并在这些终有一死的身体衰老和死亡前抛弃了它们。[48]

"我所做的正是强调，"道金斯接着说，"一个基因借助其大量副本具备了几近永生
的可能，而这也是它的决定性特征。"也正是在这里，生命摆脱了其物质载体。（当
然，除非你已经相信存在不朽的灵魂。）基因不是什么携带信息的高分子，基因就
是信息。1949 年，物理学家马克斯·德尔布吕克曾写道："当今的趋势是，说'基
因只是分子，或遗传粒子'，而不再使用如基因型、基因等抽象概念。"[49]但现在，
这些抽象概念又回来了。

　　那么这些特定的基因，比如人类中对应长腿的基因，到底又在哪里呢？这个
问题有点像问贝多芬的 E 小调钢琴奏鸣曲到底在哪里。它是在原始乐稿里，还是
在印刷乐谱里，又或是在任意一次演奏或所有演奏（已有的和可能的，真实的和
想象的）里？

　　纸面上的那些四分音符和八分音符并不是音乐。音乐不是空气中的一系列声
波，也不是唱片上的纹路或光盘上的凹坑，甚至也不是在听众脑中激活的神经元
交响曲。音乐就是信息。同样地，DNA 的碱基对也不是基因，它们只是编码了基
因。基因本身是由比特构成的。

注释

[1] Richard Dawkins, *The Blind Watchmaker* (New York: Norton, 1986), 112.

[2] W. D. Gunning, "Progression and Retrogression," *The Popular Science Monthly* 8 (December 1875): 189, n1.

[3] Wilhelm Johannsen, "The Genotype Conception of Heredity," *American Naturalist* 45, no. 531 (1911): 130.

[4] "一对'基因'在性状表现上的差异具有不连续性和稳定性，这是孟德尔理论不可少的每日面包。"Wilhelm Johannsen, "The Genotype Conception of Heredity," 147.

[5] Erwin Schrödinger, *What is Life?*, reprint ed. (Cambridge: Cambridge University Press, 1967), 62.

[6] Henry Quastler, ed., *Essays on the Use of Information Theory in Biology* (Urbana: University of Illinois Press, 1953).

[7] Sidney Dancoff to Henry Quastler, 31 July 1950, quoted in Lily E. Kay, *Who Wrote the Book of Life: A History of the Genetic Code* (Stanford, Calif.: Stanford University Press, 2000), 119.

[8] Henry Linschitz, "The Information Content of a Bacterial Cell," in Henry Quastler, ed., *Essays on the Use of Information Theory in Biology*, 252.

[9] Sidney Dancoff and Henry Quastler, "The Information Content and Error Rate of Living Things," in Henry Quastler, ed., *Essays on the Use of Information Theory in Biology*, 264.

[10] Ibid., 270.

[11] Boris Ephrussi, Urs Leopold, J. D. Watson, and J. J. Weigle, "Terminology in Bacterial Genetics," *Nature* 171 (18 April 1953): 701.

[12] Cf. Sahotra Sarkar, *Molecular Models of Life* (Cambridge, Mass.: MIT Press, 2005); Lily E. Kay, *Who Wrote the Book of Life?*, 58; Harriett Ephrussi-Taylor to Joshua Lederberg, 3 September 1953, and Lederberg annotation 30 April 2004, in Lederberg papers, http://profi les.nlm.nih.gov/BB/A/J/R/R/ (accessed 22 January 2009); and James D. Watson, *Genes, Girls, and Gamow: After the Double Helix* (New York: Knopf, 2002), 12.

[13] 事后看来，现在人们都知道，这一点在 1944 年已经被洛克菲勒大学医院的奥斯瓦尔德·埃弗里（Oswald Avery）等人的实验所证实。但在当时，并没有很多人接受这个结果。

[14] Gunther S. Stent, "DNA," *Daedalus* 99 (1970): 924.

[15] James D. Watson and Francis Crick, "A Structure for Deoxyribose Nucleic Acid," *Nature* 171 (1953): 737.

[16] James D. Watson and Francis Crick, "Genetical Implications of the Structure of Deoxyribonucleic Acid," *Nature* 171 (1953): 965.

[17] George Gamow to James D. Watson and Francis Crick, 8 July 1953, quoted in Lily E. Kay, *Who Wrote the Book of Life?*, 131.

[18] George Gamow to E. Chargaff, 6 May 1954, Ibid., 141.

[19] Gunther S. Stent, "DNA," 924.

[20] Francis Crick, interview with Horace Freeland Judson, 20 November 1975, in Horace Freeland Judson, *The Eighth Day of Creation: Makers of the Revolution in Biology* (New York: Simon & Schuster, 1979), 233.

[21] George Gamow, "Possible Relation Between Deoxyribonucleic Acid and Protein Structures," *Nature* 173 (1954): 318.

[22] Douglas R. Hofstadter, "The Genetic Code: Arbitrary?" (March 1982), in *Metamagical Themas: Questing for the Essence of Mind and Pattern* (New York: Basic Books, 1985), 671.

[23] George Gamow, "Information Transfer in the Living Cell," *Scientific American* 193, no. 10 (October 1955): 70.

[24] Francis Crick, "General Nature of the Genetic Code for Proteins," *Nature* 192 (30 December 1961): 1227.

[25] Solomon W. Golomb, Basil Gordon, and Lloyd R. Welch, "Comma-Free Codes," *Canadian Journal of Mathematics* 10 (1958): 202–209, quoted in Lily E. Kay, *Who Wrote the Book of Life?*, 171.

[26] Francis Crick, "On Protein Synthesis," *Symposium of the Society for Experimental Biology* 12 (1958): 152; Cf. Francis Crick, "Central Dogma of Molecular Biology," *Nature* 227 (1970): 561–563; and Hubert P. Yockey, *Information Theory, Evolution, and the Origin of Life* (Cambridge: Cambridge University Press, 2005), 20–21.

[27] Horace Freeland Judson, *The Eighth Day of Creation*, 219–221.

[28] Gunther S. Stent, "You Can Take the Ethics Out of Altruism But You Can't Take the Altruism Out of Ethics," *Hastings Center Report* 7, no. 6 (1977): 34; and Gunther S. Stent, "DNA," 925.

[29] Seymour Benzer, "The Elementary Units of Heredity," in W. D. McElroy and B. Glass, eds., *The Chemical Basis of Heredity* (Baltimore: Johns Hopkins University Press, 1957), 70.

[30] Richard Dawkins, *The Selfish Gene*, 30th anniversary edition (Oxford: Oxford University Press, 2006), 237.

[31] Ibid., xxi.

[32] Ibid., 19.

[33] Stephen Jay Gould, "Caring Groups and Selfish Genes," in *The Panda's Thumb* (New York: Norton, 1980), 86.

[34] Gunther S. Stent, "You Can Take the Ethics Out of Altruism But You Can't Take the Altruism Out of Ethics," 33, 34.

[35] Samuel Butler, *Life and Habit* (London: Trübner & Co, 1878), 134.

[36] Daniel C. Dennett, *Darwin's Dangerous Idea: Evolution and the Meanings of Life* (New York: Simon & Schuster, 1995), 346.

[37] Edward O. Wilson, "Biology and the Social Sciences," *Daedalus* 106, no. 4 (Fall 1977), 131.

[38] Richard Dawkins, *The Selfish Gene*, 265.

[39] Ibid., 36.

[40] Ibid., 25.

[41] Werner R. Loewenstein, *The Touchstone of Life: Molecular Information, Cell Communication, and the Foundations of Life* (New York: Oxford University Press, 1999), 93–94.

[42] Richard Dawkins, *The Extended Phenotype*, rev. ed. Oxford: Oxford University Press, 1999), 117.

[43] Ibid., 196–197.

[44] Richard Dawkins, *The Selfish Gene*, 37.

[45] Richard Dawkins, *The Extended Phenotype*, 21.

[46] Ibid., 23.

[47] Richard Dawkins, *The Selfish Gene*, 60.

[48] Ibid., 34.

[49] Max Delbrück, "A Physicist Looks At Biology," *Transactions of the Connecticut Academy of Arts and Sciences* 38 (1949): 194.

第 11 章
跃入模因池

（它其实就是寄生在了我的大脑里）

> 在我仔细思考模因（meme）时，我的脑海中常会浮现这样一番景象：一团闪烁的火花一边在一个个大脑间跳转，一边还尖叫着："我！我！"（"Me, me!"）
>
> ——侯世达（1983）[1]

"整个生物圈，从其结构的普遍性（都基于遗传编码）看来，似乎是一个独一无二事件的产物。"法国生物学家雅克·莫诺在 1970 年写道，"如果一个事件是独一无二的，或许生命的出现就是如此，那么在这个事件确实出现之前，它出现的几率是无限小的。宇宙并非必然要孕育生命，生物圈也并非必然要孕育人类。我们人类不过是恰好在蒙特卡洛的赌场里押中了号码。意识到这点，就像一个人在赌场刚刚赢得了一百万，毫不奇怪我们人类也会略微有点奇怪、不真实之感。"[2]

莫诺曾因发现了信使 RNA 在传递遗传信息中的作用而共同分享了 1965 年的诺贝尔奖。与其他许多人一样，他在这里也不仅仅是把生物圈看作一个抽象概念：相反，生物圈是一个实体，它由地球上所有或简单或复杂的生命形态组成，其中充满了信息、复制和进化，以及将一种抽象转化为另一种抽象的编码等。这样的生命观远比达尔文当初所想象的更抽象、更数学化，但其中的基本原则却并没有改变——自然选择导演着整个演出。现在的生物学家，在消化吸收了通信科学的方法论和词汇后，也开始为理解信息作出自己的贡献了。莫诺提出了一个类比：正如在无生命世界之上有生物圈，在生物圈之上也有个"抽象王国"。那么这个王国的居民又是什么呢？是思想。

> 思想保留了生物体的某些属性。与生物体一样，思想也倾向于维持其结构并繁衍生息；它们也可以融合、重组或分离其内容；事实上，它们还可以进化，而在这个过程中，选择淘汰必定扮演着重要角色。[3]

莫诺注意到，思想有"传播力"（"或者说，感染力"），并且有些思想的传播力要强于其他。强传播力的例子之一是，某种影响了一大群人的宗教思想。比莫诺更早几年，美国神经生理学家罗杰·斯佩里也曾提出过类似的想法。他认为，思想与其所安身的神经元"一样真实"，并且思想拥有力量。

> 思想生发思想，并帮助进化出新思想。思想不仅彼此互动，也与其他心智力量互动，而不论这是来自同一大脑中的，还是附近大脑中的，又抑或是（所幸有全球通信的帮助）遥远距离外的外国大脑中的。思想还与外部环境互动，从而产生某种进化历程中前所未见的巨大进步。[4]

莫诺曾表示"不会冒昧提出一个思想的选择淘汰理论"，但有人愿意一试。

理查德·道金斯就在基因进化与思想进化之间建立起了他的联系。在他看来，主角是复制子，至于复制子是否由核酸组成则无关紧要。自然选择的规律是，"所有生命通过可自我复制的实体的生存差别 [有的复制子存活，有的死亡] 实现进化"。哪里有生命，哪里就一定有复制子。或许在其他世界里，复制子也能从硅基化学物质中产生——又或者完全与化学物质无关。

完全与化学物质无关的复制子，这是什么意思？"我认为，一种新的复制子最近已经在这个星球出现，"道金斯在他 1976 年的处女作结尾这样宣称，"它已经显露无遗。它虽然仍处于婴儿期，还在其原生汤里漂游，但它进化的速度已让古老的基因望尘莫及。"[5]这"汤"就是人类文化，传递载体就是语言，而产卵场就是大脑。

　　道金斯替这种无形的复制子起了个名字，叫做**模因**。这成为了道金斯最为人所记的发明，其影响远大过他的自私的基因，以及他后来对宗教信仰的批判。他写道："模因通过一个广义上可称为模仿的过程在一个个大脑间跳转，从而在模因池里传播开来。"各个模因会相互竞争，以争夺有限的资源，如大脑的运算时间或带宽，或者说大脑的**注意**。以下是模因的一些例子。

　　思想。无论一个思想只是出现一次，或是多次出现，它可能在模因池中生存昌盛，也可能在其中消失湮灭。道金斯所举的一个例子是，信仰上帝——这是个古老的思想，不仅通过文字，也通过音乐和艺术自我复制。相信地球绕着太阳转，这也是一种模因，并在与其他模因的竞争中生存了下来。（符合真理也许是帮助模因生存的一项有益属性，但也只是其成功属性中的一个。）

　　旋律。下面这段旋律

流传了数个世纪，遍及各个大洲。而下面这段旋律

曾一度满大街都是，虽然流行时间短暂，却是以快得多的速度传给了大量人。[*]

　　流行语。"上帝成就了何等的事啊！"这句取自《圣经》的话很早就在不止一种媒介上迅速传播开来。而"仔细听好了"（"read my lips"）这个说法则在 20 世纪后期的美国经历了一番不寻常的历程。[†]与其他模因一样，"适者生存"这个模因也有众多突变（诸如"胖者生存"、"病者生存"、"做假者生存"、"发推特者生存"等）。

---

[*] 前者是贝多芬《第五交响曲》第一乐章开头著名的"命运"主题。后者取自西班牙舞曲《马卡雷娜》（"Macarena"），该舞曲曾在 20 世纪 90 年代流行一时。——译者注

[†] 前者取自《旧约·民数记》第 23 章第 23 节，是摩尔斯在第一条商用电报线路上发出的第一条讯息的内容，也见于好几本图书的书名。后者可能指的是，老布什在 1988 年美国总统竞选时的政治口号"仔细听好了，不新增税"（不过，他上台后就食言），后来据此产生了许多戏仿。——译者注

图像。艾萨克·牛顿在世时，对他长什么样有概念的人不到数千，虽然他是当时英国名气最大的人物之一。而现如今，数以百万计的人对此有了相当清晰的概念，他们所凭借的正是牛顿众多（虽说画得不怎样的）肖像画的复制品。而流传更广的则是如《蒙娜丽莎》、爱德华·蒙克的《呐喊》，以及种种虚构的外星人样貌的复制品。这些图像也都是模因，它们有着自己的生命，独立于各种物质载体。有人曾无意听到一名导游在大都会艺术博物馆对吉尔伯特·斯图尔特（Gilbert Stuart）绘制的华盛顿肖像画所作的评论："华盛顿当年或许不是这副样貌，但他现在就是长成这样了。"[6]的确如此。

模因在大脑中生成，然后就外出闯荡，在纸张、胶卷、硅片以及其他任何信息所及的地方建立滩头堡。模因不应被视为基本粒子，而应被视为生物体。数字三、蓝色不是模因，任何简单的想法也不是，就像单个核苷酸不是基因一样。模因是复杂的单元，与众不同又易于记忆——这样的单元要具有持久力。同样地，一个物件也不是模因。呼拉圈不是模因，构成它的是塑料，而不是比特。这种玩具在 1958 年发明后迅速风靡全球，但它其实是一个或数个模因的产物和实物化身。这些模因包括对于呼拉圈的热衷，以及玩呼拉圈的技能（晃动、摇摆、旋转）等。呼拉圈本身是这些模因的载具，同样地，玩呼拉圈的人也是——而且这是种相当高效的载具，哲学家丹尼尔·丹尼特曾有一番妙论："一辆四轮马车不仅是在各个地方之间运送了谷物或货物，也是在各个心智之间传递着四轮马车的卓越思想。"[7]呼拉圈玩家就是为这些模因做了相同的工作——并且在 1958 年，它们还找到了一种新的传播载体，即电视，这样它们的讯息发送就远比任何四轮马车都快得多，也远得多。呼拉圈舞蹈的活动影像吸引了越来越多的心智，先是数以百计，然后是数以千计，再后来是数以百万计。不过，这里的模因不是舞蹈者，而是舞蹈本身。

我们人类是模因的载具和助手。在人类历史的大部分时间里，它们的存在稍纵即逝，主要是通过"口口相传"进行传播。但到了晚近，它们得以依附于实物之上，比如泥板、岩穴洞壁以及纸张等。它们借助我们的笔墨、印刷机、磁带和光盘等而经久不息，并经由广播塔和数字网络而传播开去。模因可以是故事、食谱、技能、传说或时尚等。我们在一个个人之间复制模因。不过，在道金斯的模因中心的视角看来，其实是模因在自我复制。一些道金斯的读者可能会在一开始感到疑惑，应该在多大程度上按字面意思来理解这种说法？难道道金斯的意思是要赋予模因像人一样的欲望、意图和目标吗？事实上，这就跟自私的基因一样。（典型的批评："基因不存在什么自私或不自私，就如同原子不会嫉妒、大象不会抽象或饼干不会有什么目标。"[8]典型的回应：请注意，遗传学家定义的**自私**，指的是提升自身相对于竞争者的存活几率的倾向。）

道金斯的说法不是暗示说模因是有意识的行动者，而只是说它们是这样一种实体，其利益可以通过自然选择得到放大。但模因的利益并不是我们的利益。用丹尼特的话说："一个模因就是一个自行其是的信息包。"[9]当我们说起"为原则而斗争"或"为理想而牺牲"时，或许这里的字面意思其实比我们自以为的要浓。H. L. 门肯就曾写道："为理想而牺牲固然可贵，但为了正确的理想而牺牲，则更为可贵！"[10]

"Tinker, tailor, soldier, sailor"（"锅匠，裁缝，士兵，水手"），在这首童谣中，韵和节奏帮助人们记住文本信息。或者说，韵和节奏帮助文本信息被人们记住。韵和节奏是帮助模因生存的属性之一，就如力量和速度有助于动物生存一样。借助韵、节奏、逻辑（reason）——逻辑也是一种模式，"昔时曾蒙允，赏我润笔资。只是久至今，无钱亦无诗"*。[11]——模式化的语言因而具有了进化优势。

与基因一样，模因也会对广阔的外部世界产生影响，类似于表现型效应。在有些情况下（比如生火、穿衣或相信基督复活的模因），这种影响还相当巨大。而随着模因将其影响广泛传播，它们也影响到了左右自身存活几率的种种条件，比如编制摩尔斯编码的那个或那些模因就产生了强大的正反馈效应。道金斯写道：

---

* 典故：斯宾塞将长诗《仙后》献给英国女王伊丽莎白一世。女王命人赏赐一百英镑，但大臣回复金额未免过大。女王于是表示，给他适当的金额（give him what is reason）。但斯宾塞后来等了许久也未收到钱，因此借机给女王写了一首短诗：I was promis'd on a time/ To have reason for my rhyme; / From that time unto this season, / I receiv'd nor rhyme nor reason. 女王见诗后，便下令按原来的金额赏赐。后来英语中有了"neither rhyme nor reason"的说法，表示不合逻辑，没有道理。——译者注

"我相信，只要条件合适，复制子就会自动抱团，以创造出能承载自己并帮助自己的持续复制的系统或机器。"[12]有些模因对其人类宿主有明显的益处（比如知道"三思而后行"、会做心肺复苏术、懂得做饭前洗手等），但模因的成功与基因的成功还是有所不同。有些模因在复制的同时可能会带来惊人的毒性，给宿主造成大量附带损害，比如虚假宣传的药物和徒手开刀的手术、占星术和撒旦崇拜、涉及种族歧视的迷思、迷信，以及计算机病毒（这是个特例）。不过在某种意义上，这种损人利己的模因也最有意思，比如相信自杀式炸弹袭击者能上天堂的思想。

在道金斯刚提出"模因"这个模因时，进化心理学家尼古拉斯·汉弗莱便随即提出，这些实体应该被视为"活着的结构，而这不仅是隐喻意义上的，也是技术意义上的"。

> 当你把一个会繁殖的模因植入我的心智时，它其实就是寄生在了我的大脑里，把我的大脑变成了传播自己的载具，这正和病毒寄生在宿主细胞里，利用其遗传机制复制自己一样。并且这并不只是一种说法而已——比如"相信后世"这个模因便是一次又一次地在数以百万计的人类个体当中具化为其神经系统里的一个实体结构。[13]

《自私的基因》的早期读者大都忽视了模因这个概念，以为这不过只是个富有想象力的延伸。但当时，动物行为学先驱 W. D. 汉密尔顿在《科学》杂志的书评中却大胆预言：

> 尽管这个词可能难以界定（基因已经很难界定了，而它比基因有过之而无不及），但我猜想，它很快会在生物学家以及其他如哲学家、语言学家等当中流行起来，并且它也可能最终会像"基因"一词那样深入人们的日常用语。[14]

模因能够不借助语言进行传播，因而在语言诞生之前也照样畅行无阻。简单的模仿就足以复制知识（比如如何磨制箭头或生火）。而在动物当中，我们已知黑猩猩和大猩猩能够通过模仿习得行为。有些鸣禽则能在听到附近其他鸟类（或近来是鸟类学家的音乐播放器）的叫声后**学习**这些叫声或至少是其变奏。可以说，鸟类发展出了各种叫声曲目和方言——一种远早于人类文化的鸟鸣**文化**。[15]不过除去这些特例，在人类历史的大部分时间里，模因和语言还是形影不离（其实成语也是模因）。语言是人类文化的第一道催化剂，它取代了单纯的模仿，而借助抽象和编码来传播知识。

渐渐地，人们不可避免地开始用疾病来类比模因。即便当时的人们对传染病学还毫无了解，但相关的用语已经用到了各类信息当中。比如，某种情绪**蔓延开来**，某段旋律具有**感染力**，或某个习惯具有**传染性**。1730 年，诗人詹姆斯·汤姆森就写道："人群目目相觑，恐慌在其中蔓延。"[16]而在约翰·弥尔顿的诗篇中，欲望也是如此："夏娃，她的眼中冒出传染的火。"[17]不过一直要到这个新千年，在全球电子通信的时代，这种等同才成为人们的第二天性。我们生活在一个病毒式的时代：病毒式教育，病毒式营销，病毒式电子邮件、影像和网络，如此等等。许多将 Internet 作为一种媒介来研究的学者，在讨论如众包、群体注意力、社交网络以及资源分配时，不仅利用了传染病学的用语，也借用了其数学原理。

最早使用如"病毒式文本"和"病毒式语句"等说法的人之一，可能是一名道金斯的读者，来自纽约市的斯蒂芬·沃尔顿（Stephen Walton）。在 1981 年写给侯世达的读者信中，沃尔顿提出可以把诸如"照样复述！""照样复写！""如果你照写，我会满足你三个愿望！"之类的连锁信及其中自我复制的句子，分别称为"病毒式文本"和"病毒式语句"。侯世达当时正为《科学美国人》杂志撰写专栏。于是他在 1983 年的一篇专栏文章中提到了沃尔顿的来信，并指出"病毒式文本"的说法本身甚至更具传染性。

> 现在，就在你眼前，沃尔顿自己的病毒式文本成功地征用了一个强大宿主的设施（包括这整本杂志及其印制和发行力量）。它寄生其中，并现在（甚至就在你阅读这句病毒式语句时）正在思想圈中疯狂传播！[18]

（在 20 世纪 80 年代初期，一本发行量达 70 万份的杂志在人们眼里仍然是个强大的传播平台。）侯世达倒是欣然接受，自己感染了"模因"这个模因。

但抗拒或至少是不安的情绪依然浓厚，原因之一是我们人类竟被排挤到了舞台边缘。说什么人只是基因制造更多基因的工具，这已经够受的了，而现在又要说人是模因传播的载具？没人喜欢被称为傻偶。丹尼特这样总结了其中的处境："我不知道你会怎么想，但我本人一开始并不喜欢这样的想法：我的大脑不过类似某种粪堆，滋养着他人思想的幼虫，直到它们成熟后在一次信息流散中再度散播出去？……倘若如此，那么到底是谁在掌控？是我们，还是我们的模因？"[19]

对于这个重要的问题，丹尼特提醒了我们注意：无论喜欢与否，在现实中，我们其实也很少能"掌控"自己的心智。不过，他没有像通常预期的那样引述弗洛伊德，而是引用了莫扎特（或他以为是莫扎特）的一段话：

在不眠之夜，思绪涌上心头……它们从哪里来，怎么来的？我不知道，也与此无关。其中那些让我愉悦的想法，我会记在脑里并哼唱出来。

后来有人告诉丹尼特，这段名言其实并非出自莫扎特。显然，它拥有了自己的生命，是个相当成功的模因。

而对于那些热情接受了模因思想的人们来说，计算机技术进步引发的场景变化也超出了当初的想象。道金斯在 1976 年只是将计算机作为人脑的类比："模因所在的计算机就是人脑。"[20]而到了 1989 年，在《自私的基因》第二版问世而他自己也成了一名熟练的计算机程序员时，他不得不补充道："显而易见，人造的电子计算机最终也将成为可自我复制的信息模式的宿主。"[21]其中一些计算机通过"用户相互传递软盘"来分享信息，但道金斯也预见到了另一番即将出现的景象：计算机相互连接成网络。他写道："许多计算机在电子邮件交换中是直接通过线缆相连接……这无疑是可自我复制的程序得以活跃的完美环境。"当时 Internet 还处在规模大爆发的前夜。但很快，它不仅为模因提供了一个营养充分的文化媒介，也为模因概念本身添翅插翼。"模因"迅速成为了 Internet 上的流行语，而人们对模因的意识越强，其传播的势头就越足。

比如像短语"跳鲨鱼"（"jump the shark"）这样的模因在 Internet 之前的文化中就是不可能出现的。循环的自指现象贯穿了其存在的各个阶段。"跳鲨鱼"意指在品质或人气上盛极而衰的时刻，此后不可挽救地开始走下坡路。通常认为，这个短语最早在 1985 年提出，当时一个名叫肖恩·J. 康诺利（Sean J. Connolly）的大学生用此来评论了一部电视连续剧。不过，倘若不解释清楚这个短语的起源，它无法一听就懂。也许正是由于这个原因，它直到 1997 年才有了首个有记录的用例——那一年，康诺利的室友乔恩·海因（Jon Hein）注册了域名 JUMPTHESHARK.COM，并建立了一个网站专门推广这个短语。*在网站的常见问题列表上，其中一个问答写道：

> 问："跳鲨鱼"这个短语是源自这个网站，还是你建立了这个网站来借此牟利？
>
> 答：这个网站于 1997 年 12 月 24 日上线，首次提出了"跳鲨鱼"这个短语。随着网站越来越流行，这个短语也越来越普及。这个网站既是蛋生的鸡，也是鸡生的蛋，现在又是第 22 条军规。

很快在次年，这个短语传播到了传统媒体。2001 年，莫琳·多德（Maureen Dowd）在《纽约时报》的一篇专栏文章里对它进行了解释。2003 年，也是在这份报纸上，"论语言"专栏的主笔威廉·萨菲尔（William Safire）将之称为"年度流行短语"。不久之后，人们就开始在口语和书面语里下意识地使用这个短语（不加引号或解释）。再后来，不可避免地，便有文化观察家提出了问题："'跳鲨鱼'跳鲨鱼了吗？"（"的确，跳鲨鱼是个不错的文化概念……但现在这玩意儿泛滥成灾了。"）与任何一个成功的模因一样，它也产生了大量突变。2009 年，维基百科上的"jumping the shark"条目里给出了两个："相关条目：'jumping the couch'；'nuking the fridge'。"

　　模因的研究是门科学吗？在专栏文章发表后，侯世达收到了其他众多也感染了"模因"这个模因的人的来信，其中就有人提议这样一门学科可以称为**模因学**（memetics），一个颇具模因色彩的标签。模因的研究吸引了从计算机科学到微生

---

* 2006 年，海因出售了这个网站。随后，网站放弃了原来的定位。一些原网站的粉丝建立了一个新网站（BONETHEFISH.COM），继续在上面对电视、电影、音乐、名人等进行点评。——译者注

物学领域的众多学者。连锁信甚至成了生物信息学的一个研究对象。连锁信是一种模因，有着自己的进化史。自我复制是它唯一的目的，无论信中写了别的什么内容，有一个讯息是必不可少的：**照样复写**。连锁信进化史的一位研究者，丹尼尔·W. 范阿斯代尔就举出了它在连锁信乃至经典文本中的很多变体："原样照抄七份"（1902 年）;"完整抄写九份，并寄给九位朋友"（1923 年）;"这书上的预言，若有人删去什么，上帝必从这书上所记的生命树和圣城删去他的份"（《新约·启示录》第 22 章第 9 节）。[22]凭借着一项 19 世纪的新技术（复写纸）以及另一项新发明（打字机）的有机配合，连锁信在 20 世纪初期出现了病毒式爆发。

"1933 年下半年，一封不同寻常的连锁信抵达昆西市，"一位伊利诺伊州的当地历史学家写道，"随即这股连锁信热潮以惊人的速度演变成了大众的歇斯底里，并席卷了整个美国。到了 1935 年和 1936 年，美国邮政部和公共舆论机构不得不开始介入，联手压制事态发展，并最终在 1939 年或稍早点取得了成效。"[23]他还提供了一封样信——一个通过威逼和利诱驱动其人类载体施为的模因：

> 我们信仰上帝。他赐予我们福祉。
>
> F. 斯图尔泽尔太太.......密歇根州
> A. 福特太太..............伊利诺伊州芝加哥市
> K. 阿德金斯太太..........伊利诺伊州芝加哥市
> ......
>
> 照抄上述姓名，但去掉第一个并将你的姓名加到最后，然后寄给五位你希望赐福的人。这个传递链条由一位美国上校发起，收信者必须在收到信后二十四小时内寄出。在信寄出九天内，寄信者便会被赐予福祉。
>
> 桑福德太太赢得了三千美元。
>
> 安德斯太太赢得了一千美元。
>
> 豪太太中断了传递连锁，结果失去了拥有的一切。
>
> 按要求去做，传递链条就会产生预期的效果。
>
> **千万别中断传递链条。**

再后来，随着复印机（约在 1950 年前后）和电子邮件（约在 1995 年前后）的广泛普及，连锁信的泛滥进一步得到了数个量级的提升。一个由来自 IBM 的查尔斯·亨利·本内特以及来自滑铁卢大学的李明和马斌组成的团队，从一次在香港爬山时的闲聊中获得灵感，开始分析一组产生于复印机时代的连锁信。他们一共搜集了三十三封信，全都是同一封信的变体（其中的差异包括拼写错误、遗漏以及字词和短语的顺序调整等）。他们在报告中指出：

> 这些连锁信从一名宿主传到另一名宿主，并在不断突变和进化。它们的平均长度大约是两千个字符，这有点像基因。它们以性命相威胁，迫使你将信传给你的"朋友和熟人"——这封信的某些变体甚至很可能已经过了数百万人之手，而这有点像烈性病毒。它们允诺给你和你传给的人带来益处，这又有点像遗传特性。连锁信也会经历自然选择，有时其部分内容甚至会在当时共存的各"物种"间相互转移，这则有点像基因组。[24]

但他们并没有满足于这些吸引人的隐喻，而是以连锁信为"实验床"，在其中应用了进化生物学的某些算法。这些算法原本被用来根据现代生物的基因组，通过推论和演绎，逆向重建生物的发生谱系，即进化树。他们设想，如果这些数学方法对基因有效，那么它们对连锁信应该也有效。这样的话，他们就可以验证其中的突变率和亲缘关系的远近。

然而，文化的大多数元素毕竟太易变动，相互边界也太易模糊，因而很难称得上是稳定的复制子。它们很少像 DNA 那样形成整齐的序列。道金斯本人就曾强调，他从来没有想过要创建像模因学这样的新科学。1997 年，一份同行评议的《模因学期刊》（*Journal of Memetics*）问世（自然仅是在线出版），但在八年后便不得不宣布停刊，在此期间，对于该学科的地位、使命和术语的自觉争论占据了相当的篇幅。即便是与基因相比，模因也显得难以数学化，甚至难以严格定义。基因与模因的类比已经够令人不安了，而遗传学与模因学的类比则有过之而无不及。

基因起码还有物质实体作为基础，模因却是抽象、无形、不可度量的。基因的复制有着近乎完美的保真度，这也正是进化所仰赖的：一定程度的变体至关紧要，但突变绝不能多。模因却很少精确地复制，相互边界也总是模糊的，并且产生突变的程度要是放在生物学里将是致命的。同时，"模因"一词所涵盖的大大小小的事物恐怕也太过宽泛了。比如在丹尼特看来，贝多芬《第五交响曲》的头四个音符"显然"是个模因，还有荷马史诗《奥德赛》（或至少是《奥德赛》的**思想**）、轮子、反犹主义以及文字。[25]道金斯曾表示："模因还没遇到它们的沃森和克里克，甚至连它们的孟德尔都还没出现。"[26]

但模因毕竟存在着。随着信息流带来愈来愈广阔的相互联系，模因的进化速度也越来越快，传播范围也越来越广。在羊群行为、银行挤兑、信息瀑布以及金融泡沫等现象当中，它们的存在即便看不到，也不难感受得到。比如，层出不穷的各种减肥食谱，它们的名字往往成为一时的流行语：迈阿密饮食瘦身法、阿特金斯健康饮食法、斯卡斯代尔节食饮食法、饼干膳食法、饮酒减肥法，不一而足。它们都曾风靡一时，但个中原因却与营养学没什么关联。医疗实践中也有过类似的"外科手术热潮"，比如 20 世纪中叶盛行于美国和欧洲部分地区的儿童扁桃体切除术，其实它并不比割礼更有疗效。模因也可见于车窗上"车内有宝宝"（BABY ON BOARD）的黄色车贴。这种车贴在 1984 年面世后，随即在美国以及后来的欧洲和日本大行其道。随之而来的还有众多讽刺性的突变，比如"我受够了宝宝"（BABY I'M BORED）、"后备厢有前妻"等。而在上个千禧年的最后一年，当全世界都在讨论计算机的内部时钟可能会因遇到某个整值而出现宕机或崩溃时，模因的踪影也清晰可见。

在从我们的大脑和文化中争夺生存空间的战斗中，有效的作战单位是讯息。而我们对于基因和模因的新视角，虽然可能不好理解，却给了我们有益的启示，也给了我们更多可以写在莫比乌斯带上的悖论。比如，大卫·米切尔曾写道："构成人类世界的是故事，而不是人。那些被故事用来讲述自己的人，不应该受到责备。"[27]玛格丽特·阿特伍德也写道："就跟所有知识一样，一旦你知道了这一点，你就再也无法想象要是当初你没有知道它又会是番什么情景。这又像舞台魔术，在你还不知道时，即便知识就站在你眼前，你也会视若无睹，看向别的地方。"[28]约翰·厄普代克则在暮年反思自己的写作生涯时写道：

一生倾注于文字——但它显然徒劳

在保存逝去的事物。

因为在我死后不能想象的未来

谁还会去读？[29]

1981 年，研究心智和知识的哲学家弗雷德·德雷特斯科写道："太初有信息，而后才有的道（word）。这种转换的实现有赖于生物体发展出选择性利用这些信息从而让自己的物种生存和延续下去的能力。"[30]而现在，在道金斯的启示下，我们或许可以再补充一句：这种转换的实现也有赖于信息自身，它们寻求生存和延续并选择性地利用这些生物体。

生物圈的大多数成员并无法见到信息圈；对它们而言，后者是个不可见的平行宇宙，其中的成员好似飘荡的游魂。但对我们来说，它们却不是游魂，或者说不再是了。在地球上的所有有机生物当中，我们人类是唯一一种同时生活在两个世界中的物种。这就仿佛我们发展出了所需的第六感，从而感受到了长久以来与我们共存却不为我们所见的东西。我们识别出了信息圈的许多物种，并给它们起了带有嘲讽意味的名字，比如**都市迷思**和**僵尸流言**，好像这样就可以让我们确信自己已经确实理解它们了。我们还将它们养在了装有空调的服务器农场里。然而即便如此，我们毕竟无法占有它们。当一段耳熟能详的旋律在我们耳边萦绕不去，或者一股热潮彻底改变了时尚潮流，又或者一个恶作剧成为全球的热门话题长达数月，然后又如快速兴起时那般快速消退时，你说谁才是主人而谁又是奴隶？

注释

[1] Douglas R. Hofstadter, "On Viral Sentences and Self-Replicating Structures," in *Metamagical Themas: Questing for the Essence of Mind and Pattern* (New York, Basic Books, 1985), 52.

[2] Jacques Monod, *Chance and Necessity: An Essay on the Natural Philosophy of Modern Biology*, trans. Austryn Wainhouse (New York: Knopf, 1971), 145.

[3] Ibid., 165.

[4] Roger Sperry, "Mind, Brain, and Humanist Values," in *New Views of the Nature of Man*, ed. John R. Platt (Chicago: University of Chicago Press, 1983), 82.

[5] Richard Dawkins, *The Selfish Gene*, 30th anniversary edition (Oxford: Oxford University Press, 2006), 192.

[6] Daniel C. Dennett, *Darwin's Dangerous Idea: Evolution and the Meanings of Life* (New York: Simon & Schuster, 1995), 347.

[7] Daniel C. Dennett, *Consciousness Explained* (Boston: Little, Brown, 1991), 204.

[8] Mary Midgley, "Gene-Juggling," *Philosophy* 54 (October 1979).

[9] Daniel C. Dennett, "Memes: Myths, Misunderstandings, and Misgivings," draft for Chapel Hill lecture, October 1998.

[10] George Jean Nathan and H. L. Mencken, "Clinical Notes," *American Mercury* 3, no. 9 (September 1924), 55.

[11] Edmund Spenser, quoted by Thomas Fuller, *The History of the Worthies of England* (London: 1662).

[12] Richard Dawkins, *The Selfish Gene*, 322.

[13] Quoted by Dawkins, Ibid., 192.

[14] W. D. Hamilton, "The Play by Nature," *Science* 196 (13 May 1977): 759.

[15] Juan D. Delius, "Of Mind Memes and Brain Bugs, A Natural History of Culture," in *The Nature of Culture*, ed. Walter A. Koch (Bochum, Germany: Bochum, 1989), 40.

[16] James Thomson, "Autumn" (1730).

[17] John Milton, *Paradise Lost*, IX:1036.

[18] Douglas R. Hofstadter, "On Viral Sentences and Self-Replicating Structures," 52.

[19] Daniel C. Dennett, *Darwin's Dangerous Idea*, 346.

[20] Richard Dawkins, *The Selfish Gene*, 197.

[21] Ibid., 329.

[22] Daniel W. VanArsdale, "Chain Letter Evolution".

[23] Harry Middleton Hyatt, *Folk-Lore from Adams County, Illinois*, 2nd and rev. ed. (Hannibal, Mo.: Alma Egan Hyatt Foundation, 1965), 581.

[24] Charles H. Bennett, Ming Li, and Bin Ma, "Chain Letters and Evolutionary Histories," *Scientific American* 288, no. 6 (June 2003): 77.

[25] Daniel C. Dennett, *Darwin's Dangerous Idea*, 344.

[26] Richard Dawkins, foreword to Susan Blackmore, *The Meme Machine* (Oxford: Oxford University Press, 1999), xii.

[27] David Mitchell, *Ghostwritten* (New York: Random House, 1999), 378.

[28] Margaret Atwood, *The Year of the Flood* (New York: Doubleday, 2009), 170.

[29] John Updike, "The Author Observes His Birthday, 2005," *Endpoint and Other Poems* (New York: Knopf, 2009), 8.

[30] Fred I. Dretske, *Knowledge and the Flow of Information* Cambridge, Mass.: MIT Press, 1981), xii.

第 12 章

认识随机性

（僭越之罪）

　　"我觉得，"她说，"我们越来越难找出其中的模式了，你不觉得吗？"

——迈克尔·坎宁安（2005）[1]

　　1958年，年仅十一岁但早慧的格雷戈里·蔡廷（Gregory Chaitin），一个阿根廷移民之子，在纽约公共图书馆里发现了一本神奇的小书。[2]他兴奋地试图把里面的内容解释给其他孩子听，慢慢地，却不得不承认自己先要努力弄懂才是。这本书便是欧内斯特·内格尔和詹姆斯·R. 纽曼合著的《哥德尔证明》，由两人原先发表在《科学美国人》上的一篇文章扩充而成。在书中，两位作者以简化而严谨的方式介绍了始于乔治·布尔的逻辑学复兴、"映射"的概念（采用符号甚至整数来给数学表达式编码）、元数学的思想（**关于**数学因而是**超越**数学的一种系统化语言），以及哥德尔"惊人又不免令人感伤"[3]的证明（形式数学永远无法摆脱自相矛盾）。这些都让蔡廷兴奋不已。

　　但当时数学界的大部分人对哥德尔的证明却置若罔闻。数学形式体系的不完全性固然令人震惊，可这似乎无伤大雅——对数学家的实际工作并无妨碍，他们可以继续作出发现或证明定理。但部分富有哲思的数学家却深感不安，这些人的作品因而也正对蔡廷的脾胃。其中之一就是约翰·冯·诺伊曼——他在1930年柯尼斯堡的一次会议上亲耳聆听了哥德尔首次公开提出不完全性定理，后来又在美国为计算和计算理论的发展作出了重要贡献。对冯·诺伊曼而言，在哥德尔的证明之后，数学已经没有回头路：

> 这是一次非常严重的概念危机，牵扯到为了进行正确的数学证明所必需的严谨、适当的论证方式。在过去认为数学是绝对严谨的观点看来，这种事情的发生是完全出乎意料的。而且它发生在当今这个没有奇迹容身之地的时代，就更出乎意料了。但是它确实发生了。[4]

为什么会这样？蔡廷不免感到疑惑。他猜测，哥德尔的不完全性定理会不会与量子力学里似乎有点相似的不确定性原理存在某种关联呢？[5]后来，长大后的蔡廷借机就这个问题请教过约翰·阿奇博尔德·惠勒：哥德尔的不完全性与海森堡的不确定性是否有关联？惠勒则回答，他也曾拿着一模一样的问题问过哥德尔本人（就在普林斯顿高等研究院哥德尔的办公室，当时哥德尔双腿裹着毯子，正借着电热器的热量抵抗着室内的寒气），不过哥德尔拒绝回答。因此，惠勒也以同样的方式拒绝回答蔡廷的问题。

而当蔡廷读到图灵的不可计算性证明时，他认为这肯定是关键所在。他还读到了香农和韦弗合著的《通信的数学理论》，并惊喜于其中对熵的重新表述：基于比特的熵，一方面度量信息量，另一方面则度量无序程度。蔡廷突然意识到，这当中一个共同的元素是随机性。香农打破常规，将随机性与信息联系了起来。而物理学家则在原子内部发现了随机性，虽然爱因斯坦对这种随机性表示强烈不满（"上帝不掷骰子"）。所有这些科学界的英雄人物都在谈论随机性，或与之相关的话题。

随机，这是个很简单的词，似乎所有人都知道它是什么意思。但"所有人"都知道，换句话说，就是"没有人"知道。长久以来，哲学家和数学家都对其进行了深入的思考。对此，惠勒至少还有所表述："概率，正如时间一样，都是人类创造的概念，所以人类也必须对与之相关的晦涩之处负责。"[6]抛掷一枚均匀硬币的结果是随机的，尽管硬币轨迹的所有细节都能根据牛顿运动定律计算出来。任意给定时刻的法国人口数的奇偶性也是随机的，但法国人口数本身显然**并非随机**

的：这是个确定的事实，虽然具体无从得知。[7]经济学家约翰·梅纳德·凯恩斯则用其对立面来定义随机性，并从中选取了三种：知识、因果和设计。[8]任何事先知道的、由某种特定原因决定的或根据某种计划实施的，都不是随机的。

"或然性不过是我们的无知的一种量度。"这是亨利·庞加莱的名言。[9]"因此，或然现象，顾名思义，就是我们尚未掌握其规律的现象。"但他随即话锋一转，"但这个定义令人满意吗？当第一批迦勒底牧羊人仰望星空时，他们对天文学规律还一无所知，但他们会想到说，星辰的运动是受或然性支配的吗？"在庞加莱看来（他早在混沌成为一门科学之前就已对此有所领悟），随机性的例子还包括像雨滴坠落这样的现象——其影响因素虽然已经得到确认，但由于影响因素的数量太多、关系太复杂，所以其结果无法预测。在物理学或其他任何看似无法预测的自然现象当中，其表面上的随机性可能只是噪声，或可能源自更深层的复杂动力学因素。

无知是主观的，它是观察者的一种属性。而随机性，如果它真实存在的话，应当是事物本身的性质。这样的话，排除掉人为因素，我们就可以说，一个事件、一次选择、一个分布、一次博弈，或者最简单的，一个数是随机的。

但随机数的概念并没有看上去那么简单。比如，存在一个**特定的**随机数这样的东西吗？下面这个数有理由认为是随机的：

$$10097325337652013586346735487680959091173929274945\ldots^{[10]}$$

但同样，这个数是特殊的。它来自 1955 年的一本书，书名就叫《一百万个随机数字》。兰德公司使用了一个所谓"电子轮盘"来生成这些数字：一个随机脉冲发生器每秒发射出十万个脉冲；脉冲经过选通和标准化后，进入一个五位二进制计数器；生成的数经过一个二进制–十进制转换器的转换后，送入一部 IBM 打孔机，并最后用 IBM 856 型计算机打印出来。[11]整个过程耗时数年。当第一批数字送检时，统计学家在其中检测出了显著偏差：某些数字、数字组合或数字模式出现得太过频繁，或不够频繁。经过反复调试和检测后，虽然出版的最终结果依然存在微小但具有统计显著性的偏差，但已经足够令人满意。该书的编辑则不无自嘲地说道："由于本表的特殊性质，校对每一页定稿以纠正计算机可能引入的随机错误，似乎没有必要。"

这种书在当时有市场，是因为科学家的有些工作需要大量现成的随机数，比如用来设计在统计上公平的实验，或为复杂系统构建现实的模型。新出现不久的蒙特卡洛模拟法就是利用了随机采样来对无法求得解析解的现象建模。这种方法是由约翰·冯·诺伊曼在原子弹项目中所领导的小组所发明和命名的，当时他们迫切需要随机数来协助中子扩散的计算。冯·诺伊曼知道，由于其决定论的算法和有限的存储容量，机械式计算机不可能生成真正的随机数。因此，他也只有退而求其次，接受**伪随机数**：由决定论的算法生成、表现得像是随机的数。它们的随机性，已经足以满足实际用途。相较于用物理方法生成随机数，冯·诺伊曼承认："当然，任何考虑用算术方法来生成随机数的人都犯下了僭越之罪。因为，正如已经被多次指出的，不存在一个随机数这样的东西——有的只是生成随机数的方法，而一种严格的算术方法显然不属于其中之一。"[12]

随机性也许可以用秩序来定义——严格地说，是秩序的缺失。下面这个整齐的数字序列很难说是"随机的"：

00000

但它的身影却在前面提到的一百万个随机数字中多次出现。不过，从概率上看，这并不出乎意料："00000"与其他 99 999 个可能的五位数字字符串具有相同的出现概率。在一百万个随机数字里，我们还能找到：

010101

它看起来也像是带有模式。

要想从这个数字密林中找出带有模式的片断，需要一个有智能的观察者。给定一个充分长的随机数字字符串，任何充分短的子字符串都会在其中某处出现，比如银行保险柜的密码或编码后的莎士比亚全集。但它们即使出现了也没有什么用处，因为没有人能把它们找出来。

我们也许可以这么说，在特定的上下文中，像"00000"和"010101"这样的数是随机的。只要让一个人抛掷一枚均匀硬币充分长的时间（这是最简单的机械式随机数生成器之一），他肯定会在某个时刻连续抛出十次正面。而当这种事发生时，这个"随机数生成器"一般来说会舍弃这个结果，停下来喝杯咖啡，稍事休息。这恰好从一个方面表明了，即便借助了机械的帮助，人类在生成随机数方面也是能力低下。研究也证明，人类直觉在预测随机性和识别随机性上都毫无助益。无论愿意与否，人类总是偏好模式。纽约公共图书馆便将《一百万个随机数字》归入了心理学。2010 年，该书在亚马逊书店上仍然有售，售价八十一美元。

数（按我们现在的理解）是信息。在香农影响下，我们现代人在考虑形式最纯粹的信息时，可能首先会想到一个由 0 和 1 组成的字符串。下面是两个五十位的二元数字字符串：

> A：01010101010101010101010101010101010101010101010101
>
> B：10001010111110101110100110101000011000100111101111

如果爱丽丝（A）和鲍勃（B）都说自己是通过抛掷硬币生成了各自的字符串，大概没人会相信爱丽丝的话。两个字符串的随机程度肯定有所不同。古典概率论无法给出充分的理由说明 B 比 A 更随机，毕竟随机过程的确**可以**生成两者当中的任意一个。概率针对的是整个系综，而非单个事件。概率论采用统计学来处理事件，它并不欢迎诸如"这件事当时是有多大可能发生"之类的问题。既然已经发生了，它就是发生了。

如果把这些字符串给克劳德·香农看，他大概会认为，它们看上去像讯息。他会问：两个字符串各含有多少信息？在表面上，两个字符串各含有五十比特的信息。按数字计费的电报员在度量讯息的长度后，会给爱丽丝和鲍勃开具相同的账单。但同样，这两个讯息看上去又差异明显。讯息 A 很快会变得乏味：一旦你看出了模式，后面再怎么重复也不会提供更多新的信息。而讯息 B 中的每一个比特都同样有价值。香农在最初构建信息论时，是从统计学角度处理讯息，将其视为从所有可能讯息组成的系综中作出的选择——在这里，所有可能讯息的数量为

2^{50}。但香农还进一步考虑了讯息中的冗余：讯息中的模式、规律和秩序等因素使得讯息可压缩。讯息越有规律，就越可预测；越可预测，就越冗余；越冗余，含有的信息就越少。

在发送讯息 A 时，电报员有一条捷径可抄：他可以发送诸如"重复'01'二十五遍"这样的讯息。对于长度更长但模式简明的讯息，这样节省下来的击键次数将相当可观。一旦明确了其中的模式，你就无需为其余的字符破费了。但发送讯息 B 的电报员却只能老老实实地一个个字符发送，因为每个字符都完全不可预料，都需要花费一比特的费用。这样看来，**随机程度如何**与**含有多少信息**其实是同一个问题。它们的答案也是同一个。

要是蔡廷见到这些字符串，他大概会想到的不是电报机，而是在他脑中挥之不去的图灵机——优雅到极致的抽象之物，在无限的纸带上来回移动，读写着各种符号。它摆脱了所有现实世界的混乱，摆脱了嘎吱作响的齿轮和难以伺候的电，也无需为速度操心，不愧是一台理想计算机。冯·诺伊曼也会不断向图灵机寻求帮助。它就像计算机理论里好用的实验鼠。通用图灵机 U 的力量则更为惊人——它能模拟任何其他数字计算机，这么一来，计算机科学家就可以忽略掉具体机器或机型错综复杂的细节。这无疑是种解脱。

1956 年，从贝尔实验室回到麻省理工学院后，香农重新检视了图灵机。他将图灵机简化到了极致，证明仅用两种状态或两个符号（0 和 1，空白和非空白）便能构造出通用图灵机。他的整个证明只有很少的数学，更多的是务实的文字描述：他细致刻画了双态图灵机如何通过在纸带上的左右移动（来回"反弹"）来表示更多的状态。整个证明具体精致，颇有巴贝奇的遗风。例如：

> 读取头在纸带上移动时，关于状态的信息必须借助机器 B 仅有的两种状态而转移到读取头即将访问的下一格中。如果机器 A 的下一个状态是（比如）状态 17（取自某个任意的编号系统），在机器 B 中，信息的转移是通过读取头在旧格和新格之间来回"反弹"17 次而实现的（具体来说，是前往新格 18 次，返回旧格 17 次）。[13]

信息通过"反弹操作"在格与格之间传递，而方格则起到了"传递器"和"控制器"的作用。

图灵将他那篇伟大的论文题为《论可计算数》，但当然其中的真正重点是**不可**计算数。那么不可计算数与随机数会不会有关系呢？1965 年，还是纽约城市大学本科生的蔡廷将自己对此的发现写了出来，并投给了一份学术期刊。这成为了他第一篇*发表的论文。[14]蔡廷在开头写道："本文将图灵机视为通用计算机，并提出了与对其编程相关的若干实际问题。"在高中时，蔡廷曾参加了哥伦比亚大学科学荣誉生项目，因而有机会在 IBM 巨型机上练习机器语言编程。当时使用的还是打孔卡片，每张卡片对应一行程序。蔡廷会在前一天将打孔卡片留在计算机中心，然后次日回来收集程序的输出。他也能在大脑里运行图灵机：写 0，写 1，写空白，纸带左移，纸带右移……蔡廷意识到，图灵机给了他一种区分爱丽丝的数 A 与鲍勃的数 B 的办法。他可以撰写一个程序，让图灵机打印"010101..."一百万次，并且该程序可以非常之短。然而，如果给定的是一百万个随机数字，丝毫没有模式、规律或特殊之处可循，这时就没有捷径可抄，计算机程序必须包含全部数字才行。要是想让 IBM 巨型机输出这一百万个数字，那么蔡廷必须将这一百万个数字全部录入打孔卡片。同样，在图灵机里，他也得把这一百万个数字一一输入。

下面是另一个数（这回采用的是十进制）：

C：3.14159265358979323846264338327950288419716939937519...

它看上去很随机。在统计上，每一个数字的出现概率都符合期望（十分之一），每两个数字（百分之一）、每三个数字等也是如此。统计学家会说，就目前所知，这个数看上去是一个"正规数"。下一个数字总是出人意料。而莎士比亚全集早晚也会现身其中。不过，有人立马会认出这是个熟悉的数：π。所以它到底不是个随机数。

---

* 按照蔡廷自己的说法，他的第一篇的论文是他就读于布朗克斯科学高中时发表的（Gregory J. Chaitin, "An Improvement on a Theorem of E. F. Moore," *IEEE Transactions on Electronic Computers* EC-14 (1965), pp. 466–467）。——译者注

但我们为什么说 π 不是随机的呢？蔡廷给出了一个明确的回答：一个数只要是可计算的，即它能够被一个可定义的计算机程序生成，那它就不是随机的。因此，可计算性是随机性的一种量度。

对图灵来说，可计算性是个非此即彼的特性——一个给定的数或者可计算，或者不可计算。但对于随机性，我们有时会说有些数比其他数更随机——它们更缺乏模式，更无序。于是蔡廷指出，模式和秩序表达的是可计算性，而算法生成模式，因而我们可以通过**算法的长短**来度量可计算性。给定一个数（表示为任意长度的一个字符串），我们可以问：能够生成这个数的最短程序的长度是多少？利用图灵机，这个问题可以求得一个确定的答案，其长度可以用比特来度量。

蔡廷为随机性给出的算法定义，同样也适用于信息：算法的长短度量了给定字符串里含有多少信息。

在混乱中找出秩序，找出模式，这也正是科学家的工作。年仅十八岁的蔡廷认为这并非巧合。在这篇论文的结尾，蔡廷将算法信息论应用到了科学过程本身。他写道："设想有一名科学家一直在观察一个封闭系统，该系统每秒会发射一束光线，或不发射。"

> 他将观察结果整理成了由 0 和 1 组成的序列，0 代表"光束未发射"，1 代表"光束发射"。该序列可能会这样开头
>
> 0110101110…
>
> 并持续数千比特。这位科学家接下来会对该序列进行考察，希望从中发现某种模式或规律。这意味着什么？如果一个由 0 和 1 组成的序列无法用更好的方式计算出来，而只能全部照抄原始的表格，那么很可能它就是没有模式。

但如果这位科学家能发现一种算法可以生成同样的序列，长度却短得多，那他就可以确信这个事件不是随机的。而他也会说，自己发现了一种理论。这正是科学所一直寻求的：一种更简单的理论，既可以解释大量已知的现象，也能预测尚未发生的事件。这就是著名的奥卡姆剃刀原理，正如牛顿所说："寻求自然事物的原

因，不得超出真实且足以解释其现象者……因为自然喜欢简单。"[15]牛顿对**质量**和**力**加以了量化，但对**简单程度**（simplicity）的量化则留给了后人。

蔡廷将论文投给了《美国计算机协会期刊》，对方很乐于发表它，但其中一位审阅人提到，听说在苏联也有人做了类似的工作。到了 1966 年初，传闻得到了确认。在一份姗姗来迟的新期刊（《信息传输问题》）创刊号中，有一篇题为《定义"信息量"概念的三种途径》的论文，作者是 A. N. 柯尔莫哥洛夫。蔡廷不懂俄文，只来得及在论文脚注中提及这一点。

安德烈·尼古拉耶维奇·柯尔莫哥洛夫是苏联时期的杰出数学家。他于 1903 年出生在莫斯科东南四百多公里的坦波夫市，他的未婚母亲因难产去世。安德烈随了母姓，跟着姨妈薇拉在伏尔加河畔的一个村庄里长大。薇拉是位具有独立思想的女性，在沙皇统治末期，她管理着一所乡村学校，并在家里秘密开办了印刷厂，一次甚至将违禁文件藏到了小安德烈的婴儿床里。[16]

1920 年，安德烈·柯尔莫哥洛夫进入莫斯科大学数学系就读。在随后十多年里，他做出了一系列影响深远的成果，尤其他的《概率论基础》（俄文版出版于 1933 年，英文版出版于 1950 年）最终使概率论公理化，至今仍被奉为经典。他的研究兴趣广泛，除了概率论外，还涉及物理学、语言学以及其他快速发展的数学分支。他曾经短暂涉足遗传学，但遭到了当时得势的伪科学家特罗菲姆·李森科（Trofim Lysenko）的攻击。第二次世界大战期间，柯尔莫哥洛夫专注于研究与火炮控制相关的统计理论，并提出过一个防空气球的随机配置方案，以保卫莫斯科免遭纳粹空军的轰炸。在这个时期，他还研究了湍流和随机过程。他荣获过社会主义劳动英雄的称号以及七枚列宁勋章。

1953 年，柯尔莫哥洛夫第一次读到了香农的《通信的数学理论》的俄文译本，但原论文中众多有趣的部分已被慑于当时政治环境的编辑处理掉，甚至连标题也被改成了《电子信号传输的统计理论》。"信息"一词全部被替换成了"数据"。"熵"一词则被加上引号，以示这与物理学中的熵并无实质性关联。而关于自然语言的统计分析一节则被完全删除。经过这样一番处理后，它成了一篇纯技术的、中性的文章，难免变得枯燥乏味，却也降低了遭受意识形态解读的概率。[17]这在当时可是事关重大，因为控制论最初是被代表意识形态正统的《简明哲学辞典》定义成了"反动的伪科学"和"反动帝国主义的意识形态武器"。但柯尔莫哥洛夫没有就此被束缚住手脚，至少他并不畏惧使用"信息"一词。通过与自己在莫斯科大学的学生合作，他为信息论引入了一套严格的数学表达，包括基本概念的定义、细致的证明和一些新发现——其中一些，他很快遗憾地发现，在香农的原论文里本来就有，只是在俄文译本中被删除了。[18]

当时苏联的科学界仍然与外界相当隔绝，因而柯尔莫哥洛夫独自扛起了信息论的大旗。他是《苏联大百科全书》负责数学领域的编辑，遴选作者，编辑条目，并亲自撰写了众多条目。1956 年，他在苏联科学院的会议上作了一个长篇报告，全面介绍信息传输理论。对于有人质疑香农的纯数学研究的价值，认为它们"更多的是技术而非数学"，柯尔莫哥洛夫回应道："的确，香农把一些困难情况下的严格'证明'留给了后人。然而，他的数学直觉惊人地准确。"[19]但柯尔莫哥洛夫对控制论的兴趣就没有那么大。诺伯特·维纳自感与柯尔莫哥洛夫惺惺相惜——他们早期都研究过随机过程和布朗运动。在一次对莫斯科的访问中，维纳说："当我读到柯尔莫哥洛夫院士的作品时，我不由感到它们也是我的想法，正说出了我想说的。我想，柯尔莫哥洛夫院士读到我的作品时，想必也会有同样的感受。"[20]但可惜事实并非如此，柯尔莫哥洛夫选择了香农的进路。他说："不难看出，维纳的控制论作为一门数学学科缺乏内在统一性。因此很难想象，培养一个专门研究这种控制论的专家，比如一个研究生，会取得多少有价值的成果。"[21]并且他也有已取得的成果来支持自己的直觉：他得出了香农熵一个有用的一般公式，并扩展了香农的信息量度，使之可同时适用于离散时间和连续时间。

与电子通信和电子计算有关的研究最终开始得到了重视。但相关研究差不多是一片空白。在当时，实用电子工程技术几乎没有起步，而苏联电话系统之差是臭名昭著，更成为人们的笑柄。到了 1965 年，苏联还没有可以直拨的长途电话。长途通话数甚至尚未超过电报发报数，而美国早在上个世纪末就已经跨越了这个里程碑。莫斯科的人均电话保有量在全球主要城市中倒数第一。尽管如此，柯尔莫哥洛夫和他的学生还是凭借所取得的成果，获得了足够的支持以创办一份新的学术季刊《信息传输问题》，用来专门探讨信息论、编码理论、网络理论甚至生物信息学。创刊号的首篇论文便是柯尔莫哥洛夫的《定义"信息量"概念的三种途径》，这几乎是一篇宣言。但只有经过迟缓的旅程后，它才最终为西方数学家所知。

柯尔莫哥洛夫曾在日记中写下过这样的思考："在任意给定时刻，'不值一解'与不可解之间相隔只有薄薄一层。数学发现正是在一薄层中作出的。因此，在大多数情况下，一个要求求解的应用问题不是不值得一解，就是不可能求解……但如果应用问题经过选择（或调整）后，恰与某个数学家感兴趣的一种新的数学工具相关，那就是另一回事了。"[22]也正是从信息量度的新视角中，柯尔莫哥洛夫找到了解决一个概率论始终束手无策的难题，即随机性问题的办法。一个给定的"有限对象"含有多少信息？这个对象可以是一个数（一系列数字）、一条讯息或一组数据。

柯尔莫哥洛夫描述了三种度量途径：基于组合、基于概率，以及基于算法。前两种途径最早由香农提出来，他只是稍作提炼。它们关注的是一个对象在一个系综中的出现概率，比如某一讯息从一组可能讯息中被选择的概率。柯尔莫哥洛夫对此的疑问是，倘若这个对象不是简单的符号或教堂的灯笼，而是庞大复杂之物，比如一件艺术品或一个生命体，那这时该怎么处理呢？托尔斯泰的《战争与和平》的信息量该如何度量？"能以某种合理的方式将这本小说包含进'所有可能小说'的集合里，并进一步假定该集合中存在某种概率分布吗？"[23]同样地，能通过考察包含所有可能物种的集合里的某种概率分布，来度量比如杜鹃所含有的遗传信息量吗？

因此，柯尔莫哥洛夫提出了第三种度量途径（基于算法），以避免考虑所有可能对象组成的系综时可能遇到的问题。这种途径关注的是对象本身。*他为这时所度量的东西赋予了一个新术语：**复杂度**。根据他的定义，一个数、一条讯息或一

---

* "我们这样定义信息量的优势在于，它处理的是个体对象，而无需将其视为某个具有给定概率分布的对象集合的成员。基于概率的定义适用于考察比如一系列问候电报所含有的信息量。但遇到像估算一本小说所含有的信息量，或一本小说的译文相对于原文的信息量时，它就无所适从了。"[24]

组数据的复杂度与其简单程度、有序程度呈反比，因而与其含有的信息呈正比。一个对象越简单，其传递的信息就越少；相反，复杂度越高，其含有的信息就越多。与格雷戈里·蔡廷一样，柯尔莫哥洛夫也利用算法来计算复杂度，从而为其思想奠定了坚实的数学基础。生成一个对象所需的最短计算机程序的长度，就是该对象的复杂度。可以用简短的算法生成的对象，具有低复杂度。反过来，倘若生成算法与对象本身等长，那它就具有最高的复杂度。

简单的对象只需若干比特就能够生成、计算或描述，而复杂的对象则需要许多比特的算法才行。这样一说，事情好像不言而喻。但在此之前，从没有人从数学的角度去理解这件事。用柯尔莫哥洛夫的话来说：

> 人们在很早以前就直观地意识到了"简单"对象与"复杂"对象之间的差异。但在准备将这种差异形式化时，人们会碰到一个明显的障碍：一样东西在一种语言里能够给出简单描述，但在另一种语言里可能就不能给出简单描述，并且人们也不知道应该选用哪一种描述方法才是。[25]

这个障碍在采用计算机语言后就迎刃而解了：无论是哪一种计算机语言，它们其实都是等价的，都能归约到通用图灵机的语言。一个对象的柯尔莫哥洛夫复杂度就是生成该对象所需的最短算法的长度（单位是比特）。而它也度量了信息量，还有随机程度——柯尔莫哥洛夫就宣称，它或许可以成为"一种新的'随机'概念的基础，使之与人们极其自然的假设，即随机性是秩序的缺失相契合"。[26]信息、随机性和复杂度，这三者本质上是等价的——三个威力强大的抽象，就像地下情人一般如胶似漆。

在柯尔莫哥洛夫看来，这些思想不仅适用于概率论，也可应用于物理学。比如，如果想度量一个规则晶体或一个密闭容器内气体的复杂度，我们只需度量描述该晶体或气体状态的最短算法的长度即可。在这里，熵又成了关键所在。这些新的方法同样也可以在柯尔莫哥洛夫先前研究过的一些物理学难题中派上用场。1941 年，柯尔莫哥洛夫对湍流的局部结构提出了首个有用（虽然尚有缺陷）的解释，用一组方程来预测涡旋的统计分布。他还研究过行星轨道的摄动问题，这也是个经典牛顿物理学极难处理的问题。而他的另一项研究，用熵或信息维数来分析动力系统，则为 20 世纪 70 年代混沌理论的复兴打下了基础。按照这个思路，动力系统会产生信息。如果一个动力系统不可预测，那么它就是产生了大量信息。

在当时，柯尔莫哥洛夫对格雷戈里·蔡廷一无所知，而他们两人也对一个叫雷·所罗门诺夫（Ray Solomonoff）的美国概率论学者闻所未闻，后者在几乎同时独立发展出了一些相同的思想。但世界正在发生变化。时间、距离和语言依然使苏联数学家与外界相隔离，但其间的障碍逐渐在消除。柯尔莫哥洛夫常说，人过了六十，就不应该再搞数学研究了。他曾梦想自己晚年要在伏尔加河上当一名航标管理员，闲时展开小帆，摇起双桨，驾着小船在河面上绕圈。[27]可真等到了这一天，航标管理员都已经换上了汽艇，而这无疑破坏了柯尔莫哥洛夫的梦想。于是他决定重拾旧业，做回一名高中老师。

现在，悖论又出现了。

零是个有意思的数，有书就是专门写它。一当然也是个有意思的数，因为它是（除零之外）头一个，独一无二。二从很多角度看都很有意思：它是最小的素数、典型的偶数、成功婚姻所需的人数、氦的原子序数，以及在芬兰独立日许多家庭在每个窗台上会点亮的蜡烛数。"有意思"是个日常用语，不是数学用语。因此，说任何不大的数有意思，总是能找到理由。所有的两位数、许多三位数都在维基百科有独立的条目。

数论学家定义了各种类别的有意思的数：素数、完全数、平方数、立方数、斐波那契数、阶乘数，如此等等。593 这个数看似平常无奇，但它其实是九的二次方与二的九次方的和，所以是个莱兰数（即可以表达成 $x^y + y^x$ 的数）。维基百科还有个条目专门介绍 9 814 072 356 一数。它是最大的全数平方数（holodigital square），也就是最大的包含所有十进制数字且每个数字只出现一次的平方数。

那什么又是没意思的数呢？这大概就是随机数了。1917 年，英国数论学家 G. H. 哈代随便搭了一辆编号为 1729 的出租车去探望生病的数学家斯里尼瓦瑟·拉马努金。他向拉马努金提及，1729 这个数"相当无趣"。但拉马努金回应说，恰恰相反，1729 是能用两种方式写成两个立方数之和的最小数。*诚如数学家 J. E. 利特尔伍德所说："每个正整数都是拉马努金的朋友。"由于这则轶闻，1729 现在常被称为哈代–拉马努金数。不仅如此，1729 还是个卡迈克尔数、欧拉伪素数和蔡塞尔数（Zeisel number）。

然而，拉马努金的心智毕竟是有限的，维基百科乃至人类的所有知识也是有限的。因此，有意思的数的列表终究会在某处终结，一定存在某个没有任何特别之处的数。但无论那个数是多少，它都摆脱不了一个悖论，因为它总是可以被称为"最小的没意思的数"。

这正是另一种形式的贝里悖论，也就是罗素在《数学原理》中曾提到的那个悖论。他们问了个刁钻的问题：什么是**不可能以少于十九个音节命名的最小整数**？但不管它是多少，它都能用十八个音节来表达：不可能以少于十九个音节命名的最小整数。事实上，解释一个数为何有意思，如"十一的平方"或"美国国旗上的星星数"，正是为其命名的一种方式。其中有些名称看起来帮助不大，有些则相当含糊。有些涉及数学事实，比如一个数是否能用两种方式写成两个立方数之和。还有些则与世界、语言或人类的事实相关，并且这种关系可能是偶然的、短暂的，比如一个数是否对应着某个地铁站号或历史日期。

蔡廷和柯尔莫哥洛夫在提出算法信息论时，也在其中发现了贝里悖论的踪迹。蔡廷指出："贝里悖论原本讨论的是英语，但英语太过含糊……因此，我选用了一种计算机程序语言。"[28]自然，他选用的是通用图灵机的语言。

> 那么命名一个整数，这是什么意思？其实，给出计算该整数的方法就是命名了它。如果某个程序的输出是某个整数，也就是说，它输出了该整数，并且输出一次后就终止，那么这个程序就是给该整数命了名。

而问一个数是不是有意思，也就是反过来问它是不是随机数。如果数 n 能用一个相对较短的算法计算出来，那么 n 就是有意思的，否则它就是随机的。算法"打印一，然后打印一百个零"会生成一个有意思的数——古戈尔（googol）。类似

---

* $1729 = 1^3 + 12^3 = 9^3 + 10^3$

地，算法"找到第一个素数，加上下一个素数，如此这般重复一百万次"也会生成一个有意思的数——头一百万个素数的和。这个数需要花费一部图灵机很长的时间来计算，但毕竟是有限的时间。因此，这个数是可计算的。

然而，如果数 n 最精简的算法是"打印 n"，也就是说，这个算法要求输入整个数而没有捷径可抄，那么我们或许就可以说 n 是个没意思的数。用柯尔莫哥洛夫的话来说，这个数是随机的，并且具有最高复杂度。这时，这个数必须没有模式可循，因为任何模式都会给出捷径。蔡廷写道："如果存在某个言简意赅的计算机程序能够算得某数，这就意味着，该数具有某种性质或特点可资利用，从而可将这个算法描述压缩得更简短。这样一来，该数就是不常见的，是个有意思的数。"

但它果真不常见吗？数学家又如何能知道有意思的数在所有数当中是罕见的还是常见的呢？此外，给定一个数，数学家能确定地判断，是否可以找到更简短的算法来描述它吗？对蔡廷而言，这些问题都十分关键。

他通过简单的数数回答了第一个问题。绝大部分数应该是没意思的，因为不可能有足够多的简短计算机程序来描述它们。数一数就知道了。假设给定 1000 比特的长度，这就意味着有 2^{1000} 个数，但用 1000 比特能写出来的有用计算机程序远远达不到那个数量。蔡廷指出："正整数太多，因而如果要求程序长度必须比数本身要小，那么它们绝对不足以命名所有正整数。"因此，对于给定长度的各个数，其中绝大多数都是随机的。

第二个问题就要棘手多了。已知绝大部分数是随机的，并且给定一个数 n，数学家能证明它是随机的吗？这时仅仅通过观察是无法判断的。他们更容易证明与之相反的命题，即数 n 是有意思的：他们只要找到某个生成 n 的简短算法即可。（更具体地说，这个算法的长度必须小于 $\log_2 n$ 比特，也就是将 n 写成二进制形式时所需的比特数。）但要证明原命题就是另一回事了。蔡廷认为："虽然在这种数学意义上，绝大部分正整数是没意思的，但对于给定一个数，我们无法确信，也无法证明……我们只能在少数情况下给出证明。"有人或许会想，那就使用蛮力，写下所有可能算法，然后逐个测试它们。然而，这种测试也要由计算机来执行，需要用一个算法来检验其他算法。这样的话，蔡廷指出，另一种形式的贝里悖论很快就会出现。相较于"最小的没意思的数",我们无可避免地最终会遇到形如"不可能以少于 n 个音节命名的最小整数"这样的命题。(当然,这里讨论的不是真正的音节,而是图灵机的状态。*)它显然又是一种递归和自我循环。这正是蔡廷对于哥德尔不完全性定理的表述。以程序长度定义的复杂度,通常是不可计算的。任意给定某个由一百万个数字构成的字符串,数学家知道,它几乎肯定是随机的、复杂的、没有模式的,但就是没有办法绝对确定。

蔡廷是在里约热内卢访问时完成这项研究的,当时他二十三岁。五年前,尚未从纽约城市学院毕业,蔡廷就跟随其父母返回了阿根廷,并在 IBM 世界贸易公司在布宜诺斯艾利斯的分公司找到了一份工作。在此后几年,他继续钻研哥德尔的不完全性定理,并在美国数学学会和美国计算机协会的期刊上发表了多篇论文。1974 年,蔡廷在八年之后返回美国,在位于纽约约克敦高地的 IBM 研究中心做访问学者。他趁机给自己心目中的英雄、当时已年届七十的哥德尔打了一个电话。哥德尔接了电话,蔡廷首先作了自我介绍,然后说自己发现了一种证明不完全性定理的新途径,是基于贝里悖论而非说谎者悖论。

"无论用的是哪个悖论,结果都不会有区别。"哥德尔说。[29]

"您说得对,不过……"蔡廷说自己正从"信息论"的新视角研究不完全性定理,并询问能否去普林斯顿当面拜访哥德尔。当时他住在纽约白原市的基督教青年会宾馆,搭火车前往普林斯顿非常方便。哥德尔本来已经答应,却在约定当天临时取消了,因为那天下雪,哥德尔担心这会对自己的健康不利。蔡廷最终也没能见到哥德尔。晚年的哥德尔情绪越发不稳定,老是怕有人给他下毒,只吃妻子准备的食物。但在妻子因病住院时,他拒绝进食,最终在 1978 年初去世。

蔡廷此后一直在 IBM 研究中心工作,可以说他属于最后一批受到企业倾力支持而其研究却对资助者没有直接实用价值的伟大科学家。他有时会说,自己是个"藏身"在物理学系的数学家,反正传统的数学家也会认为他不过是个"空谈物理

---

* 一种表述可能是这样的:"不可能用至多 n 态的图灵机描述的有限二元序列 S"实际上是用 $(\log_2 n + c_F)$ 态的图灵机对 S 进行描述 [Gregory J. Chaitin, "Computational Complexity and Gödel's Incompleteness Theorem," *ACM SIGACT News*, no. 9 (April 1971), p. 12]。

学家"。他的研究将数学视为某种经验科学，也就是说，数学不是借以抵达绝对真理的通道，而是实实在在的研究项目，受制于这个世界的偶然性和不确定性。他在一次采访时说道："即便面对不完全性、不可计算性甚至算法随机性，数学家依然不肯放弃绝对确定性。为什么？因为对他们来说，绝对确定性就好比上帝。"[30]

在量子物理学以及后来的混沌理论中，科学家发现了自身知识的限度。他们也从探索不确定性中取得了丰硕的成果。不确定性曾让爱因斯坦非常困扰，因为他不相信上帝会在我们的物理宇宙中掷骰子。算法信息论同样为数的宇宙施加了限制。正如蔡廷所说："上帝不仅在量子力学和非线性动力学中掷骰子，而且在基础数论中也是如此。"[31]

总结蔡廷的观点大致如下：

- 绝大部分数是随机的，但其中只有极少数能被**证明**是随机的。
- 一个混沌的信息流中可能隐含着一个简单算法，但要想从混沌中逆推出该算法也许是不可能的。
- 柯尔莫哥洛夫–蔡廷复杂性之于数学，就如同熵之于热力学：它打破了企图追求完美的幻想。一如永动机不存在，完全的形式公理体系也不存在。
- 某些数学事实的成立是没有理由的。它们纯属偶然，并无背后的原因或深层的意义。

物理学家约瑟夫·福特，在 20 世纪 80 年代研究了动力系统不可预测的行为。他指出，哥德尔的不完全性定理同样适用于物理学，而通过将定理翻译成"一磅重的理论无法得出十磅重的定理，就如同一百磅重的孕妇无法产下两百磅重的婴儿一样"，蔡廷"精彩地抓住了本质"。[32] "混沌现象更深层次的意义"在于：

> 混沌现象确有其轨迹，但它们是哥德尔的儿孙，如此复杂，充斥着如此多信息，使得人类永远无法理解。然而混沌现象在自然界中无所不在，因此，宇宙中布满了数不胜数的人类永远无法理解的谜团。

不过，还是有人想试上一试。

某某含有多少信息？这个问题很关键。

如果某个对象（一个数、一串比特流，或者一个动力系统）能用其他较少比特的方式表达，那么它就是可压缩的。追求经济有效的电报员往往喜欢发送压缩后的讯息。这种追求经济有效的精神在贝尔实验室也得到了发扬光大，因此，香农研究起数据压缩的理论和实践是再自然不过。在香农的研究里，压缩是个十分基础的问题：他战时的密码学研究分析的就是，如何在一端伪装信息以及在另一端还原信息；数据压缩与信息编码有点类似，但目的有所不同——它是为了更有效率地利用带宽。卫星电视频道，便携式音乐播放器、相机和电话，以及其他许多现代设备都要依靠编码算法来压缩数（比特序列），而所有这些算法最早都可以追溯到香农 1948 年的那篇论文。

首个此类算法由香农的同事罗伯特·马里奥·法诺（Robert M. Fano）在次年提出，现在通常被称为香农–法诺编码。这种算法基于一种简单的思想，即为使用频率高的符号赋予长度短的编码，就像摩尔斯电码那样。不过，他们也知道这种算法不是最优的，无法得到最短的编码。过了不到三年，这种算法就被法诺在麻省理工学院的博士生戴维·哈夫曼（David Huffman）提出的算法所超越。从此以后，各种版本的哈夫曼编码算法压缩掉了许许多多的字节。

雷·所罗门诺夫，一个俄罗斯移民之子，20 世纪 50 年代初在芝加哥大学求学时，首次接触到了香农的著作，并受其影响，开始思考他当时称为的"信息装载问题"：给定特定数量的比特，它们可以在其中"装载"多少信息？或反过来，给定特定数量的信息，它们如何"装入"最少的比特？[33]他主修物理学，还辅修了数学生物学、概率论和逻辑学。大学毕业后不久，他结识了马文·闵斯基（Marvin Minsky）和约翰·麦卡锡（John McCarthy），另两位开辟了人工智能领域的先驱。他后来又读到了诺姆·乔姆斯基 1956 年的开创性论文《语言描写的三个模型》，文中应用信息论思想将日常语言的结构加以了形式化。[34]所有这些都在所罗门诺夫的脑中激荡，但茫无头绪。慢慢地，他开始把注意集中到了**归纳推理**问题。人是如何创造出各种理论，来解释自身对于世界的经验呢？他们必须将经验一般化，从深受随机性和噪声影响的数据中找出模式。那么机器也能这样做吗？换言之，计算机也能从经验中学习吗？

对此，他给出了一个精妙的答案，并在 1964 年公开发表。但他的成果在当时并未引起关注，直到 20 世纪 70 年代，蔡廷和柯尔莫哥洛夫才发现，所罗门诺夫原来早已提到了后来所谓算法信息论的许多基本要素。事实上，所罗门诺夫也在考虑计算机应该如何看待数据序列（如数列或比特串）以及怎样度量其随机程度和隐藏模式。当人或计算机从经验中学习时，它们是在使用归纳推理，从无规律的信息流里识别出规律来。从这个意义上说，科学定律其实就是一种数据压缩，而理论物理学家就像是一个非常聪明的编码算法。所罗门诺夫写道："已发现的科学定律，可以被视为关于宇宙的大量经验数据的总结。在本文的语境中，每条这样的定律都能转换成一种编码方法，将据以归纳出该定律的经验数据加以紧凑的编码。"[35]一个好的科学理论是经济有效的。不过，对此还有其他不同的表述方式。

所罗门诺夫、柯尔莫哥洛夫和蔡廷处理的本是三个不同的问题，但他们殊途同归，得到了同一个答案。所罗门诺夫感兴趣的是归纳推理：给定一个观察数据的序列，人们如何作出关于后续事件的最优预测？柯尔莫哥洛夫寻找的则是随机性的数学定义：通过抛掷硬币以相同概率生成的两个序列，说一个序列比另一个序列更随机是什么意思？而蔡廷试图借助图灵和香农的理论，找到另一条更深刻地认识哥德尔不完全性定理的途径，正如他后来所说，"将香农的信息论和图灵的可计算理论倒进调酒器里，然后用力晃动"。[36]最终，他们三人的答案都与最短程序的长度有关，与复杂性有关。

下面这个比特流（或者说数）不太复杂，因为它是一个有理数：

D：14285714285714285714285714285714285714285714…

它可以简明地用"反复打印 142857"来表示，甚至干脆写成"1/7"。如果这是一条讯息，如此压缩就能节省大量击键次数。而如果这是输入的数据流，观察者可以从中识别出模式，以"七分之一"作为解释该数据的理论。

相反，下面这个序列的末尾出人意料：

E：1010101010101010101010101010101010101010101013

电报员（或理论家、压缩算法）必须关注整条讯息才行。不过，额外的信息极少，讯息中具有模式的部分依然可以压缩。或者说，该序列包含冗余部分和随机部分。

香农最先证明了，讯息中任何非随机的部分都可以被压缩。

F：1011010111101101101011101011101111010011011010011011101110

在这个序列中，一多零少，所以它可能是抛掷不均匀硬币的结果。哈夫曼编码之类的方法正是利用了统计规律性来压缩数据。相片可以压缩，因为它们记录的对象具有一定的自然结构：亮暗像素总是成簇出现；从统计上看，邻近的像素更有可能是相似的，而较远的像素则不然。视频更易压缩，因为除非记录对象的运动快速而混乱，前后帧的差异还是相对较小。自然语言也可以压缩，因为正如香农所分析的，它具有内在的冗余和规律性。只有完全随机的序列才无法压缩，因为它是由一个又一个的出人意料构成。

随机序列是"正规的"——这个用语表示，从长期的平均情况来看，每个数字都与其他数字一样常见，出现概率为十分之一；每两个数字，从 00 到 99，出现概率为百分之一；每三个数字等也依此类推。总之，某一特定长度的字符串不会比相同长度的其他字符串有更大的机会出现。与其他很多概念一样，正规性乍看上去很简单，但更进一步看，数学家就发现其实里面困难重重。尽管真正随机的序列一定是正规的，但它的逆命题并不一定成立。一个数可以在统计上是正规的，却完全不随机。1933 年，图灵在剑桥大学的一位年轻朋友戴维·钱珀瑙恩（David Champernowne）就发明（或发现）了这么个数，一个由所有整数按顺序依次连接构成的数：

G：12345678910111213141516171819202122232425262728293…

很容易看出，从长期来看，每个数字（以及每种数字组合）的出现概率都相同。但显然这个序列一点也不随机，相反是结构规律、完全可预测的。如果知道了当前位置，你就知道下一个数字是几。

除去钱珀瑙恩数这样的异类，正规数其实是难以识别的。在数的宇宙里，正规性是常态；数学家可以确定，几乎所有的数都是正规的。有理数是不正规的，而且有理数有无穷多个，但正规数与之相比要多得多。尽管数学家已经解决了这个一般性的问题，但具体到某个数是否是正规数，数学家却几乎无能为力。这也是数学诸多的奇特之处之一。

就连 π 也仍然存在不确定性：

C：3.14159265358979323846264338327950288419716939937511…

世界各地的计算机花费了大量的时钟周期，来分析约前一万亿个已知数字。就目前结果来看，它们似乎是正规的。人们没有发现任何统计特征——没有偏差或相关关系，不论是在局部，还是在全局。π 在本质上并不随机，看上去却像个随机数。已知前 n 个数字，并无猜出第 $n+1$ 个数字的捷径，下一个比特总是出人意料。

那么，这个数字字符串到底含有多少信息？它是与随机数一样信息丰富，还是与有序序列一样信息贫乏呢？

当然，电报员可以在讯息里只发送一个"π"，便会省下许多次击键——其实是省下了无穷次击键。但这不免是作弊，因为要这样做的话，就必须假设发送方和接收方共享了某些知识。发送方必须识别出这个特殊序列是什么，而接收方也必须知道 π 是什么以及如何找出其十进制表达或计算方法。因此事实上，双方需要使用同一码本。

不过，这并不意味着 π 含有大量信息，相反，其实质性讯息只需少得多的击键次数就能发送出去。这时电报员有若干策略可供选择。比如，他可以说，"4，减 4/3，加 4/5，减 4/7，依此类推"。也就是说，电报员发送的是一种算法。这个无穷级数会缓慢收敛到 π。因此，虽然接收方还要执行大量的计算，但讯息本身是经济有效的：无论要求精确到哪一位，两种表达的信息内容都是一样的。

通信有时要求线路两端共享某些知识，这使问题变得更为复杂。对此，人们有时会稍作变换，从与遥远星系中的外星生命通信的角度来探讨此类问题（即讯息所包含的信息内容的问题）。我们能告诉他们什么？我们又该告诉他们什么？数学定律具有普适性，于是我们倾向于认为，任何智能生命都能识别出 π。然而，他们不太可能恰好能看懂希腊字母，也不太可能恰好能识别出其十进制表达"3.1415926535..."，除非他们也长了十根手指。

事实上，讯息的发送方不可能完全洞悉接收方心智中的码本。窗台上的两盏灯笼可能毫无意义，也可能表示"英国人走海路"。每一首诗都是一条讯息，而每个读者都会有自己的解读。但有一种办法，能排除掉这种思维方式中的模糊之处。蔡廷如此解释道：

> 设想是与一台数字计算机，而不是与一位远方的朋友通信，这恐怕更为可取。朋友或许有能力从不全的信息或模糊的指令中归纳推断出各个数字或构建出一个数列。计算机不具备这种能力，但就我们的讨论而言，这个弱点反而是一种优势。输入计算机的指令必须完整而明确，而且必须能够让计算机按部就班地执行。[37]

换言之，一条讯息就是一种算法。接收方则是一部机器：没有创造力，没有不确定性；除了蕴涵在机器结构内的那些"知识"以外，别无其他知识。到了 20 世纪 60 年代，计算机接受的指令已经是数字式了，可用比特来度量。因此，考虑某个算法含有多少信息就是自然而然了。

还有一类讯息可能是这样的：

即便只用眼看，也能看出这串音符不像是随机的。事实上，它所代表的讯息已经进入星际空间，远离出发点有一百八十多亿公里了，现在仍以光速零头的速度继续前进。不过，该讯息并非用这样基于印刷的记谱法来编码，也不是用任何数字形式来编码，而是编码为一条螺线状纹槽的深浅起伏，纹槽则蚀刻在一张直径三十厘米、厚度零点五毫米的唱片上。这张唱片没有用通常的聚氯乙烯制成，而是一张镀金铜片。这种捕获、保存和重现声音的模拟方法最早在 1877 年由爱迪生发明，他称之为留声术（phonography）。在随后一百年时间里，它是最流行的音频技术（尽管再后来就逐渐落伍了）。因此，1977 年，由天文学家卡尔·萨根领导的委员会特别制作了一张留声机唱片，并将两份副本分别放到了与小汽车差不多大的"旅行者一号"和"旅行者二号"探测器上。当年夏天，它们从佛罗里达州的卡纳维拉尔角发射升空。

所以这条讯息是被放在了星际漂流瓶中。除去自身的模式之外，它并不含有意义。也就是说，它是一种抽象艺术：巴赫的《平均律键盘曲集》第一卷的第一支前奏曲，由格伦·古尔德（Glenn Gould）演奏。又或者说，它的意义其实是，"这里有智能生命"。除了巴赫的前奏曲，唱片中还收录了其他若干文化中的音乐片段，以及一些地球上的自然声音：风声，浪声，雷鸣声；五十五种语言的口头问候语；蟋蟀、青蛙和鲸鱼的叫声；轮船

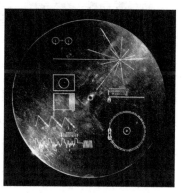

旅行者探测器携带的"金唱片"
（图为唱片正面的使用图解）

汽笛声，马车行进声，以及一段摩尔斯代码的击键声；等等。除了唱片，探测器上还带有唱头、唱针以及一份简要的使用图解。不过，委员会没有费劲去准备一部留声机或电源。也许外星人总能找到某种方法，将金属纹槽的模拟信号转换成他们大气中的声波，或者其他适应他们感官的输入。

但外星人能将比如巴赫精致的前奏曲，与较没意思、更随机的蟋蟀叫声区别开来吗？要是用乐谱（毕竟它包含了巴赫创作的精华），它会将讯息传递得更清晰吗？更一般地，另一端需要怎样的知识，或者说哪种码本，才能解读这条讯息？

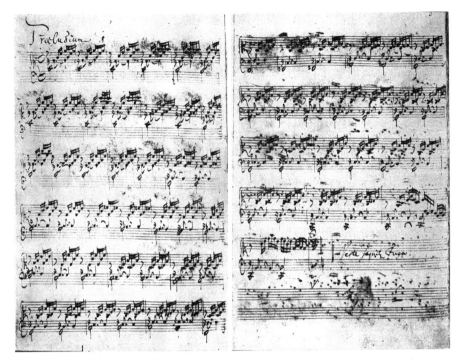

要掌握对位法以及和弦进行？还要了解欧洲巴洛克音乐的调性变革以及演奏实践？音符成组，构成旋律，遵循着某种隐秘的语法规则，那么音乐是有其内在逻辑，而独立于地理和历史？这些都是难解的问题。而在地球上，只过了寥寥数年，还没等旅行者探测器飞出太阳系，音乐就已经很少再用模拟设备录制了。用比特来存储《平均律键盘曲集》成了更好的选择，因为根据香农采样定理，离散化的波形是无损的，而且信息能保存在几十种可用介质中。

若以比特来度量，巴赫这支前奏曲的信息量似乎不大。巴赫只用两张稿纸就写下了乐谱，总共不过六百个左右的音符，并且可选音符的数量也不多。当古尔德在 1964 年演奏这首乐曲时，即便融入了演奏者的阐释和变奏，乐曲全长也不过一分三十六秒。这段演奏刻录在光盘上，即用激光在聚碳酸酯塑料薄盘片上灼出微小的凹洞，占用的比特数为一亿三千五百万。不过，该比特流可以进行可观的压缩而不损失信息。如果用钢琴纸卷来记录（这是雅卡尔提花机的后代，又是打孔卡片的前身），该前奏曲只需一张纸卷的篇幅；而如果采用 MIDI 协议，更是只需数千比特即可。另外，即便是这约六百个字符的基本讯息，其中也包含大量冗余：节奏是恒定的，音色是单一的，旋律很简短，贯穿全曲始终的只有一个音型，不断反复，稍作变奏。但这支前奏曲简单而不单调。重复让人产生预期，旋即预期便被打破。似乎处处没有什么特别，但处处又出人意料。女钢琴家万达·兰多夫丝卡（Wanda Landowska）就形容它是"用断断续续的和弦实现了极致的和声"。它的简单如同伦勃朗的素描，用笔简练却跃然纸上。那它可算是含有很多信息吗？至少某些音乐可被认为是信息贫乏的。一个极端的例子是作曲家约翰·凯奇（John Cage）那支题为《四分三十三秒》的作品，其中根本不包含任何"音符"。作曲家端坐在钢琴前，一动不动，持续四分三十三秒，作响的只是周围的声音——听众在座位上的挪动身体声、衣服的沙沙声、呼吸声和叹气声等。

那么巴赫这支 C 大调前奏曲到底含有多少信息？作为一个关于时间和频率的模式的集合，它可以被分析、追踪和理解，但这也只能达到一定限度。一如诗歌或其他任何艺术，优秀的音乐意在使人无法达到完美理解。倘若有音乐可以被直抵根底，那它势必是单调乏味的。

从一种角度看，以最短程序的长度来定义复杂性看上去可谓完美，称得上是香农信息论发展的巅峰。但从另一种角度看，这个定义仍然远不能令人满意，尤其是涉及一些重大问题（如关于艺术、生物学或智能等的人文问题）时。

用复杂性的这种定义来衡量的话，一百万个零与抛掷硬币一百万次分处于两个极端。空字符串是简单的极致，而随机字符串则含有最大的复杂度。零没有传递任何信息，而抛掷硬币则生成了最大的信息量。不过，这两种极端情况有一个共同点，那就是它们都很无趣，并且毫无价值。如果它们当中一个是来自其他星系的讯息，那么我们可能不会认为发送方是智慧生物。而如果它们表示的是音乐，它们同样也没有价值可言。

我们关注的东西大都是居于两个极端之间，处于模式与随机彼此交织的地带。

蔡廷与他在 IBM 研究中心的一位同事，查尔斯·亨利·本内特，有时会讨论到这些问题。几年后，本内特提出了一种新的价值量度，他称之为"逻辑深度"（logical depth）。本内特的逻辑深度与柯尔莫哥洛夫复杂度相关，但又有所不同。

其目的在于度量讯息的有用性，而不论这种有用性在特定领域是如何定义的。他在 1988 年的论文中指出："从信息论诞生伊始，人们就清楚地意识到，信息并不是讯息价值的一个好的量度。"[38]

> 比如，连续抛掷硬币得到的一个典型序列含有大量信息，但其价值几乎为零。而一本给出了月球及行星在一百年间每天位置的星历，其信息量并不比据以算出这些位置的运动方程及初始条件含有的信息更多，但它为使用者节省了自己算出这些位置的大量麻烦。换言之，一条讯息的价值在于发送方可能在其中所做的数学或其他工作，这些工作接收方就可以免得再做一遍。

计算出某一结果需要做功，这一点在几乎所有基于图灵机的理论里都被忽略不计了，毕竟图灵机是不知疲倦的。本内特则重新将其纳入了考量。讯息中完全随机、不可预测的部分，没有逻辑深度。明显的冗余（单纯的重复和复制），也没有逻辑深度。相反，本内特认为，讯息的价值在于"其中所谓潜藏的冗余，即可预测但同时具有一定难度的部分，对于这些内容，接收方在原则上自己能弄明白，只是需要耗费相当的金钱、时间或计算"。我们日常在评估一个对象的复杂度或信息内容时，其实也是意识到了其中暗含的大量计算。比如，对于音乐、诗歌、科学理论或纵横字谜，只有当它们既不太隐秘而不可解，也不太浅显而无趣，而是介于两者之间时，它们才会给解读者带来乐趣。

数学家和逻辑学家长久以来习惯于将信息处理视为免费——它不像抽水或背石头那样需要做功。的确，在我们的时代里，信息处理已经变得很廉价了，但毕竟还是需要做功。本内特指出，我们需要正视这些功，并将其纳入对于复杂性的理解当中。他曾说："事物越微妙，就越难发现。"他还把逻辑深度的概念应用到了自组织问题，即自然界中的复杂结构是如何形成的问题。进化始于简单的初始条件，但慢慢地，复杂性自发地开始涌现。无论这其中涉及的物理的或生物的基础过程具体如何，它们实质上是增加逻辑深度的计算。

注释

[1] Michael Cunningham, *Specimen Days* (New York: Farrar Straus Giroux, 2005), 154.

[2] Interviews, Gregory J. Chaitin, 27 October 2007 and 14 September 2009; Gregory J. Chaitin, "The Limits of Reason," *Scientific American* 294, no. 3 (March 2006): 74.

[3] Ernest Nagel and James R. Newman, *Gödel's Proof* (New York: New York University Press, 1958), 6.

[4] Quoted in Gregory J. Chaitin, *Information, Randomness & Incompleteness: Papers on Algorithmic Information Theory* (Singapore: World Scientific, 1987), 61.

[5] "Algorithmic Information Theory," in Gregory J. Chaitin, *Conversations with a Mathematician* (London: Springer, 2002), 80.

[6] John Archibald Wheeler, *At Home in the Universe, Masters of Modern Physics,* vol. 9 (New York: American Institute of Physics, 1994), 304.

[7] Cf. John Maynard Keynes, *A Treatise on Probability* (London: Macmillan, 1921), 291.

[8] Ibid., 281.

[9] Henri Poincaré, "Chance," in *Science and Method*, trans. Francis Maitland (Mineola, N.Y.: Dover, 2003), 65.

[10] *A Million Random Digits with 100,000 Normal Deviates* (Glencoe, Ill.: Free Press, 1955).

[11] Ibid., ix–x.

[12] John von Neumann, quoted in Peter Galison, *Image and Logic: A Material Culture of Microphysics* (Chicago: University of Chicago Press, 1997), 703.

[13] "A Universal Turing Machine with Two Internal States," in Claude Elwood Shannon, *Collected Papers,* ed. N. J. A. Sloane and Aaron D. Wyner (New York: IEEE Press, 1993), 733–741.

[14] Gregory J. Chaitin, "On the Length of Programs for Computing Finite Binary Sequences," *Journal of the Association for Computing Machinery* 13 (1966): 567.

[15] Isaac Newton, "Rules of Reasoning in Philosophy; Rule I," *Philosophiae Naturalis Principia Mathematica.*

[16] Obituary, *Bulletin of the London Mathematical Society* 22 (1990): 31; A. N. Shiryaev, "Kolmogorov: Life and Creative Activities," *Annals of Probability* 17, no. 3 (1989): 867.

[17] David A. Mindell et al., "Cybernetics and Information Theory in the United States, France, and the Soviet Union," in *Science and Ideology: A Comparative History*, ed. Mark Walker (London: Routledge, 2003), 66 and 81.

[18] Cf. "Amount of Information and Entropy for Continuous Distributions," note 1, in *Selected Works of A. N. Kolmogorov, vol. 3, Information Theory and the Theory of Algorithms*, trans. A. B. Sossinsky (Dordrecht, Netherlands: Kluwer Academic Publishers, 1993), 33.

[19] A. N. Kolmogorov and A. N. Shiryaev, *Kolmogorov in Perspective*, trans. Harold H. McFaden, History of Mathematics vol. 20 (n.p.: American Mathematical Society, London Mathematical

Society, 2000), 54.

[20] Quoted in Slava Gerovitch, *From Newspeak to Cyberspeak: A History of Soviet Cybernetics* (Cambridge, Mass.: MIT Press, 2002), 58.

[21] "Intervention at the Session," in *Selected Works of A. N. Kolmogorov*, 31.

[22] Kolmogorov diary entry, 14 September 1943, in A. N. Kolmogorov and A. N. Shiryaev, *Kolmogorov in Perspective*, 50.

[23] "Three Approaches to the Definition of the Concept 'Quantity of Information,'" *Selected Works of A. N. Kolmogorov*, 188.

[24] A. N. Kolmogorov, "Combinatorial Foundations of Information Theory and the Calculus of Probabilities," *Russian Mathematical Surveys* 38, no. 4 (1983): 29–43.

[25] "Three Approaches to the Definition of the Concept 'Quantity of Information,'" *Selected Works of A. N. Kolmogorov*, 221.

[26] "On the Logical Foundations of Information Theory and Probability Theory," *Problems of Information Transmission* 5, no. 3 (1969): 1–4.

[27] V. I. Arnold, "On A. N. Kolmogorov," in A. N. Kolmogorov and A. N. Shiryaev, *Kolmogorov in Perspective*, 94.

[28] Gregory J. Chaitin, *Thinking About Gödel and Turing: Essays on Complexity, 1970–2007* (Singapore: World Scientific, 2007), 176.

[29] Gregory J. Chaitin, "The Berry Paradox," *Complexity* 1, no. 1 (1995): 26; Paradoxes of Randomness," *Complexity* 7, no. 5 (2002): 14–21.

[30] Interview, Gregory J. Chaitin, 14 September 2009.

[31] Foreword to Cristian S. Calude, *Information and Randomness: An Algorithmic Perspective* Berlin: Springer, 2002), viii.

[32] Joseph Ford, "Directions in Classical Chaos," in *Directions in Chaos*, ed. Hao Bai-lin (Singapore: World Scientific, 1987), 14.

[33] Ray J. Solomonoff, "The Discovery of Algorithmic Probability," *Journal of Computer and System Sciences* 55, no. 1 (1997): 73–88.

[34] Noam Chomsky, "Three Models for the Description of Language," *IRE Transactions on Information Theory* 2, no. 3 (1956): 113–124.

[35] Ray J. Solomonoff, "A Formal Theory of Inductive Inference," *Information and Control* 7, no. 1 (1964): 1–22.

[36] Foreword to Cristian S. Calude, *Information and Randomness*, vii.

[37] Gregory J. Chaitin, "Randomness and Mathematical Proof," in *Information, Randomness & Incompleteness*, 4.

[38] Charles H. Bennett, "Logical Depth and Physical Complexity," in *The Universal Turing Machine: A Half-Century Survey*, ed. Rolf Herken (Oxford: Oxford University Press, 1988), 209–210.

第 13 章
信息是物理的
（万物源自比特）

能量越多，比特翻转得越快。土、气、火、水，归根究底，都是由能量构成，但其不同形态却由信息决定。无论做任何事都需要能量，而要明确说明做了什么也需要信息。

——塞思·劳埃德（2006）[1]

量子力学虽然历史不长，但其遭遇的危机、论战、诠释（诸如哥本哈根诠释、玻姆诠释、多世界诠释、多心智诠释等）、派别纷争以及哲学论辩却比任何其他科学都要多。但它似乎乐得让自己布满谜团，也毫不照顾人类的直觉。爱因斯坦临终都无法接受其部分结论，而理查德·费曼说，没有人真正理解量子力学，也并非全是玩笑之言。不过，对于实在的本质，出现争论恐怕是极其自然的。并且量子力学在对万物的基础给出理论解释，在实践中取得非常成就的同时，其本身的基础也不断在改造更新。但即便如此，有关量子力学的争论有时看上去更像是宗教争论而非科学争论。

"怎么会弄成这样？"量子理论学家克里斯托弗·富克斯不由这样问道。[2]他曾在贝尔实验室任职，后来去了加拿大滑铁卢的圆周理论物理研究所。

　　　　随便走进一个会场，就仿佛置身于一个喧闹的圣城。各个教派的牧师在这场圣战中彼此争执不休——玻姆诠释派、退相干历史诠释派、交易诠释派、自发性塌缩诠释派、环境诱导退相干诠释派、情境客观性诠释派，以及多世界诠释派，不一而足。所有人都宣称自己见到了圣光，终极奥义之光。每个人都告诉我们，如果我们将其解答奉为救世主，我们就也能得见圣光。

富克斯认为，是时候该另起炉灶了。扔掉现有的量子理论公理，哪怕它们既精致又数学化，转而去研究更深层的物理学原理。"这些原理应当是清晰明确、令人信服且激动人心的。"但这样的物理学原理在哪里才能找到？富克斯自己给出了答案：在量子**信息**论中。

QM is about
Information.

H(X)

Plain old ordinary Shannon
information :
　　　　ignorance
　　　　lack of predictability

富克斯所做的视觉辅助

　　　　"理由很简单，并且我认为也很充分。"他指出，"量子力学从来就是围绕着信息展开的，只不过物理学界已经忘记了这一点罢了。"[3]

　　　　但还是有人没忘记，或者说又重新发现了这一点，其中之一就是约翰·阿奇博尔德·惠勒，核裂变的先驱、玻尔的学生、费曼的老师、黑洞的命名者、20世纪物理学最后一位健在的巨人。惠勒多有格言警句传世，"黑洞无毛"就是他的名言之一。这指的是，从黑洞外部能够观察到的只有黑洞的质量、电荷和自旋，其他信息（"毛"）都观察不到。他写道："黑洞给我们的启示是，空间可以像纸那样压缩成一个无穷小的点，时间可以像被扑灭的火焰那样消亡，而我们视为'神圣'不可侵犯的物理定律则被证明并非如此。"[4]1989年，惠勒提出了他最后一个流行语：万物源自比特。这是种极端的观点，完全不唯物：信息第一性，物质第二性。

　　　　换言之，任何事物（任何粒子、任何力场，甚至时空连续统本身），其功能、意义和存在本身都完全（即便在某些情境中是间接地）源自⋯⋯

比特。[5]

为何自然看上去是量子化的？这是因为信息是量子化的。比特才是终极的不可分的基本粒子。

许多物理现象的发现将信息推向了前台，但其中最惊人的当属黑洞。不过，在一开始，黑洞似乎与信息毫不相干。

黑洞的构想源自爱因斯坦的广义相对论，虽然他并未能在有生之年目睹黑洞成为研究的焦点之一。他在 1915 年就指出，光会受引力作用，时空结构也会在引力作用下弯曲，而当有足够的质量压缩在一处，就像在致密星体中那样时，坍缩就会发生，并在自身引力作用的强化下，持续收缩，没有限度。由此可能得出的结论看上去是如此奇怪，以至于直到将近半个世纪后，人们才开始严肃加以对待。任何物质遇到它们，只能进入而不能逃出。其中央是奇点，密度无穷大，引力无穷大，时空曲率无穷大。其时间坐标和空间坐标相互进行了交换。并且由于没有光或任何信号能够从其内部逃逸，所以它们是名副其实的不可见之物。惠勒在 1967 年首次使用了"黑洞"一词来描述它们。天文学家通过观察黑洞的引力作用，确实找到了一些候选对象，但对于其中到底是什么，人们就无从知晓了。

一开始，天体物理学家的研究集中在落入黑洞的物质和能量上。但后来，他们开始为信息的问题所困扰。问题的产生源自斯蒂芬·霍金在 1974 年的发现。[6] 通过结合量子效应和广义相对论，他指出，由于事件视界附近的量子涨落，黑洞应当会辐射出粒子。换句话说，黑洞会缓慢地蒸发。但问题在于，霍金辐射是热辐射，毫无特征，索然乏味，仅是单纯的热量。然而，落入黑洞的物质本来是携带信息的，这些信息原本存在于其结构、组织和量子态中——用统计力学的话来说，就在其可能的微观状态中。这时，只要丢失的信息存在于事件视界之内而不为我们所知，物理学家就不会为其所困扰。他们可以说，这些信息不可获得，但也并未消失。诚如弗兰西斯·培根在 1625 年所说："在黑暗中，所有颜色看上去都一样。"

但外逸的霍金辐射不携带任何信息。如果黑洞会蒸发，那么信息到哪去了？

根据量子力学的原理，信息不灭。决定论的物理学定律要求，一个物理系统在某一瞬间的状态会决定其下一瞬间的状态；并且在微观层面，这些定律是可逆的，因而信息必须守恒。霍金第一个明确指出，或可以说警告道，这个问题威胁到了量子力学的根基。如果信息会消失，这就违反了幺正性，即所有可能事件的出现概率之和总是为一的原则。霍金就说道："上帝不仅掷骰子，有时还掷到我们看不见的地方。"1975 年夏，霍金给《物理评论》杂志投去了一篇论文，文章标题很是骇人，《引力坍缩中的物理学失效》。直到一年多后，论文才得以发表，并换了个温和点的标题（《引力坍缩中的可预测性失效》）。[7]

不出霍金所料，论文激起了部分物理学家的强烈反对。加州理工学院的约翰·普雷斯基尔就是其中一人，他仍然坚信信息不可能消失：即便一本书被烧成灰烬，在物理学家看来，如果能跟踪每个光子和每粒灰烬，你就应该能反过来重建出那本书。在加州理工学院举办的一次研讨会上，普雷斯基尔指出了这当中的危险性："信息的消失，牵一发而动全身。我们很难修改量子理论，使其允许在黑洞中出现这种情况，同时却避免它在我们能在实验室里研究的其他普通情况中出现。"[8]1997 年，他甚至与霍金就此打了个赌，并引发了普遍关注。他赌信息一定以某种方式从黑洞中逃了出去，赌注则是一套百科全书，由获胜方来挑。斯坦福大学的伦纳德·萨斯坎德（Leonard Susskind）也站到了普雷斯基尔一边。他指出："有些物理学家可能觉得，讨论黑洞里究竟有什么只不过是理论讨论，或甚至近乎宗教讨论，就如同讨论针尖上能站几个天使。但事实并非如此：这个问题事关未来物理学的定律。"[9]此后几年，物理学家给出了多种设想，试图解答这个问题。霍金也提出了一个："信息可能是进入了另一个宇宙，但我现在还不能给出数学证明来。"[10]

直至 2004 年，时年六十二岁的霍金才收回成见，愿赌服输。他宣布，自己已经找到了一种方法证明量子引力遵循幺正性，以及信息是守恒的。[11]他将量子不确定性的一种表述（即费曼提出的路径积分表述，又称为"历史求和"）应用到了时空结构的拓扑中，并由此得出结论，其实黑洞并不是全黑的，它们也给出了信息。霍金写道："之所以会出现混淆和悖论，是因为过去人们是从经典物理学时空只有单一拓扑结构的角度来考虑问题。"*有些物理学家认为霍金的新理论含糊不清，并遗留了诸多悬而未决的问题，但有一点霍金是明确的。他写道："并没有什么分枝的子宇宙，就像我过去认为的那样。信息始终存在于我们这个宇宙中。我很遗憾要让科幻迷们失望了。"最终，他输给了普雷斯基尔一套 2688 页的《完全棒球手册：终极棒球百科全书》——"从中信息可以容易地恢复出来，"霍金在文章最后开玩笑道，"但或许我本该把灰烬送给他。"

查尔斯·本内特则是沿着另一条大不相同的进路，最终涉足量子信息论。在发展出逻辑深度的思想之前很久，他曾思考过所谓"计算的热力学"——这是个有点古怪的课题，毕竟长久以来人们考虑的大多数信息处理情境都不涉及实物。本内特写道："在 19 世纪，除去巴贝奇的远见，计算往往被视为一个心理过程，而非机械过程。因此，就算有人突发奇想，想到考虑计算的热力学，很有可能它看上去也不比诸如爱情的热力学之类的科学课题更重要。"[12]这就像考虑思考的能量。思考会消耗卡路里，但没有人细算具体是多少。

而更古怪的是，本内特试图研究一种看上去与热力学最不相关的计算机的热力学——那种抽象的、理想化的图灵机。图灵当初从不担心，在自己的思想实验中，机器在想象的纸带上的来回移动会耗费能量或辐射热量。但到了 20 世纪 80 年代初，本内特却指出，一条满是零的纸带可以当做"燃料"使用——通过使自己随机化，对外做热功或机械功。当然，这仍是个思想实验，但它关注的却是个非常现实的问题：逻辑操作的物理成本是多少？本内特认为："计算机可被视为一种将自由能转化成废热和数学功的机器。"[13]这时，熵再次出现了。一条满是零的纸带、一条写有编码后的莎士比亚全集的纸带，或一条写有 π 的纸带，它们的熵很低，因而具有"燃料价值"。相反，一条写有随机数的纸带则没有。

本内特生于 1943 年，父母都是音乐教师，他从小在纽约的韦斯特切斯特郊区长大。20 世纪 60 年代，本内特先后就读于布兰戴斯大学和哈佛大学，学习化学。

---

* "人们通常认为，它要么是四维时空，要么是黑洞。但费曼的历史求和表述允许两者同时存在。"

詹姆斯·沃森当时正在哈佛大学教授基因编码，本内特还给他当了一年助教。他的博士研究方向是分子动力学，需要用到计算机模拟。当时学校使用的早期计算机内存只有约两万个十进制数字，需要昼夜不停地工作，最后的结果则打印在一长串折叠式记录纸上。为了找到更多计算资源来继续自己的研究，本内特先后来到了加利福尼亚州的劳伦斯·利弗莫尔国家实验室以及伊利诺伊州的阿戈讷国家实验室，并最后在 1972 年加入了 IBM 研究中心。

当然，IBM 不生产图灵机。但本内特有一天忽然灵机一闪，意识到其实有一种特殊功能的图灵机早已在自然界中被发现了，它就是 RNA 聚合酶。他是直接从沃森那了解到这种聚合酶的，知道它是一种负责根据 DNA 模板转录生成 RNA 的酶。它沿着 DNA（"纸带"）移动，其逻辑状态则随着 DNA 序列中的化学信息而发生相应的改变，并且其热力学行为是可以度量的。

20 世纪 70 年代，计算机硬件发展迅猛，能量利用效率已较先前电子管时代的高了数千倍。但尽管如此，电子计算机还是以废热的形式浪费了可观的能量。随着科学家逐渐降低计算机的能耗，他们越来越迫切地想知道能耗的理论最小值究竟是多少。早在 1949 年，冯·诺伊曼就提出了一个估算，"信息的每个基本动作，即每个基础的二元选择以及单位信息的每次传输"都至少会耗散一定的热量。[14] 冯·诺伊曼的估算是基于莱奥·齐拉特对于麦克斯韦妖的重新诠释。*按照冯·诺伊曼的说法，信息处理的每个基本动作，即每个基础的二元选择，都要付出代价。这种观点在 20 世纪 70 年代被普遍接受。但随后它被证明是错误的。

指出冯·诺伊曼错误的是本内特在 IBM 的导师，罗尔夫·兰道尔。[15]第二次世界大战爆发前，他为逃离纳粹德国的迫害来到美国，并在后来加入了 IBM。他倾注了很多心血，试图为信息奠定物理基础。《信息是物理的》是兰道尔一篇知名论文的标题，文章旨在提醒学界注意：信息不是不具实体的抽象，而总是与物理载体相联系，因而也必须遵循物理定律。唯恐有人忘记这一点，兰道尔将后续的

---

* 冯·诺伊曼提出的、每个逻辑操作的理论能耗公式是 $kT \ln 2$ 焦耳每比特，其中 T 是计算机电路的热力学温度，k 是玻尔兹曼常数。齐拉特先前已经证明了，麦克斯韦妖每得到一比特关于分子位置的信息，齐拉特热机就能输出 $kT \ln 2$ 焦耳的功，但熵增加必定会在每个循环的某个环节出现。

一篇论文（不料这成了他的绝笔之作）起名为《信息必然是物理的》。他强调，无论它是表现为石板上的一个刻记、打孔卡片上的一个孔洞，还是一个粒子的自旋，信息都不可能摆脱**某种**物理载体而独立存在。1961 年，兰道尔尝试证明冯·诺伊曼给出的信息处理能耗公式，却发现大多数逻辑操作其实不增加熵。当一比特信息从零翻转为一，或相反时，该信息是守恒的。这个过程是可逆的，这时熵没有改变，也没有热量需要耗散。兰道尔提出，只有不可逆的操作，才会导致熵增加。

兰道尔和本内特犹如一对对比鲜明的相声搭档：一个是做事循规蹈矩的 IBM 老派职员，另一个则是不修边幅的嬉皮士（按本内特自己的描述）。[16]针对兰道尔提出的原理，本内特分析了各式各样或真实或抽象的计算机，从图灵机、信使 RNA 到"弹道"计算机——早期军方所用的火控计算机，借助类似台球的东西来传递内部信号。他最终确认了，许多计算可以不耗费任何能量就能完成，而热量耗散也只有在**擦除**信息时才会发生。擦除是一种不可逆的逻辑操作。当图灵机的读写头清除纸带上的某一方格，或电子计算机清空一个电容器时，一比特信息就损失掉了，**然后**有热量必须耗散掉。在齐拉特的思想实验中，麦克斯韦妖在观察或选择一个分子时无需付出熵的代价；只有在消除记录，也就是在妖擦除上一次观察的结果，为下一次观察腾出空间时，熵增加才会发生。

遗忘需要功。

"你或许可以说，这是信息论对量子力学的复仇。"本内特说道。[17]有时，一个领域里大获成功的思想可能会阻碍另一个领域的发展。量子力学里的不确定性原理就是一个例子。它让人们意识到，测量过程本身也扮演着重要角色。"看"一个分子不再像说得那么简单；观察需要借助光子，而且要求光子比热背景更活跃。这时，问题就变得错综复杂了。在量子力学中，观察行为本身会产生影响，而无论观察的执行者是实验科学家或麦克斯韦妖。自然对我们的实验十分敏感。

"量子理论使人们误认为，计算的每一步不可避免地都要付出热力学代价。"本内特继续说道，"另一方面，香农理论的成功也导致人们忽视了信息处理中所有物理层面的东西，从而误认为它纯粹是个数学过程。"随着通信工程师和芯片设计师越来越接近原子层次，他们就越发担心量子效应会干扰到在经典物理学中原本可以明确区分的零和一的状态。不过，换个角度看，挑战与机遇并存——也正是在这里，量子信息科学诞生了。本内特及其他科学家意识到，量子效应或许可以为我所用。

本内特在 IBM 研究中心办公室的墙脚摆放着一个像是嫁妆箱的设备，密不透光，人们称它为"玛莎阿姨"（其实全称是"玛莎阿姨的棺材"）。它由本内特和研究助手约翰·斯莫林（John Smolin）在 1988 年至 1989 年间亲手打造，不过外面的铝壳是请金工车间做的。[18]为了制造全黑的实验环境，他们在铝壳内壁涂上黑色的油漆，又在里面挂上了黑色天鹅绒。他们采用发光二极管作为光源，并对光脉冲的偏振态进行调整，从而借此发出了第一条采用量子密码编码的讯息。这个实验首次演示了，信息处理任务仅通过量子系统也可以有效完成。在此后不久，量子纠错、量子隐形传态以及量子计算机等设想随之出现。

在这些设想中，量子信息通常是在爱丽丝（A）和鲍勃（B）之间传递的。这种说法原来常见于密码学，后来也被量子理论学者所借用。此外，偶尔还会有查理（C）参与进来。在各种理论场景中，三人经常会各自走入不同的房间，抛掷硬币，并互相传递密封的信封。他们还会选择量子态，执行泡利矩阵变换等。本内特的同事、新一代量子信息论学者芭芭拉·特哈就解释道："诸如'爱丽丝向鲍勃发送了一个量子比特，但忘记发送的是什么'或'鲍勃进行了测量，并把结果告诉了爱丽丝'等，这些都是我们常说的。"[19]特哈自己研究的方向之一就是爱丽丝和鲍勃的关系是否存在**一夫一妻**（monogamous）关系——自然，这也是个量子理论的术语。

在玛莎阿姨实验中，爱丽丝发送给鲍勃的讯息是经过加密的，这样恶意的第三方（窃听者伊芙）就无法解读。如果通信双方都知道私钥的话，鲍勃便可以解读讯息。但一开始爱丽丝如何将私钥传送给鲍勃呢？本内特与蒙特利尔大学的吉勒·布拉萨尔（Gilles Brassard）最早提出了一个设想，将每比特信息编码为单一的量子对象，比如一个光子。信息可以用该光子的量子态来表示，比如垂直偏振态或水平偏振态。不同于经典物理学中的对象会被拦截、监控、观察和传递，量子对象无法被如此，它们也无法被复制或克隆。观察动作不可避免地会对量子讯息造成破坏。因此，即便窃听者动作再小，她都会被发觉。借助本内特和布拉萨尔提出的一个精密复杂的协议，爱丽丝就能够生成一个随机比特序列作为私钥，保证伊芙无法在不破坏私钥的前提下加以破解，而鲍勃在确认私钥未被破坏后，就可以重建完全一样的序列。[20]

在玛莎阿姨的棺材里所做的首次实验成功地将量子比特通过三十厘米长的"量子信道"（普通空气）进行了传递。传递的内容不是"华生先生，快来，我要见你"，而是一个绝对无法破解的密钥——这在密码学史上可是头一回。后来的实验者开始尝试使用光纤作为信道。与此同时，本内特的研究方向则转向了量子隐形传态。

"隐形传态"（teleportation）的说法很容易产生误解，比如当时 IBM 市场部在一则宣传他的研究成果的广告里就使用了这样的广告语："请注意，我将给你传送（teleport）一些匈牙利红烩牛肉。"[21]这不免让本内特有点后悔自己的用词选择。但这个说法还是保留了下来，因为确实是有东西传送了，只是不是匈牙利红烩牛肉，而是量子比特。*

量子比特是最小的非平凡量子系统。与一个经典比特一样，它有两个可能取值：零和一，也就是两个能可靠地彼此区分的状态。在经典系统中，原则上**所有**状态都是可以彼此区分的。（如果你无法区分两种颜色，那只是因为你的测量设备不够完美。）但在量子系

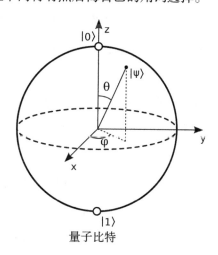

量子比特

---

* 该单词（qubit）尽管在 2007 年 12 月已被 *OED* 所收录，但它尚未被普遍接受。戴维·默明曾主张采用 Qbit 的拼写形式，他写道："不幸的是，qubit 这一违反常理的拼写形式目前占据着主流……尽管 qubit 遵循了英语（以及德语、意大利语等）要求 q 后面紧跟着 u 的规则，但它同时违反了另一条同样强有力的规则，即要求 qu 后面紧跟着一个元音。我猜，这一拼写形式之所以被普遍接受，可能是因为它与一个已被弃用的英制长度单位 cubit（肘尺）看上去很像，听上去也同音。但只要试想……一个人要用 Qutip［棉棒（Q-tips）］擦拭底片或掏耳朵，就可看出其中的冗赘之处。"[22]

统中，拜海森堡不确定性原理所赐，不完美的可区分性随处可见。只要你测量了一个量子对象的某一属性，你就没有办法测量与之互补的另一属性。比如你可以确定一个粒子的动量或位置，但不可能同时知道两者。其他相互互补的属性还包括自旋的不同方向以及（就在像玛莎阿姨的棺材的例子里）偏振态的不同方向。物理学家常用几何方式来考虑这些量子态——系统的各种量子态对应于一个多维空间中的各个方向，它们相互的可区分性取决于这些方向是否彼此垂直（或者说"正交"）。

正是这种不完美的可区分性赋予了量子物理学一个梦幻般的特性：无法在不干扰的前提下观察量子系统，也无法克隆量子对象或将它们广播给众多收听者。自然，量子比特也拥有这个梦幻般的特性。它不仅仅是非此即彼的零和一。其零和一是由能可靠区分的量子态来表示，比如垂直偏振态或水平偏振态；但此外还存在处于两者之间的量子态连续统，比如对角偏振态，它们会以不同概率趋向零或一。因此，物理学家称量子比特是一种**态叠加**，是不同概率幅的线性组合。它是确定性的，但内部又弥漫着不确定性的密云。不过，量子比特并不是一团糟：态叠加不是一锅大杂烩，而是概率元素的组合，遵循着一套清晰优雅的数学原理。

"一个非随机的整体可以包含随机的部分，"本内特说道，"这是量子力学中最有违直觉的部分。但这正是态叠加原理的结论，也是就我们目前所知，自然的运行方式。人们一开始或许并不喜欢，但过一段时间后就会习惯，到时其他可能选择反而显得糟糕多了。"

隐形传态以及与之相关的部分量子信息科学的关键在于所谓量子纠缠现象。量子纠缠遵循态叠加原理，并且其适用对象是一对空间上相隔遥远的量子比特。这对相纠缠的量子比特作为整体具有确定的量子态，而单独一个的量子态则是不确定的。最早提出量子纠缠概念的是爱因斯坦，为其命名的则是薛定谔。1935年，在与鲍里斯·波多尔斯基、纳森·罗森合作撰写的著名论文《量子力学对于物理实在的描述能被认为是完全的吗？》中，爱因斯坦通过一个思想实验试图揭示他认为的当时量子力学中存在的瑕疵，在其中他首次提出了这个概念。[23]这篇论文引起了广泛关注，沃尔夫冈·泡利在给维尔纳·海森堡的信中就写道："爱因斯坦再度对量子力学公开表态……众所周知，每当这种事发生时，这可能意味着一场灾难。"[24]爱因斯坦的思想实验设想了一对粒子，比如由同一原子发射的两个光子，会以某种特别的方式相互关联。两者的偏振态虽是随机的，却相互一致——只要它们保持相互纠缠。

爱因斯坦、波多尔斯基和罗森想知道，当这对光子相隔遥远，并对其中一个光子进行测量时会发生什么。当两个粒子相互纠缠时，即便相隔数个光年，测量其中一个粒子似乎也会对另一个产生影响。在爱丽丝测量得知她的光子处于垂直偏振态的那一瞬间，鲍勃的光子也会在对应的轴上变为确定的偏振态，而其对角偏振态则变为不确定。这样的话，测量效应的传播速度显然要高于光速，而这似乎导致了悖论。爱因斯坦对此深恶痛绝，他后来写道："空间 B 的实际状态不应该取决于在空间 A 进行了何种测量。"[25]在原论文的末尾，他也坚决地写道："这种现象不可能在任何合理定义的现实中发生。"他还给这种现象取了一个难以磨灭的名字——"鬼魅似的超距作用"。

2003 年，以色列物理学家阿舍·佩雷斯为 EPR 佯谬（以爱因斯坦、波多尔斯基和罗森的姓氏首字母缩写命名）提出了一种解答。他认为，论文严格说来并没有错，只是它问世太早了：EPR 论文发表时，香农还未发表他的信息论，"并且又过了很多年，后者才被加入物理学家的工具箱中"。[26]信息是物理的。光讨论量子态，却不考虑关于量子态的**信息**没有什么意义。

> 信息并不只是一个抽象概念。它需要有物理载体，而物理载体（基本上）是定域的。毕竟，贝尔电话公司的业务就是将信息从一门电话传递至位于其他位置的另一门电话。

> ……在爱丽丝测量其粒子的自旋时，她所得到的信息局限在她所处的位置，并保持如此，直至她决定将结果广播出去。这时在鲍勃那里绝对没有发生任何事情……当且仅当爱丽丝（通过邮件、电话、无线电或其他物质载体，自然它们都受限于光速）通知了鲍勃她所得到的结果时，鲍勃才会意识到其粒子有了一个确定的纯态……对于鲍勃来说，其粒子

的状态突然发生改变，不是因为有什么东西作用于该粒子，而是因为鲍勃收到了关于一个遥远事件的信息。量子态不是物理实体，它们只存在于我们的想象中。

此外，克里斯托弗·富克斯也认为，谈论量子态本身没有什么意义，量子态是观察者的构造之物——由此不免生出了诸多麻烦。在他看来，现在是状态唱罢，信息登场。"术语本身就说明了一切：一个这一领域的从业者，面对一个量子态，无论她是否考虑到其量子基础，她既有可能说'量子态'，也同样有可能使用'量子信息'的说法。'量子隐形传态协议是用来做什么的？'这个问题目前的标准答案是：'协议将量子信息从爱丽丝那传至鲍勃那。'可以说，我们现在经历的是一场思维模式的转换。"[27]

然而，鬼魅似的超距作用问题并未彻底解决。**非定域性**在众多由 EPR 思想实验衍生的精致实验里得到了证明。实验证明，量子纠缠不仅真实存在，而且普遍存在。每个氢分子（H_2）中的一对原子都是量子纠缠的（薛定谔最早用的是德语 verschränkt 一词）。1993 年，本内特首次提出了一个借助量子纠缠实现量子隐形传态的协议。[28]利用一对相纠缠的粒子，量子隐形传态可以将第三个粒子的量子信息传递任意远的距离。首先，生成一对相纠缠的粒子，并将其分别交给爱丽丝和鲍勃。爱丽丝虽然无法直接测量这第三个粒子，但她能测量出它与自己的粒子的某些关系。测量后，这两个量子比特便会被破坏。然后她将得到的经典比特信息通过经典信道传递给鲍勃，这个过程必定不会超过光速。而借助量子纠缠效应和收到的经典比特信息，鲍勃就可以还原出第三个粒子的量子信息。本内特及其同事写道："量子隐形传态的净结果相当平淡：[量子对象]在爱丽丝手中消失，过了相应一段时间后，重新出现在鲍勃手中。这里唯一值得称道的是，在这个过程中，信息被清晰地分成了经典的和非经典的两部分。"

此后，研究者很快就想象出了许多可能的应用，比如将易失的信息传入安全的存储或内存中去。无论它是否能传送匈牙利红烩牛肉，量子隐形传态无疑都激动人心，因为它为可望而不可即的量子计算之梦开启了全新的可能性。

量子计算机的设想很奇特。1981 年，在麻省理工学院的一次讲演中，理查德·费曼首次探讨了利用量子系统来计算量子难题的可能性。他的讨论便是从量子力学的奇特之处开始。(同时，他也不忘离题开个小玩笑——"以下内容是机密！机密！快把门关上！")

> 我们在试图理解量子力学所代表的世界观时，总是会遇到很大的困难。至少我是如此，因为虽然我年事已大 [当时他六十二岁]，但我还是没达到透彻理解它的地步。好吧，我承认我对它仍旧隐隐感到不安……我尚不能确信它当中不存在实质性问题。我也无法指出具体是什么问题，因而我猜它大概没有问题，但我不能确认它真的没有问题。[29]

不过，费曼十分清楚计算（用计算机来模拟量子物理）当中的问题所在。问题在于概率。每一个量子变量都涉及概率，这使得计算的难度呈指数增加。"如果信息比特的数目与空间中点的数目相当，那么你不得不用大致 N^N 个组态来描述概率，而这对一部 N 阶计算机来说是超出了其处理能力……因此，在这种条件下，我们不可能通过计算概率来完成模拟。"

于是费曼提议，以毒攻毒："另一种途径或许是，用一台自身也是基于概率的计算机 C 来模拟基于概率的自然（我暂且称之为 $\mathcal{N}$ ）……它是在这种意义上进行了模拟，即 C 从某种状态 (或可称为初始状态) 变为某种最终状态的概率与 $\mathcal{N}$ 从相应初始状态变为相应最终状态的概率**相同**。"费曼认为，量子计算机不是图灵机，而会是全新的东西。

本内特对此评论道："费曼洞察到了一点，即这个量子系统从某种意义上说，是在不断地计算着自己的未来。你或许可以说，量子计算机是一种有其自身动力学的模拟计算机。"[30]研究者很快意识到，如果量子计算机对于解决模拟物理学的难题有奇效，那么它或许也能用来解决其他类型的老大难问题。

量子计算机的威力来自于那神秘而不可触碰的量子比特。概率是它们的内在属性。而态叠加使得它们比经典比特更为强大，后者的状态只能是非此即彼，非零即一。用固体物理学家戴维·默明的话来说，经典比特是个"可怜巴巴的二维向量"。[31]又如罗尔夫·兰道尔所说:"我们人类在刚学会用黏乎乎的手指数数时,就被误导了。我们长久以来一直以为,一个整数只能有特定的唯一值。"其实在真实世界里并非如此——真实世界是个量子世界。

在量子计算中,量子比特是相互纠缠的。多个量子比特一齐工作时,威力不是成倍增加,而是呈指数增加。而在经典计算中,一个比特就是非此即彼,所以 n 个比特可以编码 2^n 个值中的任意一个。量子比特则不仅可以编码所有这些布尔值,还可以编码所有可能的态叠加。这赋予了量子计算机超强的并行计算潜力,令经典计算机完全无法与之匹敌。因此,在理论上,量子计算机可以解决某些过去认为不具备计算可行性的问题。

一个例子是求一个大数的因子分解。这也是破解目前使用最广泛的加密算法的关键,特别是 RSA 加密算法。[32]全球 Internet 电子商务的安全都仰赖于此。在实际应用中,大数是用以加密讯息的公钥。而窃听者只要找出该大数的素因子(这也是个大数),就能破解讯息。不过,将两个大素数相乘很容易,其逆运算却极其困难。这个过程就像是一条信息的单行道。因此,对 RSA 数分解因子是经典计算的一大难题。2009 年 12 月,一个由来自瑞士洛桑、荷兰阿姆斯特丹、日本东京、法国巴黎、德国波恩以及美国华盛顿州雷德蒙德的科学家组成的团队,动用几百台机器花费了近两年时间才算出:

12301866845301177551304949583849627207728535695953347921973224
52151726400507263657518745202199786469389956474942774063845925
19255732630345373154826850791702612214291346167042921431160222
124047927473779408066535141959745985690214341339
=33478071698956898786044169848212690817704794983713768568 91243
13889828837938780022876147116525317430877378144679994 89
×367460436667995904282446337996279526322791581643430876426 7603
22838157396665112792333734171433968102700927987363089 17.

据科学家估算,这次计算涉及约 10^{20} 次操作。[33]

这个 RSA 数还算小的。不过，要是这答案能更早一点算出来，他们本可以赢得 RSA 实验室悬赏的五万美元奖金。如果只是涉及经典计算，这种程度的加密被认为相当安全。而对于更大的数，因子分解所需的时间会呈指数增加，甚至所需的计算时间会超过宇宙的寿命。

量子计算则完全是另一回事。量子计算机能同时占据很多状态这一能力，立刻为我们打开了全新的视野。1994 年，在尚还无人知道如何实际构造量子计算机时，贝尔实验室的一名数学家就已经想出了为量子计算机编程来分解因子的方法。他就是彼得·肖尔（Peter Shor），一个解题神童，很小的时候便在数学奥林匹克竞赛和其他数学竞赛中崭露头角。其聪明的算法为这个领域开辟了道路，因而通常被人们称为肖尔算法，虽然他自己只是简单称之为因子分解算法。两年后，贝尔实验室的另一位研究员洛夫·格罗弗（Lov Grover）设计出了一种搜索大型的未排序数据库的量子算法。这种搜索问题在一个信息无穷无尽的世界里是道经典难题，就好比大海捞针。

2009 年，在一次会议讨论中，希伯来大学的多里特·阿哈龙诺夫指出："量子计算机，从根本上说，是一场革命。这场革命爆发的标志就是肖尔算法。但革命之所以出现的**原因**，除去量子计算机预示的令人振奋的实用前景外，还在于它们重新定义了什么样的问题是**容易的**，什么样的问题是**困难的**。"[34]

但赋予量子计算机威力的特质，也让它们变得极其难以操控。如果想从一个量子系统中获取信息，我们就需要观察该系统，但观察也就意味着会干扰到该系统的量子魔力。在众多量子比特并行处理其呈指数增长的操作时，我们是不能看的；而一旦试图去测量其错综复杂的概率，它们就会退化成经典比特。量子信息是脆弱的。欲知计算结果如何，只有等到量子操作结束。

量子信息如幻似梦——它们稍纵即逝，永远不会像白纸黑字那样稳定地存在。正如本内特所说："许多人可以阅读同一本书，并得到相同的讯息。但在试图告诉别人你做的梦时，你对梦的记忆就变了。到最后，你会忘记那个梦，而只记得你对梦的描述。"[35] 反过来，量子擦除是一种真正的撤销："可以说，甚至上帝也会忘掉先前之事。"

　　至于香农本人，他没能见证自己栽下的种子开出的这朵奇葩。"要是香农现在还在，我敢说他一定会对引入了量子纠缠的信道容量感到十分激动。"本内特说道，"将香农公式扩展后得到的形式，能以相当优雅的方式同时涵盖经典信道和量子信道。事实证明，经典信息论的量子扩展已经得出了一个更清晰、更强大的计算和通信理论。"[36]香农于 2001 年去世，他的晚年饱受阿兹海默症的困扰，对于数字革命晚近的成就已经浑然不知。他的一生几乎贯穿了整个 20 世纪，而他也帮助定义了这个世纪的面貌。他是信息时代的开创者之一，赛博空间便部分源自他的创造，尽管他后来已经无从得知。1987 年，他在接受最后一次采访时提到，自己正在思考关于镜子房的想法："我试图找出所有可能的合理的镜子房设置，这样如果你从一个房间中央朝各个方向看，你会发现空间被分隔成了许许多多的房间，而你出现在每个房间里，以至于无穷，同时又不会出现任何矛盾。也就是说，你四下张望时，不会发现什么不妥之处。"[37]他还打算在麻省理工学院附近的自己家中建造它们，但终究没有实行。

　　为量子信息科学未来发展指明方向的是约翰·惠勒。他列出了一份适中的待办事项列表，留给下一代物理学家和计算机科学家完成。[38]

　　比如，"将弦论和爱因斯坦几何动力学的量子版本从连续统的语言翻译成比特的语言"。

　　"充分发挥想象力，逐一梳理数学（包括数理逻辑）所提供的每一样可用来从整体而非细节层次处理定理的强大工具，并将每一样这种技术引入比特的世界。"

　　以及，"从计算机程序的顺次演进中发掘、整理和展示每一个能揭示物理学层层递进结构的特征"。

　　此外，"最后：遗憾，作为意义的确立的基本单位，'比特'一词缺乏明确清晰的定义？不，相反我们应当庆幸……如果有一天我们知道了如何通过组合海量数目的比特而得到我们所谓的存在，那时我们就会更好地理解我们所谓的比特以及所谓的存在到底是什么"。

　　但有一个挑战依旧悬而未决，而且不仅针对的是科学家，那就是意义的确立。

注释

[1] Seth Lloyd, *Programming the Universe* (New York: Knopf, 2006), 44.

[2] Christopher A. Fuchs, "Quantum Mechanics as Quantum Information (and Only a Little More)," *arXiv:quant-ph/0205039v1*, 8 May 2002, 1.

[3] Ibid., 4.

[4] John Archibald Wheeler with Kenneth Ford, *Geons, Black Holes, and Quantum Foam: A Life in Physics* (New York: Norton, 1998), 298.

[5] "It from Bit" in John Archibald Wheeler, *At Home in the Universe*, *Masters of Modern Physics*, vol. 9 (New York: American Institute of Physics, 1994), 296.

[6] Stephen Hawking, "Black Hole Explosions?" *Nature* 248 (1 March 1974), DOI: 10.1038/248030a0, 30–31.

[7] Stephen Hawking, "The Breakdown of Predictability in Gravitational Collapse," *Physical Review D* 14 (1976): 2460–2473; Gordon Belot et al., "The Hawking Information Loss Paradox: The Anatomy of a Controversy," *British Journal for the Philosophy of Science* 50 (1999): 189–229.

[8] John Preskill, "Black Holes and Information: A Crisis in Quantum Physics," Caltech Theory Seminar, 21 October 1994, http://www.theory.caltech.edu/~preskill/talks/blackholes.pdf (accessed 20 March 2010).

[9] John Preskill, "Black Holes and the Information Paradox," *Scientific American* (April 1997): 54.

[10] Quoted in Tom Siegfried, *The Bit and the Pendulum: From Quantum Computing to M Theory—The New Physics of Information* (New York: Wiley and Sons, 2000), 203.

[11] Stephen Hawking, "Information Loss in Black Holes," *Physical Review D* 72 (2005): 4.

[12] Charles H. Bennett, "Notes on the History of Reversible Computation," *IBM Journal of Research and Development* 44 (2000): 270.

[13] Charles H. Bennett, "The Thermodynamics of Computation—a Review," *International Journal of Theoretical Physics* 21, no. 12 (1982): 906.

[14] Ibid.

[15] Rolf Landauer, "Information Is Physical," *Physics Today* 23 (May 1991); "Information Is Inevitably Physical," in Anthony H. G. Hey, ed., *Feynman and Computation* (Boulder, Colo.: Westview Press, 2002), 77.

[16] Charles Bennett, quoted by George Johnson in "Rolf Landauer, Pioneer in Computer Theory, Dies at 72," *The New York Times*, 30 April 1999.

[17] Interview, Charles Bennett, 27 October 2009.

[18] J. A. Smolin, "The Early Days of Experimental Quantum Cryptography," *IBM Journal of Research and Development* 48 (2004): 47–52.

[19] Barbara M. Terhal, "Is Entanglement Monogamous?" *IBM Journal of Research and Development*

48, no. 1 (2004): 71–78.

[20] 对此的细致解释可参见：Simon Singh, *The Code Book: The Secret History of Codes and Codebreaking* (London: Fourth Estate, 1999)。书中花了十面文字（始于第 339 页）加以解释。

[21] IBM advertisement, *Scientific American* (February 1996), 0–1; Anthony H. G. Hey, ed., *Feynman and Computation*, xiii; Tom Siegfried, *The Bit and the Pendulum*, 13.

[22] N. David Mermin, *Quantum Computer Science: An Introduction* Cambridge: Cambridge University Press, 2007), 4.

[23] Albert Einstein, Boris Podolsky and Nathan Rosen, "Can Quantum-Mechanical Description of Physical Reality Be Considered Complete?" *Physical Review* 47 (1935): 777–780.

[24] Wolfgang Pauli to Werner Heisenberg, 15 June 1935, quoted in Louisa Gilder, *The Age of Entanglement: When Quantum Physics Was Reborn* (New York: Knopf, 2008), 162.

[25] Albert Einstein to Max Born, March 1948, in *The Bohr-Einstein Letters*, trans. Irene Born (New York: Walker, 1971), 164.

[26] Asher Peres, "Einstein, Podolsky, Rosen, and Shannon," *arXiv:quant-ph/0310010 v1*, 2003.

[27] Christopher A. Fuchs, "QBism, the Perimeter of Quantum Bayesianism," *arXiv: quant-ph/1003.5209 v1*, 26 March 2010: 3.

[28] Charles H. Bennett et al., "Teleporting an Unknown Quantum State Via Dual Classical and Einstein-Podolsky-Rosen Channels," *Physical Review Letters* 70 (1993): 1895.

[29] Richard Feynman, "Simulating Physics with Computers," in Anthony H. G. Hey, ed., *Feynman and Computation*, 136.

[30] Interview, Charles H. Bennett, 27 October 2009.

[31] N. David Mermin, *Quantum Computer Science*, 17.

[32] RSA 一名取自其三位发明者的姓氏首字母：罗纳德·里维斯特（Ronald Rivest）、阿迪·沙米尔（Adi Shamir）以及伦纳德·阿德尔曼（Leonard Adleman）。

[33] T. Kleinjung, K. Aoki, J. Franke, et al., "Factorization of a 768-bit RSA modulus," Eprint archive no. 2010/006, 2010.

[34] Dorit Aharonov, panel discussion "Harnessing Quantum Physics,"18 October 2009, Perimeter Institute, Waterloo, Ontario; and e-mail message 10 February 2010.

[35]Charles H. Bennett, "Publicity, Privacy, and Permanence of Information," in *Quantum Computing: Back Action*, AIP Conference Proceeding 864 (2006) ed. Debabrata Goswami (Melville, N.Y.: American Institute of Physics), 175–179.

[36] Charles H. Bennett, interview, 27 October 2009.

[37] Shannon interview with Anthony Liversidge, *Omni* (August 1987), in Claude Elwood Shannon, *Collected Papers*, ed. N. J. A. Sloane and Aaron D. Wyner (New York: IEEE Press, 1993), xxxii.

[38] John Archibald Wheeler, "Information, Physics, Quantum: The Search for Links," *Proceedings of the Third International Symposium on the Foundations of Quantum Mechanics* (1989), 14.

第 14 章
洪流过后
（一本宏大的巴别相册）

试想每本书里隐藏着另一本书，书页上的每个字母里也隐藏着另一本书，只是这些书并不占书桌上的空间。试想知识能被浓缩成精华，从而可被纳入一个图案、一个符号、一个不占空间的地方里。又试想人的头颅成了一个内部开阔的空间，里面有着众多嗡嗡作响的房间，仿佛蜂巢一般。

——希拉里·曼特尔（2009）[1]

"我的宇宙（有人称之为图书馆）……"[2]

这是豪尔赫·路易斯·博尔赫斯 1941 年出版的短篇小说《巴别图书馆》的开场白。小说描写了一座神秘的图书馆，其中收藏了所有语言的所有书，包括验证和预言了每个人行为的书，福音书、福音书的注解以及福音书的注解的注解，详细到分钟的未来历史，所有书的所有改写版本，以及图书馆的正确书目和不计其数的错误书目，等等。这座图书馆（有人称之为宇宙）珍藏了所有信息。但你在其中却找不到知识，这恰是因为所有知识都在里面，与所有谬误混淆难分。无数的书架摆放在同样无数一模一样的六边形平台上，在那当中你能找到所有可能的一切，却也找不到想找的一切。这无疑是信息过载最完美的例子。

我们人类也建造了众多信息仓库。而信息的持久性、遗忘的困难性（这是我们这个时代的显著特点）则给信息仓库平添了许多混乱。随着维基百科（一个内容自由、任何人都可通过相互协作进行撰写的在线百科全书）在规模和全面性上都开始超越世界上所有的纸质百科全书，其编辑开始意识到，它当中有太多名词拥有多重含义。于是他们制定了一种消歧义策略，使用了超过十万个消歧义页。比如，一个用户在维基百科如迷宫般的词海中搜寻"Babel"时，他会找到一个"Babel（消歧义页）"，上面进一步给出了如下链接：古巴比伦的希伯来文名字、巴别塔（消歧义页）、一份伊拉克报纸、一本帕蒂·史密斯写的书、一名苏联记者、一份澳大利亚语言教师协会的期刊、一部电影、一家唱片公司、一座澳大利亚境内的岛屿、两座加拿大境内的山脉，以及"《星际迷航》虚构宇宙里的一个中立星球"，等等。并且消歧义的路径可能会层层分岔，比如上述"巴别塔（消歧义页）"上的链接，除了指向《旧约》上的故事，还指向了众多歌曲、游戏、图书以及一幅老勃鲁盖尔的油画、一幅埃舍尔的版画和一张"塔罗牌"。我们建造的"巴别塔"可真不少。

早在维基百科出现之前很久，博尔赫斯也曾写过一篇关于一部百科全书的短篇小说，其中混杂了虚构和事实，又在某种程度上映照了现实世界。这部百科全书描述了一个光怪陆离的虚构世界，特伦（Tlön）。博尔赫斯写道："据猜测，这个美丽新世界是由一个秘密团体发明创造的，其成员囊括了天文学家、生物学家、工程师、形而上学家、诗人、化学家、代数学家、伦理学家、画家、几何学家等……整个计划是如此宏大，每位撰写者的贡献几乎可以忽略不计。在一开始，人们相信特伦仅是一团混沌，不过是天马行空的恣意想象，但现在人们才明白它是个有序的宇宙。"[3]不难想象，后来信息时代的作家会把这位阿根廷文学大师奉为先知（威廉·吉布森就借用小说里的说法，将他称为"我们的异端领导人叔叔"[4]）。

又在博尔赫斯诞生之前很久，查尔斯·巴贝奇也已经想象出了另一座巴别图书馆。这就是空气，它杂乱却永恒地记录下了人类说过的每一句话。

> 我们呼吸的空气是怎样一番奇妙的混沌啊！……空气本身就是一座宏伟的图书馆，其中的书页上写满了世间男女女的高声低语。在那里，变化多端但准确无误的字符记录下了从古至今逝者的叹息、未实现的誓

言以及未履行的承诺。这些声音通过每个粒子的统一运动变得不朽，成为人类意志之善变的见证。[5]

热切关注巴贝奇作品的埃德加·爱伦·坡，也意识到了这其中的重要性。"正如没有思想会湮灭，也没有行为会不具有无限的后果。"1845 年，他借两位天使的对话写道，"难道你从来不曾考虑过**言语的物理力量**吗？每一个话语不就是空气中的一个脉冲吗？"[6]并且每个脉冲还会无限地向外波动扩散，直到必然"**最终影响到宇宙中**的每一个存在之物"。爱伦·坡当时也在读牛顿的捍卫者皮埃尔-西蒙·拉普拉斯的著作。因此，他又写道，"一个拥有无限理解力的存在，利用自身**完美的**代数分析能力"，就可以回溯整个波动扩散过程，直至其波源。

巴贝奇和爱伦·坡是以信息论的视角来看待新物理学。早先的拉普拉斯则是发展了牛顿的机械决定论，并比牛顿走得更远，相信宇宙运行如钟表般精确，其中没有什么是出于偶然。由于物理定律同时适用于最大的天体和最小的粒子，而且它们完全可靠，所以在拉普拉斯看来，宇宙每一时刻的状态必然是不可避免地源自于过去，也必定会同样毫不动摇地生发出未来。量子不确定性、混沌理论或可计算性的局限，这些在当时还不为人知。为了进一步说明这种完美的决定论，拉普拉斯提出，试想一种拥有完美知识的存在——"智能生命"：

> 它将运用同一个公式来描述最宏大的天体以及最微小的原子的运动。对它而言，没有什么是不确定的。未来，与过去一样，在它眼里都是现在。[7]

拉普拉斯的其他文字大概都不如这个思想实验出名，因为它不仅抹杀了神的意志的作用，也没有给人的意志留下余地。在当时的科学家看来，这种极端的牛顿决定论似乎预示了某种乐观主义的前景。而在巴贝奇看来，突然之间，自然变身为一部巨大的计算机器，与自己的决定论机器相似，只是宏大了许多："一旦将我们的视线从这少量并立的齿轮之上移开，我们不可能不意识到，同样的逻辑也适用于恢弘的、复杂得多的自然现象。"[8]除了空气，大地、海洋等的每个原子，一旦受到扰动，也必然会将自身的运动传递给周围的其他原子，没有脉冲会完全消失。每叶扁舟都会在海洋的某处留下它的痕迹。巴贝奇的火车行车记录设备则是在纸带上记录下了火车的行车状态。这时，他是把信息视为一系列物理印记，这样原本转瞬即逝的信息就可以被保存下来（事实上这种做法古已有之）。虽然留声技术，即将把声音印刻在锡箔或蜡筒上的技术，在当时还没有被发明出来，但巴贝奇已经是将空气视为一部处理带有意义的运动的机器："其中的每个原子受到了或好或坏的影响，它既保持了哲人智者当初赋予它的扰动，又以成千上万种方式掺杂混合了其他庸人劣者的痕迹。"每一句说出的话，无论它是被上百人听见还是没有一人听见，都不会在空气中完全湮灭，而是会在其中留下抹不掉的印记。这样，人类话语的完整记录通过原子运动规律被加密，并在理论上可以被还原——当然，前提是要具有足够的计算能力。

这种观点在当时终究太过乐观。不过，就在巴贝奇出版该书的同一年，巴黎的艺术家兼化学家路易·达盖尔（Louis Daguerre）公开演示了经过自己完善的、利用银版捕获视觉图像的方法。他的英国竞争对手威廉·福克斯·塔尔博特（William Fox Talbot）则将这称为"光致绘画艺术，或换言之，借助太阳光形成自然物体的图案和图像的艺术"。[9]塔尔博特在其中看到了某种类似模因的特性。他写道："在使用这项发明时，制作出图案的不是艺术家，而是图案**本身**。艺术家所要做的只是把设备放在需要捕捉图像的物体前……相应一段时间后，他回来发现图案已经完成了。"这样一来，转瞬即逝的图像便可以被凝固，印刻在物质上，成为永恒。

艺术家通过绘画或素描可以重建出双眼所见，但这需要用到特殊的技能和训练以及长期的工作。而与之相反，用达盖尔银版法制作的照片在某种意义上可以说就是事物本身——信息瞬间被存储了下来。这似乎难以想象，但事实就是如此。其中暗含的种种骇人的可能性更不禁令人眩晕。存储一旦开了头，什么时候才会停下来？一名美国随笔作家便立刻将摄影术与巴贝奇存储声音的空气图书馆联系了起来：巴贝奇说，每句话都被记录在了空气的某处，那么可能每幅图像也会在空气的某处留下永恒的印记。

事实上存在一本宏大的巴别相册。但如果太阳的重要工作之一是作为登记官，给出关于我们的样貌、我们的行动的图像；又如果按照巴克莱主教的理论（与我们所知的相反，物质并不是客观存在，而有赖于主观的感知），外部世界其实住满的是我们的图像，并由它们与我们、它们相互之间的互动所操控，而整个宇宙的本质不过是由各种音像结构所构成，这又会是怎样一番景象呢？[10]

这么一来，宇宙（有人称之为图书馆或相册）又变得像一台计算机了。阿兰·图灵或许是注意到这一点的第一人：像宇宙一样，计算机也最好被视为状态的组合，机器在一个瞬间的状态决定了下一瞬间的状态，因此，根据其初始状态和输入信号，机器的全部未来状态应当是可预测的。

换言之，宇宙在不断地计算自己的命运。

图灵还注意到，拉普拉斯完美的决定论之梦有可能在一部机器上实现，但想要在整个宇宙上实现则不可能。不可能的原因在于一种将被下一代混沌理论学家发现，并被称为"蝴蝶效应"的现象。图灵在 1950 年这样描述了该现象：

> 在"整个宇宙"这样的系统中，初始条件中的微小误差会在后来产生可观的效应。一个电子在某一时刻的十亿分之一厘米的位置偏差，可能会影响到一年后某人在一场雪崩中的生死存亡。[11]

如果宇宙真是一台计算机，那我们可能仍处于努力试图访问其内存的阶段。如果宇宙真是一座图书馆，那它也是一座没有书架的图书馆。而如果世界上的所有声音都弥散到了空气中，那没有一个话语会依附在特定一束原子上。话语随处都在，又无处不在。或许正是因为如此，巴贝奇才会称这个信息仓库为"混沌"。再一次地，他超越了自己的时代。

古人在遴选世界七大奇迹时，选入了亚历山大灯塔，一座高达一百二十多米的石制航海地标，却忽视了旁边的图书馆。这座图书馆曾庋藏了数十万份纸草卷，在数个世纪里，一直是当时世界上最大的知识库。图书馆创建于公元前三世纪，统治埃及的托勒密王朝通过购买、抄写甚至偷窃各种书籍、手稿，以期收罗尽已知世界的一切书面资料。凭借这座图书馆，亚历山大港超越雅典，成为了当时世界的一个思想中心。在那里，曾堆藏着索福克勒斯、埃斯库罗斯和欧里庇得斯的剧本，欧几里得、阿基米德和埃拉托斯特尼（Eratosthenes）的数学著作，以及众多诗集、医学文献、星图和神秘主义文本——依靠着这些丰富的材料，"在亚历山大港一度出现了知识和发现的大迸发，" H. G. 威尔斯在讲述这段历史时说道，"类似的景象直到 16 世纪才会再次出现……这座博物馆和图书馆的建立……标志着现代历史的真正发端。"[12]灯塔固然雄伟，但图书馆才是真正的奇迹。再后来，它被焚毁了。

火灾的确切发生时间和经过，现在已经无从得知。很可能图书馆遭遇了不止一次火灾。征服者出于报复目的常常会焚毁书籍，仿佛敌人的灵魂就寄居其中。艾萨克·迪斯雷利在 19 世纪曾写道："罗马人焚烧犹太人、基督徒和哲学家的书，犹太人焚烧基督徒和异教徒的书，基督徒则焚烧异教徒和犹太人的书。"[13]中国的秦朝也干过焚书的事，目的是消除之前的历史。这种消除方法很有效，毕竟书面文字是脆弱的。现存的索福克勒斯剧本还不到他全部创作的十分之一，而流传至今的亚里士多德作品大都是二手乃至三手的材料。对于想要探究过去的历史学家来说，亚历山大图书馆的焚毁就像事件视界，在此之前的信息已经无从得知。图书馆的书目也没有幸存下只言片语。

"那所有遗失的雅典剧作啊！"在汤姆·斯托帕德的话剧《世外桃源》中，托马西娜（一位很像爱达·拜伦的年轻数学家）对着她的导师塞普蒂默斯哀叹图书馆的焚毁，"还有成千上万的诗歌——亚里士多德的私人藏书……想想都悲痛，我们怎能睡得着？"[14]

"通过清点我们所幸还拥有的。七部埃斯库罗斯的剧作，七部索福克勒斯的，以及十九部欧里庇得斯的。"塞普蒂默斯回答道。

至于其他的，你不该比诸如遗失了你第一双鞋上的鞋扣，或长大后丢失了你上学时的课本之类更悲痛。如同将所有东西都抱在怀里的旅行者，我们有捡起，必然也有丢落，而我们丢落的自有后来者捡起。前路漫漫，人生苦短。我们在旅途中难免一死，但除去旅途本身，我们没有什么好失去的。索福克勒斯散佚的剧作将会一片一片地重新面世，或被用另一种语言写出来。

无论如何，根据博尔赫斯的说法，所有散佚的剧作都能在巴别图书馆中找到。

2008 年 7 月，为了纪念这座消失的图书馆，维基百科一年一度的国际会议放在了亚历山大港。来自 45 个国家的 650 名与会者济济一堂，他们都是自费前来。他们原本只是以各种稀奇古怪的网名，比如 Shipmaster（船长）、Brassratgirl（黄铜鼠女）、Notafish（不是鱼）或 Jimbo，在网上进行交流。现在，他们身穿写满热情话语的 T 恤，将笔记本电脑凑在一起，得以面对面地相互交流心得。截至当时，维基百科已经上线八年，注册用户超过 700 万，拥有超过 250 万条英语条目，超过了世界上所有纸质百科全书的规模总和。而如果算上全部的 264 种语言，条目数量更达到了 1100 万条。这些语言包括非洲的沃洛夫语和阿坎语，以及荷兰低地萨克森语等，但不包括印第安人的巧克陶语（其条目数量仅达到十五条，后被社区投票终止）以及《星际迷航》里的克林贡语（因为它即便不完全是种虚构语言，也是种"人造"语言）。维基百科以继承亚历山大图书馆的事业为己任，试图收集所有已知的知识。但它并不是收集或保存现有的文本，而是尝试总结公认的知识（这不同于个人观点或原创研究）。

就像博尔赫斯想象的图书馆，维基百科也开始给人以浩瀚无边的感觉。数十种非英语维基百科都有 Pokémon（精灵宝可梦，一款涉及集换式卡片游戏、漫画、动漫、电影等的作品）这一条目。英语维基百科一开始对此只有一个条目，但随后滋生出了众多相关条目。它甚至还需要建立一个消歧义页，因为有人可能想找的是 Zbtb7 致癌基因，其原名就叫 Pokemon[代表 "POK erythroid myeloid ontogenic factor"（POK 红系髓性致癌因子）]，后来在任天堂的商标律师威胁要提出起诉后才改为现在的名字。英语维基百科中有五条关于流行文化中的 Pokémon 的主要条目，它们又衍生出了一堆次要和分支条目，分别涉及其中的地区、装备、游戏攻略，还有当时全部的近五百种怪物以及登场的主角、敌人、伙伴和其他角色，等等。所有条目都经过了仔细的研究和编辑，在准确性方面精益求精，以确保能忠实可靠地反映这个并不真实存在的世界的情况。而对于现实世界，维基百科正致力于丰富关于美国每一条编号的高速公路的条目，详细介绍其路线、交叉口和历史等。（"纽约州 273 号高速公路（编号于 1980 年撤销）始于怀特霍尔村以东与 4 号国道的交叉口，随即经过天使之后墓园，后沿怀特霍尔村外的红石山山脚顺着东南方向延伸。在红石山附近，高速公路与一条当地公路交会，后者与 4 号国道连通。"）此外，每一种已知的酶和人类基因在维基百科也有页面。如此广泛的收录范围是《不列颠百科全书》所不敢企及的。毕竟身为纸质载体，它何以做到？

在 Internet 早期的众多伟大项目中，只有维基百科是非商业性质的，并且不赚钱只花钱。它由一个专门成立的非营利基金会支持运转。当它的日访问量达到五千万人次时，基金会还只有十八名雇员，其中一人在德国、一人在荷兰、一人在澳大利亚，还有一名律师。除这十八人以外，其余全是志愿者，包括数百万的贡献者、一千多名委任的"管理员"，以及维基百科的创始人、自己形容自己为"精神领袖"的吉米·威尔士（在网上常被称为 Jimbo）。在威尔士的最初规划中，这个在线百科全书一开始会是主要依赖专家贡献、学术资质、事实复核和同行评议。但很快，不管他愿意与否，维基的思想开始占据上风，百科全书也逐渐变成了现在这副主要依赖业余人士、充满了争论的模样。"维基"（wiki）一词源自夏威夷语，意为"快速"。维基是所有人不仅可以浏览，还可以编辑的网站。因此，维基是可自我创造的，或至少是可自我维持的。

维基百科最初上线时的主页很简单，自我介绍也很简短：

<u>主页</u>

您可以<u>立刻开始编辑本页面</u>！这是个自由的社区项目。

　　欢迎光临<u>维基百科</u>！我们正从头开始以协作的方式创作一部完整的

百科全书。工作开始于 2001 年 1 月。至今我们已经创建了超过三千个页面。我们希望这个数量能超过十万个。所以，让我们开始工作吧！写下一点你所知道的（当然，多多益善）！这里可以阅读我们的欢迎词：<u>欢迎你们，新来者！</u>

在上线第一年，其覆盖范围之稀疏从当时的条目请求中就可见一斑。在"宗教"主题下只有："天主教？——撒旦？——拜火教？——神话？"在"科技"主题下只有："内燃机？——飞艇？——液晶显示器？——带宽？"而在"民间传说"主题下则写道："（如果您打算撰写与民间传说相关的条目，请选择那些明确、重要且确实被认定是属于民间传说范畴的主题。如果您对这一主题的全部了解都来自于玩诸如《龙与地下城》游戏，那恐怕是不够的。）"[15] 在当时，《龙与地下城》的相关内容已经覆盖得很周全了。维基百科不追求杂七杂八的零碎内容，但也并不排斥。多年以后，吉米·威尔士在亚历山大港的年度会议上表示："对于那些醉心于撰写小甜甜布兰妮、辛普森家族或精灵宝可梦相关条目的人，我们没有必要要求他们转而去撰写物理学的深奥概念。维基不是纸，并且他们的时间也不为我们所有。我们不可能说：'干吗让雇员做这些无用功？'他们并没有碍着什么，就由着他们去写吧。"

"维基不是纸"，这可算是维基百科非官方的座右铭。不无自指地，它也有了自己的条目（并且除英语版外，还有德语版和法语版）。它意味着，条目的数量或长度并没有物理的或经济的限制。比特是免费的。正如威尔士所说："任何围绕纸张或空间的隐喻都已死。"

维基百科得以出人意料地快速成为当今文化的重要组成部分，部分原因可能在于它与 Google 无意间形成了一种相互促进的共生关系。它也成了一个检验各种关于群体智能思想的测试用例：人们无休止地争执于一些条目在理论和实际上的可靠性，毕竟这些条目虽然看上去笔调权威，事实上却是由一些没有专业资质、身份不可验证、持有的偏见也不可知的人撰写的。维基百科的内容饱受各种破坏的困扰，这正反映了，对于一个充满纷争和混乱的现实，想要达成中立的共识是多么困难（或许根本不可能）。这个过程中常会出现所谓的编辑战，即对立阵营的贡献者不断地回退对方所作的编辑。2006 年底，就是该把养猫的人叫做猫的"主人"、"照料者"，还是"人类伴侣"，"猫"这一条目的编辑们争执不下。三周后，他们展开的长篇讨论都快够一本小书了。事关神祇有编辑战，事关逗号也有编辑战，拼写、发音和地缘政治纠纷等都会引发毫无意义的编辑战。其中一些编辑战则凸显了文字的可塑性。海螺共和国（美国佛罗里达州基韦斯特市）是不是一个"微型国家"？某张小北极熊的照片是否"可爱"？专家们众说纷纭，而且人人都是专家。

在偶尔出现的混乱平息后，条目将趋于固定成型。不过，即便它看似达到了某种均衡，它实际上还是处于不稳定的动态过程当中。在维基百科的世界里，现实不可能确定下一个定论。这种思想本身就是一种幻觉，部分源自纸质百科全书的确定性。德尼·狄德罗为自己主编的《百科全书》（从 1751 年起在巴黎陆续出版）便订立了这样的宗旨："搜罗目前散落在各处的所有知识，向世人揭示其一般结构，并将之传诸后人。"《不列颠百科全书》（第一版于 1768 年在爱丁堡出版，当时每周出版一期，售价六便士，共一百期，后被装订成三卷）同样顶着权威的光环。它看上去似乎已是定论——每一版都声称如此，并且它在任何其他语言中都找不到可与之匹敌的同类作品。但即使如此，在牛顿出版《自然哲学的数学原理》一个多世纪后，第三版（"共十八卷，经过大幅修订"）的编纂者仍然无法认可牛顿的或其他人的引力理论。"对于那种将所有物体都吸引向地面的作用力，人们一直以来存在巨大的分歧。"《不列颠百科全书》表示。

> 许多杰出的自然哲学家，其中包括牛顿爵士本人，都认为引力是所有第二推动力中最首要的作用力，它无影无踪，只能经由其效应而被感知，并且它还是物质普遍具有的一种属性，如此等等。其他一些人则试图将引力现象解释为一种极其隐秘的以太流体的作用。对于这种解释，牛顿爵士在晚年似乎并未加以反对，甚至他还就这种流体可能如何引发引力现象提出过一个假说。关于这位伟大哲学家提出的引力定律、他及

其他人对其原因所提出的假说、对他的学说的各种反对意见，以及这场
争论的现状，请参阅词条：牛顿哲学、天文学、大气、地球、电、火、
光、吸引、排斥、充满物质的空间、真空等。

由于《不列颠百科全书》在当时被视为权威，牛顿的引力理论因而尚不被认为是
知识。

维基百科没有自称具有此类权威性。学术机构官方不把它视为可信任的来源，
新闻记者也被要求不能以上面的信息为依据，但它的权威性依然慢慢树立了起来。
如果有人想知道，美国有多少个州里有名叫蒙哥马利的县，有谁会不相信维基百
科上给出的"十八个州"的结果呢？除那里外，我们又能从哪找到一个如此毫不
起眼的统计结果——这个结果是成百上千人的知识总结，虽然每个单独的贡献者
可能只知道特定的一个蒙哥马利县？维基百科上有一个热门条目，名叫"维基百
科订正的《不列颠百科全书》错误"。当然，这个条目总是在不断变动。整个维基
百科也是如此。在任意一个瞬间，读者获得的只是不断变动中的真理的某个版本。

当一个读者看到维基百科上关于"衰老"的条目是这样说时：

> 在经过一段有机体更新几近完美的阶段（对于人类而言，在二十岁
> 到三十五岁之间[请求来源]）之后，衰老开始出现，表现为应对压力的能力
> 下降、体内平衡失衡的程度增加，患病的风险加大。这一系列不可逆的
> 改变最后无可避免地导致死亡。

他可能会感到其中的内容值得信任。但在 2007 年 12 月 20 日一早，曾有一分钟的
时间，整个条目只有一句话："衰老就是你变得很老很老时所会经受的。"[16]但这
类明显的破坏不会保留很久。迅速发现并回退此类修改的，除了自动的反破坏机
器人外，还有众多人类反破坏志愿者。他们当中很多是"反破坏工作小组"的成
员，并对此引以为豪。按照一个出自一位沮丧的破坏者的流行说法，"在维基百科
上存在一个巨大的阴谋，即试图让所有条目都符合现实"。这说得不无道理。这样
的"阳"谋正是所有维基人所能指望的，并且常常这就足够了。

19世纪末，刘易斯·卡罗尔曾在小说里描述过一张终极地图，按照一比一的比例画出了整个世界："可惜它从未打开过，因为农民反对说，地图会覆盖整个国家，将阳光全部挡住。"[17]类似的情况维基人也遇到了。在德语维基百科上曾发生过一场争论，争论焦点是乌尔里希·富克斯（Ulrich Fuchs）的自行车左后刹车上的螺丝。作为一名维基百科编辑，富克斯提出了一个问题：大千世界，林林总总，那么值得为这个物品在维基百科中单独建个条目吗？有一点大家都同意：螺丝虽小，却是真实具体的。吉米·威尔士就认为："这是空间中的一个对象，并且我看到了它。"[18]事实上，德语元维基（**关于维基百科的维基百科**）就有一个题为"乌尔里希·富克斯的自行车左后刹车上的螺丝"的条目。[19]正如威尔士注意到的，这个条目的存在本身是"一种元反讽"（meta-irony），因为它正是由那些认为不值得为此建个条目的人撰写的。不过，这个条目其实讲的不是螺丝，而是一个争议，即维基百科是否应该在理论或实际上追求事无巨细地描述整个世界。

争议各方最终分成了"删除主义"与"收录主义"两大阵营。收录主义对什么可以放入维基百科持最开放的态度。删除主义则主张移除琐碎的条目，比如篇幅太短、写得太差、内容不可靠或主题不重要的条目，并且也经常这样做了。可想而知，这些判断标准多变且主观。但删除主义意在提高维基百科的质量准入门槛。2008年，他们成功移除了一个关于澳大利亚新南威尔士州麦夸里港长老会教堂的条目，理由是主题不重要。威尔士本人倾向于收录主义。2007年夏末，在访问南非开普敦期间，他曾在一家名叫穆佐利（Mzoli's）的餐馆吃午饭。他随后创建了一个"小作品"，里面只有一句话："穆佐利是家肉铺兼餐馆，位于南非开普敦郊区的古古勒苏镇。"这个小作品仅仅存活了二十二分钟，然后就被一位用户名为^demon的十九岁管理员以主题不重要为由删除了。一小时后，另一位用户重建了该条目，并根据一个开普敦当地的博客和一份广播访谈的文字稿加以了扩充。两分钟后，又有一位用户提出了反对意见，理由是"此条目或章节类似广告"。如此等等。"知名"一词就被添上又被删掉了好几个来回。用户^demon 又提出过这样一个意见："维基百科既不是白页服务，也不是旅游指南。"但用户 EVula 反驳道："我认为，我们要是允许该条目存在更长的时间，而不只是若干小时，我们可能就会得到有价值的内容。"这场争论甚至很快吸引了澳大利亚和英国报纸的关注。到了次年，这个条目不仅存活了下来，还多了一张照片、一对精确的经纬度、十四个参考文献，以及三个独立章节，分别介绍其历史、经营和旅游业。不过，某种敌意显然还存在。2008 年 3 月，一位匿名用户用一句话替换了整个条目："穆佐利不过是家无足轻重的小餐馆，它之所以能拥有一个条目，只是因为吉米·威尔士是个喋喋不休的自大狂。"这次破坏保留了不到一分钟。

就像枝蔓晶的生长一样，维基百科的演化也不断朝众多方向延伸。（这又有点像宇宙。）因此，从删除主义与收录主义又衍生出了合并主义和增量主义等。它们不免导致了派系分裂，其中既有如"删除主义维基人协会"和"收录主义维基人协会"，又有如"不主张对条目价值作出一般性判断，赞成删除某些特别糟糕的条目但这不代表我们属于删除主义的维基人协会"。威尔士特别感到担心的是维基百科上的生者传记，因为其中的内容可能会影响到真实人物的生活。不过，在一个理想世界里，这时维基百科可以免除维护量和可靠性之类的现实考量，威尔士表示，他乐于见到地球上的所有人都在维基百科上拥有自己的传记。到时，维基百科将比博尔赫斯想象的图书馆做得更好。

但即便到那时，即便所有人、所有自行车螺丝都收录了进去，这样的集合也还称不上是"所有知识"。传统百科全书中的信息倾向于按主题或范畴加以归类。在《不列颠百科全书》第三版的书名中，它这样描述了自己的内容、组织形式及宗旨：根据"一个全新的方案"，将"各种不同的科学和人文知识"组织成"独特的论述或体系"，

> 并为相互分离的不同部分知识**提供全面的解释**，而不论它涉及的是自然和人造对象，或宗教、世俗、军事和商业等事务。[20]

而在维基百科上，不同部分知识则倾向于不断分裂。维基百科的编辑也像亚里士多德或布尔那样十分重视分析逻辑关系：

> 许多主题是基于将**因素 X** 结合进**因素 Y** 中的关系，从而形成一个或

数个完整的条目。这具体可能指的是，比如**地点 Y** 中的**情况 X**，或**事物 Y** 的**版本 X**。当结合两个变量可以表示具有一定文化重要性或其他关注点的现象时，这种做法是完全正当的。如果一个主题在不同国家间具有显著的国别差异，那么往往需要为此创建各自不同的条目。这样的例子包括"威尔士的板岩产业"和"岛屿灰狐"。然而，撰写诸如"北卡罗来纳州的橡树"或"蓝色卡车"之类的条目，则可能会被视为是分列观点、原创研究或完全犯傻。[21]

这个问题，查尔斯·狄更斯也曾考虑过。在《匹克威克外传》里，有人据说根据《不列颠百科全书》了解了有关中国形而上学的知识。不过，书中并没有这样的条目："他先到首字母为 M 的部分读了形而上学（metaphysics），然后到首字母为 C 的部分读了中国（China），最后综合了他得到的信息。"[22]

2008 年，小说作家尼科尔森·贝克（用户名 Wageless）逐渐沉迷于维基百科的过程与许多人差不多：一开始只是在上面寻找信息，然后就开始试着提供一些内容。第一次是在一个星期五傍晚，他编辑了关于牛生长激素的条目。次日，他又编辑了关于电影《西雅图夜未眠》、历史时期分期以及液压油的条目。周日则是关于巴西三级片、20 世纪 50 年代的美国橄榄球运动员厄尔·布莱尔（Earl Blair），以及再一次，液压油的条目。周二，他在上面发现了一个自称"条目挽救中队"的工作小组，它旨在找出有被删除风险的条目，并通过提升其质量以挽救它们。贝克立刻申请加入，并在签名中写道："我希望成为这其中的一员。"他逐渐沉迷的轨迹都在维基百科上被记录了下来，就如同在维基百科上发生的所有其他事情一样。几个月后，他在《纽约书评》杂志上描述了自己当时的经历：

> 我开始站着守在厨房台面前，紧盯着计算机屏幕上不断增长的监视列表……我再也听不见家人对我说了什么——整整两周时间里，我完全消失在屏幕前，尝试去拯救一些短小、有时过于溢美但仍不失价值的传记条目。我用中立的语调重写条目，并在报纸数据库和 Google 图书里翻找参考文献，以提升其重要程度。我成了一名"收录主义者"。[23]

他在文章最后提出了一个"个人私下的希望"：所有杂七杂八的零碎内容都能有容身之处，如果不能放入维基百科，至少也可以放入"维基太平间——一个存放破碎梦想的地方"。他建议不妨称之为删除百科（Deletopedia）。"随着时间流逝，它也许能告诉我们很多事情。"基于在线内容永不消逝的原则，一个类似的删除百科（Deletionpedia）很快就问世了，并且内容开始逐步增加。*关于麦夸里港长老会教堂的条目就在那里继续存活着，只是严格来说，它已不是百科全书（有人称之为宇宙）的组成部分。

　　名字逐渐成了一个特别的问题：既由于它们本身的含糊性、复杂性，也由于它们之间的重名和撞名。在信息流动几乎毫无限制的时代，全世界的物品就像被甩进了同一个竞技场，玩起碰碰车游戏。而在更单纯的时代，命名无疑也是单纯得多。《旧约·创世纪》写道："耶和华上帝用泥土造了野地各样的走兽和天空各样的飞鸟，都带到那人面前，看他叫什么。那人怎样叫各样的动物，那就是它的名字。"一种生物对应一个名字，一个名字对应一种生物。很快，亚当又得到了配偶的帮助。

　　在约翰·班维尔的小说《无限》中，叙事者赫耳墨斯神说道："Hamadryad 是一种树精，一种印度产的毒蛇，还是一种阿比西尼亚狒狒。只有神才能弄明白这类事情。"[24]可根据维基百科，Hamadryad 还是一种蝴蝶、一份印度的博物学期刊以及一支加拿大前卫摇滚乐队的名字。我们现在都成了神吗？摇滚乐队和树精完全可以并行不悖，但在更一般的情况下，信息壁垒的破除往往会导致名字和命名权的冲突。虽然听起来似乎不太可能，但名字在现代世界确实已是供不应求。可能性看似无限，但需求量却更为巨大。

　　早在 1919 年，为了解决愈演愈烈的讯息错递问题，美国几家主要的电报公司联合成立了一个注册地址中心局（Central Bureau for Registered Addresses）。总部设在纽约金融区的布罗德街上，那里堆满了各式铁皮档案柜。顾客可以来此为自

---

　　*　网站收录了英语维基百科在 2008 年 2 月至 9 月间删除的约六万多个条目，但之后并未更新。

——译者注

己的地址注册一个代号：由五至十个字母组成的单词，要求"可以发音"——也就是说，"由见于八种欧洲语言的音节构成"。[25]虽然许多顾客抱怨这项服务要收年费（每个代号每年 2.5 美元），但到了 1934 年，该局管理的代号数量已达 28 000 之多，其中包括如 ILLUMINATE（"照亮"，纽约爱迪生电力照明公司）、TOOTSWEETS（"甜心"，美国糖果公司）和 CHERRYTREE（"樱桃树"，乔治·华盛顿酒店）等。[26]金融家伯纳德·M. 巴鲁克（Bernard M. Baruch）则成功地将 BARUCH 一词收归自己名下。它遵循先到先得的原则，也是后来许多同类事物的先驱。

当然，赛博空间的出现改变了一切。南卡罗来纳州一家叫做福克斯和亨德房地产公司的老板兼中介比利·本顿（Billy Benton）就注册了域名 BARUCH.COM。来自加拿大艾伯塔省海普雷里市的一个人注册了域名 JRRTOLKIEN.COM，并持有了整整十年，直到被世界知识产权组织下属的仲裁中心裁定转让。这个域名以创作了《魔戒》、《霍比特人》等书作者的名字为主体，具有很高的价值。对其提出主张，认为它侵犯了自己注册的或未注册的品牌或商标的人，包括过世作家的后人、出版商以及电影制片方，更不用提成千上万与托尔金同姓的人。这位海普雷里市人的生意正是靠着持有一堆名人域名，其中还包括如席琳·迪翁、阿尔伯特·爱因斯坦、迈克尔·克莱顿、皮尔斯·布鲁斯南等，多达一千五百多个。对此，有些名人作出了回击，试图夺回自己的名字。少数极其知名的名字具有极大的经济价值。据经济学家估算，"耐克"一词的价值达七十亿美元，而"可口可乐"的价值更是前者的十倍。

专有名词学中有一条公理，即社会单元的发展会导致命名系统的膨胀。对于部落或乡村的生活，取像奥尔宾和阿娃这样的单名就够用了。但随着部落发展为氏族，城市发展为国家，人们就不得不采取更复杂的命名方式：姓氏、父名，以及根据地域和职业来取名。愈复杂的社会需要愈复杂的名字。Internet 不只开辟了名字争夺战的新领域，还代表了由量变引发的质变。

亚特兰大的音乐评论家比尔·怀曼（Bill Wyman），一天突然收到一封停止并终止函，其中与他同名同姓的滚石乐队前贝斯手的委托律师要求他"停止并终止"

使用这个名字。对此，他回应道，对方出生时的名字其实是威廉·乔治·珀克斯。德国汽车制造商保时捷，就"卡雷拉"（Carrera）这个名字，也曾与一个瑞士村庄（邮政编码 7122）展开过一场争夺。"卡雷拉村在保时捷注册该商标之前就已存在。"瑞士人克里斯托夫·罗伊斯（Christoph Reuss）在致保时捷律师的邮件中写道，"保时捷对这个名字的运用，损害了卡雷拉村村民建立的商业信誉和声誉。"他进一步补充道："因为卡雷拉村较保时捷的卡雷拉跑车排放的噪声更小、污染更轻。"他没提到的是，歌剧演唱家何塞·卡雷拉斯（José Carreras）也卷入了类似的名字争端。与此同时，保时捷还曾宣称对 911 这个数拥有商标所有权。

对于此类问题，我们可以借用计算机科学中出现的一个有用术语：**名字空间**。在同一个名字空间中，所有名字都是独一无二的。事实上，我们早已有了很多依据地理位置和经济领域划分的名字空间。只要不是在纽约，你大可以给自己的商店也取名"布卢明代尔百货公司"；只要不是生产汽车，你的公司取名"福特"也没关系。全世界所有的摇滚乐队也形成了一个名字空间，在其中"'漂亮男孩'弗洛伊德"、"平克·弗洛伊德"和"粉红佳人"（P!nk）可以并行不悖，"第十三层电梯"、"第九十九层电梯"以及 Hamadryad 也是如此。只是想要在这个空间里想出新名字，难度已经变得越来越大。作曲家兼歌手"王子"的艺名源自他出生时的名字，并且长久以来以此知名。但当他后来厌倦了这个艺名，改用一个符号称呼自己时，他却发现自己还是被冠以了一个元名字："那位曾叫'王子'的艺术家"。美国演员工会则小心维护着一个自己的官方名字空间——里面只允许有一个人叫朱莉娅·罗伯茨。但传统的名字空间之间多有重叠和混杂，并且很多已经拥挤不堪。

药物名称则是个特例：药名的提出、检索、评估已经蔚然成了一个子产业。在美国，食品药品监督管理局会审查提出申请的药名以避免可能的撞名，但这个流程复杂且充满不确定性。不小心弄错药名可能会导致死亡。若是将用于毒品替代疗法的美沙酮（Methadone）误开成治疗注意力不足过动症的哌甲酯（Metadate），或将抗癌药物泰素（Taxol）误开成另一种抗癌药物泰索帝（Taxotere），都可能是致命的。因此，医生很怕遇到形似或音似的药名，比如 Zantac 和 Xanax、Verelan

和 Virilon。语言学家为此提出了各种度量名字之间"距离"的科学方法,但像 Lamictal、Lamisil、Ludiomil 和 Lomotil 这样相似的名字还是都被批准作为了药名。

公司名称的名字空间已经拥挤不堪,这一点可从简单又富含意义的名字日渐稀少中可见一斑。新成立的公司再也无法取像"通用电气"、"第一国民银行"或"国际商用机器"这样的名字。类似地,像"A.1.牛排酱"也只能见于一种历史悠久的食品。现如今,公司名称已经数以百万计,而每年还有大笔经费投向专业咨询公司以创造更多名字。也难怪在赛博空间中取得成功的名字大多近乎杜撰,比如 Yahoo!、Google、Twitter。

Internet 不只搅乱了传统的名字空间,它自己也成了一个名字空间。如果想在全球的计算机网络中浏览和定位,你需要依赖一套特殊的域名系统,借助诸如 COCA-COLA.COM 这样的名字。这些名字代表着地址,并且是现代意义上的地址:"信息所在的寄存器、内存位置或设备"。文本编码一组数,这组数则指向赛博空间的特定位置,从网络具体到子网,进而具体到设备。尽管只是编码,但这些简短的文本片段往往在更广阔的名字空间里也具有相当重要的意义。它们兼具商标、牛车牌、邮政编码、电台热线号码以及创意涂鸦的功能。就像电报地址的代号一样,从 1993 年起,任何人只要付一小笔费用就能注册到一个域名。它也遵循先到先得的原则,并且供不应求。

最不容易弄到的是短名字。许多组织都以"苹果"作为商标,可 APPLE.COM 却只有一个。因此,当音乐界遭遇计算机界时,披头士乐队与苹果公司难免发生纠纷。*只有一个 MCDONALDS.COM,但最先抢注到它的是一个名叫乔舒亚·奎特纳(Joshua Quittner)的记者。乔治·阿玛尼的时尚帝国对 ARMANI.COM 心仪有加,但温哥华的阿南德·拉姆纳特·马尼(Anand Ramnath Mani)出于自己的理由也想得到它,并且他抢先了一步。这样一来,域名交易的二级市场应运而生。2006 年,一家企业就花费 1400 万美元从另一家企业手中买下了 SEX.COM。即便

---

* 1968 年,披头士乐队成立 Apple Corps,经营音乐、电影等多媒体事业。1976 年,苹果电脑公司成立。双方就商标侵权曾多次发生争端,最终苹果公司在 2007 年通过协议获得了该商标所有权,并授权 Apple Corps 继续使用。——译者注

在当时，几乎所有主要语言的所有单词都被注册了，此外还有不计其数的单词组合和变体——数量超过了一亿个。这无疑为企业律师创造了新商机。德国汽车公司戴姆勒-克莱斯勒的律师团队就成功抢回了许多域名：CHRYSTLER.COM、CRYSLER.COM、CHRISLER.COM、CHRISTLER.COM、MERCEDESSHOP.COM、DRIVEAMERCEDES.COM、DODGEVIPER.COM。

在这种情况下，人人自危。为了保护知识产权，人们开始疯狂地注册商标，跑马圈地。1980 年，美国一年的商标注册量约为一万个，而三十年后，这个数量已经接近三十万个，并且还在逐年增加。在过去，大部分商标申请会被驳回，而现如今，情况刚好反了过来。英语里的每个单词以及它们的每种可能组合，似乎都受到了政府保护。以下是一批 21 世纪初典型的美国商标：GREEN CIRCLE、DESERT ISLAND、MY STUDENT BODY、ENJOY A PARTY IN EVERY BOWL!、TECHNOLIFT、MEETING IDEAS、TAMPER PROOF KEY RINGS、THE BEST FROM THE WEST、AWESOME ACTIVITIES。

撞名和名字枯竭，其实早已有之，只是都没有如今的规模。古代博物学家大概知道约五百种植物，并且自然给每一种都起了名字。直到 15 世纪之前，人类所知的全部植物也就只有这么多。但在 15 世纪，随着载有列表和插图的印刷书在欧洲开始传播，与此相关的集体知识也开始逐渐系统化——按照历史学家布赖恩·奥格尔维的观点，这标志着博物学作为一门学科的诞生。[27]最早一批的植物学家突然意识到，原来的植物名称如此丰富多彩。16 世纪下半叶，德国植物学家卡斯珀·拉岑贝格尔（Caspar Ratzenberger）花费数十年时间搜集了一套植物标本，并试图收集与之相关的信息。他发现，有种植物在拉丁语和德语中拥有多达十一个名字：Scandix、Pecten veneris、Herba scanaria、Cerefolium aculeatum、Nadelkrautt、Hechelkam、NadelKoerffel、Venusstrahl、Nadel Moehren、Schnabel Moehren、Schnabelkoerffel。[28]而他所不知道的是，这种植物在英格兰又俗称 shepherd's needle 或 shepherd's comb。很快，新发现的物种数量就超过了原有名字的数量。博物学家建立了自己的圈子；他们四处考察，并相互通信交流。到了 16 世纪末，一名瑞士植物学家出版的一本名录就包含了 6000 种植物。[29]发现新物种的博物学家有为之命名的权利和责任。这样，大量创造形容词和复合词，乃至重复和冗余就在所难免。比如在英语中，类似 shepherd's needle 和 shepherd's comb 的说法，又增添了如 shepherd's bag、shepherd's purse、shepherd's beard、shepherd's bedstraw、shepherd's bodkin、shepherd's cress、shepherd's hour-glass、shepherd's rod、shepherd's gourd、shepherd's joy、shepherd's knot、shepherd's myrtle、shepherd's peddler、shepherd's pouche、shepherd's staff、shepherd's teasel、shepherd's scrip、shepherd's delight 等说法，用来描述各种不同的植物。

在当时还没有卡尔·林奈创立的分类学。等到 18 世纪 30 年代，林奈提出采用双名法为动植物命名时，他需要命名的有 7700 种植物，外加 4400 种动物。现如今，这个数量已经达到了 300 000 之巨，这还未将昆虫计算在内，否则又要多出数百万。科学家仍在努力——为它们命名：有以贝拉克·奥巴马、"黑武士"达斯·维达以及歌手罗伊·奥比森（Roy Orbison）命名的甲虫，而乐人弗兰克·扎帕（Frank Zappa）也把他的名字借给了一种蜘蛛、一种鱼和一种水母。

"一个人的名字就像他的影子。"来自维也纳的专有名词学者恩斯特·普尔格拉姆在 1954 年写道，"既非他的肉体，也非他的灵魂，却与他时时相伴，因他而生。可以说，有它不多，无它不少。"[30]那真是个单纯得多的时代。

1949 年，香农用铅笔在纸上写下他对信息容量的估算时，他用以度量的量级从几十、几百、几千、几百万、几十亿，一直延伸到几万亿比特。那时晶体管才刚发明一年，而摩尔定律还未被提出。按香农当时的估算，占据金字塔顶端的是美国国会图书馆——约一百万亿（10^{14}）比特。这个估算基本正确，但不过金字塔本身还在不断增高。

在"比特"之后，自然而然地，人们又提出了"千比特"的说法，就像工程师也曾提出过"千元"一词——"千元，是科学家提出的对'一千美元'的简称。"《纽约时报》在 1951 年这样向读者解释道。[31]随着到了 20 世纪 60 年代，人们突然认识到，任何与信息相关的东西都会呈指数增长，信息度量的量级也作出了相应的延伸。而这种认识是由戈登·摩尔（Gordon Moore）非正式提出的。在香农写下上述笔记时，他还是个化学专业的本科生，后来他走上了电气工程和集成电路研发的道路。1965 年，在他联合创立英特尔公司前三年，摩尔在一篇论文中曾简单提及：在十年内，即等到 1975 年，单片晶圆上估计可以集成 65 000 个晶体管。按他后来的说法，他预言每两年晶体管数量就要翻一番——后来的事实表明，这个也意味着内存容量和处理速度会翻一番，而尺寸和成本则会减半，并且这个过程看起来似乎并没有终点。

除了用来表示信息存储容量，千比特也可以表示信息传输速度。1972 年，商用高速线路的传输速度最快可达 240 千比特每秒。当时行业领头羊 IBM 的硬件设备都是以八比特为一个信息处理单位，受此影响，工程师们也很快接受了这个新潮但有点古怪的单位：字节。比特，字节，然后又有了千字节（相当于 8000 比特）、兆字节（相当于 8 000 000 比特）。根据当时相关国际标准委员会的决议，兆后面依次是吉（10^9）、太（10^{12}）、拍（10^{15}）、艾（10^{18}）——它们都取自希腊语，只是后来几个的意味不免单调。这些量级在很长一段时间内都基本够用了，直到 1991 年，人们认为有必要引入新的词头，泽（1 000 000 000 000 000 000 000）以及尧（1 000 000 000 000 000 000 000 000）。在沿着指数阶梯攀升的过程中，信息将其他事物远远甩在了后头。比如，货币就不免相形见绌。在千元之后还有兆元和吉元，甚至人们在开通货膨胀的玩笑时还会说到太元，但就算是全人类有史以来积累的所有财富，它也达不到一拍元。

20 世纪 70 年代是兆字节的年代。1970 年夏，IBM 新推出了两款大型机，它们体量庞大，内存容量也远超以往：一款是 155 型，配备了 768 000 字节的内存；另一款 165 型更大些，内存正好一兆字节，售价则达了 4 674 160 美元。到了 1982 年，普莱莫计算机公司（Prime Computer）推广的微机扩充内存板集成了一兆字节内存，售价 36 000 美元。1987 年，*OED* 的出版商开始将其内容数字化（动用了 120 名打字员和一台 IBM 大型机），他们估计其规模在一吉字节左右。一吉字节也是整套人类基因组的规模。一千吉字节等于一太字节，这正是 1998 年拉里·佩奇（Larry Page）和谢尔盖·布林（Sergey Brin）用三张信用卡凑出 15 000 美元买到的硬盘的容量。当时他两还是斯坦福大学的研究生，正在着手打造一个搜索引擎原型——先是叫 BackRub，后来改叫 Google。一太字节是通常一家模拟信号电视台每天传送的信息量，也是美国政府的专利和商标记录数据库在 1998 年上线时的大小。而到了 2010 年，人们仅需花上一百美元就可以买到一太字节容量的硬盘，并且它不过手掌大小。美国国会图书馆的藏书相当于约十太字节（正如香农所估算的），但如果把视频和音乐也计算在内，这个结果就要增加很多倍。图书馆现在也开始收录网页，截至 2010 年 2 月，收录的网页相当于 160 太字节。

人们在乘坐列车时，随着列车飞奔疾驰，有时会恍惚觉得这速度也压缩了自己对于自身历史的感知。同样地，摩尔定律看上去简单，但其结果却有点让人手足无措，不知道用什么隐喻来形容自己的体验才好。计算机科学家杰伦·拉尼尔就这样形容了这种感受："这就好像你蹲下身子，埋下了一颗树种，结果它生长得如此之快，以至于你还没站起身来，它就已经把你居住的小镇整个吞噬了。"[32]

另一个更常见的隐喻就是云。所有的信息，所有的信息容量，都悬浮在我们头上，看不见摸不着，却又极其真实；没有定形，幽如鬼魅；总在我们身边，却又居无定所。天堂大概就是给其信徒这样的感觉吧！现在人们热衷谈论的是，把生活（至少是其信息生活）迁移到云端。你可以把照片存放在云端；Google 可以在云端照管你的生意；Google 也正着手将全世界的书籍放入云端；电子邮件在云端出入，却从不曾真正离开过云端。而所有基于门和锁、物理上偏远和不可见的传统隐私观念，都在云端被彻底颠覆。

现在，金钱也存在于云端。长久以来，人们使用了各式各样的货币来表明谁拥有什么、谁亏欠谁什么的信息。但进入 21 世纪后，它们看上去是如此与时代脱节，显得陈腐甚至可笑：用脆弱的船只在口岸之间运送金块，为此要冒上被海盗打劫的风险，还要祈求海神波赛冬的护佑；开车时把硬币投入高速公路收费站的篮子里，算是通行费（可要知道，如今行车记录都已上传至云端了）；从支票簿里撕下支票，并用笔签上名字；火车票、门票、飞机票等票据都印在沉甸甸的纸片上，还要加上种种水印、全息图像或荧光纤维来防伪；还有各种形式的现金，如此等等。现如今，世界经济已经开始在云端完成交易了。

不过在物理层面，它可一点也不像云。服务器农场在面目单调的钢筋水泥建筑里不断扩充着规模，与之配套的还有柴油发电机、冷却塔、直径两米多的进气扇，以及铝制烟囱组。[33]这些计算基础设施的扩张，要求电力基础设施也要相应扩展，并且两者越来越相像——类似于电力设施，信息的交换机、控制中心、变电站等也随之出现。数据中心既是计算能力的聚合，又可以是分布式的。它们就像基础的齿轮机械，云端则是它们的化身。

在过去，人类生产和消费的信息大多转瞬即逝——这是常态，是默认设置。眼睛所见、耳朵所闻、歌声和言语都这样消失无踪，石头、羊皮卷和纸张上的印记则是属于特例。索福克勒斯当时的观众不会为他的剧作可能无法流传后世而感到悲痛，他们只是享受当前的演出。而现如今，人们的期望正好反了过来。所有的东西都可能被录制和保存下来，至少理论上如此：无论是每一场音乐演出，发生在商店、电梯间或城市街头的每一次犯罪，遥远国度里的每一次火山爆发或海啸，还是在线游戏中的每一次出牌或落子，每一次橄榄球争球以及每一场板球比赛。随手拍成了常态，而非异常；就 2010 年一年，人们拍了约五千亿张照片。同时，YouTube 每天提供的视频数量也超过了十亿部。这些内容大多数是随意为之，缺乏组织，不过也有个别例外情况。计算机先驱、微软研究院研究员戈登·贝尔（Gordon Bell）在七十多岁时开始录制自己日常生活的每时每刻，包括所有的谈话、讯息和文档。他在脖子上挂了个所谓"感应摄像头"来打造他所谓的"生命日志"，大概每小时会得到一兆字节的数据，每个月一吉字节。这东西最后将变得多大？反正不会和美国国会图书馆一样大吧。

最终自然而然地，甚至不可避免地，我们会问一个问题，即整个宇宙究竟有多少信息。正如巴贝奇和爱伦·坡所说，"没有思想会湮灭"，信息会积累至今。塞斯·劳埃德对此进行了估算。这位有着圆脸、圆框眼镜的麻省理工学院工程师，在量子计算机的理论和设计方面颇有建树。他指出，宇宙是一部巨大的量子计算机，其存在本身便是记录着信息，并在自身演化过程中，不断处理着信息。那么信息量究竟有多大？为了给出估算，劳埃德考虑了两个因素：这台"计算机"运算得有多快以及它已经运行了有多久。根据其运算速度的上限，$2E/\pi\hbar$ 次操作每秒（"其中 E 是该系统高于基态的平均能量，$\hbar = 1.0545 \times 10^{-34}$ 焦耳秒，代表约化普朗克常数"），及其内存空间的上限，$S/k_B \ln 2$（"其中 S 是该系统的热力学熵，$k_B = 1.38 \times 10^{-23}$ 焦耳每开尔文，代表玻尔兹曼常数"），以及光速和宇宙自大爆炸以来的年龄，劳埃德估算出，宇宙在其整个历史中完成的"操作"数大概在 10^{120} 次的量级。[34] 假设"宇宙中每一个粒子的每一个自由度"都得到了利用，那么它现在记录的信息大概在 10^{90} 比特的量级。并且它仍在计算。

注释

[1] Hilary Mantel, *Wolf Hall* (New York: Henry Holt, 2009), 394.

[2] Jorge Luis Borges, "The Library of Babel," in *Labyrinths: Selected Stories and Other Writings* (New York: New Directions, 1962), 54.

[3] Jorge Luis Borges, "Tlön, Uqbar, Orbis Tertius," in *Labyrinths*, 8.

[4] William Gibson, "An Invitation," introduction to *Labyrinths*, xii.

[5] Charles Babbage, *The Ninth Bridgewater Treatise: A Fragment*, 2nd ed. (London: John Murray, 1838), 111.

[6] Edgar Allan Poe, "The Power of Words" (1845), in *Poetry and Tales* (New York: Library of America, 1984), 823–824.

[7] Pierre-Simon Laplace, *A Philosophical Essay on Probabilities*, trans. Frederick Wilson Truscott and Frederick Lincoln Emory (New York: Dover, 1951).

[8] Charles Babbage, *The Ninth Bridgewater Treatise*, 44.

[9] Nathaniel Parker Willis, "The Pencil of Nature: A New Discovery," *The Corsair* 1, no. 5 (April 1839): 72.

[10] Ibid., 71.

[11] Alan M. Turing, "Computing Machinery and Intelligence," *Minds and Machines* 59, no. 236 (1950): 440.

[12] H. G. Wells, *A Short History of the World* (San Diego: Book Tree, 2000), 97.

[13] Isaac Disraeli, *Curiosities of Literature* (London: Routledge & Sons, 1893), 17.

[14] Tom Stoppard, *Arcadia* (London: Samuel French, 1993), 38.

[15] "Wikipedia: Requested Articles," http://web.archive.org/web/20010406104800/www.wikipedia.com/wiki/Requested_articles (accessed 4 April 2001).

[16] Quoted by Nicholson Baker in "The Charms of Wikipedia," *New York Review of Books* 55, no. 4 (20 March 2008). 这一位匿名用户后来再次出手，破坏了关于"血管成形术"和"西格蒙德·弗洛伊德"的条目。

[17] Lewis Carroll, *Sylvie and Bruno Concluded* (London: Macmillan, 1893), 169.

[18] Interview, Jimmy Wales, 24 July 2008.

[19] http://meta.wikimedia.org/wiki/Die_Schraube_an_der_hinteren_linken_Bremsbacke_am_Fahrrad_von_Ulrich_Fuchs (accessed 25 July 2008).

[20] *Encyclopaedia Britannica*, 3rd edition, title page; cf. Richard Yeo, *Encyclopadic Visions: Scientific Dictionaries and Enlightenment Culture* (Cambridge: Cambridge University Press, 2001), 181.

[21] "Wikipedia: What Wikipedia Is Not," http://en.wikipedia.org/wiki/Wikipedia:What_Wikipedia_is_not (accessed August 2008).

[22] Charles Dickens, *The Pickwick Papers*, chapter 51.

[23] Nicholson Baker, "The Charms of Wikipedia," *The New York Review of Books* (20 March 2008).

[24] John Banville, *The Infinities* (London: Picador, 2009), 178.

[25] Deming Seymour, "A New Yorker at Large," *Sarasota Herald*, 25 August 1929.

[26] "Regbureau," *The New Yorker* (26 May 1934), 16.

[27] Brian W. Ogilvie, *The Science of Describing: Natural History in Renaissance Europe* (Chicago: University of Chicago Press, 2006).

[28] Ibid., 173.

[29] Ibid., 208.

[30] Ernst Pulgram, *Theory of Names* (Berkeley, Calif.: American Name Society, 1954), 3.

[31] Michael Amrine, " 'Megabucks' for What's 'Hot,' " *The New York Times Magazine*, 22 April 1951.

[32] Jaron Lanier, *You Are Not a Gadget* (New York: Knopf, 2010), 8.

[33] Cf. Tom Vanderbilt, "Data Center Overload," *The New York Times Magazine*, 14 June 2009.

[34] Seth Lloyd, "Computational Capacity of the Universe," *Physical Review Letters* 88, no. 23 (2002).

第15章
每天都有新消息
（或者诸如此类）

就最近网站多次宕机，我必须表达歉意。我想，这大概就像异乎寻常的积冰压垮了 Internet 的枝条，又像载满信息包的卡车倾覆，货物散了一地。

——安德鲁·托拜厄斯（2007）[1]

无论是印刷术、电报、打字机、电话、无线电广播，还是计算机、Internet，每当它方兴未艾时，总会有人说（就仿佛这是头一次被人认识到），它会给人类的沟通加重负担，因为它无疑平添了新的复杂性，增加了新的隔阂，并带来了骇人的新的过载。1962 年，美国历史学会主席卡尔·布里登博就向自己的同行提出了警示，人类存在的性质正在经历一场"大突变"——变化是如此突然，如此激烈，以至于"我们现在好像是患上了某种历史失忆症"。[2]他惋惜阅读的衰落、人与自然的隔阂（他将这部分归咎于"丑陋的黄色柯达相机"和"所在皆是的晶体管收音机"），以及共有文化的失落。而对于肩负保存和记录过去责任的历史学者，他更忧虑新工具和新技术带来的悖论：越来越多的学者开始借助"大行其道的量化分析"、"各种数据处理机器"以及"那些骇人的扫描仪，据说能代替我们阅读书籍和文档"，但还没有一种机器可以替我们消化原始材料。多多并不益善，他说：

> 尽管我们每天都会听到喋喋不休的沟通，但沟通非但没有改善，事实上反而越发困难了。[3]

这些评论在经过数次传播后变得广为人知：它们第一次是见诸口头发言，1962年最后一个周六晚上，布里登博在芝加哥康莱德酒店宴会厅向参与年会的约一千人发表了这段讲演；[4]接下来则是印刷文字，出现在1963年的学会期刊上；再接下来，过了约一代人的时间，它们又有了在线版本，这样其接触面大为扩张，而其持久性恐怕也同样得以增加。

伊丽莎白·艾森斯坦是在1963年读到了它们的印刷版本，那时她还是华盛顿美利坚大学的兼职历史讲师（这是当时一位哈佛女博士所能找到的最好工作了）。后来回顾起来，她把这视为了自己从事早期印刷史研究的起点。研究持续了十五年，最终成果是1979年出版的两卷本著作《作为变革动因的印刷机》。这是首次有人全面研究了，印刷术作为一场通信革命，在从中世纪到现代社会的转型中所发挥的不可或缺的作用。她注意到，通常教科书对于印刷术发明的编排会使学生只是隐约有印象，这件事发生在黑死病与发现美洲大陆之间，但在众多历史事件中却似乎相对无足轻重。[5]相反，她把古登堡的发明放在了显著位置：它引发了从手抄本到印刷书的转变、印刷厂在15世纪欧洲城市的兴起，以及"数据采集、存储、提取系统和通信网络"[6]的转型。尽管她在一开始就谨慎地强调，自己会将印刷术视为导致变革的诸多动因**之一**，但最终她令人信服地证明了，印刷术在早期现代欧洲的转型中起到了无可替代的作用：文艺复兴、新教改革以及现代科学的诞生都与它有密切联系。那是"人类历史的一个决定性时刻，在那之后一切都不可逆转了"。[7]印刷术塑造了现代心智。

印刷术同样塑造了历史学家的心智，其无意识的心智习惯也是艾森斯坦感兴趣的话题。随着她着手进行研究，她开始相信，学者们对于自己每天打交道的媒介的影响确实经常会视而不见。而提醒自己注意到这一点的，她将之归功于马歇尔·麦克卢汉，其1962年出版的《古登堡星系》一书迫使历史学家重新调整自己的关注点。在手抄本时代，人们对于年代只能进行粗略推算：从亚当、挪亚，或罗穆路斯与雷穆斯兄弟起，一代一代往下算，时间线大多混乱不堪。"对于历史变迁的态度，"艾森斯坦写道，"只能偶尔在明确标明是研究'历史'的著作中找到，并且往往需要深入研读才能找到言下之意。此外，萨迦和史诗、宗教经典、墓志、象形文字和密码、巨石碑、密室宝箱里的文档，以及手抄本边缘的注解，通过研读它们也能找到蛛丝马迹。"[8]那种对于自己身处**何时**的明确感知（回视过去能看到往事历历在目，能够在脑海里想象出时间图表，并能够识别出时代错位）则是伴随着从手抄本到印刷书的转变才得以出现。

印刷机，作为一种复制机器，不仅让文本更便宜、更容易接触到，也让它们变得更加稳定，而这才是其真正力量所在。艾森斯坦写道："手抄本文化，它持续受到材料腐蚀、文字讹误和文献散佚的削弱。"[9]印刷书就更为可靠、持久、值得信赖。[10]第谷在花费大量时间积累天体观测数据时，他是自信这些数据会为当时的和后来的人所用。而当开普勒算出较第谷的精度高出许多的星表时，他也是利用了纳皮尔的对数表。与此同时，印刷厂不仅传播了马丁·路德反赎罪券的论纲，更为重要的是，还传播了《圣经》本身。在新教的宗教革命运动中，没有什么学说比阅读《圣经》更为紧要——这时，印刷书超越手抄本，册本形式取代卷轴形式，当地俗语替代古代语言，所有这些对《圣经》的传播和阅读无疑都居功至伟。此外，在印刷术出现以前，《圣经》的文本也并没有真正固定下来。各种形式的知识之所以能够臻于稳定和持久，并不是因为纸张比纸草更耐久，而只是因为现在副本为数众多。

1963 年，在读到美国历史学会主席的警示时，艾森斯坦认同历史学正面临着某种危机，但她也认为布里登博恰恰把问题弄反了。布里登博认为，问题在于遗忘。"在我看来，"他不无夸张地说道，"人类正遭遇自身记忆的遗失，而这种记忆也意味着历史。"[11]不过，艾森斯坦从这些让老一辈历史学家深受困扰的新信息技术中得出的结论却正相反。过去并不是从视野中逐渐消逝，反而是**更加**可及、**更加清晰**。"在这个见证了线形文字 B 的破译以及死海卷轴的发现的时代，"她写道，"似乎无需担心什么'人类记忆的遗失'。相反，人类记忆的电路过载应当更值得关注。"至于布里登博及其众多同行所惋惜的历史失忆症：

　　这其实是对历史学家目前所面临困境的一种误读。造成当前困难的原因并不是什么失忆症，而是前所未有的更全面的回忆。恰恰是记忆的稳定恢复而非消除，是回忆的累积而非散佚，才导致当下的僵局。[12]

在艾森斯坦看来，这场经历了五个世纪的通信革命依然在延续。布里登博他们怎么就会视而不见呢？

　　"电路过载"是个相当新颖的隐喻，描述的也是一种相当新鲜的感受——**信息过多**。但这种感受其实并不新鲜。曾几何时，人们求书若渴，翻来覆去阅读少数几本珍爱的书，总是期望求得或借得更多的书，甚至会早早在图书馆门口等着开馆；但似乎在转瞬之间，他突然发现自己身处过量的境地：**书太多，读不过来**。早在 1621 年，牛津学者罗伯特·伯顿（其藏书之丰富在当时的私人图书馆中屈指可数，有近 1700 本，但其中没有一本词典）就生动地描述了这种感受：

　　我每天都能听到新消息和流言蜚语，关于战争、瘟疫、火灾、洪灾、盗窃、谋杀、屠杀、流星、彗星、鬼魂、神童、异象，关于法国、德国、土耳其、波斯或波兰等地的村镇沦陷、城市遭围、军队集结和每日战备，以及见诸如此动荡时局的频仍战事、生灵涂炭、决斗、船难、海盗、海战、媾和、结盟、谋略和新的警报，诸如此类。誓言、祈求、提议、敕令、请愿、诉讼、呼吁、律条、宣告、抱怨、哀悼，相互混杂，每天不绝于耳。每天都有新的图书冒出，还有小册子、舞蹈、故事、各种目录，以及哲学、宗教中新的悖论、观点、分裂、异端、争议。一会潮拥而至的是婚礼、化装舞会、哑剧、娱乐、金婚纪念、使节、马上长枪比武、奖杯、胜利、狂欢、体育、戏剧，一会又仿佛场景变换，是背叛、欺诈、抢劫、形形色色的恶行、丧礼、葬礼、王子去世、新发现、探险；如此一会是喜事，一会又是悲事。今天听说新官上任，明天就听说某些人物遭罢免，后天又听说他们另有高就；有人出监，有人入狱；有人大手花钱，有人落魄难堪；一人发财，他的邻居却破产；此刻衣食无忧，转瞬

贫寒交迫；有人奔走，有人骑马，有人争吵，有人捧腹，有人啜泣，不
一而足。这些就是我每日所闻，或者诸如此类。[13]

他当时觉得这样的信息过多是件新鲜事。不过，他不是在抱怨，而只是感到惊奇。
但很快，反对之声接踵而至。莱布尼茨就担心，人类因而会退回到野蛮状态——
"对于这种结果，数量骇人且还在持续增加的书籍可能要负很大的责任。因为到了
最后，无序状态将变得几乎不可抑制，不计其数的作者将很快遭遇普遍湮没无闻
的危险。"[14]亚历山大·蒲柏也不无讽刺地写道："当是时，（在上帝为惩治饱学
之士的罪行而允许印刷术的发明之后）纸张也变得如此廉价，印刷机又如此之多，
以致作者如洪流般泛滥，遍地都是。"[15]

"洪流"也成为后来人们描述信息过量时的常用隐喻。信息犹如翻腾高涨的洪
流，将人淹没。或者它又仿佛炮弹，以不及反应的速度从四面八方一波波袭来，
不断轰炸着人们的头脑。对刺耳声音的恐惧可以有一种宗教解读，即害怕世俗的
噪声可能会淹没真理。T. S. 艾略特在 1934 年的一个剧本中就表达了这种担忧：

> 得到关于运动的知识，而非静的知识；
> 关于言语的知识，而非默的知识；
> 关于字词的知识，同时对于道的无知。
> 我们所有的知识都让自己更趋近无知，
> 我们所有的无知都让自己更趋近死亡，
> 但行将死亡时，我们却没有更趋近上帝。[16]

又或是害怕打破壁垒，以免必须直面其背后陌生、可怕或恐怖的事物。又或是害
怕失去掌控能力，让感性重新陷入混乱。在一大堆看似合情合理的谎言中，真理
似乎更难寻觅了。

在"信息论"一词问世后，相继又出现了"信息过载"、"信息过量"、"信息
焦虑"、"信息疲劳"等说法。作为当下的一种综合征，"信息疲劳"一词便在 2009
年被 OED 收录："由于暴露在过量信息当中而引致的漠然、冷淡或心力交瘁，尤

指（在晚近用法中）由于试图从媒体、Internet 或工作中吸收过量信息而引致的压力。"有时，信息焦虑会与无聊感同时出现，一种相当令人困惑的组合。戴维·福斯特·华莱士给这种现代处境起了一个更不祥的名字：全噪声（Total Noise）。他在 2007 年的文章中指出，"海量的可用事实、情境和观点"构成了全噪声。[17]他也谈到了那种被淹没的感觉、自主性的丧失，以及努力成为知情的公民的个人责任。而为了能够跟紧所有信息，我们不免需要代理和承包商的帮助。

另一种谈论焦虑的方式是区分信息与知识。一大堆数据往往并不能告诉我们所需的知识。反过来，知识也并不能确保带来启示或智慧。（艾略特就接着写道："我们在生存中失落的生活在哪里？/我们在知识中失落的智慧在哪里？/我们在信息中失落的知识又在哪里？"）当然，这个洞见古已有之，但每当信息变得极为丰富时，尤其是在一个所有比特都生而平等、信息与意义相分离的世界里，总是会有人觉得有必要对此加以重申。比如，人文学者、技术哲学家刘易斯·芒福德就在 1970 年重申了这一点："不幸的是，'信息提取'，不论有多快，都无法替代借助直接的、个人的审视知识进行发现的方式，尽管这种知识的存在本身人们根本无法意识到，并且它是按照自己的步调沿着相关文献深入发展。"[18]因此，他呼吁重申"人的选择和道德自律"。诸如这样的警示，其中不免含有几分怀旧的气息，但无疑也包含了一个无可否认的真理：在追求知识的过程中，慢反而好。徜徉在弥漫着旧书气味的图书馆内，在堆满了典籍的书架之间探索，自有其回报。阅读（哪怕只是浏览）一本旧书所能获得的养分是从一次数据库搜索中无从得到的。耐心是美德，饕餮是罪过，无疑也适用于此。

不过，即便在 1970 年，芒福德考虑的还不是数据库或其他已初露端倪的电子技术。他抱怨的是"微缩胶片数量的猛增"以及由此加重的书籍过多问题。"倘若我们自我不施加这种克制的话，"他警告道，"书籍泛滥将导致一种与普遍蒙昧无异的思想衰弱状态。"然而，这样的克制终究没有出现。书籍继续层出不穷，各种讨论信息过剩的书也随之出现。而当网上书店 AMAZON.COM 打出像**不用一分钟**，开始在你的 Kindle 上阅读《信息烟尘》"和"给我惊喜！随机翻到本书中的一页"的口号时，其中暗含的反讽之意大概是他们所始料未及的吧。

随后，种种电子通信技术兴起的速度之快，仿佛是不期而至。根据 *OED* 的考证，e-mail 一词首次见诸文字是在 1982 年，在《计算机世界》杂志（*Computerworld*）上："ADR/Email 据称容易使用，并具备简单的、基于英语动词的命令提示符屏幕。"次年，另一个用例出现在了《信息系统》期刊（*Infosystems*）上："Email 促进了信息在空间内的运动。"又过了一年（这时距离普通大众听说这个词还有整整十年），一位任职于斯德哥尔摩大学 QZ 计算中心的瑞典计算机科学家，雅各·帕尔梅，提出了一个颇具先见之明的警告——简洁、准确且全面，不亚于任何一个在随后数十年间出现的类似警告。

> 倘若使用人数众多，电子邮件系统可能会导致严重的信息过载问题。其原因在于，把一条讯息发送给许多人是如此容易，而且此类系统的设计往往使得发件人对于通信过程具有太大的控制力，而收件人的控制力却太小……
>
> 人们会收到太多讯息，却没时间去读。这也意味着，真正重要的讯息会淹没在一大堆不太重要的讯息中而难以识别。
>
> 未来，当讯息系统变得越来越庞大、系统之间的互联越来越紧密时，这将会成为一个影响到此类系统的几乎所有用户的问题。[19]

他还根据自己所在的局域网情况统计了一些数据：一条讯息平均需要花费 2 分 36 秒撰写，但阅读只需要 28 秒。这原本还好，但问题在于，人们很容易将同一条讯息发送许多份副本。

当心理学家和社会学家从各自的角度开始研究信息过载时，他们得出的结论不一。早在 1963 年，两位心理学家就试图量化过量信息对于临床诊断的效应。[20] 结果不出所料，他们发现，"信息过多"（虽然他们承认，这并不好定义）确实经常会影响判断。他们虽然将论文标题定为了《有时人们是不是知道得太多？》，但在论文结尾，他们又兴致勃勃地列出了几个可替换的标题，包括《从来不曾如此事倍功半》、《你是否对其知道越多，却越难预测？》以及《信息过多是件危险之事》。此外，还有人尝试度量了信息负载对于人的血压、心律和呼吸速率的影响。

其中之一就是西格弗里德·施特罗伊夫特。他在 20 世纪 60 年代的一组论文中指出，信息负载与信息处理之间的典型关系有点像"倒写的字母 U"：更多的信息在一开始是有益的，接着变得不那么有益，最后则实际上变得有害了。在他的一项研究中，185 名大学生（全部为男性）被要求在一个军事策略游戏中扮演指挥官的角色，需要做出各种决策。他们被告知：

> 你所收到的信息是以真实世界里情报部门为指挥官准备信息的同样
> 方式准备的……你可以指示情报部门增加或减少他们呈报的信息量……
> 请选择你的偏好：我希望
>> 接收多得多的信息
>> 接收稍多点的信息
>> 接收与目前相当的信息
>> 接收稍少点的信息
>> 接收少得多的信息。[21]

但其实无论选择哪一项，他们的偏好都被忽略了。决定信息量的自然是实验者，而非受试者。施特罗伊夫特从实验数据中得出的结论是，"超适的"信息会导致低表现水平，"但值得注意的是，即便信息负载已是大大超适（比如，每 30 分钟 25 条情报），有些受试者仍会要求提高信息量水平"。后来，他用类似方法研究了饮用过量咖啡的效应。

到了 20 世纪 80 年代，研究者们已经可以信心满满地谈论所谓"信息负载范式"。[22]这种范式实际上是基于一个明显的事实，即人们只能"吸收"或"处理"有限的信息。许多研究者发现，信息过量不仅会导致困惑和挫败感，还会导致视野受限和不诚实行为。而实验本身也要处理众多的信息：比如，记忆广度的度量、源自香农的信道容量概念，以及信噪比的各种变体等。一种常用但不十分可靠的研究方法是直接的内省。1998 年，一个小型项目研究了一个"共同体或俗民群体"——伊利诺伊大学图书馆与信息科学研究生院的某门课程的学生。[23]所有人在被问及时都说，自己正受到信息过载的折磨，表现为通过"电子邮件、会议、邮件列表以及文件筐里的纸堆"汹涌而来的信息令人应接不暇。大多数人都感到，过量的信息侵扰了他们的工作和休闲时间。有些甚至还表示出现了头痛的症状。研究得出的初步结论是：信息过载是真实存在的；它既是我们描述信息对于现代社会种种影响的"代名词"，也是我们对此无法加以科学解释而形成的迷思。对此，研究还得继续。

正如查尔斯·本内特所说，如果不将信息视为一种负债，那不免会导致混淆。"毕竟我们花的钱仅是让人把报纸送来，而不包括将其取走。"[24]然而，计算的热力学表明，昨天的旧报纸会占用麦克斯韦妖用来接收今天新报纸的宝贵空间，并且现代社会的经验也证明了这一点。遗忘曾被视为一种失效、一种浪费以及一个老之将至的信号。而现在，遗忘是需要付出代价才能做到的事情。遗忘也许与记忆一样重要。

获取事实的代价曾经非常昂贵，现如今则已十分廉价。曾几何时，如果想了解诸如君主或总统的名姓和年代、节假日和潮汐表、遥远国度的大小和人口、海军舰船和主要军官等事实，人们需要查阅《惠特克年鉴》（英国）或《世界年鉴》（美国）。要是手头没有年鉴，或是想了解的事实不在其中，人们还可以打电话咨询公共图书馆里有经验的工作人员。萧伯纳在妻子临近死亡时，想预先了解一下最近火葬场的位置，却翻检年鉴而不得。"我刚在《惠特克年鉴》中发现了一个惊人的疏漏。"他在给编辑的信中写道，"由于读者查阅这本价值不菲的年鉴的目的在于找到自己想了解的信息，所以我以为，国内现有 58 家火葬场的信息及相应的操作指南想必会是非常有益的补充。"[25]他的信就事论事，并没有提到自己的妻子，只是说到"在重病的情况下"，也没有透露自己的身份，只是自称"一位痛失亲人的问讯者"。萧伯纳有自己的电报地址和电话，但他还是习惯从白纸黑字中查找事实。

对当时的许多人而言，电话的出现已经大大扩展了他们可以问讯的范围。进入 20 世纪后，人们意识到，即便未能亲临赛事现场，自己也能立刻知道结果的比分。还有很多人想到了打电话给报社问询结果，弄得《纽约时报》不堪重负，不得不在 1929 年登出头版告示，恳求读者停止此类行为：“请勿来电询问职业棒球世界大赛的比分。”[26] 而现如今，“实时的”信息已被视为现代人一项与生俱来的权利。

当你终于将相关的所有信息都搜罗到手后，你会做什么？丹尼尔·丹尼特就在 1990 年设想了（恰在 Internet 的出现让他的梦想成为可能前不久），电子网络将颠覆传统诗歌出版的经济学。如果不再出版那种只卖给少数鉴赏家的精致小薄本，而改成在线出版，可以让诗歌在瞬间接触到几百万的读者而非几百个，并且每个人只需花费一美分而不是几十美元，那又该是番什么样的景象？也在这一年，出版商查尔斯·查德威克-希利爵士（Charles Chadwyck-Healey）某天在大英图书馆里冒出了建立一个“英国诗歌全文数据库”的想法。四年之后，他把这个想法变成了现实。它收录的不是现在的或未来的诗歌，而是过去的诗歌，并且一开始没有做成在线形式，而是压制成了四张内容光盘：过去 13 个世纪里总计 1250 名诗人的 165 000 首诗，售价 51 000 美元。如何利用这样的数据库成了读者和评论家不得不面对的问题。显然不可能像阅读一本书那样全文通读。或许可以在其中选读。通过搜索，在当中找到一个字词、一句引语或一段隐约记得的片段。

安东尼·莱恩在《纽约客》上撰文评论这个数据库时，他的态度在兴奋与失望之间摇摆不定。“你一开始感觉自己就像一位成竹在胸的钢琴家，”他写道，“知道什么在等待着自己，啊，是英国文学的无尽宝藏！从这些人类想象力最深的矿藏中，能挖出何等的秘密珍宝啊！”[27] 但不料，随之而来的尽是些混合杂糅、质量低劣或浮夸庸俗之作。这一团乱麻开始让人简直难以忍受。不过，莱恩听上去却没有那么无法忍受。“狗屎一堆！”他不由咆哮道，但他似乎又乐在其中。“我从来没见过一个如此好的证明，证明人类无能的威力——以及，同样地，人类健忘的福分。”要是没有这个数据库，他从哪才能找到这位被人们彻底遗忘（除了维基百科）的托马斯·弗里曼（Thomas Freeman）及其这个可爱的自我反思的对句？

> 喔喔喔，我想我听见了我的读者的呼声，
>
> 这就来首押韵的打油诗：我认承；

这套光盘早已过时。现如今，所有的英国诗歌都到了网上——即便还不是全部，也相差无几；即便还不是现在，也指日可待。

过去像手风琴一样被折叠进了现在。不同的媒介具有不同的事件视界（比如，文字是三千年，录音是一百五十年），在其时间框架内，过去的事物会像现在的事物一样唾手可得。泛黄的报纸可以起死回生。历史悠久的出版物可以重新利用过去的内容，比如菜谱、玩牌技巧、科学发现、流言等，它们一度绝版，现在换个"五十年前的某某"或"一百年前的某某"的标题又得以重见天日。唱片公司也在库存里翻箱倒柜，发行或重新发行了箱底里的单曲、珍选、次要曲目和私录带。曾几何时，收藏家、学者或歌迷**拥有**他们的藏书或唱片，而在他们当时所拥有的与所未拥有的之间有一条清晰的界线。对于有些人来说，他们所拥有的音乐（或藏书、或视频）甚至成为了他们身份的一部分。但这样的界线现在正在逐渐消失。索福克勒斯的大部分剧作都已失传，但流传下来的那些现在只消按个按钮就能获得。巴赫的大部分音乐不为贝多芬所知，但我们现在却应有尽有——组曲、康塔塔，还有各种铃声。各种信息我们似乎即刻可及，我们仿佛处于全知全能的境地。音乐评论家亚历克斯·罗斯（Alex Ross）将这形容为"无穷长的播放列表"，并意识到了其中不完全是福分："焦虑感取代了满足感，渴求与失落循环往复。人们刚开始一种体验，其他还会有什么的想法就又随即萌生。"这是富足的窘境，无疑也再次提醒了我们，信息不是知识，知识不是智慧。

当然，各种应对策略也随之出现。方法多种多样，但归根结底，本质上可归为两类：要么是过滤，要么是搜索。不胜其扰的信息消费者纷纷求助于各种过滤器以期区分精华和糟粕。这些过滤器包括博客和聚合器——但过滤器的选择难免会引发信任和口味的争议。过滤器的问题，是任何描绘了丰富信息带来美好前景的思想实验所无法回避的。丹尼特在设想他的诗歌网络时，也已经意识到了其中的问题。他指出："对此明显的反假设来自群体模因学。如果这样一个网络真的建成了，没有一个诗歌爱好者会愿意在充斥着打油诗的成千上万个电子文件中辛苦搜寻，只为找到几首好诗。"[28]过滤器，这里指编辑和诗歌评论家，无疑是必不可少的。编辑和评论的模因"之所以会兴盛，正是因为心智的供应短缺、容量有限，而不论心智之间的传输媒介是什么"。当信息变得廉价时，注意力就变得昂贵了。

同样地，各种搜索机制（在赛博空间里叫做搜索引擎）也在帮助人们大海捞针。我们现在认识到了，信息仅仅**存在**是不够的，它还必须为人所知。在 16 世纪的英国，"文件"（file）一词原本指的是用来串起纸笺、账单、便条或信件，以便保存及日后参考之用的铁丝。后来又出现了文件夹、文件屉和文件柜，再后来同样的名称应用到了电子系统中。但这时，反讽不可避免地出现了：一条信息一旦**被归档**，从概率上讲，它就不太可能再次被人读到了。早在 1847 年，巴贝奇的朋友奥古斯塔斯·德摩根便认识到了这一点。他指出，对于随便一本书来说，图书馆并不比废纸仓库好到哪里去。"以大英博物馆图书馆为例，诚然它非常宝贵、有用，也十分便利，但一本书只是因为它在里面，人们就知道里面有这本书的概率有多大？如果有人需要这本书，他自然可以要求借阅，但前提是他必须事先知道里面有这本书。谁也不可能翻遍整个图书馆。"[29]

信息过多，并且其中大多失落无闻。一个未被搜索引擎编入索引的 Internet 站点就如同一本被上错架的图书馆藏书，难免处于被人遗忘的境地。这也就解释了为何在信息经济领域取得成功的企业都是建立在过滤和搜索的基础之上。甚至非营利的维基百科也是两者结合的产物：主要由 Google 驱动的强大的搜索机制，以及通过相互协作努力做到去伪存真的大量过滤器。搜索和过滤是保护这个世界免于落入巴别图书馆境地的仅有力量。

这两个策略在计算机时代的实现让它们看上去像是新出现的，但其实不然。事实上，印刷媒介相当可观的一部分产物，都是为了应对信息过量而发展而来的，只是如今它们已被视为理所当然，就像旧墙纸一样被人视而不见。按字母表顺序排列的索引、书评、图书分类法和图书馆卡片目录、百科全书、选集和文摘、名人名言录、逐字索引和地名索引，如此等等：它们其实是各种选择和排序机制。罗伯特·伯顿之所以不惮其烦地列举每天听到的新消息和流言蜚语，"哲学、宗教中新的悖论、观点、分裂、异端、争议"，其实是为了给他自己倾注了毕生精力的巨著提供辩护——《忧郁的解剖》，一本试图搜罗过去所有知识的长篇概要。再往前四个世纪，多明我会会士博韦的樊尚也曾尝试将当时已知的所有事物都纳入一本著作当中，从而创造出了中世纪最早的一批百科全书之一——《大宝鉴》，总共80 卷，共计 9885 章。而他给出的理由是："书卷太多而时间苦短、记忆易失，这使得已经写下的所有文字无法一视同仁地全部记忆在心。"[30]研究早期现代欧洲的哈佛大学历史学家安·布莱尔总结得好："对于图书过多的感知，反过来为生产更多图书提供了动力。"[31]自然科学也以自己的方式应对信息过载问题，比如像植物学这样的学科就是因此而兴起的。到了 16 世纪，随着已知物种（及其名字）的数量暴涨，人们迫切需要新的标准化描述手段。于是，附有词汇表和索引的植物学百科全书应运而生。在布赖恩·奥格尔维看来，文艺复兴时期植物学家的所作所为"是为了因应他们自己在不经意间造成的信息过载"。[32]这些人制造了一团"新事物的混乱"，以及"相应的一团字词的混乱"。博物学的诞生正是为了沟通这两团信息。

新的信息技术在改造了现有世界景观的同时，也带来了混乱，这就像是新的河道和水坝改变了原来灌溉和航运的水道。信息创造者与消费者（比如作者与读者、说者与听者）之间的平衡已被颠覆。市场力量也举棋不定，因为信息可以同时表现得太廉价和太昂贵。旧的组织知识的方法不再奏效。这时，谁来搜索？谁又来过滤？在这场混乱中，希望与恐惧相互交织。无独有偶，在无线电广播诞生之初，贝托尔特·布莱希特就对其既充满希望，又害怕恐惧，还十分着迷。他把这种感受精致地表达了出来："一个有话想说却找不到听众的人是很不幸的，但更不幸的是那些找不到人有话想说给他们听的听众。"[33]但对此的权衡判断也总是在变化。不信可以问问现在的那些博客和 Twitter 作者：太多嘴说或太多耳听，究竟哪个更糟糕？

注释

[1]　http://andrewtobias.com/the-anonymous-company-spokesman/.

[2]　Carl Bridenbaugh, "The Great Mutation," *American Historical Review* 68, no. 2 (1963): 315–331.

[3] Ibid., 322.

[4] "Historical News," *American Historical Review* 63, no. 3 (April 1963): 880.

[5] Elizabeth L. Eisenstein, *The Printing Press as an Agent of Change: Communications and Cultural Transformations in Early-Modern Europe* (Cambridge: Cambridge University Press, 1979), 25.

[6] Ibid., xvi.

[7] Elizabeth L. Eisenstein, "Clio and Chronos: An Essay on the Making and Breaking of History-Book Time," *History and Theory* 6, suppl. 6: History and the Concept of Time (1966), 64.

[8] Ibid., 42.

[9] Ibid., 61.

[10] Elizabeth L. Eisenstein, *The Printing Press as an Agent of Change*, 624 ff.

[11] Carl Bridenbaugh, "The Great Mutation," 326.

[12] Elizabeth L. Eisenstein, "Clio and Chronos," 39.

[13] Robert Burton, *The Anatomy of Melancholy*, ed. Floyd Dell and Paul Jordan-Smith (New York: Tudor, 1927), 14.

[14] Gottfried Wilhelm Leibniz, *Leibniz Selections*, ed. Philip P. Wiener (New York: Scribner's, 1951), 29; cf. Marshall McLuhan, *The Gutenberg Galaxy* (Toronto: University of Toronto Press, 1962), 254.

[15] Alexander Pope, *The Dunciad* (1729) (London: Methuen: 1943), 41.

[16] T. S. Eliot, "The Rock," in *Collected Poems: 1909–1962* (New York: Harcourt Brace, 1963), 147.

[17] David Foster Wallace, Introduction to *The Best American Essays 2007* (New York: Mariner, 2007).

[18] Lewis Mumford, *The Myth of the Machine*, vol. 2, *The Pentagon of Power* (New York: Harcourt, Brace, 1970), 182.

[19] Jacob Palme, "You Have 134 Unread Mail! Do You Want to Read Them Now?" in *Computer-Based Message Services*, ed. Hugh T. Smith (North Holland: Elsevier, 1984), 175–176.

[20] C. J. Bartlett and Calvin G. Green, "Clinical Prediction: Does One Sometimes Know Too Much," *Journal of Counseling Psychology* 13, no. 3 (1966): 267–270.

[21] Siegfried Streufert et al., "Conceptual Structure, Information Search, and Information Utilization," *Journal of Personality and Social Psychology* 2, no. 5 (1965): 736–740.

[22] 比如：Naresh K. Malhotra, "Information Load and Consumer Decision Making," *Journal of Consumer Research* 8 (March 1982): 419.

[23] Tonyia J. Tidline, "The Mythology of Information Overload," *Library Trends* 47, no. 3 (Winter 1999): 502.

[24] Charles H. Bennett, "Demons, Engines, and the Second Law," *Scientific American* 257, no. 5 (1987), 116.

[25] G. Bernard Shaw to the Editor, *Whitaker's Almanack*, 31 May 1943.

[26] *The New York Times*, 8 October 1929, 1.

[27] Anthony Lane, "Byte Verse," *The New Yorker*, 20 February 1995, 108.

[28] Daniel C. Dennett, "Memes and the Exploitation of Imagination," *Journal of Aesthetics and Art Criticism* 48 (1990): 132.

[29] Augustus De Morgan, *Arithmetical Books: From the Invention of Printing to the Present Time* (London: Taylor & Walton, 1847), ix.

[30] Vincent of Beauvais, Prologue, *Speculum Maius*, quoted in Ann Blair, "Reading Strategies for Coping with Information Overload ca. 1550–1700," *Journal of the History of Ideas* 64, no. 1 (2003): 12.

[31] Ibid.

[32] Brian W. Ogilvie, "The Many Books of Nature: Renaissance Naturalists and Information Overload," *Journal of the History of Ideas* 64, no. 1 (2003): 40.

[33] Bertolt Brecht, *Radio Theory* (1927), quoted in Kathleen Woodward, *The Myths of Information: Technology and Postindustrial Culture* (Madison, Wisc.: Coda Press, 1980).

尾声

（意义的回归）

不可避免地，意义将顽强回归。

——让-皮埃尔·迪皮伊（2000）[1]

信息过量、信息压力以及信息疲倦并不新鲜，以前都曾出现过。这个洞见要归功于马歇尔·麦克卢汉，他在1962年提出了自己的这个核心思想：

> 我们今天深入电气时代的程度，就如同伊丽莎白时期的人们深入印刷与机械时代的程度。他们由于同时生活在两种反差强烈的社会和经验之中而产生的困惑和犹豫，我们现在也感同身受。[2]

然而，虽然两者多有相似之处，但这一次还是有所不同。现如今又过了半个世纪之久，我们得以开始认识到，互连通性的影响有多么广阔、多么强烈。

再一次地，就像当初电报刚问世时那样，我们谈论起了时间和空间的消弭。在麦克卢汉看来，这是创造出某种全球意识（他称之为全球**认识**）的先决条件。他写道："现如今，我们已经将中枢神经系统延伸到了全球各处，从而至少在我们星球的范围内消除了时间与空间的差异。很快，我们将达到人的延伸的终极阶段——用技术模拟意识。到时，认识的创造性过程将集体地延伸至人类社会整体，就如同我们已经通过各种媒介延伸了我们的感官和神经一样。"[3]而早在一个世纪前，沃尔特·惠特曼就用一种更好的方式表达了同样的意思：

> 这是些什么样的絮语，噢大陆，它们跑在你之前，还穿越海底？
>
> 所有的国家都在亲密交谈？全世界将来会只有一颗心脏？[4]

随着整个世界被电线以及随后出现的无线通信技术紧密联系了起来，种种关于一个新的全球有机体的浪漫想象应运而生。早在 19 世纪，就已经有神秘主义者和神学家开始谈论某种共享心智或集体意识，而它的实现要求数百万人被置于可任意一对一通信的境地从而实现相互协作。[5]

有人甚至将这种新的有机体视为持续进化的自然产物——在人类的自尊心受到达尔文学说的莫大伤害之后，这无疑是一种重申人类所肩负特殊使命的方式。法国哲学家爱德华·勒鲁瓦就在 1928 年写道："如果我们要想成功地将人类纳入生命通史当中，做到既不扭曲前者，也不打乱后者，那么有一点将变得绝对必要，即要将人类置于底层的自然之上，使其位居既能够主宰自然、又不脱离自然的位置。"[6]为此，他提出了一个新概念——心智圈（noosphere），一个进化史上史无前例的"突变"。勒卢瓦的好友、耶稣会哲学家德日进更进一步宣扬了心智圈的概念，将之称为地球的一层"新皮肤"：

> 一块土地，无论它有多大，现在都不再足以养活我们每一个人——要用到整个地球才可以。如果从字面上看，这难道不像一个巨大的婴儿（四肢、神经系统、知觉中枢以及记忆皆备）正处于降生过程当中，而这个将要长成某种伟大之物的婴儿本身正是要实现该具有反思能力的存在由于新意识到了自身与整个进化的相互依存关系以及对其的责任而产生的抱负？[7]

这确实有点佶屈聱牙，并且在神秘主义倾向不那么明显的人看来不过是夸夸其谈（"一派胡言，由一堆乏味的形而上概念堆砌而成。"彼得·梅达沃就对此评论道[8]）。但当时的确有很多人正在考虑这种设想，尤其是科幻小说作家。[9]半个世纪后，Internet 的许多先驱者也对此喜爱有加。

H. G. 威尔斯以其科幻小说闻名，但他在 1938 年，在自己的晚年，出版题为《世界大脑》的小书时，他的身份是个自觉的社会评论家。他在其中主张的东西与科学幻想无关：他主张通过建立一套覆盖"全体"人类的经过改良的大学系统，用一个世界大脑取代"大量互不合作的神经节，由大学、研究机构、作为工具的文学、国民教育体系等构成的软弱无力的集合"，破除各自为政的局面，从而塑造出"一个经过再造的强有力的公意"。[10]他的世界大脑将统治全球。"我们不要独裁君主，我们也不要寡头政治或阶级统治，我们要一个遍及全球、拥有自我意识的智能。"威尔斯相信，已经出现的一项新科技势必会变革信息生产和分配的方式，那就是缩微胶卷。在当时，将印刷文本做成缩微胶卷的每页成本已经不到一美分，而在一年前的 1937 年，来自欧美各国的图书馆员在巴黎召开的世界通用文献大会上，就建议借助缩微胶卷实现信息的普遍可及。他们还意识到，为此需要新的文献索引方法。大英博物馆图书馆在当时也启动了一个项目，准备将馆藏最古老的四千多册图书制作成缩微胶卷。威尔斯甚至预言："在数十年后，从事整理和消化知识工作的人将比现在多上数千倍。"[11]不过，他随即也承认自己这样做是有意引发争议，引人注意。作为参加世界通用文献大会的英国代表，他在会上的发言中就曾设想了"某种服务于人类的端脑，某种大脑皮层，在它发育成熟后，它将为全人类提供一种对于现实的记忆和感知"。[12]威尔斯在其他场合也曾把这想象成了另一种既常见又不无空想的东西：一部世界百科全书。其先驱是各国的百科全书，包括狄德罗主编的法国《百科全书》、英国的《不列颠百科全书》以及德国的《迈耶百科词典》(他没提到中国的"宋四大书"，包括《册府元龟》、《太平御览》、《太平广记》以及《文苑英华》)，它们都曾在梳理和装备 19 世纪社会的"普遍智能"中扮演了重要作用。

威尔斯进而指出，这部新的世界百科全书将不再以印刷成卷的静态形式呈现，而会是在一帮睿智的专业人员("他们将会是新世界中极为重要、卓越之人")指导下持续更新，成为"某种心智的智力清算所，某种对知识和思想加以接收、分拣、总结、消化、澄清和比较的仓库"。威尔斯是否会从维基百科身上认出自己的梦想，谁又能知道呢？在他的设想中，这个世界大脑需要具有权威性，各种杂七杂八、不成定论的思想不允许进入，但它不必集中在一个地方。

它不必像人的头颅或心脏那样不堪一击。它可以在秘鲁、中国、冰岛、中非或任何一个看上去能免遭危险和打断的地方得到精确而完整的复制。它可以兼具脊椎动物的集中成形以及阿米巴虫的分散变形。

因此，威尔斯提出，"它可能会采用网络的形态"。

现在我们知道，真正造就大脑的并不是知识量，甚至也不是知识的分布，而是其中的互连通性。当初威尔斯在使用"网络"一词时（他对这个词一直青睐有加），它还保留着其原始的、实物的意义。与其他同时代的人一样，他在脑海中浮现的是彼此缠绕或连接的茎干或电线："在这些鹅卵石之上覆盖着一层由植物茎干结成的网络，它们盘根错节、相互缠绕，其上少有花和叶"；"一个由电线和电缆构成的错综复杂的网络"。[13]但对于我们现在来说，这种感觉几乎已经没有了；现如今，网络被视为一种抽象事物，其涵盖的是信息。

信息论的诞生，同时伴随着意义被无情地牺牲掉，尽管正是意义赋予了信息以价值和目的。香农在《通信的数学理论》一开头就直言不讳，宣称意义"与其工程学问题无关"。因此，忘记心理学，放弃主观性吧。

当然，他知道这肯定会招致反对。他也无法否认，讯息确实可以带有意义，"也就是说，根据某种体系，它们指向或关联了特定的物理或概念实体"。（这里的"某种体系"大概指的就是我们的世界及其居民吧。希望如此，阿门。）但对于有些人来说，这究竟太过冷酷无情。曾参与了早期控制论会议的海因茨·冯·弗尔斯特就抱怨，信息论研究的其实仅是"哗哗声"。他认为，只有当这些信号在人的大脑被理解之后，"信息才算诞生——总之，信息不在'哗哗声'里"。[14]还有些人则试图拓展信息论，使其涵盖语义因素。但意义，一直以来都难以确定。正如博尔赫斯在《巴别图书馆》里所写："我知道有一个陌生地区，那里的图书馆员对于试图从书中寻找意义的徒劳而迷信的习惯嗤之以鼻，以为这就好比试图从梦境或混乱的掌纹中寻找意义。"[15]

认识论研究者关心的是知识，而非哗哗声或信号。没有人会浪费时间去为点和划、烽烟或电子脉冲建立哲学。人们通常认为，需要经过人或某种"认知主体"才能接收信号并将之转化为信息。弗雷德·德雷特斯科就将这种观点描述为："美因人而异，信息也是因接收者而异……我们**赋予**了刺激以意义，否则它们本身是不带信息的。"[16]但德雷特斯科转而指出，这种观点其实是建立在混淆信息和意义的基础之上，而一旦两者的区分被清晰理解，人们就可以做到将信息视为客观的对象，其生成、传输和接收并不要求或预设任何的阐释过程。进而在这样的框架下，人们得以有机会理解意义是如何生成的，理解生命如何随着越来越有效地处理和编码信息，逐渐发展出了阐释、信念和知识。意义及与之相关的一系列心理态度是最终产品，而其原材料是信息。

然而即便如此，一个会将假命题与真命题的价值（至少，就信息量而论）等而视之的理论，谁又会喜欢呢？它无疑是机械、枯燥的。悲观主义者在回顾历史时甚至可能会认为它正预示了后来没有灵魂的 Internet 的到来。法国哲学家、控制论史家让-皮埃尔·迪皮伊就写道："我们越沿用现在的方式进行'沟通'，我们就会越营造出一个**地狱般**的世界。"

> 这里，我是在神学意义上使用"地狱"一词的，即未蒙上帝**恩典**的地方——不配、不必、不意、不料。信息社会中存在这样一个悖论：我们仿佛拥有了关于这个世界越来越多的信息，但这个世界在我们看来却越来越缺乏意义。[17]

那个地狱般的、未蒙上帝恩典的世界，已经变成现实了吗？信息过量但还要求更多，哈哈镜和虚假文本大行其道，充满污言秽语的博客、隐藏在匿名背后的自以为是、毫无新意的讯息举目皆是？到处喋喋不休，最终虚假驱逐真实？

所幸我现在看到的世界并非如此。

人们曾一度认为，在一种完美的语言里，单词与意义之间应该有着一一对应的关系，没有任何的歧义、含糊和混淆。人间被变乱的语言只是伊甸园里失落语言等而下之的产物——这是一场灾难，也是一次惩罚。小说家德克斯特·帕尔默就写道："我想象，在上帝书桌上的词典里，单词与意义之间肯定有着一一对应的关系，这样当上帝给天使下达旨意时，它们才完全不会有歧义。他说出或写下的每一句话必然是完美的，因而也是个神迹。"[18]但现在，我们对此有了更深入的理解。无论有没有上帝，完美的语言都不存在。

莱布尼茨曾认为，如果自然语言无法做到完美，那么至少微积分可以做到：一种由严格定义的符号构成的语言。"一切人类思想也许能够被彻底分解成少数基础思想。"[19]这样的话，这些基础思想进而可以加以机械的组合和审视。"一旦做到了这些，任何使用这些字符的人就绝对不会出错，或至少在出错以后通过最简单的测试就可以立刻发现错误。"但哥德尔终结了这场美梦。

恰恰相反，"完美"这一概念与语言的本质是互相对立的。信息论已经帮助我们理解了这一点——或者，如果你是个悲观主义者的话，迫使我们理解了这一点。帕尔默接着写道：

> 我们被迫意识到，字词本身不是思想，它们仅仅是一串串墨迹；我们也意识到，声音不过是波动。在现代，没有了自然之书的作者从天堂俯视众生，语言成了并非确定之物，而是充满了无限可能性；破除了长久以来令人安慰的幻象，即自然存在有意义的秩序，我们只能直接面对无意义的无序；丧失了意义可以是确定的的信心，我们在面对字词**可能**意指的多种多样事物时不免手足无措。

但无限可能性是件好事，而非坏事。无意义的无序是我们要勇于挑战的局面，而不是我们畏葸不前的借口。语言将一个无限的世界（及其中的对象、感觉和组合）映射到了一个有限的空间里。世界在不断变化，万物有常，世事多变。语言也在不断变化，我们不只能从 *OED* 每一版的差异中看出，也能从此一刻与下一刻、此一人与彼一人的差异中看出。每个人的语言都彼此不同。对此，我们要么手足无措，要么振奋勇气。

现如今，人类的词汇越来越多地存在于网络上——这样既方便保存（尽管它总是在变化），又方便访问或搜索。同样地，人类的知识也融入了网络，进入了云端。各种网站、博客、搜索引擎和在线百科、对于都市传说的分析以及对于这些分析的驳斥，不一而足——在上面，真实与虚假错综复杂，难以分辨。不过，在所有数字通信形式中，就要数 Twitter 受到的冷嘲热讽最多了。由于它规定讯息字数不得超过 140 个字符，人们常批评它保护陈腐和平庸，鼓励琐碎和浅薄。漫画家加里·杜鲁多（Garry Trudeau）就在漫画中描绘了一个新闻记者角色，他整天埋头于 Twitter 中，却几乎不起身去跑新闻。然而，在 2008 年孟买恐怖袭击事件发生时，正是现场目击者的 Twitter 讯息提供了紧急信息，并起到了安抚民心的效果。2009 年，又是来自德黑兰的 Twitter 讯息将伊朗的抗议示威活动展示在了世界面前。格言警句这种形式一直以来有着光荣的历史。我本人很少用 Twitter，但这种形式独特、字数受限的古怪媒介无疑自有其用途和魅力。到了 2010 年，小说家玛格丽特·阿特伍德承认，自己已经"深陷 Twitter 圈中，就如同爱丽丝落入了兔子洞"。

> 那么 Twitter 究竟是什么？它是某种信号发送，就像电报？或是禅诗？又或是厕所墙壁上涂鸦的笑话？抑或是刻在树上的"约翰♥玛丽"？姑且称它是一种沟通好了，人类就爱沟通。[20]

此后不久，本以收藏所有书籍为目标的美国国会图书馆也决定开始保存所有的 Twitter 讯息。此举或许有点自降身份，并很可能是重复之举，但没有人能确信。毕竟这也是种人类沟通。

并且网络已经学到了一些任何单个个人无从知道的事情。

它可以通过识别音乐 CD 中各支单曲的时长，并查询一个巨大的数据库，从而辨识出这是张什么 CD。这个数据库是多年来数百万匿名用户集体贡献的积累。2007 年，这个数据库就揭露了一件众多杰出乐评家和音乐欣赏者一直没有注意到的事情：已故英国钢琴家乔伊丝·哈托（Joyce Hatto）名下的一百多支录音，曲目涉及肖邦、贝多芬、莫扎特、李斯特等人的作品，其实是剽窃了其他钢琴家的演奏。麻省理工学院在 2006 年成立了一个集体智能研究中心，致力于找出群体智慧并加以"利用"。然而，我们现在仍然难以判断应该在何时以及在何种程度上相信"群体的智慧"（取自詹姆斯·索罗维基 2004 年著作的书名），而不至于落入"群众的疯狂"（取自查尔斯·麦凯 1841 年著作《异常流行的幻象与群众的疯狂》的书名）。按照麦凯的说法，人群"陷入疯狂时成群结队，清醒过来则是一个一个缓慢进行"。[21]群体很容易变身为群氓，而且其种种表现形式可谓历史悠久：热潮、泡沫、私刑暴民、快闪族、神圣战争、集体歇斯底里、羊群心理、整齐行动、从众心态、团体迷思，等等——而现在，这些效应可能会被网络效应进一步放大，并可以从信息级联的新角度进行研究。集体的理智判断无疑预示着诱人的可能性，但集体的自欺和集体的邪恶也早已劣迹斑斑，不可不小心。不过，网络中的知识不同于与基于模仿和人云亦云而做出的群体决策。它似乎是靠积累而来，并会赋予离奇或例外之事其应有的权重。而这其中的挑战在于，要能辨别出并访问到它。2008 年，Google 创造了一个区域性流感趋势的早期预警系统，所凭借的数据仅仅是在网络上搜索"流感"这个词的次数。但即便是这样，该预警系统明确发现流感爆发的时间，要比美国疾病控制与预防中心早了一个星期。这就是 Google 的方式：它解决一些人工智能经典难题（如机器翻译和语音识别）的办法，不是靠人类专家、字典或语言学家，而是依赖在三百多种语言的数万亿单词中进行如饥似渴的数据挖掘。从这个角度来看，这种搜索 Internet 的早期策略其实就是基于对集体知识的利用。

尼科尔森·贝克曾在一篇文章中记录了搜索在 1994 年是什么样的。[22]（他在十年后将成为一位维基百科迷，但在当时却大声呼吁保留卡片目录、旧报纸以及其他明显过时的刊物。）有一次，他在加州大学图书馆的电脑终端上键入了"BROWSE SU CENSORSHIP"（浏览 主题 内容审查），结果却收到一条错误反馈，

> 长检索：您的检索包含了一个以上的常用字，这将导致系统返回超过 800 个条目，并需要很长时间才能完成，

以及一段委婉的批评：

> 长检索会拖慢系统速度，影响到使用目录的所有人，而且往往不会得到有用的结果。请键入 HELP（帮助）或向图书馆员请求帮助。

这种情景在当时太常见了。尽管贝克掌握布尔查询所用的句法（包含 AND、OR、NOT），但还是于事无补。为了支持自己的主张，他进一步引证了有关屏幕疲劳、搜索失败和信息过载等的研究，并认同一种理论的观点，即电子目录"实际上起到了厌恶疗法的作用"，反而使人反感在线检索。

短短两年后，也就是 1996 年，搜索的状况大为改观。过去两年里，Internet 流量以每年 10 倍的速度暴增，从 1994 年全世界每月 20 太字节猛增到 1995 年的每月 200 太字节，再到 1996 年的每月 2 拍字节。那一年在加州的帕洛阿尔托市，DEC 公司研究实验室的软件工程师公开推出了一种新型搜索引擎，名叫 AltaVista。它会持续不断地建立和更新一个索引，其中收录了能在 Internet 上找到的每一个网页——在当时，这个数量约是数千万。如果在上面搜索 "truth universally acknowledged"（举世公认的真理）和 "Darcy"（达西）这两个短语，你会找到约四千个匹配结果。其中包括诸如：

- 《傲慢与偏见》数个完整但不一定可靠的文字版。它们储存在日本、瑞典等地的计算机上，大多数可以免费下载，但有一个版本要花费 2.25 美元。

- 对于问题"鸡为什么要过马路"的一百多个回答。除了标准答案（"为了到马路对面"），还包括"简·奥斯丁：凡是有钱的单身鸡，面对一条平坦的马路，总是会想过去，这是一条举世公认的真理"。

- 《普林斯顿亚太评论》的出版宗旨："亚太地区的战略重要性是一个众所周知的事实……"

- 英国素食主义协会的一篇谈论烧烤的文章："以下是一条荤食者普遍接受的真理……"

- 爱尔兰人凯文·达西的个人主页。美国威斯康星州人达西·克里默的个人主页。达西·莫尔斯的个人主页和划船照片。澳大利亚足球运动员蒂姆·达西的人口基础信息。英属哥伦比亚一名十四岁园丁兼保姆达西·休斯的简历。

林林总总的琐事并没有让这个不断演化的索引的制作者望而却步。他们十分清楚在制作图书馆目录与搜索世界上信息之间的差别，前者的对象是确定、已知而有限的，后者的对象则是无边无际的。他们感到自己正在做一件大事。AltaVista 的项目经理艾伦·詹宁斯就说道："我们掌握了这个世界现在所用语言的词汇。"[23]

再接下来，Google 登场了。1998 年，布林和佩奇将两人开办不久的公司从斯坦福大学的宿舍搬入了写字楼。他们的洞见是，赛博空间对于自身状态具有某种形式的知识，就藏身于从一个网页跳转到另一个网页的链接中，而搜索引擎可以利用这种知识。与之前许多科学家所做的一样，他们将 Internet 想象成了一个图，包含众多节点和连接——截至 1998 年初，节点有约一亿五千万个，连接有近二十亿个。他们将每一个链接视为一次价值的表达，一次推荐。他们还意识到，并非所有链接的价值都相等。于是他们发明了一种递归的价值计算法：一个网页的排名取决于其链入链接的价值，而一个链接的价值取决于其指向网页的排名。并且他们不只发明了这种算法，还公之于众。不过，让 Internet 知道 Google 是怎样运作的并没有损害到 Google 利用 Internet 知识的能力。

与此同时，Internet 这个涵盖所有网络的网络的兴起，也鼓舞了与甚大系统的拓扑相关的新理论研究。网络科学有许多不同的起源和研究路径，涉及从理论数学到社会学，但其成形的标志是 1998 年夏，《自然》杂志刊登了邓肯·沃茨和史蒂文·斯特罗加茨的一封来信。信中结合了三样东西，从而引起了一阵轰动：形象的口号、精彩的论证以及广泛的应用。其中应用之一是美国电影男演员之间的合作关系，口号则是"小世界"。当两个陌生人发现他们有一个共同认识的朋友，因而出人意料地相互有了联系时，他们可能会说，"世界真小"。也正是在这个意义上，沃茨和斯特罗加茨使用了小世界网络的说法。

小世界网络的关键特性曾在约翰·瓜尔 1990 年的戏剧《六度分隔》中得到了很好的表述。对此的经典解释是：

> 我在什么地方读到过，这个星球上的每个人之间最多只相隔六个其他人。所谓六度分隔。在我们与这个星球上任何一个人之间，比如美国

总统与威尼斯的贡多拉船夫，或随便是谁。[24]

这种思想可以追溯至 1967 年哈佛大学心理学家斯坦利·米尔格拉姆（Stanley Milgram）的一项社会网络实验，更远则可以溯及 1929 年匈牙利作家弗里杰什·考林蒂（Frigyes Karinthy）的一篇短篇小说《链条》。[25]沃茨和斯特罗加茨认真对待了这种思想：它看上去似乎是对的，并且有点违反直觉，因为在他们研究过的网络中，节点往往是高度聚集的，形成了一个个小集团。你可能认识很多人，但这些人往往是你在社交空间中的邻居，并且他们认识的人往往与你认识的高度重合。在现实世界中，聚集现象也普遍见于各种复杂网络：大脑的神经元网络、传染病的流行、电力网络，以及油层的裂缝和孔隙等。聚集意味着碎片化：石油停止流动，传染病流行中断。而远方的陌生人仍然搭不上线。

不过，有些节点可能具有远程连接，有些可能拥有异乎寻常的连接度。沃茨和斯特罗加茨在他们的数学模型中发现，只要出现少得惊人的这样几个特例（即便是在高度聚集的网络中，也只需少量的远程连接），平均的分隔度就会大为降低，形成一个小世界网络。[26]他们所举的测试用例之一是一次传染病的扩散："传染病在小世界里预计会传播得更容易、更迅速；另一个不甚明显却值得注意的要点则是，只需很少几条捷径就能让世界变小。"[27]也许少量私生活疯狂的空乘人员就足够了。

相对于整个赛博空间，其中的几乎每一样东西都是微不足道的。同样地，几乎每一样东西也都彼此连通，并且这种连通性源自相对少数的节点，尤其是那些特别连接广泛或特别受到信赖的节点。然而，证明每个节点之间相隔很近是一回事，找到两者之间的路径则是另一回事。如果威尼斯的贡多拉船夫不知道如何找到美国总统，那么纵使能从数学上证明两人之间存在某种联系也没有多大用处。瓜尔深知这一点；《六度分隔》中给出的经典解释其实还有后半段话，只是它不那么常被引用：

> 我们是如此接近，这一点既让我感到十分欣慰，也让我感觉如受水刑，因为你得找到正确的六个人才能建立起联系。

而对此，不一定必然存在一个算法。

网络具有某种结构，但这种结构却是基于一个悖论：其中的每一样东西之间同时既接近又遥远。这正是为何赛博空间给人感觉既拥挤不堪又孤单无助的原因。你可能往井里扔了一块石头，却永远听不见溅起的水花声。

没有解围之神在随时待命，也没有人在幕后秘密操控一切。我们更没有麦克斯韦妖帮忙过滤和搜索。波兰科幻小说作家斯坦尼斯瓦夫·莱姆就写道："你看，我们希望这妖从原子的舞蹈中只提取真正的信息，比如数学定理、时尚杂志、设计蓝图、历史编年，或离子烤面饼的一份食谱，或如何清理和熨烫一套石棉服装，以及诗歌，以及科学建议，以及年鉴，以及日历，以及秘密文档，以及宇宙间一切报纸登载过的所有东西，以及未来的电话号码簿。"[28]一直以来，是选择**塑造**了我们。选出真正的信息需要做功，而后遗忘它们也需要做功。这是伴随全知全能而来的诅咒：借助 Google、维基百科、IMDb、YouTube、Epicurious（菜谱网站）、全美 DNA 数据库或这些服务的模仿者和继承者，任何问题的答案似乎触手可及，但同时我们依然不确定自己到底知道些什么。

现在，我们每个人都是巴别图书馆的主顾，同时也是其中的图书馆员。我们在欢欣鼓舞与灰心丧气之间摇摆不定。博尔赫斯就写道："在得知巴别图书馆收录了所有的书籍时，人们的最初反应是欣喜异常，人人感觉自己成了一份完整而隐秘的宝藏的主人。没有任何有关个人或世界的问题不能在某个六边形平台中找到权威的解答。这个宇宙的正当性得到了证明。"[29]但哀叹和惋惜随之接踵而至。那些宝贵的书籍倘若找不到又有什么用？完全的知识如果已经完美到无法增益又有什么益处？博尔赫斯不无忧虑地写道："对于一切都已经被写完的确信，不免消减了我们的主动性，将我们变成了虚无的存在。"对此，其实诗人约翰·多恩早已作出了回答："并且你应该真正想这样做……如果一个人想出版一本书，那他应该更想成为一本书。"[30]

这座图书馆将继续存在，它就是宇宙。但对于我们来说，一切都还没有被写完，我们也还没有变成虚无的存在。我们在过道中穿行，在书架上搜寻和整理，试图从一片嘈杂和混乱中找出几行意义，尝试阅读过去的和未来的历史，并努力收集自己的和他人的思想。偶尔我们会瞥一眼镜子，认出镜子里一个信息的造物。

注释

[1] Jean-Pierre Dupuy, *The Mechanization of the Mind: On the Origins of Cognitive Science*, trans. M. B. DeBevoise (Princeton, N.J.: Princeton University Press, 2000), 119.

[2] Marshall McLuhan, *The Gutenberg Galaxy* (Toronto: University of Toronto Press, 1962), 1.

[3] Marshall McLuhan, *Understanding Media: The Extensions of Man* (New York: McGraw-Hill, 1965), 3.

[4] Walt Whitman, "Years of the Modern," *Leaves of Grass* (Garden City, N. Y.: Doubleday, 1919), 272.

[5] "这样，无论是两个人、两百万人，还是被置于如此'通信'境地的任意数目的人，他们都共享了同一个心智。" Parley Parker Pratt, *Key to the Science of Theology* (1855), quoted in John Durham Peters, *Speaking Into the Air: A History of the Idea of Communication* (Chicago: University of Chicago Press, 1999), 275.

[6] "这也就意味着，要设想存在一个既高于动物的生物圈、又是其延续的人类圈，它具有反思能力，具有意识和自由创造，具有严格意义上的思维能力，简而言之，它是一个心智圈。" Édouard Le Roy, *Les Origines Humaines et l'Evolution de l'Intelligence* (Paris: Boivin et Cie, 1928), quoted and translated by M. J. Aronson, *Journal of Philosophy* 27, no. 18 (28 August 1930): 499.

[7] Pierre Teilhard de Chardin, *The Human Phenomenon*, trans. Sarah Appleton-Weber (Brighton, U.K.: Sussex Academic Press, 1999), 174.

[8] Peter Medawar, *Mind* 70, no. 277 (1961): 99. 梅达沃也不怎么欣赏德日进的文风："那种自我沉醉、自以为乐的散文与诗歌杂糅的文风，正是法国精神的拙劣体现。"

[9] 其中最值得注意的大概是：Olaf Stapledon, *Last and First Men* (London: Methuen, 1930).

[10] H. G. Wells, *World Brain* (London: Methuen, 1938), xiv.

[11] Ibid., 56.

[12] Ibid., 63.

[13] H. G. Wells, *The Passionate Friends* (London: Harper, 1913), 332; H. G. Wells, *The War in the Air* (New York: Macmillan, 1922), 14.

[14] Quoted in Flo Conway and Jim Siegelman, *Dark Hero of the Information Age: In Search of Norbert Wiener, the Father of Cybernetics* (New York: Basic Books, 2005), 189.

[15] Jorge Luis Borges, "The Library of Babel," *Labyrinths: Selected Stories and Other Writings* (New York: New Directions, 1962), 54.

[16] Fred I. Dretske, *Knowledge and the Flow of Information* (Cambridge, Mass.: MIT Press, 1981), vii.

[17] Jean-Pierre Dupuy, "Myths of the Informational Society," in Kathleen Woodward, *The Myths of Information: Technology and Postindustrial Culture* (Madison, Wisc.: Coda Press, 1980), 3.

[18] Dexter Palmer, *The Dream of Perpetual Motion* (New York: St. Martin's Press, 2010), 220.

[19] Gottfried Wilhelm Leibniz, *De scientia universali seu calculo philosophico*, 1875; cf. Umberto Eco, *The Search for the Perfect Language*, trans. James Fentress (Malden, Mass.: Blackwell, 1995), 281.

[20] Margaret Atwood, "Atwood in the Twittersphere," *The New York Review of Books* blog, http://www.nybooks.com/blogs/nyrblog/2010/mar/29/atwood-in-the-twittersphere/, 29 March 2010.

[21] Charles Mackay, *Memoirs of Extraordinary Popular Delusions* (Philadelphia: Lindsay & Blakiston, 1850), 14.

[22] Nicholson Baker, "Discards" (1994), in *The Size of Thoughts: Essays and Other Lumber* (New York: Random House, 1996), 168.

[23] Interview, Allan Jennings, February 1996; James Gleick, "Here Comes the Spider," in *What Just Happened: A Chronicle from the Information Frontier* (New York: Pantheon, 2002), 128–132.

[24] John Guare, *Six Degrees of Separation* (New York: Dramatists Play Service, 1990), 45.

[25] Albert-László Barabási, *Linked* (New York: Plume, 2003), 26 ff.

[26] Duncan J. Watts and Steven H. Strogatz, "Collective Dynamics of 'Small-World' Networks," *Nature* 393 (1998): 440–442; also Duncan J. Watts, *Six Degrees: The Science of a Connected Age* (New York: Norton, 2003); Albert-László Barabási, *Linked*.

[27] Duncan J. Watts and Steven H. Strogatz, "Collective Dynamics of 'Small-World' Networks," 442.

[28] Stanislaw Lem, *The Cyberiad*, trans. Michael Kandel (London: Secker & Warburg, 1975), 155.

[29] Jorge Luis Borges, "The Library of Babel," *Labyrinths*, 54.

[30] John Donne, "From a Sermon Preached before King Charles I" (April 1627).

参考文献

Aaboe, Asger. *Episodes from the Early History of Mathematics*. New York: L. W. Singer, 1963.

Adams, Frederick. "The Informational Turn in Philosophy." *Minds and Machines* 13 (2003): 471–501.

Allen, William, and Thomas R. H. Thompson. *A Narrative of the Expedition to the River Niger in 1841*. London: Richard Bentley, 1848.

Archer, Charles Maybury, ed. *The London Anecdotes: The Electric Telegraph*, vol. 1. London: David Bogue, 1848.

Archibald, Raymond Clare. "Seventeenth Century Calculating Machines." *Mathematical Tables and Other Aids to Computation* 1:1 (1943): 27–28.

Aspray, William. "From Mathematical Constructivity to Computer Science: Alan Turing, John von Neumann, and the Origins of Computer Science in Mathematical Logic." PhD thesis, University of Wisconsin-Madison, 1980.

———. "The Scientific Conceptualization of Information: A Survey." *Annals of the History of Computing* 7, no. 2 (1985): 117–140.

Aunger, Robert, ed. *Darwinizing Culture: The Status of Memetics as a Science*. Oxford: Oxford University Press, 2000.

Avery, John. *Information Theory and Evolution*. Singapore: World Scientific, 2003.

Baars, Bernard J. *The Cognitive Revolution in Psychology*. New York: Guilford Press, 1986.

Babbage, Charles. "On a Method of Expressing by Signs the Action of Machinery." *Philosophical Transactions of the Royal Society of London* 116 no. 3(1826): 250–265.

———. *Reflections on the Decline of Science in England and on Some of Its Causes*. London: B. Fellowes, 1830.

———. *Table of the Logarithms of the Natural Numbers, From 1 to 108,000*. London: B. Fellowes, 1831.

———. *On the Economy of Machinery and Manufactures*. 4th ed. London: Charles Knight, 1835.

———. *The Ninth Bridgewater Treatise. A Fragment*. 2nd ed. London: John Murray, 1838.

————. *Passages from the Life of a Philosopher*. London: Longman, Green, Longman, Roberts, & Green, 1864.

————. *Charles Babbage and His Calculating Engines: Selected Writings*. Edited by Philip Morrison and Emily Morrison. New York: Dover Publications, 1961.

————. *The Analytical Engine and Mechanical Notation*. New York: New York University Press, 1989.

————. *The Difference Engine and Table Making*. New York: New York University Press, 1989.

————. *The Works of Charles Babbage*. Edited by Martin Campbell-Kelly. New York: New York University Press, 1989.

Babbage, Henry Prevost, ed. *Babbage's Calculating Engines: Being a Collection of Papers Relating to Them; Their History and Construction*. London: E. & F. N. Spon, 1889.

Bairstow, Jeff. "The Father of the Information Age." *Laser Focus World* (2002): 114.

Baker, Nicholson. *The Size of Thoughts: Essays and Other Lumber*. New York: Random House, 1996.

Ball, W. W. Rouse. *A History of the Study of Mathematics at Cambridge*. Cambridge: Cambridge University Press, 1889.

Bar-Hillel, Yehoshua. "An Examination of Information Theory." *Philosophy of Science* 22, no. 2 (1955): 86–105.

Barabási, Albert-László. *Linked: How Everything Is Connected to Everything Else and What It Means for Business, Science, and Everyday Life*. New York: Plume, 2003.

Barnard, G. A. "The Theory of Information." *Journal of the Royal Statistical Society, Series B* 13, no. 1 (1951): 46–64.

Baron, Sabrina Alcorn, Eric N. Lindquist, and Eleanor F. Shevlin. *Agent of Change: Print Culture Studies After Elizabeth L. Eisenstein*. Amherst: University of Massachusetts Press, 2007.

Bartlett, C. J., and Calvin G. Green. "Clinical Prediction: Does One Sometimes Know Too Much." *Journal of Counseling Psychology* 13, no. 3 (1966): 267–270.

Barwise, Jon. "Information and Circumstance." *Notre Dame Journal of Formal Logic* 27, no. 3 (1986): 324–338.

Battelle, John. *The Search: How Google and Its Rivals Rewrote the Rules of Business and Transformed Our Culture*. New York: Portfolio, 2005.

Baugh, Albert C. *A History of the English Language*. 2nd ed. New York: Appleton-Century-Crofts, 1957.

Baum, Joan. *The Calculating Passion of Ada Byron*. Hamden, Conn.: Shoe String Press, 1986.

Belot, Gordon, John Earman, and Laura Ruetsche. "The Hawking Information Loss Paradox: The Anatomy of a Controversy." *British Journal for the Philosophy of Science* 50 (1999): 189–229.

Benjamin, Park. *A History of Electricity (the Intellectual Rise in Electricity) from Antiquity to the Days of Benjamin Franklin*. New York: Wiley and Sons, 1898.

Bennett, Charles H. "On Random and Hard-to-Describe Numbers." IBM Watson Research Center Report RC 7483 (1979).

————. "The Thermodynamics of Computation—A Review." *International Journal of Theoretical Physics* 21, no. 12 (1982): 906–940.

————. "Dissipation, Information, Computational Complexity and the Definition of Organization." In *Emerging Syntheses in Science*, edited by D. Pines, 297–313. Santa Fe: Santa Fe Institute, 1985.

————. "Demons, Engines, and the Second Law." *Scientific American* 257, no. 5 (1987): 108–116.

————. "Logical Depth and Physical Complexity." In *The Universal Turing Machine: A Half-Century Survey*, edited by Rolf Herken. Oxford: Oxford University Press, 1988.

————. "How to Define Complexity in Physics, and Why." In *Complexity, Entropy, and the Physics of Information*, edited by W. H. Zurek. Reading, Mass.: Addison-Wesley, 1990.

————. "Notes on the History of Reversible Computation." *IBM Journal of Research and Development* 44 (2000): 270–277.

————. "Notes on Landauer's Principle, Reversible Computation, and Maxwell's Demon." *arXiv:physics* 0210005 v2 (2003).

————. "Publicity, Privacy, and Permanence of Information." In *Quantum Computing: Back Action 2006*, *AIP Conference Proceedings 864*, edited by Debabrata Goswami. Melville, N.Y.: American Institute of Physics, 2006.

Bennett, Charles H., and Gilles Brassard. "Quantum Cryptography: Public Key Distribution and Coin Tossing." In *Proceedings of IEEE International Conference on Computers, Systems and Signal Processing*, 175–179. Bangalore, India: 1984.

Bennett, Charles H., Gilles Brassard, Claude Crépeau, Richard Jozsa, Asher Peres, and William K. Wootters. "Teleporting an Unknown Quantum State Via Dual Classical and Einstein-Podolsky-Rosen Channels." *Physical Review Letters* 70 (1993): 1895.

Bennett, Charles H., and Rolf Landauer. "Fundamental Physical Limits of Computation." *Scientific American* 253, no. 1 (1985): 48–56.

Bennett, Charles H., Ming Li, and Bin Ma. "Chain Letters and Evolutionary Histories." *Scientific American* 288, no. 6 (June 2003): 76–81.

Benzer, Seymour. "The Elementary Units of Heredity." In *The Chemical Basis of Heredity*, edited by W. D. McElroy and B. Glass, 70–93. Baltimore: Johns Hopkins University Press, 1957.

Berlinski, David. *The Advent of the Algorithm: The Idea That Rules the World*. New York: Harcourt, 2000.

Bernstein, Jeremy. *The Analytical Engine: Computers—Past, Present and Future*. New York: Random House, 1963.

Bikhchandani, Sushil, David Hirshleifer, and Ivo Welch. "A Theory of Fads, Fashion, Custom, and Cultural Change as Informational Cascades." *Journal of Political Economy* 100, no. 5 (1992): 992–1026.

Blackmore, Susan. *The Meme Machine*. Oxford: Oxford University Press, 1999.

Blair, Ann. "Reading Strategies for Coping with Information Overload ca. 1550–1700." *Journal of the History of Ideas* 64, no. 1 (2003): 11–28.

Blohm, Hans, Stafford Beer, and David Suzuki. *Pebbles to Computers: The Thread.* Toronto: Oxford University Press, 1986.

Boden, Margaret A. *Mind as Machine: A History of Cognitive Science.* Oxford: Oxford University Press, 2006.

Bollobás, Béla, and Oliver Riordan. *Percolation.* Cambridge: Cambridge University Press, 2006.

Bolter, J. David. *Turing's Man: Western Culture in the Computer Age.* Chapel Hill: University of North Carolina Press, 1984.

Boole, George. "The Calculus of Logic." *Cambridge and Dublin Mathematical Journal* 3 (1848): 183–198.

———. *An Investigation of the Laws of Thought, on Which Are Founded the Mathematical Theories of Logic and Probabilities.* London: Walton & Maberly, 1854.

———. *Studies in Logic and Probability*, vol. 1. La Salle, Ill.: Open Court, 1952.

Borges, Jorge Luis. *Labyrinths: Selected Stories and Other Writings.* New York: New Directions, 1962.

Bouwmeester, Dik, Jian-Wei Pan, Klaus Mattle, Manfred Eibl, Harald Weinfurter, and Anton Zeilinger. "Experimental Quantum Teleportation." *Nature* 390 (11 December 1997): 575–579.

Bowden, B. V., ed. *Faster Than Thought: Symposium on Digital Computing Machines.* New York: Pitman, 1953.

Braitenberg, Valentino. *Vehicles: Experiments in Synthetic Psychology.* Cambridge, Mass.: MIT Press, 1984.

Brewer, Charlotte. "Authority and Personality in the *Oxford English Dictionary*." *Transactions of the Philological Society* 103, no. 3 (2005): 261–301.

Brewster, David. *Letters on Natural Magic.* New York: Harper & Brothers, 1843.

Brewster, Edwin Tenney. *A Guide to Living Things.* Garden City, N.Y.: Doubleday, 1913.

Bridenbaugh, Carl. "The Great Mutation." *American Historical Review* 68, no. 2 (1963): 315–331.

Briggs, Henry. *Logarithmicall Arithmetike: Or Tables of Logarithmes for Absolute Numbers from an Unite to 100000.* London: George Miller, 1631.

Brillouin, Léon. *Science and Information Theory.* New York: Academic Press, 1956.

Broadbent, Donald E. *Perception and Communication.* Oxford: Pergamon Press, 1958.

Bromley, Allan G. "The Evolution of Babbage's Computers." *Annals of the History of Computing* 9 (1987): 113–136.

Brown, John Seely, and Paul Duguid. *The Social Life of Information.* Boston: Harvard Business School Press, 2002.

Browne, Thomas. *Pseudoxia Epidemica: Or, Enquiries into Very Many Received Tenents, and Commonly Presumed Truths.* 3rd ed. London: Nath. Ekins, 1658.

Bruce, Robert V. *Bell: Alexander Graham Bell and the Conquest of Solitude*. Boston: Little, Brown, 1973.

Buckland, Michael K. "Information as Thing." *Journal of the American Society for Information Science* 42 (1991): 351–360.

Burchfield, R. W., and Hans Aarsleff. *Oxford English Dictionary and the State of the Language*. Washington D.C.: Library of Congress, 1988.

Burgess, Anthony. *But Do Blondes Prefer Gentlemen? Homage to Qwert Yuiop and Other Writings*. New York: McGraw-Hill, 1986.

Bush, Vannevar. "As We May Think." *The Atlantic*, July1945.

Butler, Samuel. *Life and Habit*. London: Trübner & Co, 1878.

———. *Essays on Life, Art, and Science*. Edited by R. A Streatfeild. Port Washington, N.Y.: Kennikat Press, 1970.

Buxton, H. W., and Anthony Hyman. *Memoir of the Life and Labours of the Late Charles Babbage Esq., F.R.S*. Vol. 13 of the Charles Babbage Institute Reprint Series for the History of Computing. Cambridge, Mass.: MIT Press, 1988.

Calude, Cristian S. *Information and Randomness: An Algorithmic Perspective*. Berlin: Springer, 2002.

Calude, Cristian S., and Gregory J. Chaitin. *Randomness and Complexity: From Leibniz to Chaitin*. Singapore, Hackensack, N.J.: World Scientific, 2007.

Campbell-Kelly, Martin. "Charles Babbage's Table of Logarithms (1827)." *Annals of the History of Computing* 10 (1988): 159–169.

Campbell-Kelly, Martin, and William Aspray. *Computer: A History of the Information Machine*. New York: Basic Books, 1996.

Campbell-Kelly, Martin, Mary Croarken, Raymond Flood, and Eleanor Robson, eds. *The History of Mathematical Tables: From Sumer to Spreadsheets*. Oxford: Oxford University Press, 2003.

Campbell, Jeremy. *Grammatical Man: Information, Entropy, Language, and Life*. New York: Simon & Schuster, 1982.

Campbell, Robert V. D. "Evolution of Automatic Computation." In *Proceedings of the 1952 ACM National Meeting (Pittsburgh)*, 29–32. New York: ACM, 1952.

Carr, Nicholas. *The Big Switch: Rewiring the World, from Edison to Google*. New York: Norton, 2008.

———. *The Shallows: What the Internet Is Doing to Our Brains*. New York: Norton, 2010.

Carrington, John F. *A Comparative Study of Some Central African Gong-Languages*. Brussels: Falk, G. van Campenhout, 1949.

———. *The Talking Drums of Africa*. London: Carey Kingsgate, 1949.

———. *La Voix des tambours: comment comprendre le langage tambourine d'Afrique*. Kinshasa: Centre Protestant d'éditions et de Diffusion, 1974.

Casson, Herbert N. *The History of the Telephone*. Chicago: A. C. McClurg, 1910.

Cawdrey, Robert. *A Table Alphabeticall of Hard Usual English Words (1604); the First English Dictionary*. Gainesville, Fla.: Scholars' Facsimiles & Reprints, 1966.

Ceruzzi, Paul. *A History of Modern Computing*. Cambridge, Mass.: MIT Press, 2003.

Chaitin, Gregory J. "On the Length of Programs for Computing Finite Binary Sequences." *Journal of the Association for Computing Machinery* 13 (1966): 547–569.

———. "Information-Theoretic Computational Complexity." *IEEE Transactions on Information Theory* 20 (1974): 10–15.

———. *Information, Randomness & Incompleteness: Papers on Algorithmic Information Theory*. Singapore: World Scientific, 1987.

———. *Algorithmic Information Theory*. Cambridge: Cambridge University Press, 1990.

———. *At Home in the Universe*. Woodbury, N.Y.: American Institute of Physics, 1994.

———. *Conversations with a Mathematician*. London: Springer, 2002.

———. *Meta Math: The Quest for Omega*. New York: Pantheon, 2005.

———. "The Limits of Reason." *Scientific American* 294, no. 3 (March 2006): 74.

———. *Thinking About Gödel and Turing: Essays on Complexity, 1970–2007*. Singapore: World Scientific, 2007.

Chandler, Alfred D., and Cortada, James W., eds. *A Nation Transformed By Information: How Information Has Shaped the United States from Colonial Times to the Present*. Oxford: Oxford University Press, 2000.

Chentsov, Nicolai N. "The Unfathomable Influence of Kolmogorov." *The Annals of Statistics* 18, no. 3 (1990): 987–998.

Cherry, E. Colin. "A History of the Theory of Information." *Transactions of the IRE Professional Group on Information Theory* 1, no. 1 (1953): 22–43.

———. *On Human Communication*. Cambridge, Mass.: MIT Press, 1957.

Chomsky, Noam. "Three Models for the Description of Language." *IRE Transactions on Information Theory* 2, no. 3 (1956): 113–124.

———. *Reflections on Language*. New York: Pantheon, 1975.

Chrisley, Ronald, ed. *Artificial Intelligence: Critical Concepts*. London: Routledge, 2000.

Church, Alonzo. "On the Concept of a Random Sequence." *Bulletin of the American Mathematical Society* 46, no. 2 (1940): 130–135.

Churchland, Patricia S., and Terrence J. Sejnowski. *The Computational Brain*. Cambridge, Mass.: MIT Press, 1992.

Cilibrasi, Rudi, and Paul Vitanyi. "Automatic Meaning Discovery Using Google." *arXiv:cs.CL/0412098 v2*, 2005.

Clanchy, M. T. *From Memory to Written Record, England, 1066–1307*. Cambridge, Mass.: Harvard University Press, 1979.

Clarke, Roger T. "The Drum Language of the Tumba People." *American Journal of Sociology* 40, no. 1 (1934): 34–48.

Clayton, Jay. *Charles Dickens in Cyberspace: The Afterlife of the Nineteenth Century in Postmodern Culture*. Oxford: Oxford University Press, 2003.

Clerke, Agnes M. *The Herschels and Modern Astronomy*. New York: Macmillan, 1895.

Coe, Lewis. *The Telegraph: A History of Morse's Invention and Its Predecessors in the United States*. Jefferson, N.C.: McFarland, 1993.

Colton, F. Barrows. "The Miracle of Talking by Telephone." *National Geographic* 72 (1937): 395–433.

Conway, Flo, and Jim Siegelman. *Dark Hero of the Information Age: In Search of Norbert Wiener, the Father of Cybernetics*. New York: Basic Books, 2005.

Cooke, William Fothergill. *The Electric Telegraph: Was It Invented by Professor Wheatstone?* London: W. H. Smith & Son, 1857.

Coote, Edmund. *The English Schoole-maister*. London: Ralph Jackson & Robert Dexter, 1596.

Cordeschi, Roberto. *The Discovery of the Artificial: Behavior, Mind, and Machines Before and Beyond Cybernetics*. Dordrecht, Netherlands: Springer, 2002.

Cortada, James W. *Before the Computer*. Princeton, N.J.: Princeton University Press, 1993.

Cover, Thomas M., Peter Gacs, and Robert M. Gray. "Kolmogorov's Contributions to Information Theory and Algorithmic Complexity." *The Annals of Probability* 17, no. 3 (1989): 840–865.

Craven, Kenneth. *Jonathan Swift and the Millennium of Madness: The Information Age in Swift's Tale of a Tub*. Leiden, Netherlands: E. J. Brill, 1992.

Crick, Francis. "On Protein Synthesis." *Symposium of the Society for Experimental Biology* 12 (1958): 138–163.

———. "Central Dogma of Molecular Biology." *Nature* 227 (1970): 561–563.

———. *What Mad Pursuit*. New York: Basic Books, 1988.

Croarken, Mary. "Tabulating the Heavens: Computing the Nautical Almanac in 18th-Century England." *IEEE Annals of the History of Computing* 25, no. 3 (2003): 48–61.

———. "Mary Edwards: Computing for a Living in 18th-Century England." *IEEE Annals of the History of Computing* 25, no 4 (2003): 9–15.

Crowley, David, and Paul Heyer, eds. *Communication in History: Technology, Culture, Society*. Boston: Allyn and Bacon, 2003.

Crowley, David, and David Mitchell, eds. *Communication Theory Today*. Stanford, Calif.: Stanford University Press, 1994.

Daly, Lloyd W. *Contributions to a History of Alphabetization in Antiquity and the Middle Ages*. Brussels: Latomus, 1967.

Danielsson, Ulf H., and Marcelo Schiffer. "Quantum Mechanics, Common Sense, and the Black Hole

Information Paradox." *Physical Review D* 48, no. 10 (1993): 4779–4784.

Darrow, Karl K. "Entropy." *Proceedings of the American Philosophical Society* 87, no. 5 (1944): 365–367.

Davis, Martin. *The Universal Computer: The Road from Leibniz to Turing.* New York: Norton, 2000.

Dawkins, Richard. "In Defence of Selfish Genes." *Philosophy* 56, no. 218 (1981): 556–573.

———. *The Blind Watchmaker.* New York: Norton, 1986.

———. *The Extended Phenotype.* Rev. ed. Oxford: Oxford University Press, 1999.

———. *The Selfish Gene.* 30th anniversary edition. Oxford: Oxford University Press, 2006.

De Chadarevian, Soraya. "The Selfish Gene at 30: The Origin and Career of a Book and Its Title." *Notes and Records of the Royal Society* 61 (2007): 31–38.

De Morgan, Augustus. *Arithmetical Books: From the Invention of Printing to the Present Time.* London: Taylor & Walton, 1847.

De Morgan, Sophia Elizabeth. *Memoir of Augustus De Morgan.* London: Longmans, Green, 1882.

Delbrück, Max. "A Physicist Looks at Biology." *Transactions of the Connecticut Academy of Arts and Sciences* 38 (1949): 173–190.

Delius, Juan D. "Of Mind Memes and Brain Bugs, a Natural History of Culture." In *The Nature of Culture*, edited by Walter A. Koch. Bochum, Germany: Bochum, 1989.

Denbigh, K. G., and J. S. Denbigh. *Entropy in Relation to Incomplete Knowledge.* Cambridge: Cambridge University Press, 1984.

Dennett, Daniel C. "Memes and the Exploitation of Imagination." *Journal of Aesthetics and Art Criticism* 48 (1990): 127–135.

———. *Consciousness Explained.* Boston: Little, Brown, 1991.

———. *Darwin's Dangerous Idea: Evolution and the Meanings of Life.* New York: Simon & Schuster, 1995.

———. *Brainchildren: Essays on Designing Minds.* Cambridge, Mass.: MIT Press, 1998.

Desmond, Adrian, and James Moore. *Darwin.* London: Michael Joseph, 1991.

Díaz Vera, Javier E. *A Changing World of Words: Studies in English Historical Lexicography, Lexicology and Semantics.* Amsterdam: Rodopi, 2002.

Dilts, Marion May. *The Telephone in a Changing World.* New York: Longmans, Green, 1941.

Diringer, David, and Reinhold Regensburger. *The Alphabet: A Key to the History of Mankind.* 3rd ed. New York: Funk & Wagnalls, 1968.

Dretske, Fred I. *Knowledge and the Flow of Information.* Cambridge, Mass.: MIT Press, 1981.

Duane, Alexander. "Sight and Signalling in the Navy." *Proceedings of the American Philosophical Society* 55, no. 5 (1916): 400–414.

Dubbey, J. M. *The Mathematical Work of Charles Babbage.* Cambridge: Cambridge University Press, 1978.

Dupuy, Jean-Pierre. *The Mechanization of the Mind: On the Origins of Cognitive Science*. Translated by M. B. DeBevoise. Princeton, N.J.: Princeton University Press, 2000.

Dyson, George B. *Darwin Among the Machines: The Evolution of Global Intelligence*. Cambridge, Mass.: Perseus, 1997.

Eco, Umberto. *The Search for the Perfect Language*. Translated by James Fentress. Malden, Mass.: Blackwell, 1995.

Edwards, P. N. *The Closed World: Computers and the Politics of Discourse in Cold War America*. Cambridge, Mass.: MIT Press, 1996.

Eisenstein, Elizabeth L. "Clio and Chronos: An Essay on the Making and Breaking of History-Book Times." In *History and Theory* suppl. 6: History and the Concept of Time: 36–64 (1966).

———. *The Printing Press as an Agent of Change: Communications and Cultural Transformations in Early-Modern Europe*. Cambridge: Cambridge University Press, 1979.

Ekert, Artur. "Shannon's Theorem Revisited." *Nature* 367 (1994): 513–514.

———. "From Quantum Code-Making to Quantum Code-Breaking." *arXiv:quant-ph/9703035 v1*, 1997.

Elias, Peter. "Two Famous Papers." *IRE Transactions on Information Theory* 4, no. 3 (1958): 99.

Emerson, Ralph Waldo. *Society and Solitude*. Boston: Fields, Osgood, 1870.

Everett, Edward. "The Uses of Astronomy." In *Orations and Speeches on Various Occasions*, 422–465. Boston: Little, Brown, 1870.

Fahie, J. J. *A History of Electric Telegraphy to the Year 1837*. London: E. & F. N. Spon, 1884.

Fauvel, John, and Jeremy Gray. *The History of Mathematics: A Reader*. Mathematical Association of America, 1997.

Feferman, Solomon, ed. *Kurt Gödel: Collected Works*. New York: Oxford University Press, 1986.

Feynman, Richard P. *The Character of Physical Law*. New York: Modern Library, 1994.

———. *Feynman Lectures on Computation*. Edited by Anthony J. G. Hey and Robin W. Allen. Boulder, Colo.: Westview Press, 1996.

Finnegan, Ruth. *Oral Literature in Africa*. Oxford: Oxford University Press, 1970.

Fischer, Claude S. *America Calling: Social History of the Telephone to 1940*. Berkeley: University of California Press, 1992.

Ford, Joseph. "Directions in Classical Chaos." In *Directions in Chaos*, edited by Hao Bai-lin. Singapore: World Scientific, 1987.

Franksen, Ole I. "Introducing 'Mr. Babbage's Secret.' " *APL Quote Quad* 15, no. 1 (1984): 14–17.

Friedman, William F. "Edgar Allan Poe, Cryptographer." *American Literature* 8, no. 3 (1936): 266–280.

Fuchs, Christopher A. "Notes on a Paulian Idea: Foundational, Historical, Anecdotal and Forward-Looking Thoughts on the Quantum." *arXiv:quant-ph/0105039*, 2001.

———. "Quantum Mechanics as Quantum Information (and Only a Little More)," 2002.

arXiv:quant-ph/0205039 v1, 8 May 2001.

———. "QBism, the Perimeter of Quantum Bayesianism," *arXiv:quant-ph/1003.5209 vi*, 2010

———. *Coming of Age with Quantum Information: Notes on a Paulian Idea*. Cambridge, Mass.: Cambridge University Press, 2010.

Galison, Peter. *Image and Logic: A Material Culture of Microphysics*. Chicago: University of Chicago Press, 1997.

Gallager, Robert G. "Claude E. Shannon: A Retrospective on His Life, Work, and Impact." *IEEE Transactions on Information* 47, no. 7 (2001): 2681–2695.

Gamow, George. "Possible Relation Between Deoxyribonucleic Acid and Protein Structures." *Nature* 173 (1954): 318.

———. "Information Transfer in the Living Cell." *Scientific American* 193, no. 10 (October 1955): 70.

Gardner, Martin. *Hexaflexagons and Other Mathematical Diversions*. Chicago: University of Chicago Press, 1959.

———. *Martin Gardner's Sixth Book of Mathematical Games from Scientific American*. San Francisco: W. H. Freeman, 1963.

Gasser, James, ed. *A Boole Anthology: Recent and Classical Studies in the Logic of George Boole*. Dordrecht, Netherlands: Kluwer, 2000.

Gell-Mann, Murray, and Seth Lloyd. "Information Measures, Effective Complexity, and Total Information." *Complexity* 2, no. 1 (1996): 44–52.

Genosko, Gary. *Marshall McLuhan: Critical Evaluations in Cultural Theory*. Abingdon, U.K.: Routledge, 2005.

Geoghegan, Bernard Dionysius. "The Historiographic Conceptualization of Information: A Critical Survey." *Annals of the History of Computing* (2008): 66–81.

Gerovitch, Slava. *From Newspeak to Cyberspeak: A History of Soviet Cybernetics*. Cambridge, Mass.: MIT Press, 2002.

Gilbert, E. N. "Information Theory After 18 Years." *Science* 152, no. 3720 (1966): 320–326.

Gilder, Louisa. *The Age of Entanglement: When Quantum Physics Was Reborn*. New York: Knopf, 2008.

Gilliver, Peter, Jeremy Marshall, and Edmund Weiner. *The Ring of Words: Tolkien and the Oxford English Dictionary*. Oxford: Oxford University Press, 2006.

Gitelman, Lisa, and Geoffrey B. Pingree, eds. *New Media 1740–1915*. Cambridge, Mass.: MIT Press, 2003.

Glassner, Jean-Jacques. *The Invention of Cuneiform*. Translated and edited by Zainab Bahrani and Marc Van De Mieroop. Baltimore: Johns Hopkins University Press, 2003.

Gleick, James. *Chaos: Making a New Science*. New York: Viking, 1987.

———. "The Lives They Lived: Claude Shannon, B. 1916; Bit Player." *New York Times Magazine*, 30

December 2001, 48.

——. *What Just Happened: A Chronicle from the Information Frontier.* New York: Pantheon, 2002.

Gödel, Kurt. "Russell's Mathematical Logic" (1944). In *Kurt Gödel: Collected Works,* edited by Solomon Feferman, vol. 2, 119. New York: Oxford University Press, 1986.

Goldsmid, Frederic John. *Telegraph and Travel: A Narrative of the Formation and Development of Telegraphic Communication Between England and India, Under the Orders of Her Majesty's Government, With Incidental Notices of the Countries Traversed By the Lines.* London: Macmillan, 1874.

Goldstein, Rebecca. *Incompleteness: The Proof and Paradox of Kurt Gödel.* New York: Atlas, 2005.

Goldstine, Herman H. "Information Theory." *Science* 133, no. 3462 (1961): 1395–1399.

——. *The Computer: From Pascal to von Neumann.* Princeton, N.J.: Princeton University Press, 1973.

Goodwin, Astley J. H. *Communication Has Been Established.* London: Methuen, 1937.

Goody, Jack. *The Domestication of the Savage Mind.* Cambridge: Cambridge University Press, 1977.

——. *The Interface Between the Written and the Oral.* Cambridge: Cambridge University Press, 1987.

Goody, Jack, and Ian Watt. "The Consequences of Literacy." *Comparative Studies in Society and History* 5, no. 3 (1963): 304–345.

Goonatilake, Susantha. *The Evolution of Information: Lineages in Gene, Culture and Artefact.* London: Pinter, 1991.

Gorman, Michael E. *Transforming Nature: Ethics, Invention and Discovery.* Boston: Kluwer Academic, 1998.

Gould, Stephen Jay. *The Panda's Thumb.* New York: Norton, 1980.

——. "Humbled by the Genome's Mysteries." *The New York Times,* 19 February 2001.

Grafen, Alan, and Mark Ridley, eds. *Richard Dawkins: How a Scientist Changed the Way We Think.* Oxford: Oxford University Press, 2006.

Graham, A. C. *Studies in Chinese Philosophy and Philosophical Literature.* Vol. SUNY Series in Chinese Philosophy and Culture. Albany: State University of New York Press, 1990.

Green, Jonathon. *Chasing the Sun: Dictionary Makers and the Dictionaries They Made.* New York: Holt, 1996.

Gregersen, Niels Henrik, ed. *From Complexity to Life: On the Emergence of Life and Meaning.* Oxford: Oxford University Press, 2003.

Griffiths, Robert B. "The Nature and Location of Quantum Information." *Physical Review A* 66 (2002): 012311–012325.

Grünwald, Peter and Paul Vitányi. "Shannon Information and Kolmogorov Complexity." *arXiv:cs.IT/0410002 v1*, 8 August 2005.

Guizzo, Erico Mariu. "The Essential Message: Claude Shannon and the Making of Information Theory." Master's thesis, Massachusetts Institute of Technology, September 2003.

Gutfreund, H., and G. Toulouse. *Biology and Computation: A Physicist's Choice*. Singapore: World Scientific, 1994.

Hailperin, Theodore. "Boole's Algebra Isn't Boolean Algebra." *Mathematics Magazine* 54, no. 4 (1981): 172–184.

Halstead, Frank G. "The Genesis and Speed of the Telegraph Codes." *Proceedings of the American Philosophical Society* 93, no. 5 (1949): 448–458.

Halverson, John. "Goody and the Implosion of the Literacy Thesis." *Man* 27, no. 2 (1992): 301–317.

Harlow, Alvin F. *Old Wires and New Waves*. New York: D. Appleton-Century, 1936.

Harms, William F. "The Use of Information Theory in Epistemology." *Philosophy of Science* 65, no. 3 (1998): 472–501.

Harris, Roy. *Rethinking Writing*. Bloomington: Indiana University Press, 2000.

Hartley, Ralph V. L. "Transmission of Information." *Bell System Technical Journal* 7 (1928): 535–563.

Havelock, Eric A. *Preface to Plato*. Cambridge, Mass.: Harvard University Press, 1963.

———. *The Muse Learns to Write: Reflections on Orality and Literacy from Antiquity to the Present*. New Haven, Conn.: Yale University Press, 1986.

Havelock, Eric Alfred, and Jackson P. Hershbell. *Communication Arts in the Ancient World*. New York: Hastings House, 1978.

Hawking, Stephen. *God Created the Integers: The Mathematical Breakthroughs That Changed History*. Philadelphia: Running Press, 2005.

———. "Information Loss in Black Holes." *Physical Review D* 72, *arXiv:hep-th/0507171v2*, 2005.

Hayles, N. Katherine. *How We Became Posthuman: Virtual Bodies in Cybernetics, Literature, and Informatics*. Chicago: University of Chicago Press, 1999.

Headrick, Daniel R. *When Information Came of Age: Technologies of Knowledge in the Age of Reason and Revolution, 1700–1850*. Oxford: Oxford University Press, 2000.

Heims, Steve J. *John von Neumann and Norbert Wiener*. Cambridge, Mass.: MIT Press, 1980.

———. *The Cybernetics Group*. Cambridge, Mass.: MIT Press, 1991.

Herken, Rolf, ed. *The Universal Turing Machine: A Half-Century Survey*. Vienna: Springer-Verlag, 1995.

Hey, Anthony J. G., ed. *Feynman and Computation*. Boulder, Colo.: Westview Press, 2002.

Hobbes, Thomas. *Leviathan, or, the Matter, Forme and Power of a Commonwealth, Eclesiasticall and Civill*. London: Andrew Crooke, 1660.

Hodges, Andrew. *Alan Turing: The Enigma*. London: Vintage, 1992.

Hofstadter, Douglas R. *Gödel, Escher, Bach: An Eternal Golden Braid*. New York: Basic Books, 1979.

———. *Metamagical Themas: Questing for the Essence of Mind and Pattern*. New York: Basic Books, 1985.

———. *I Am a Strange Loop*. New York: Basic Books, 2007.

Holland, Owen. "The First Biologically Inspired Robots." *Robotica* 21 (2003): 351–363.

Holmes, Oliver Wendell. *The Autocrat of the Breakfast-Table*. New York: Houghton Miffl in, 1893.

Holzmann, Gerard J., and Björn Pehrson. *The Early History of Data Networks*. Washington D.C.: IEEE Computer Society, 1995.

Hopper, Robert. *Telephone Conversation*. Bloomington: Indiana University Press, 1992.

Horgan, John. "Claude E. Shannon." *IEEE Spectrum* (April 1992): 72–75.

Horsley, Victor. "Description of the Brain of Mr. Charles Babbage, F.R.S." *Philosophical Transactions of the Royal Society of London, Series B* 200 (1909): 117–131.

Huberman, Bernardo A. *The Laws of the Web: Patterns in the Ecology of Information*. Cambridge, Mass.: MIT Press, 2001.

Hughes, Geoffrey. *A History of English Words*. Oxford: Blackwell, 2000.

Hüllen, Werner. *English Dictionaries 800–1700: The Topical Tradition*. Oxford: Clarendon Press, 1999.

Hume, Alexander. *Of the Orthographie and Congruitie of the Britan Tongue* (1620). Edited from the original ms. in the British Museum by Henry B. Wheatley. London: Early English Text Society, 1865.

Husbands, Philip, and Owen Holland. "The Ratio Club: A Hub of British Cybernetics." In *The Mechanical Mind in History*, 91–148. Cambridge, Mass.: MIT Press, 2008.

Husbands, Philip, Owen Holland, and Michael Wheeler, eds. *The Mechanical Mind in History*. Cambridge, Mass.: MIT Press, 2008.

Huskey, Harry D., and Velma R. Huskey. "Lady Lovelace and Charles Babbage." *Annals of the History of Computing* 2, no. 4 (1980): 299–329.

Hyatt, Harry Middleton. *Folk-Lore from Adams County, Illinois*. 2nd and rev. ed. Hannibal, Mo.: Alma Egan Hyatt Foundation, 1965.

Hyman, Anthony. *Charles Babbage: Pioneer of the Computer*. Princeton, N.J.: Princeton University Press, 1982.

Hyman, Anthony, ed. *Science and Reform: Selected Works of Charles Babbage*. Cambridge: Cambridge University Press, 1989.

Ifrah, Georges. *The Universal History of Computing: From the Abacus to the Quantum Computer*. New York: Wiley and Sons, 2001.

Ivanhoe, P. J., and Bryan W. Van Norden. *Readings in Classical Chinese Philosophy*. 2nd ed. Indianapolis: Hackett Publishing, 2005.

Jackson, Willis, ed. *Communication Theory*. New York: Academic Press, 1953.

James, William. *Principles of Psychology*. Chicago: Encyclopædia Britannica, 1952.

Jaynes, Edwin T. "Information Theory and Statistical Mechanics." *Physical Review* 106, no. 4 (1957): 620–630.

———. "Where Do We Stand on Maximum Entropy." In *The Maximum Entropy Formalism*, edited by

R. D. Levine and Myron Tribus. Cambridge, Mass.: MIT Press, 1979.

Jaynes, Edwin T., Walter T. Grandy, and Peter W. Milonni. *Physics and Probability: Essays in Honor of Edwin T. Jaynes*. Cambridge: Cambridge University Press, 1993.

Jaynes, Julian. *The Origin of Consciousness in the Breakdown of the Bicameral Mind*. Boston: Houghton Miffl in, 1977.

Jennings, Humphrey. *Pandaemonium: The Coming of the Machine as seen By Contemporary Observers, 1660–1886*. Edited by Mary-Lou Jennings and Charles Madge. New York: Free Press, 1985.

Johannsen, Wilhelm. "The Genotype Conception of Heredity." *American Naturalist* 45, no. 531 (1911): 129–159.

Johns, Adrian. *The Nature of the Book: Print and Knowledge in the Making*. Chicago: University of Chicago Press, 1998.

Johnson, George. *Fire in the Mind: Science, Faith, and the Search for Order*. New York: Knopf, 1995.

———. "Claude Shannon, Mathematician, Dies at 84." *The New York Times*, 27 February 2001, B7.

Johnson, Horton A. "Thermal Noise and Biological Information." *Quarterly Review of Biology* 62, no. 2 (1987): 141–152.

Joncourt, Élie de. *De Natura et Praeclaro Usu Simplicissimae Speciei Numerorum Trigonalium*. Edited by É. de Joncourt Auctore. Hagae Comitum: Husson, 1762.

Jones, Alexander. *Historical Sketch of the Electric Telegraph: Including Its Rise and Progress in the United States*. New York: Putnam, 1852.

Jones, Jonathan. "Quantum Computers Get Real." *Physics World* 15, no. 4 (2002): 21–22.

———. "Quantum Computing: Putting It into Practice." *Nature* 421 (2003): 28–29.

Judson, Horace Freeland. *The Eighth Day of Creation: Makers of the Revolution in Biology*. New York: Simon & Schuster, 1979.

Kahn, David. *The Codebreakers: The Story of Secret Writing*. London: Weidenfeld & Nicolson, 1968.

———. *Seizing the Enigma: The Race Break the German U-Boat Codes, 1939–1943*. New York: Barnes & Noble, 1998.

Kahn, Robert E. "A Tribute to Claude E. Shannon." *IEEE Communications Magazine* (2001): 18–22.

Kalin, Theodore A. "Formal Logic and Switching Circuits." In *Proceedings of the 1952 ACM National Meeting (Pittsburgh)*, 251–257. New York: ACM, 1952.

Kauffman, Stuart. *Investigations*. Oxford: Oxford University Press, 2002.

Kay, Lily E. *Who Wrote the Book of Life: A History of the Genetic Code*. Stanford, Calif.: Stanford University Press, 2000.

Kelly, Kevin. *Out of Control: The Rise of Neo-Biological Civilization*. Reading, Mass.: Addison-Wesley, 1994.

Kendall, David G. "Andrei Nikolaevich Kolmogorov. 25 April 1903–1920 October 1987." *Biographical Memoirs of Fellows of the Royal Society* 37 (1991): 301–319.

Keynes, John Maynard. *A Treatise on Probability*. London: Macmillan, 1921.

Kneale, William. "Boole and the Revival of Logic." *Mind* 57, no. 226 (1948): 149–175.

Knuth, Donald E. "Ancient Babylonian Algorithms." *Communications of the Association for Computing Machinery* 15, no. 7 (1972): 671–677.

Kolmogorov, A. N. "Combinatorial Foundations of Information Theory and the Calculus of Probabilities." *Russian Mathematical Surveys* 38, no. 4 (1983): 29–43.

———. *Selected Works of A. N. Kolmogorov. Vol. 3, Information Theory and the Theory of Algorithms*. Translated by A. B. Sossinksky. Dordrecht, Netherlands: Kluwer Academic Publishers, 1993.

Kolmogorov, A. N., I. M. Gelfand, and A. M. Yaglom. "On the General Definition of the Quantity of Information" (1956). In *Selected Works of A. N. Kolmogorov, vol. 3, Information Theory and the Theory of Algorithms*, 2–5. Dordrecht, Netherlands: Kluwer Academic Publishers, 1993.

Kolmogorov, A. N., and A. N. Shiryaev. *Kolmogorov in Perspective. History of Mathematics*, vol. 20. Translated by Harold H. McFaden. N.p.: American Mathematical Society, London Mathematical Society, 2000.

Krutch, Joseph Wood. *Edgar Allan Poe: A Study in Genius*. New York: Knopf, 1926.

Kubát, Libor, and Jirí Zeman. *Entropy and Information in Science and Philosophy*. Amsterdam: Elsevier, 1975.

Langville, Amy N., and Carl D. Meyer. *Google's Page Rank and Beyond: The Science of Search Engine Rankings*. Princeton, N.J.: Princeton University Press, 2006.

Lanier, Jaron. *You Are Not a Gadget*. New York: Knopf, 2010.

Lanouette, William. *Genius in the Shadows*. New York: Scribner's, 1992.

Lardner, Dionysius. "Babbage's Calculating Engines." *Edinburgh Review* 59, no. 120 (1834): 263–327.

———. *The Electric Telegraph*. Revised and rewritten by Edward B. Bright. London: James Walton, 1867.

Lasker, Edward. *The Adventure of Chess*. 2nd ed. New York: Dover, 1959.

Leavitt, Harold J., and Thomas L. Whisler. "Management in the 1980s." *Harvard Business Review* (1958): 1–48.

Leff, Harvey S., and Andrew F. Rex, eds. *Maxwell's Demon: Entropy, Information, Computing*. Princeton, N.J.: Princeton University Press, 1990.

———. *Maxwell's Demon 2: Entropy, Classical and Quantum Information, Computing*. Bristol U.K.: Institute of Physics, 2003.

Lenoir, Timothy, ed. *Inscribing Science: Scientific Texts and the Materiality of Communication*. Stanford, Calif.: Stanford University Press, 1998.

Licklider, J. C. R. "Interview Conducted by William Aspray and Arthur Norberg." (1988).

Lieberman, Phillip. "Voice in the Wilderness: How Humans Acquired the Power of Speech." *Sciences*

(1988): 23–29.

Lloyd, Seth. "Computational Capacity of the Universe." *Physical Review Letters* 88, no. 23 (2002). *arXiv:quant-ph/0110141v1*.

———. *Programming the Universe*. New York: Knopf, 2006.

Loewenstein, Werner R. *The Touchstone of Life: Molecular Information, Cell Communication, and the Foundations of Life*. New York: Oxford University Press, 1999.

Lucky, Robert W. *Silicon Dreams: Information, Man, and Machine*. New York: St. Martin's Press, 1989.

Lundheim, Lars. "On Shannon and 'Shannon's Formula.' " *Telektronikk* 98, no. 1 (2002): 20–29.

Luria, A. R. *Cognitive Development: Its Cultural and Social Foundations*. Cambridge, Mass.: Harvard University Press, 1976.

Lynch, Aaron. *Thought Contagion: How Belief Spreads Through Society*. New York: Basic Books, 1996.

Mabee, Carleton. *The American Leonardo: A Life of Samuel F. B. Morse*. New York: Knopf, 1943.

MacFarlane, Alistair G. J. "Information, Knowledge, and the Future of Machines." *Philosophical Transactions: Mathematical, Physical and Engineering Sciences* 361, no. 1809 (2003): 1581–1616.

Machlup, Fritz, and Una Mansfield, eds. *The Study of Information: Interdisciplinary Messages*. New York: Wiley and Sons, 1983.

Machta, J. "Entropy, Information, and Computation." *American Journal of Physics* 67, no. 12 (1999): 1074–1077.

Mackay, Charles. *Memoirs of Extraordinary Popular Delusions*. Philadelphia: Lindsay & Blakiston, 1850.

MacKay, David J. C. *Information Theory, Inference, and Learning Algorithms*. Cambridge: Cambridge University Press, 2002.

MacKay, Donald M. *Information, Mechanism, and Meaning*. Cambridge, Mass.: MIT Press, 1969.

Macrae, Norman. *John von Neumann: The Scientific Genius Who Pioneered the Modern Computer, Game Theory, Nuclear Deterrence, and Much More*. New York: Pantheon, 1992.

Macray, William Dunn. *Annals of the Bodleian Library, Oxford, 1598–1867*. London: Rivingtons, 1868.

Mancosu, Paolo. *From Brouwer to Hilbert: The Debate on the Foundations of Mathematics in the 1920s*. New York: Oxford University Press, 1998.

Marland, E. A. *Early Electrical Communication*. London: Abelard-Schuman, 1964.

Martin, Michèle. *"Hello, Central?": Gender, Technology, and Culture in the Formation of Telephone Systems*. Montreal: McGill-Queen's University Press, 1991.

Marvin, Carolyn. *When Old Technologies Were New: Thinking About Electric Communication in the*

Late Nineteenth Century. New York: Oxford University Press, 1988.

Maxwell, James Clerk. *Theory of Heat*. 8th ed. London: Longmans, Green, 1885.

Mayr, Otto. "Maxwell and the Origins of Cybernetics." *Isis* 62, no. 4 (1971): 424–444.

McCulloch, Warren S. "Brain and Behavior." *Comparative Psychology Monograph 20* 1, Series 103 (1950).

———. "Through the Den of the Metaphysician." *British Journal for the Philosophy of Science* 5, no. 17 (1954): 18–31.

———. *Embodiments of Mind*. Cambridge, Mass.: MIT Press, 1965.

———. "Recollections of the Many Sources of Cybernetics." *ASC Forum* 6, no. 2 (1974): 5–16.

McCulloch, Warren S., and John Pfeiffer. "Of Digital Computers Called Brains." *Scientific Monthly* 69, no. 6 (1949): 368–376.

McLuhan, Marshall. *The Mechanical Bride: Folklore of Industrial Man*. New York: Vanguard Press, 1951.

———. *The Gutenberg Galaxy*. Toronto: University of Toronto Press, 1962.

———. *Understanding Media: The Extensions of Man*. New York: McGraw-Hill, 1965.

———. *Essential McLuhan*. Edited by Eric McLuhan and Frank Zingrone. New York: Basic Books, 1996.

McLuhan, Marshall, and Quentin Fiore. *The Medium Is the Massage*. New York: Random House, 1967.

McNeely, Ian F., with Lisa Wolverton. *Reinventing Knowledge: From Alexandria to the Internet*. New York: Norton, 2008.

Menabrea, L. F. "Sketch of the Analytical Engine Invented by Charles Babbage. With notes upon the Memoir by the Translator, Ada Augusta, Countess of Lovelace." *Bibliotheque Universelle de Geneve* 82 (October 1842). Also available online at http://www.fourmilab.ch/babbage/sketch.html.

Menninger, Karl, and Paul Broneer. *Number Words and Number Symbols: A Cultural History of Numbers*. Dover Publications, 1992.

Mermin, N. David. "Copenhagen Computation: How I Learned to Stop Worrying and Love Bohr." *IBM Journal of Research and Development* 48 (2004): 53–61.

———. *Quantum Computer Science: An Introduction*. Cambridge: Cambridge University Press, 2007.

Miller, George A. "The Magical Number Seven, Plus or Minus Two: Some Limits on Our Capacity for Processing Information." *Psychological Review* 63 (1956): 81–97.

Miller, Jonathan. *Marshall McLuhan*. New York: Viking, 1971.

———. *States of Mind*. New York: Pantheon, 1983.

Millman, S., ed. *A History of Engineering and Science in the Bell System: Communications Sciences (1925–1980)*. Bell Telephone Laboratories, 1984.

Mindell, David A. *Between Human and Machine: Feedback, Control, and Computing Before*

Cybernetics. Baltimore: Johns Hopkins University Press, 2002.

Mindell, David A., Jérôme Segal, and Slava Gerovitch. "Cybernetics and Information Theory in the United States, France, and the Soviet Union." In *Science and Ideology: A Comparative History*, edited by Mark Walker, 66–95. London: Routledge, 2003.

Monod, Jacques. *Chance and Necessity: An Essay on the Natural Philosophy of Modern Biology.* Translated by Austryn Wainhouse. New York: Knopf, 1971.

Moore, Francis. *Travels Into the Inland Parts of Africa.* London: J. Knox, 1767.

Moore, Gordon E. "Cramming More Components onto Integrated Circuits." *Electronics* 38, no. 8 (1965): 114–117.

Morowitz, Harold J. *The Emergence of Everything: How the World Became Complex.* New York: Oxford University Press, 2002.

Morse, Samuel F. B. *Samuel F. B. Morse: His Letters and Journals.* Edited by Edward Lind Morse. Boston: Houghton Mifflin, 1914.

Morus, Iwan Rhys. " 'The Nervous System of Britain': Space, Time and the Electric Telegraph in the Victorian Age." *British Journal of the History of Science* 33 (2000): 455–475.

Moseley, Maboth. *Irascible Genius: A Life of Charles Babbage, Inventor.* London: Hutchinson, 1964.

Mugglestone, Lynda. "Labels Reconsidered: Objectivity and the *OED.*" *Dictionaries* 21 (2000): 22–37.

———. *Lost for Words: The Hidden History of the Oxford English Dictionary.* New Haven, Conn.: Yale University Press, 2005.

Mulcaster, Richard. *The First Part of the Elementarie Which Entreateth Chefelie of the Right Writing of Our English Tung.* London: Thomas Vautroullier, 1582.

Mullett, Charles F. "Charles Babbage: A Scientific Gadfly." *Scientific Monthly* 67, no. 5 (1948): 361–371.

Mumford, Lewis. *The Myth of the Machine.* Vol. 2, *The Pentagon of Power.* New York: Harcourt, Brace, 1970.

Murray, K. M. E. *Caught in the Web of Words.* New Haven, Conn.: Yale University Press, 1978.

Mushengyezi, Aaron. "Rethinking Indigenous Media: Rituals, Talking' Drums and Orality as Forms of Public Communication in Uganda." *Journal of African Cultural Studies* 16, no. 1 (2003): 107–117.

Nagel, Ernest, and James R. Newman. *Gödel's Proof.* New York: New York University Press, 1958.

Napier, John. *A Description of the Admirable Table of Logarithmes.* Translated by Edward Wright. London: Nicholas Okes, 1616.

Nemes, Tihamér. *Cybernetic Machines.* Translated by I. Földes. New York: Gordon & Breach, 1970.

Neugebauer, Otto. *The Exact Sciences in Antiquity.* Providence, R.I.: Brown University Press, 1957.

———. *A History of Ancient Mathematical Astronomy.* Studies in the History of Mathematics and Physical Sciences, vol. 1. New York: Springer-Verlag, 1975.

Neugebauer, Otto, Abraham Joseph Sachs, and Albrecht Götze. *Mathematical Cuneiform Texts*. American Oriental Series, vol. 29. New Haven, Conn.: American Oriental Society and the American Schools of Oriental Research, 1945.

Newman, M. E. J. "The Structure and Function of Complex Networks." *SIAM Review* 45, no. 2 (2003): 167–256.

Niven, W. D., ed. *The Scientific Papers of James Clerk Maxwell*. Cambridge: Cambridge University Press, 1890; repr. New York: Dover, 1965.

Norman, Donald A. *Things That Make Us Smart: Defending Human Attributes in the Age of the Machine*. Reading, Mass.: Addison-Wesley, 1993.

Nørretranders, Tor. *The User Illusion: Cutting Consciousness Down to Size*. Translated by Jonathan Sydenham. New York: Penguin, 1998.

Noyes, Gertrude E. "The First English Dictionary, Cawdrey's *Table Alphabeticall*." *Modern Language Notes* 58, no. 8 (1943): 600–605.

Ogilvie, Brian W. "The Many Books of Nature: Renaissance Naturalists and Information Overload." *Journal of the History of Ideas* 64, no. 1 (2003): 29–40.

———. *The Science of Describing: Natural History in Renaissance Europe*. Chicago: University of Chicago Press, 2006.

Olson, David R. "From Utterance to Text: The Bias of Language in Speech and Writing." *Harvard Educational Review* 47 (1977): 257–281.

———. "The Cognitive Consequences of Literacy." *Canadian Psychology* 27, no. 2 (1986): 109–121.

Ong, Walter J. "This Side of Oral Culture and of Print." Lincoln Lecture (1973).

———. "African Talking Drums and Oral Noetics." *New Literary History* 8, no. 3 (1977): 411–429.

———. *Interfaces of the Word*. Ithaca, N.Y.: Cornell University Press, 1977.

———. *Orality and Literacy: The Technologizing of the Word*. London: Methuen, 1982.

Oslin, George P. *The Story of Telecommunications*. Macon, Ga.: Mercer University Press, 1992.

Page, Lawrence, Sergey Brin, Rajeev Motwani, and Terry Winograd. "The Pagerank Citation Ranking: Bringing Order to the Web." Technical Report SIDLWP-1999-0120, Stanford University InfoLab (1998). Available online at http://ilpubs.stanford.edu:8090/422/1/1999-66.pdf.

Pain, Stephanie. "Mr. Babbage and the Buskers." *New Scientist* 179, no. 2408 (2003): 42.

Paine, Albert Bigelow. *In One Man's Life: Being Chapters from the Personal & Business Career of Theodore N. Vail*. New York: Harper & Brothers, 1921.

Palme, Jacob. "You Have 134 Unread Mail! Do You Want to Read Them Now?" In *Computer-Based Message Services*, edited by Hugh T. Smith. North Holland: Elsevier, 1984.

Peckhaus, Volker. "19th Century Logic Between Philosophy and Mathematics." *Bulletin of Symbolic Logic* 5, no. 4 (1999): 433–450.

Peres, Asher. "Einstein, Podolsky, Rosen, and Shannon." *arXiv:quant-ph/0310010 v1*, 2003.

————. "What Is Actually Teleported?" *IBM Journal of Research and Development* 48, no. 1 (2004): 63–69.

Pérez-Montoro, Mario. *The Phenomenon of Information: A Conceptual Approach to Information Flow.* Translated by Dick Edelstein. Lanham, Md.: Scarecrow, 2007.

Peters, John Durham. *Speaking Into the Air: A History of the Idea of Communication.* Chicago: University of Chicago Press, 1999.

Philological Society. *Proposal for a Publication of a New English Dictionary by the Philological Society.* London: Trübner & Co., 1859.

Pickering, John. *A Lecture on Telegraphic Language.* Boston: Hilliard, Gray, 1833.

Pierce, John R. *Symbols, Signals and Noise: The Nature and Process of Communication.* New York: Harper & Brothers, 1961.

————. "The Early Days of Information Theory." *IEEE Transactions on Information Theory* 19, no. 1 (1973): 3–8.

————. *An Introduction to Information Theory: Symbols, Signals and Noise.* 2nd ed. New York: Dover, 1980.

————. "Looking Back: Claude Elwood Shannon." *IEEE Potentials* 12, no. 4 (December 1993): 38–40.

Pinker, Steven. *The Language Instinct: How the Mind Creates Language.* New York: William Morrow, 1994.

————. *The Stuff of Thought: Language as a Window into Human Nature.* New York: Viking, 2007.

Platt, John R., ed. *New Views of the Nature of Man.* Chicago: University of Chicago Press, 1983.

Plenio, Martin B., and Vincenzo Vitelli. "The Physics of Forgetting: Landauer's Erasure Principle and Information Theory." *Contemporary Physics* 42, no. 1 (2001): 25–60.

Poe, Edgar Allan. *Essays and Reviews.* New York: Library of America, 1984.

————. *Poetry and Tales.* New York: Library of America, 1984.

Pool, Ithiel de Sola, ed. *The Social Impact of the Telephone.* Cambridge, Mass.: MIT Press, 1977.

Poundstone, William. *The Recursive Universe: Cosmic Complexity and the Limits of Scientific Knowledge.* Chicago: Contemporary Books, 1985.

Prager, John. *On Turing.* Belmont, Calif.: Wadsworth, 2001.

Price, Robert. "A Conversation with Claude Shannon: One Man's Approach to Problem Solving." *IEEE Communications Magazine* 22 (1984): 123–126.

Pulgram, Ernst. *Theory of Names.* Berkeley, Calif.: American Name Society, 1954.

Purbrick, Louise. "The Dream Machine: Charles Babbage and His Imaginary Computers." *Journal of Design History* 6:1 (1993): 9–23.

Quastler, Henry, ed. *Essays on the Use of Information Theory in Biology.* Urbana: University of Illinois Press, 1953.

———. *Information Theory in Psychology: Problems and Methods*. Glencoe, Ill.: Free Press, 1955.

Radford, Gary P. "Overcoming Dewey's 'False Psychology': Reclaiming Communication for Communication Studies." Paper presented at the 80th Annual Meeting of the Speech Communication Association, New Orleans, November 1994. Available online at http://www.theprofessors.net/dewey.html.

Rattray, Robert Sutherland. "The Drum Language of West Africa: Part I." *Journal of the Royal African Society* 22, no. 87 (1923): 226–236.

———. "The Drum Language of West Africa: Part II." *Journal of the Royal African Society* 22, no. 88 (1923): 302–316.

Redfield, Robert. *The Primitive World and Its Transformations*. Ithaca, N.Y.: Cornell University Press, 1953.

Rényi, Alfréd. *A Diary on Information Theory*. Chichester, N.Y.: Wiley and Sons, 1984.

Rheingold, Howard. *Tools for Thought: The History and Future of Mind-Expanding Technology*. Cambridge, Mass.: MIT Press, 2000.

Rhodes, Frederick Leland. *Beginnings of Telephony*. New York: Harper & Brothers, 1929.

Rhodes, Neil, and Jonathan Sawday, eds. *The Renaissance Computer: Knowledge Technology in the First Age of Print*. London: Routledge, 2000.

Richardson, Robert D. *William James: In the Maelstrom of American Modernism*. New York: Houghton Mifflin, 2006.

Robertson, Douglas S. *The New Renaissance: Computers and the Next Level of Civilization*. Oxford: Oxford University Press, 1998.

———. *Phase Change: The Computer Revolution in Science and Mathematics*. Oxford: Oxford University Press, 2003.

Rochberg, Francesca. *The Heavenly Writing: Divination, Horoscopy, and Astronomy in Mesopotamian Culture*. Cambridge: Cambridge University Press, 2004.

Roederer, Juan G. *Information and Its Role in Nature*. Berlin: Springer, 2005.

Rogers, Everett M. "Claude Shannon's Cryptography Research during World War II and the Mathematical Theory of Communication." In *Proceedings, IEEE 28th International Carnaham Conference on Security Technology*, October 1994: 1–5.

Romans, James. *ABC of the Telephone*. New York: Audel & Co., 1901.

Ronell, Avital. *The Telephone Book: Technology, Schizophrenia, Electric Speech*. Lincoln: University of Nebraska Press, 1991.

Rosenblueth, Arturo, Norbert Wiener, and Julian Bigelow. "Behavior, Purpose and Teleology." *Philosophy of Science* 10 (1943): 18–24.

Rosenheim, Shawn James. *The Cryptographic Imagination: Secret Writing from Edgar Poe to the Internet*. Baltimore: Johns Hopkins University Press, 1997.

Russell, Bertrand. *Logic and Knowledge: Essays, 1901–1950*. London: Routledge, 1956.

Sagan, Carl. *Murmurs of Earth: The Voyager Interstellar Record*. New York: Random House, 1978.

Sapir, Edward. *Language: An Introduction to the Study of Speech*. New York: Harcourt, Brace, 1921.

Sarkar, Sahotra. *Molecular Models of Life*. Cambridge, Mass.: MIT Press, 2005.

Schaffer, Simon. "Babbage's Intelligence: Calculating Engines and the Factory System." *Critical Inquiry* 21, no. 1 (1994): 203–227.

———. "Paper and Brass: The Lucasian Professorship 1820–1839." In *From Newton to Hawking: A History of Cambridge University's Lucasian Professors of Mathematics*, edited by Kevin C. Knox and Richard Noakes, 241–294. Cambridge: Cambridge University Press, 2003.

Schindler, G. E., Jr., ed. *A History of Engineering and Science in the Bell System: Switching Technology (1925–1975)*. Bell Telephone Laboratories, 1982.

Schrödinger, Erwin. *What Is Life?* Reprint ed. Cambridge: Cambridge University Press, 1967.

Seife, Charles. *Decoding the Universe*. New York: Viking, 2006.

Shaffner, Taliaferro P. *The Telegraph Manual: A Complete History and Description of the Semaphoric, Electric and Magnetic Telegraphs of Europe, Asia, Africa, and America, Ancient and Modern*. New York: Pudney & Russell, 1859.

Shannon, Claude Elwood. *Collected Papers*. Edited by N. J. A. Sloane and Aaron D. Wyner. New York: IEEE Press, 1993.

———. *Miscellaneous Writings*. Edited by N. J. A. Sloane and Aaron D. Wyner. Murray Hill, N.J.: Mathematical Sciences Research Center, AT&T Bell Laboratories, 1993.

Shannon, Claude Elwood, and Warren Weaver. *The Mathematical Theory of Communication*. Urbana: University of Illinois Press, 1949.

Shenk, David. *Data Smog: Surviving the Information Glut*. New York: HarperCollins, 1997.

Shieber, Stuart M., ed. *The Turing Test: Verbal Behavior as the Hallmark of Intelligence*. Cambridge, Mass.: MIT Press, 2004.

Shiryaev, A. N. "Kolmogorov: Life and Creative Activities." *Annals of Probability* 17, no. 3 (1989): 866–944.

Siegfried, Tom. *The Bit and the Pendulum: From Quantum Computing to M Theory—The New Physics of Information*. New York: Wiley and Sons, 2000.

Silverman, Kenneth. *Lightning Man: The Accursed Life of Samuel F. B. Morse*. New York: Knopf, 2003.

Simpson, John. "Preface to the Third Edition of the *Oxford English Dictionary*." Oxford University Press.

Simpson, John, ed. *The First English Dictionary, 1604: Robert Cawdrey's* A Table Alphabeticall. Oxford: Bodleian Library, 2007.

Singh, Jagjit. *Great Ideas in Information Theory, Language and Cybernetics*. New York: Dover, 1966.

Singh, Simon. *The Code Book: The Secret History of Codes and Codebreaking.* London: Fourth Estate, 1999.

Slater, Robert. *Portraits in Silicon.* Cambridge, Mass.: MIT Press, 1987.

Slepian, David. "Information Theory in the Fifties." *IEEE Transactions on Information Theory* 19, no. 2 (1973): 145–148.

Sloman, Aaron. *The Computer Revolution in Philosophy.* Hassocks, Sussex: Harrester Press, 1978.

Smith, D. E. *A Source Book in Mathematics.* New York: McGraw-Hill, 1929.

Smith, Francis O. J. *The Secret Corresponding Vocabulary; Adapted for Use to Morse's Electro-Magnetic Telegraph: And Also in Conducting Written Correspondence, Transmitted by the Mails, or Otherwise.* Portland, Maine: Thurston, Ilsley, 1845.

Smith, G. C. *The Boole–De Morgan Correspondence 1842–1864.* Oxford: Clarendon Press, 1982.

Smith, John Maynard. "The Concept of Information in Biology." *Philosophy of Science* 67 (2000): 177–194.

Smolin, J. A. "The Early Days of Experimental Quantum Cryptography." *IBM Journal of Research and Development* 48 (2004): 47–52.

Solana-Ortega, Alberto. "The Information Revolution Is Yet to Come: An Homage to Claude E. Shannon." In *Bayesian Inference and Maximum Entropy Methods in Science and Engineering,* AIP Conference Proceedings 617, edited by Robert L. Fry. Melville, N.Y.: American Institute of Physics, 2002.

Solomonoff, Ray J. "A Formal Theory of Inductive Inference." *Information and Control* 7, no. 1 (1964): 1–22.

———. "The Discovery of Algorithmic Probability." *Journal of Computer and System Sciences* 55, no. 1 (1997): 73–88.

Solymar, Laszlo. *Getting the Message: A History of Communications.* Oxford: Oxford University Press, 1999.

Spellerberg, Ian F., and Peter J. Fedor. "A Tribute to Claude Shannon (1916–2001) and a Plea for More Rigorous Use of Species Richness, Species Diversity and the 'Shannon-Wiener' Index," *Global Ecology and Biogeography* 12 (2003): 177–179.

Sperry, Roger. "Mind, Brain, and Humanist Values." In *New Views of the Nature of Man,* edited by John R. Platt, 71–92. Chicago: University of Chicago Press, 1983.

Sprat, Thomas. *The History of the Royal Society of London, for the Improving of Natural Knowledge.* 3rd ed. London: 1722.

Spufford, Francis, and Jenny Uglow, eds. *Cultural Babbage: Technology, Time and Invention.* London: Faber and Faber, 1996.

Standage, Tom. *The Victorian Internet: The Remarkable Story of the Telegraph and the Nineteenth Century's On-Line Pioneers.* New York: Berkley, 1998.

Starnes, De Witt T., and Gertrude E. Noyes. *The English Dictionary from Cawdrey to Johnson 1604–1755*. Chapel Hill: University of North Carolina Press, 1946.

Steane, Andrew M., and Eleanor G. Rieffel. "Beyond Bits: The Future of Quantum Information Processing." *Computer* 33 (2000): 38–45.

Stein, Gabriele. *The English Dictionary Before Cawdrey*. Tübingen, Germany: Max Neimeyer, 1985.

Steiner, George. "On Reading Marshall McLuhan." In *Language and Silence: Essays on Language, Literature, and the Inhuman*, 251–268. New York: Atheneum, 1967.

Stent, Gunther S. "That Was the Molecular Biology That Was." *Science* 160, no. 3826 (1968): 390–395.

———. "DNA." *Daedalus* 99 (1970): 909–937.

———. "You Can Take the Ethics Out of Altruism But You Can't Take the Altruism Out of Ethics." *Hastings Center Report* 7, no. 6 (1977): 33–36.

Stephens, Mitchell. *The Rise of the Image, the Fall of the Word*. Oxford: Oxford University Press, 1998.

Stern, Theodore. "Drum and Whistle 'Languages': An Analysis of Speech Surrogates." *American Anthropologist* 59 (1957): 487–506.

Stix, Gary. "Riding the Back of Electrons." *Scientific American* (September 1998): 32–33.

Stonier, Tom. *Beyond Information: The Natural History of Intelligence*. London: Springer-Verlag, 1992.

———. *Information and Meaning: An Evolutionary Perspective*. Berlin: Springer-Verlag, 1997.

Streufert, Siegfried, Peter Suedfeld, and Michael J. Driver. "Conceptual Structure, Information Search, and Information Utilization." *Journal of Personality and Social Psychology* 2, no. 5 (1965): 736–740.

Sunstein, Cass R. *Infotopia: How Many Minds Produce Knowledge*. Oxford: Oxford University Press, 2006.

Surowiecki, James. *The Wisdom of Crowds*. New York: Doubleday, 2004.

Swade, Doron. "The World Reduced to Number." *Isis* 82, no. 3 (1991): 532–536.

———. *The Cogwheel Brain: Charles Babbage and the Quest to Build the First Computer*. London: Little, Brown, 2000.

———. *The Difference Engine: Charles Babbage and the Quest to Build the First Computer*. New York: Viking, 2001.

Swift, Jonathan. *A Tale of a Tub: Written for the Universal Improvement of Mankind*. 1692.

Szilárd, Leó. "On the Decrease of Entropy in a Thermodynamic System by the Intervention of Intelligent Beings." Translated by Anatol Rapoport and Mechtilde Knoller from "*Über Die Entropieverminderung in Einem Thermodynamischen System Bei Eingriffen Intelligenter Wesen,*" *Zeitschrift Für Physik* 53 (1929). *Behavioral Science* 9, no. 4 (1964): 301–310.

Teilhard de Chardin, Pierre. *The Human Phenomenon*. Translated by Sarah Appleton-Weber. Brighton,

U.K.: Sussex Academic Press, 1999.

Terhal, Barbara M. "Is Entanglement Monogamous?" *IBM Journal of Research and Development* 48, no. (2004): 71–78.

Thompson, A. J., and Karl Pearson. "Henry Briggs and His Work on Logarithms." *American Mathematical Monthly* 32, no. 3 (1925): 129–131.

Thomsen, Samuel W. "Some Evidence Concerning the Genesis of Shannon's Information Theory." *Studies in History and Philosophy of Science* 40 (2009): 81–91.

Thorp, Edward O. "The Invention of the First Wearable Computer." In *Proceedings of the 2nd IEEE International Symposium on Wearable Computers*. Washington, D.C.: IEEE Computer Society, 1998.

Toole, Betty Alexandra. "Ada Byron, Lady Lovelace, an Analyst and Metaphysician." *IEEE Annals of the History of Computing* 18, no. 3 (1996): 4–12.

———. *Ada, the Enchantress of Numbers: Prophet of the Computer Age*. Mill Valley, Calif.: Strawberry Press, 1998.

Tufte, Edward R. *The Cognitive Style of PowerPoint*. Cheshire, Conn.: Graphics Press, 2003.

Turing, Alan M. "On Computable Numbers, with an Application to the *Entscheidungsproblem*." *Proceedings of the London Mathematical Society* 42 (1936): 230–265.

———. "Computing Machinery and Intelligence." *Minds and Machines* 59, no. 236 (1950): 433–460.

———. "The Chemical Basis of Morphogenesis." *Philosophical Transactions of the Royal Society of London, Series B* 237, no. 641 (1952): 37–72.

Turnbull, Laurence. *The Electro-Magnetic Telegraph, With an Historical Account of Its Rise, Progress, and Present Condition*. Philadelphia: A. Hart, 1853.

Vail, Alfred. *The American Electro Magnetic Telegraph: With the Reports of Congress, and a Description of All Telegraphs Known, Employing Electricity Or Galvanism*. Philadelphia: Lea & Blanchard, 1847.

Verdú, Sergio. "Fifty Years of Shannon Theory." *IEEE Transactions on Information Theory* 44, no. 6 (1998): 2057–2078.

Vincent, David. *Literacy and Popular Culture: England 1750–1914*. Cambridge: Cambridge University Press, 1989.

Virilio, Paul. *The Information Bomb*. Translated by Chris Turner. London: Verso, 2000.

von Baeyer, Hans Christian. *Maxwell's Demon: Why Warmth Disperses and Time Passes*. New York: Random House, 1998.

———. *Information: The New Language of Science*. Cambridge, Mass.: Harvard University Press, 2004.

von Foerster, Heinz. *Cybernetics: Circular Causal and Feedback Mechanisms in Biological and Social Systems: Transactions of the Seventh Conference, March 23–24, 1950*. New York: Josiah Macy, Jr. Foundation, 1951.

————. *Cybernetics: Circular Causal and Feedback Mechanisms in Biological and Social Systems: Transactions of the Eighth Conference, March 15–16, 1951*. New York: Josiah Macy, Jr. Foundation, 1952.

————. "Interview with Stefano Franchi, Güven Güzeldere, and Eric Minch." *Stanford Humanities Review* 4, no. 2 (1995).

von Neumann, John. *The Computer and the Brain*. New Haven, Conn.: Yale University Press, 1958.

————. *Collected Works*. Vols. 1–6. Oxford: Pergamon Press, 1961.

Vulpiani, A., and Roberto Livi. *The Kolmogorov Legacy in Physics: A Century of Turbulence and Complexity*. Lecture Notes in Physics, no. 642. Berlin: Springer, 2003.

Waldrop, M. Mitchell. "Reluctant Father of the Digital Age." *Technology Review* (July–August, 2001): 64–71.

Wang, Hao. "Some Facts About Kurt Gödel." *Journal of Symbolic Logic* 46 (1981): 653–659.

Watson, David L. "Biological Organization." *Quarterly Review of Biology* 6, no. 2 (1931): 143–166.

Watson, James D. *The Double Helix*. New York: Atheneum, 1968.

————. *Genes, Girls, and Gamow: After the Double Helix*. New York: Knopf, 2002.

————. *Molecular Models of Life*. Oxford: Oxford University Press, 2003.

Watson, James D., and Francis Crick. "A Structure for Deoxyribose Nucleic Acid." *Nature* 171 (1953): 737.

————. "Genetical Implications of the Structure of Deoxyribonucleic Acid." *Nature* 171 (1953): 964–966.

Watts, Duncan J. "Networks, Dynamics, and the Small-World Phenomenon." *American Journal of Sociology* 105, no. 2 (1999): 493–527.

————. *Small Worlds: The Dynamics of Networks Between Order and Randomness*. Princeton, N.J.: Princeton University Press, 1999.

————. *Six Degrees: The Science of a Connected Age*. New York: Norton, 2003.

Watts, Duncan J., and Steven H. Strogatz. "Collective Dynamics of 'Small-World' Networks." *Nature* 393 (1998): 440–442.

Weaver, Warren. "The Mathematics of Communication." *Scientific American* 181, no. 1 (1949): 11–15.

Wells, H. G. *World Brain*. London: Methuen, 1938.

————. *A Short History of the World*. San Diego: Book Tree, 2000.

Wheeler, John Archibald. "Information, Physics, Quantum: The Search for Links." *Proceedings of the Third International Symposium on the Foundations of Quantum Mechanics* (1989): 354–368.

————. *At Home in the Universe*. Masters of Modern Physics, vol. 9. New York: American Institute of Physics, 1994.

Wheeler, John Archibald, with Kenneth Ford. *Geons, Black Holes, and Quantum Foam: A Life in Physics*. New York: Norton, 1998.

Whitehead, Alfred North, and Bertrand Russell. *Principia Mathematica*. Cambridge: Cambridge University Press, 1910.

Wiener, Norbert. *Cybernetics: Or Control and Communication in the Animal and the Machine*. 2nd ed. Cambridge, Mass.: MIT Press, 1961.

———. *I Am a Mathematician: The Later Life of Prodigy*. Cambridge, Mass.: MIT Press, 1964.

Wiener, Philip P., ed. *Leibniz Selections*. New York: Scribner's, 1951.

Wilkins, John. *Mercury:Or the Secret and Swift Messenger. Shewing, How a Man May With Privacy and Speed Communicate His Thoughts to a Friend At Any Distance*. 3rd ed. London: John Nicholson, 1708.

Williams, Michael. *A History of Computing Technology*. Washington, D.C.: IEEE Computer Society, 1997.

Wilson, Geoffrey. *The Old Telegraphs*. London: Phillimore, 1976.

Winchester, Simon. *The Meaning of Everything: The Story of the Oxford English Dictionary*. Oxford: Oxford University Press, 2003.

Wisdom, J. O. "The Hypothesis of Cybernetics." *British Journal for the Philosophy of Science* 2, no. 5 (1951): 1–24.

Wittgenstein, Ludwig. *Philosophical Investigation*. Translated by G. E. M. Anscombe. New York: Macmillan, 1953.

———. *Remarks on the Foundations of Mathematics*. Cambridge, Mass.: MIT Press, 1967.

Woodward, Kathleen. *The Myths of Information: Technology and Postindustrial Culture*. Madison, Wisc.: Coda Press, 1980.

Woolley, Benjamin. *The Bride of Science: Romance, Reason, and Byron's Daughter*. New York: McGraw-Hill, 1999.

Wynter, Andrew. "The Electric Telegraph." *Quarterly Review* 95 (1854): 118–164.

———. *Subtle Brains and Lissom Fingers: Being Some of the Chisel-Marks of Our Industrial and Scientific Progress*. London: Robert Hardwicke, 1863.

Yeo, Richard. "Reading Encyclopedias: Science and the Organization of Knowledge in British Dictionaries of Arts and Sciences, 1730–1850." *Isis* 82:1 (1991): 24–49.

———. *Encyclopadic Visions: Scientific Dictionaries and Enlightenment Culture*. Cambridge: Cambridge University Press, 2001.

Yockey, Hubert P. *Information Theory, Evolution, and the Origin of Life*. Cambridge: Cambridge University Press, 2005.

Young, Peter. *Person to Person: The International Impact of the Telephone*. Cambridge: Granta, 1991.

Yourgrau, Palle. *A World Without Time: The Forgotten Legacy of Gödel and Einstein*. New York: Basic Books, 2005.

Yovits, Marshall C., George T. Jacobi, and Gordon D. Goldstein, eds. *Self-Organizing Systems*. Washington D.C.: Spartan, 1962.

致谢

　　我要向以下给我提供了种种帮助的人表示感谢：查尔斯·本内特、格雷戈里·蔡廷、尼尔·斯隆（Neil J. A. Sloane）、苏珊娜·凯勒（Susanna Cuyler）、贝蒂·香农、诺尔玛·巴尔兹曼、约翰·辛普森、彼得·吉利弗、吉米·威尔士、约瑟夫·施特劳斯（Joseph Straus）、克雷格·汤森（Craig Townsend）、詹娜·莱文（Janna Levin）、凯瑟琳·布顿（Katherine Bouton）、丹·梅纳克（Dan Menaker）、埃丝特·朔尔（Esther Schor）、西沃恩·罗伯茨（Siobhan Roberts）、侯世达、马丁·塞利格曼（Martin Seligman）、克里斯托弗·富克斯、已故的约翰·阿奇博尔德·惠勒、卡洛·哈钦斯（Carol Hutchins），以及贝蒂·亚历山德拉·图尔（Betty Alexandra Toole）。还要感谢我的经纪人迈克尔·卡莱尔（Michael Carlisle），以及一如既往地，我的编辑丹·弗兰克（Dan Frank），感谢他的才智和耐心。

图片版权

译后记

（我们是谁，我们来自哪里，我们去向何方）

> 我的反应是以深刻的内省和实证精神为坚实基础的，是作为暗喻的回
> 声，是作为信息的游戏——同小孩子单纯的鹦鹉学舌有着本质区别。
>
> ——村上春树（1988）

前几日信手翻阅最新一期的《连线》（*Wired*）杂志，读到了下面这段描写人
类活动的文字：

> 仅仅一天之内，人类就会产生数以百万计的书籍写作那么大的价值。
> 在全球范围内，我们一共发送了 1546 亿封电子邮件，发了 4 亿条微博，
> 还在 WordPress 上写了超过 100 万篇博客文章，并留下了 200 万条博客
> 评论。在 Facebook 上，我们一共写了 16 亿字。总之，我们每天会在电
> 子邮件和社交媒体写上约 3.6 万亿字，这相当于 3600 万册图书（作为对
> 比，整个美国国会图书馆才不过拥有约 2300 万册图书）。

刚刚读完《信息简史》的您一定还有印象：美国国会图书馆的信息量，正是
当年克劳德·香农勾勒的信息量估算表中位于顶端的最大信息量载体。而现如今，
借助触手可及、无孔不入的信息输出和接收工具，人类每天需要面对的新生信息
已经超过了过去几千年以来的总和。即使在中国的偏远地区生活的人们，也已经
看上了电视，用上了手机。如果说仅仅数年前，人类还在被爆炸的信息巨擘挟带

着向前踉跄，那么以今天的视角来看，说主流社会已经完全把运行的基础切换到了信息流动之上亦不为过。不是吗？人们已经学会了在每一次购物之际，都会将欲购商品与全球所有的同类商品从质量到价格、从包装到物流全方位地比较一番；在每一次旅游出行之前，都不仅会查看交通路线，并且会研究各种攻略，了解程度之详尽甚至使当地人也相形见绌。政府在制定政策之前，也早已不再采用传统方法通过人工手段收集所需的材料，而是通过各种专家模型在接收实时海量数据的条件下，完成带有多方博弈和风险预估的精密计算。更不必说现代的商业和军事战争，已经实实在在地演变成了信息战，比对方提前一秒掌握信息，都有可能将形势彻底扭转。

正是因为信息已经真正地变得无所不在，所以人们往往会忽略它的存在。就像自然数，就像空气，就像语言，就像时间，人类在蒙昧未开的时代就已经先入为主地被它们所占领。结果，对它们的理解反而成了最困难的事。对于一出生就以为是自然而然的事物，对其展开思辩、追本溯源，除了要在浩如烟海的资料中披荆斩棘之外，更大的障碍来自于太擅长自欺的人心。很多时候，真理和真相不是没有近在眼前，甚至变换着各种表现想引起我们的注意，我们却对其视而不见。但是信息与上面列举的这些事物相比，又有几个很显著的特点。首先，信息并不是一种能够以意识直接接触，并通过直观感受就能够得出认识的事物，它需要经过抽象的过程才能完成认识。其次，虽然信息在本质上只是一种二元选择，但要从具体的物理过程中分析出信息量的度量方法，却决不像乍看之下那么简单。事实上，当代的科学分析发现，信息极有可能与决定万物根本属性的熵增方向，与物理学中事物的运动和相互作用中最神秘莫测的量子力学，以及将信息与视界隔绝开来的黑洞息息相关。再次，信息虽然在人类社会实践和科学实验中以各种各样的原始形式发展了成百上千年，但是对它建立了真正的理性认识，却还是上个世纪中叶左右的事。这些特点都意味着，趁着人类还没有忘记信息主宰一切的时代之前的社会和科技形态，在这样关键的时间点上进行一次深刻的反思，是极其重要、功德无量的。更难得的是，也还仍然来得及。

所以，《信息简史》就是这样的一本书。它的前半部分描写了人类饱含着艰辛，又照耀着智慧光芒的一部历史。这里面包括非洲部落的原始通信工具、人类口语从神话传说到哲学论证的演化进程、作为符号固定剂的书写运动和通信标准化的辞书和码本、机械时代的巨匠先驱打造的工程奇迹，直至逐渐将信息的意义外壳彻底剥离，建立近代和现代的通信系统，并通过数学和理性将无关紧要的细节去除，洞察到信息的本质。作为承前启后的历史人物，克劳德·香农终于发表出了一篇宏论：《通信的数学理论》。这是人类第一次系统、全面、理性地认识信息，也是第一次赋予了"信息"一词精准的定义，从此奠定了一门新的学科——信息学。而几乎与此同时，图灵和哥德尔也分别达到了密码学和形式系统的巅峰，这真是信息史上的英雄时代！接下来，我们就看到信息学犹如一股洪流，在一个又一个的领域里掀起了颠覆性的革命：心理学、热力学、遗传学、传播学、量子力学，不一而足。每一门学科在经受了信息学洗礼后，面貌都焕然一新，不仅在技术上有了长足的进步，而且更重要的是在哲学思辨上大大地深化了。书的收尾用了浓墨重彩，讲述了信息学如何通过建立"全球知识"和全人类范围内的关系连接，深刻地改造了人类的社会形态和生活方式。全书以意义的解构和重新建构为线索，在几乎一切细节上都铺陈了大量精确到位、有血有肉的史实。可以说，关于信息学前世今生的全部主要内容，在本书中都可以找到权威、详尽的参考。原书的副标题是"一部历史，一个理论，一股洪流"，可以说是史中有论，论中有情，情中有理。这确实是一部科学传播读物中的上佳之作。

当初接手这本书的翻译时，对原著的难度之高可谓始料未及。译到第 2、3 章时，才发现里面有大量的涉及考古学和语言学的专业翻译要求。但彼时已经深深被原著博大精深的编排和风趣生动的文字吸引，欲罢而不能。在此处，幸得家父高学栋博士在文科的专业和内容方面的双重指导。而全书翻译成稿以后，又得图灵公司楼伟珊、李松峰编辑的费心润色，达于句词，本书在可读性方面，才总算有了交代。最终的定稿还经东南大学信号与信息处理学科主任王桥教授通读，提出了修改意见数十条。加上本人初译时的些微努力，《信息简史》乃六易其稿，方得定案。其中虽然艰辛反复难以备述，却同时又是一个与作者的天才思想和史学探索亲密接触的极高享受。现在这成果就呈现在读者面前，希望大家能免其苦，而尽其乐。

　　本书成稿过程中，承香港浸会大学数学系系主任汤涛教授，上海交通大学计算机科学系黄林鹏、张尧弼和梁阿磊教授，EMC 中国卓越研发集团林应经理和林向东工程师，SAP 美国劳佳工程师和 SAP 中国范德成工程师看顾，以及图灵社区上的网友 acid-free、贾洪峰，对译稿提出过意见，对本人提出过鼓励。更要感谢父母和爱妻沈靓全家对我在翻译全过程中倾力投入而对家事疏于过问的谅解和支持。希望本书的出版，能给你们带来快乐。

于 EMC 中国卓越研发集团

2013 年 11 月